Sylvie Bantle

Das Glück der Narren

... eine indische Milieustudie

Das Glück der Narren
© Melina-Verlag 1997

Die Deutsche Bibliothek - CIP-Einheitsaufnahme:

Sylvie Bantle:
Das Glück der Narren: eine indische Milieustudie / Sylvie Bantle. -
Ratingen : Melina-Verl., 1997
ISBN 3-929255-26-X brosch.

Herausgeber: Melina-Verlag
Am Weinhaus 6, D-40882 Ratingen/Deutschland
Telefon: 02102/9594-0, Telefax: 02102/9594-33
Internet: http://www. melina-verlag.de
Email: redaktion@melina-verlag.de
Lektorat: Redaktionsbüro Elisabeth Manzke, Essen
Umschlaggestaltung: Albert Barth, München
Layout: Anette Hein
Druck: MA-Tisk, Slowenien

ISBN 3-929255-26-X

Sylvie Bantle

Das Glück der Narren

...eine indische Milieustudie

Melina-Verlag

...mandan mandi
maarudäh
santosham...

Für meine verrückte Freundin
und die anderen *Mandis*
und für alle, die es noch werden wollen!
...und natürlich auch für die *Mandans*!

.

INHALT

KERALA

Samudra Beach, Januar 1996. Ich saß auf dem Dach, die Krähen
gaben den Ton an.

Prabhakaran dachte angestrengt nach. Mit dem Rücken zum Meer
hatte er mir schräg gegenüber am anderen Tischende Platz genommen und starrte regungslos vor sich hin. Keiner hier sprach ihn mit
seinem vollen, zungenbrecherischen Namen an, jeder rief ihn einfach Prabha.

Wie jeden Tag, pünktlich um die gleiche Zeit, setzte der Nachmittagswind zum großen Finale an.

…plötzlich nimmt das Ohr dieses lautstarke Brausen wahr, hört
nichts als das Blasen des Windes; ein seltenes und höchst eigenar-
tiges Gefühl erwacht: Diese rasende Luft, sie ist das Mächtigste
des Augenblicks…

Wie jeden Tag hatte ich es mir auf dem Flachdach von Shajahans
kleinem Vier-Zimmer-Hotel, kaum dreißig Meter vom Meer entfernt, bequem gemacht, träumte und schrieb. Hier oben war alles
intensiver. Der Nachmittagswind nahm mir fast den Atem und
blies mir die absurde Vorstellung ins Hirn, ich flöge samt Dach und
Strand durch ein sonnengleißendes All. Mag sein, die Special-
Beedies, die kleinen, handgedrehten Zigaretten, trugen Mitschuld
an diesem atemberaubenden Zustand. Shajahan drehte die besten;
es schien das einzige, worin er geschickt war. Ging es ans Stroman-
zapfen und dergleichen, dann hantierte er wie ein alter Gauner mit
den nackten Drähten und schloß im Handumdrehen seine ge-
wünschte Leitung kurz. Einmal wollte er das Telefon reparieren.
Das allerdings ging schief und endete in einer weiträumigen Such-
aktion nach dem Elektriker.

Er war der geborene Boß, und in der Mitte seines Lebens wurde
er stolzer Besitzer dieses beneidenswerten Neubaus. Vorher war
er Manager des 'Al Italia Beach Resort', einer romantischen Bruchbude, die alles andere war, als ihr Name vorgab. Etwa zweihundert Meter südlich am Strand gammelte das verlassene Anwesen
jetzt einsam vor sich hin. Als es vor einem Jahr aufgelöst wurde,

nahm Shajahan einen Teil des ungewöhnlichen Namens mit und nannte sein kleines Hotel 'Al Italia'. Er behauptete zwar, dies sei eine rein kommerzielle Entscheidung gewesen, aber ich weiß, er tat es aus Sentimentalität.

Auch er saß gern auf dem Dach, und deswegen ließ er das Flachdach nach seinen eigenen Plänen zu einer gemütlichen Terrasse ausbauen. Dort verbrachte er die Abende; bis Sonnenuntergang blieb er lieber unten auf der schattigen, kleinen Veranda vor seinem Zimmer. Den lieben langen Tag machte er nichts anderes, als sich in den Dunst der Special-Beedies zu hüllen und seinen Gedanken nachzuhängen; und je nachdem wie es um seine Maharajalaune stand, drehte er Special-Beedies, um sie zu verschenken.

Alles in allem hatte ich schon viele Monate auf solchen Dächern an der Malabarküste zugebracht. Mit einem Dreihundertsechzig-Grad-Blick auf den indischen Alltag schaute ich einfach zu. War ich damit nicht allzu beschäftigt, hackten meine Finger in die Tasten der klapprigen Traveller-de-Luxe. Stapel von weißem, aus Deutschland mitgebrachtem Papier hatte ich so vollgeschrieben, hatte viele Geschichten begonnen, und obwohl in ihrer Gestalt erkannt, bin ich doch niemals zu einem Ende vorgedrungen.

Gute Geschichten haben keinen Schluß, sie fangen erst richtig an, wenn sie aufhören. Die beste aller Geschichten ist nie zu Ende! Wirklich nie?

Einmal, auf dem Dach des alten 'Al Italia', der romantischen Bruchbude, hätte mir der Nachmittagswind beinahe eine solche unfertige Geschichte gestohlen.

Von einem Telefonanruf aus der Heimat aufgescheucht, war ich kopflos hinuntergerannt und hatte in meiner sinnlosen Eile vergessen, den Schreibplatz unter freiem Himmel gegen Wind und Krähen zu sichern. Der Anblick bei meiner Rückkehr war schockierend: dreihundert Manuskriptseiten flatterten in heillosem Durcheinander über das Dach. Meine jüngste Geschichte, vom Winde verweht!

Panisch und zugleich bemüht, niemand möge mich bei meiner schriftstellerischen Gymnastik beobachten, jagte ich den Seiten hinterher. Widerspenstig sträubten sie sich gegen das Fangen, als wollten sie mich für meine Nachlässigkeit strafen.

Derweil hatten sich zwei freche Krähen über die Teekanne auf dem Tisch hergemacht. Abwechselnd pickten ihre Schnäbel hinein. Der gute Jaia! Ich mußte an ein gewöhnungsbedürftiges und in Indien doch so alltägliches Bild denken: Krähen, die mit dem gleichen Appetit den Kot der Fischer am Strand zerpflücken. Die Vorstellung, auch nur einen winzigen Schluck von diesem verseuchten Milchtee zu trinken, drehte mir fast den Magen um.

Die Gerissenheit der Krähen ist hier nunmal nichts Ungewöhnliches: Sie triumphiert über den Verstand der Menschen. Nichts entgeht den scharfsichtigen Wachposten auf ihren wippenden Palmwedeln. Sie beobachten lange genug, was sie interessiert. Sie haben Zeit! Weitaus mehr als die Menschen. Und wenn sie etwas interessiert, finden sie heraus, wie sie es bekommen können. Daß Teekannendeckel krähenleicht beiseite zu schieben sind, war für die Krähengemeinde vom Samudra Beach längst kein Geheimnis mehr. Die fortschreitende Beliebtheit, auf Dachterrassen zu sitzen, könnte für eine lukrative Marktlücke sorgen: krähensichere Teekannendeckel!

Ich kümmerte mich jetzt lieber um meine Geschichte. Santosha würde neuen Tee für mich kochen. Ich brauchte nur vom Dach hinunterzurufen, da steckte er schon seinen Kopf aus dem Küchenfenster und nahm eifrig nickend meine Bestellung auf. Obwohl Anfang Zwanzig, wirkte er noch recht pubertär, und in Anbetracht seines umfangreichen Aufgabenbereichs konnte das einen Fremden manchmal verwirren.

Glücklicherweise betrat Santosha erst das Dach, als ich mit dem Einsammeln meines Manuskripts fertig war. Mit einem wilden Bündel Papier auf dem Schoß demonstrierte ich haareraufendes Beschäftigtsein. Er tat wie immer das gleiche. Mit dem lächelnden Blick in die Ferne stellte er Teekanne und Tasse vor mir ab, sagte beiläufig: »Mandi, your Jaia!« und ging sofort wieder nach unten in sein Küchenhäuschen.

Mandi! Ein geläufiges Malayalam-Wort, das soviel wie Närrin bedeutet. Den Narren gibt es natürlich auch: Mandan! Und alle, die des Malayalams mächtig sind, fangen an zu lachen, wenn sie dieses Wort hören.

'Närrin, dein Tee!' Mein Mißgeschick noch lebhaft im Gedächtnis, klang das vertraute 'Mandi, your Jaia!' diesmal höchst eigenartig. Ich stutzte. Ob Santosha etwas mitbekommen hatte? Ich verwarf meine Skepsis, denn er sagte ja mehrmals täglich Mandi zu mir, wenn er mir Tee oder etwas zu essen auf das Dach brachte. Und ich sagte Mandan zu ihm, Narr!

Ich kann mich nicht entsinnen, daß er mich jemals bei meinem richtigen Namen genannt hatte. Vermutlich kannte er ihn gar nicht? Daß wir uns Mandi und Mandan nannten, war einfach Spaß! Blödeln auf indisch. Ein unterhaltsamer Unsinn, der vor ein paar Jahren in der Eintönigkeit des Monsunregens hier entstanden war. Seither sagte es in Shajahans Haushalt jeder zu jedem.

Inder lachen gern, und daher lieben sie es, mit Namen zu spielen. Es ist das kleine Vergnügen im Alltag. Für jeden gab es oft mehrere Namen gleichzeitig. Wollten wir zwischendurch einmal lachen, brauchten wir nur die richtige Auswahl zu treffen. Ein beliebter Geschichtenerzähler aus Kerala nannte das Lachen 'God´s special gift', das ganz besondere Geschenk Gottes.

Als ich den ersten Schluck des heißen, neu zubereiteten Milchtees zu mir nahm, tauchte Santosha unten auf dem Vorplatz zur Küche wieder auf. »Mandan!« rief ich vom Dach. Er fühlte sich sofort angesprochen, drehte sich um und grinste herauf. Ich hob meine dampfende Tasse in die Höhe und rief: »Very good! ...kollam, kollam!« Er nickte mir mit einem breiten Lächeln zu. »Nanni!« bedankte ich mich, dann verschwand er schnell hinter der Küchentür. Hatte er einen Grund zur Eile? Es muß schon etwas Außerordentliches anliegen, wenn ein Inder sich beeilt!

Der neue Milchtee schmeckte wirklich exzellent. Das war keine Selbstverständlichkeit! Mindestens hundert oder auch mehr Jaias hatte Santosha mittlerweile für mich gekocht, und jedesmal war der erste Schluck eine Überraschung. Es grenzte an Genialität, wie verschieden Geschmack und Konsistenz ausfielen. Ich konnte mich darauf verlassen, daß auf eine rundum gelungene Mischung eine miserable folgte. Beim Kopi, dem Kaffee, war es das gleiche.

Entweder zu wäßrig und pappsüß oder zu stark und zu wenig Milch oder umgekehrt oder ganz anders!
Ich habe nie begriffen, warum Santosha ein so launischer Koch war. Lag es an der indischen Mentalität? Vielleicht brauchte ich das! Seine Launenhaftigkeit jedenfalls hatte dazu geführt, daß ich auf sanfte Art kulinarische Demut trainierte. Hatte er einmal einen guten Tag und zauberte ein Getränk der Spitzenklasse, konnte ich ganz euphorisch werden vor Dankbarkeit.
Jener Tag, an dem der Nachmittagswind meine Geschichte rauben wollte, war ein solcher Glückstag. Und es gab noch einen Grund, den Göttern zu danken; nachdem ich Stunden damit zugebracht hatte, die eingefangenen Blätter zu ordnen und zu zählen, stellte ich erleichtert fest, daß mir der Himmel gnädig gewesen war. Es fehlte nicht eine einzige Seite!

Der Nachmittagswind war jetzt nicht mehr zu überhören, er überschrie jedes andere Geräusch. Dort beim Horizont, weit über dem Meer, befindet sich die Quelle dieses Windspuks! Das versuchte ich mir immer vorzustellen, während ich fasziniert und atemlos in die Richtung blickte, aus der all diese Energie strömte.
Prabha hatte ich vergessen. Und daß ich ihm eine Frage gestellt hatte ebenso. Das Meer schien alles zu tun, um seinen Einfluß zu verstärken. In gleichmäßiger Formation näherte sich die Dünung der Küste und türmte sich in Ufernähe zu einer einzigen kilometerlangen Welle auf, die messerscharf wurde und dann gischend umkippte. Wumm! Das Gewicht dieser gigantischen Welle krachte donnernd die ganze Malabarküste entlang und entlud sich aufbrausend und schäumend am Strand. Ich registrierte sogar ein leichtes Beben auf dem Dach.
Als rebellierte der Wind gegen diese rivalisierende Macht, drehte er merklich auf. Wasser und Wind peitschten sich gegenseitig an, entfachten immer gewaltigere Energien. Aber das Wasser war jetzt stärker. Schon klatschte die zweite Riesenwelle heran. Wumm! Die Küste zitterte unter dieser Gewalt. Nun war das Meer das Mächtigste des Augenblicks! Der Wind hatte keine Möglichkeit mehr, solchem Lärm gewachsen zu sein. Sieben Riesenwellen über-

brüllten ihn. Die Wirkung war hypnotisierend. Unter den Zügeln dieser Macht begann jeder herumstreunende Gedanke augenblicklich zu lahmen, war gezwungen, innezuhalten und dem tobenden Wasser ehrfürchtig zu lauschen. Sieben Riesenwellen lang, dann war das Spektakel schlagartig vorbei. Das Wasser hatte sich ausgetobt. Harmlose Wellenreihen gruben sich in den Sand, murmelten ein trautes Rauschen in die Ferne.

Diese Chance ließ sich der Wind nicht entgehen. Jetzt war er wieder an der Reihe. Mit vollem Einsatz drehte er auf und schrie es einem buchstäblich ins Ohr: »Ich bin die Macht des Augenblicks!« ...ich glaube es, ohne zu zögern, falle von einer Hypnose in die nächste. Wann hat ein Mensch aus der modernen Welt schon die Möglichkeit und vor allem die Zeit, den Kampf der Elemente so hautnah zu erleben...

Wumm! Die erste Riesenwelle einer neuen Siebener-Serie riß mich aus meinen Gedanken. Wumm! Erst jetzt wurden meine Augen auf das Spektakel am Strand aufmerksam. Wo waren sie in der Zwischenzeit gewesen? Und wo die Gedanken? Wumm! Pure Gewalt. Ein Fest der Sinne. Wumm! Augen und Ohren taumeln. Wumm! Das Herz staunt angesichts der Einheit von Lärm und Stille. Wumm! Der Augenblick reißt die Schleier zwischen den Welten nieder. Die Erde bebt! Das Wasser tobt! Der Wind rast! Die Sonne brennt! Die Elemente stürmen durch mein Inneres. Ich lache und schreie stumm und bewegungslos. Das Denken ist vergessen, das 'Ich' verlernt. Wumm!

In Indien verstreicht die Zeit, ohne daß das Gewissen Anteil daran nimmt. Auf einmal ist alles vorüber. Ausgelöscht, wie nach einem Traum. Verschlafen räkeln sich die eigenen Gefühle. Warum die eigenen? Waren da andere gewesen? Was eigentlich ist geschehen? Da war doch etwas gewesen. Einem Rausch gleich. Ein Wunder?

Es war merkwürdig ruhig geworden, das Meer. Das Wasser war müde, zufrieden, schläfrig fast. Wie ein unsichtbares Geistwesen rauschte der Wind an den Ohrmuscheln vorbei, kämmte das Haar kräftig durch, verursachte ein ständiges Flattern und Knattern in den Palmkronen über mir. Sonnenstrahlen schossen wie grelle Blitze durch den wogenden Blätterhimmel und sprangen hektisch über das Dach. Trotzdem wirkte ihre stete Unruhe einschläfernd auf mich. Trotzdem?

...einfach die Augen schließen und ganz schwer werden. Schwer wie die Erde. Die heißen Lichtpfeile über den schwer gewordenen Erdkörper tanzen lassen und eindösen. Vom lauen Wind gestreichelt. Wie beruhigend, wenn die Elemente im Einklang sind...

Die Luft vibrierte. Das dauernde Rascheln und Zittern um mich herum lenkte mich ab. Das Meer schien inzwischen endlos weit weg zu sein. Aber wenn ich mich darauf konzentrierte, konnte ich das Rauschen in der Ferne heraushören, eine bekannte Stimme, die an etwas Uraltes erinnerte.

Friedlich schaukelte das Wasser in braven Reihen daher und schwappte kraftlos seinen weißen Schaum in den schmutzig gelben Sand. Es war ein wohltuendes Bild, entfachte Impressionen von Heimatgefühl, und ich wollte nie wieder etwas anderes anschauen.

Plötzlich fiel mir meine Frage wieder ein! Prabha saß wie versteinert da, als sei er von einem Hypnotiseur hier hingesetzt und einfach vergessen worden. Skeptisch musterte ich ihn. »Prabha...?« fragte ich behutsam an, und weil er nicht reagierte, schnippte ich direkt vor seinem Gesicht mit den Fingern. Aber er sah mich überhaupt nicht. An seinen Händen vorbei und durch seine Knie hindurch starrte er ein imaginäres Loch in den Zementboden geradewegs unter seinen Füßen.

»Prabha, deine Antwort!« Auch dieser Versuch scheiterte an der vorübergehenden Unansprechbarkeit meines Gegenübers. Verlief unser Gespräch weiterhin so schleppend wie bisher, würde ich niemals erfahren, was in diesem indischen Kopf vorging.

Ach was, wahrscheinlich ist er eingenickt! Irgendwann wird er schon aufwachen. Die Inder beherrschen ja die außerordentliche Fähigkeit, einem spontanen Bedürfnis, wie zum Beispiel dem nach Schlaf, unmittelbar Folge zu leisten. Sie leben noch nach der paradiesischen Devise, unter keinen Umständen zu versäumen, wonach der Körper am dringendsten verlangt. Egal, wo und wann! Da mögen sie, von den rennfahrerischen Ambitionen eines indi-

schen Busfahrers hin und her geworfen, längst verkeilt und einge-
klemmt zwischen den durchgeschüttelten Körpern anderer Fahrgäste liegen: sie schlafen seelenruhig und in beneidenswerter Ungestörtheit! Ihr Schlummer ist durch nichts zu stören. Alle Inder,
ob jung oder alt, können so schlafen. Die Fremden indessen hok-
ken weißhäutig und grimmig, gegen die ausgeleierten Stoßdämpfer
ankämpfend, inmitten dieses rüttelnden Haufens von verwurschtel-
ten Armen und Beinen und nickenden Köpfen und kommen sich
ziemlich fehl am Platz vor.
Das indische Volk scheint ein wunderbares Geheimnis zu kennen,
das ihm solche Freiheit verleiht. Etwa im Schlaf den Körper zu
verlassen und daher nichts mehr zu spüren von den irdischen Un-
annehmlichkeiten? Warum also sollte Prabha nicht auch fähig sein,
auf dem unbequemen Plastikstuhl und mit offenen Augen ein wenig zu dösen?
Da! Seine Finger hatten sich bewegt. Langsam löste er sich aus
seiner Versteinerung. Endlich! Er sei gar nicht eingeschlafen, erfuhr ich später, sondern er habe nur nachgedacht. Ich mußte
schmunzeln. Das sachte Hinundherwiegen seines Kopfes verriet,
mit welcher Unentschlossenheit er um eine Antwort rang. Konnte
das wahr sein, daß ihn meine Frage derart verstummen ließ? Die
schlichte Frage, wie er sein Heimatland Indien beschreiben würde? Flüchtig streifte mich die Vermutung, ob ich etwa viel zu viel
in seine angeborene Faulheit hineininterpretierte? Immerhin kostet
das Beantworten einer einzigen Frage auch eine gewisse Anstrengung. Wozu also diese Mühe investieren, fragt sich da womöglich
das vollblutindische Gemüt, wenn der Lohn nicht offensichtlich
ist? Ein Satz kam mir in den Sinn. Während einer meiner unzähligen Indienkrisen hatte ich ihn voller Enttäuschung in mein Tagebuch geschrieben: »...man wird die westliche Angewohnheit wohl
nie gänzlich los, jeden Furz in diesem Land als spirituelles Ereignis
deuten zu wollen!«
»Hey Prabha! Schläfst du?« Ich konnte ein bedächtiges Kopf-
schütteln wahrnehmen. Er sah mich aber nicht an, sondern grinste, mit seinen sechsunddreißig Jahren verlegen wie ein kleiner
Junge, auf seine inzwischen verknoteten Hände.

»Warum antwortest du mir nicht?« fragte ich allmählich ungeduldig. »Arillä«, gab er nuschelnd von sich, hob nach einer weiteren Gedenkminute sein Gesicht und strahlte mich spitzbübisch an: »Iiich weiiiß es niiicht!« Das war sein Lieblingssatz, jede einzelne Silbe in seiner typischen Art schön durchgekaut. Diese Angewohnheit war ihm nicht auszutreiben. Es half auch nicht, an seine Eitelkeit zu appellieren und ihm zu vermitteln, daß seine Aussprache ziemlich kindisch klang, ja, daß es geradezu 'totally mandan' wirkte, gab er zum Beispiel seinen zweiten Lieblingssatz bei jeder x-beliebigen und unpassenden Gelegenheit in dieser lallenden Art zum Besten: »Wiiillst du eiiinen Kuuuß?«

Nein, das klang ja wirklich zum Abwinken. Und er wollte sich doch nicht lächerlich machen? Denn obwohl ein braver Familienvater, hechelte auch er insgeheim nach einer jungen Ausländerin. Nur so ein bißchen! Mit mir allerdings ist das etwas anderes. Erstens bin ich nicht mehr so jung, und zweitens genieße ich das Privileg der Cheaji, der 'großen Schwester', und scheide deshalb aus dem Rennen aus. Das hat den Vorteil, daß wir Freunde wurden und offen miteinander reden können.

Wir unterhalten uns immer dreisprachig: Deutsch, weil Prabha völlig indienuntypisch daran interessiert ist, ein paar deutsche Sätze zu lernen; Malayalam, weil wiederum ich ganz ausländeruntypisch Malayalam lernen will, die angeblich zweitschwerste Sprache der Welt, und Englisch, weil wir beide die Sprache des anderen nicht richtig beherrschen. Bei dem hohen Schwierigkeitsgrad der Sprachen und unseren dürftigen Kenntnissen läßt es sich folglich nicht vermeiden, vorwiegend auf ein leidliches 'Indian English' auszuweichen.

Prabha räusperte sich und wurde auf einmal ernst. »What was your question?« fragte er mit einer Unschuldsmiene. Sein plötzliches demonstratives Interesse überraschte mich. Ich hatte schon befürchtet, er würde sich über meine ausländische Neugier und über meine Frage lustig machen. Es war ja nicht zu verhindern, daß im lebhaften Austausch beider Kulturen Fragen und Themen auftauchten, die das jeweilige Gegenüber zuweilen amüsierten. Aber eine Vergeßlichkeit, wie er sie an den Tag legte, war ein ganz schön dicker Brocken. Die geringe Anstrengung, sich überhaupt die Frage zu merken, schien ihm der Mühe nicht wert? Das konnte man lustig finden oder auch ein wenig anders betrachten.

»Mandan! Ni mandan!« buhte ich ihn lachend aus. »Du weißt meine Frage nicht mehr?!« Er schloß sich lachend an und gab seine vorläufige Antwort preis: »Iiich weiiiß es niiicht!«

Dann wurde er schnell wieder ernst und bestand darauf, meine Frage, die ich bereits vor etlichen Stunden gestellt hatte, erneut zu hören. Also begann ich nochmal von vorn: »How would you describe India, your country?« Er hörte aufmerksam zu, und um mein Interview etwas spielerischer zu gestalten, lieferte ich ihm die deutsche Übersetzung dazu: »Wie würdest du als Inder dein Heimatland beschreiben? India?«

Sofort begann er sich zu konzentrieren und starrte erneut in das imaginäre Loch zu seinen Füßen. Ich verstand nicht, was an dieser Frage so kompliziert sein konnte. Oder war er doch nur zu faul und dachte sich, irgendwann wird es die Mandi schon aufgeben weiterzufragen?

Der Nachmittagswind knatterte auf Hochtouren an uns vorbei, gerade noch in der verträglichen Stärke, daß wir nicht abhoben. Obwohl wir im Palmenschatten saßen, drückte das viele Sonnenlicht ermüdend auf die Augenlider. Es mochte wohl an der Tageszeit liegen. Und ausgerechnet da löcherte ich einen müden Inder mit meiner Fragerei!

Eine Siebener-Serie von Riesenwellen knallte mit solcher Wucht an den Strand, daß die gesamte Westküste bebte. Sogar das Haus unter meinen Fußsohlen zitterte mit jedem Schlag. Siebenmaliges lautes Donnern erschütterte die Luft zwischen den Palmenstämmen und den Fischerhütten. Unruhe brach unter dem Krähenvolk aus. Mit schrillem Kreischen jagten sie über unsere Köpfe hinweg. Anscheinend mochten sie den Lärm nicht, diese sonst so frechen Räuber. Ihr schwindender Mut ließ sie hastig auf die Palmäste flüchten. Dort hockten sie dann und keiften aufmüpfig aus ihrem Unterschlupf.

Der Krach katapultierte mich in ein Chaos von Eindrücken. Das Meer! Es klang nicht überall gleich. Erinnerungen schossen mir zu wie Wurfbälle, die ich unbedingt auffangen mußte. Hier befand ich mich an der Westküste von Indien, aber der Atlantik bei Biarritz und der Pazifik vor Kalifornien hatten in ihrem Lärmen eine gewisse Ähnlichkeit!

Die Idee gefiel mir, verhexte meine Gedanken. War den Westküsten eine einheitliche unverkennbare Stimme gegeben?! Ein klares Bild entpuppte sich vor mir: Kalifornien! Die Terrasse einer feudalen Villa! Direkt am wilden Strand! Die Pazifikküste! Gleißendes Sonnenlicht, von heftigem Nachmittagswind in alle Himmelsrichtungen geschleudert. Und ich, inmitten dieses Reichtums, eine alternde, amerikanische Schriftstellerin am Abend ihres Schaffens! Rasende Wechsel von Licht und Schatten tanzten über das Dach, über Prabhas nachdenkliches Gesicht, über das leere, hungrige Blatt Papier vor mir auf dem Tisch, über meine Arme und über den Bleistift zwischen meinen Fingern und forderten meine Kalifornengeschichte auf dramatische Weise heraus.

»Imagine...«, begann ich aufgeregt zu phantasieren, »stell dir vor, ich sei eine reiche Frau in California, eine Schriftstellerin!«

Prabhas Aufmerksamkeit wuchs mit jedem Wort, das ich sagte. Ich registrierte es mit großem Vergnügen. Augenzwinkernd fügte ich hinzu: »I am a rich, old Lady!« Und er schmunzelte über das 'old'.

»I want to write a book!« fuhr ich eifrig fort. »Ein Buch über Indien! Binne preschnam onde, the only problem is: I have never been to India! Die rich, old Lady ist also noch nie in Indien gewesen.« Ich hielt kurz inne, um den Stand seines Aufnahmevermögens zu prüfen. »Can you follow me?« fragte ich. »Yes, go on!« antwortete er leicht irritiert, als störte ihn die Unterbrechung.

»This writing Lady meint, es sei nicht nötig, selbst nach Indien zu reisen, venda pohum to India! Prabha, sie ist einfach zu faul, um nach Indien zu fahren. Und da für rich Ladies Geld natürlich keine Rolle spielt, schickt sie ihren Butler nach Indien! Er soll einen waschechten Inder nach California bringen, conduvarum a real Indian. Zufällig bist du, Prabha, dieser echte Inder!«

Sein Gesicht war ein einziges Grinsen. Meine Geschichte war ihm wohl nicht ganz geheuer, und gleichzeitig schien sie ihm doch zu gefallen. Immerhin fand er Unterhaltung. Was sollte er sonst tun an diesem langweiligen Nachmittag? Ob er mich ein bißchen für verrückt hielt, weil ich solche Sachen erzählte? Aber das war ja hier ausgesprochen erwünscht. Wenn in unserer Welt ein Land existiert, wo Narren in Freiheit leben dürfen, dann ist das mit Gewißheit Indien!

»You think I´m mandi?« wollte ich wissen. »No, no!« versicherte er mir umgehend und fand es im Gegenteil 'very interesting'. Also konnte ich unbesorgt fortfahren. »You, Mr. Prabhakaran, the real Indian, you fly to California, to meet this rich American Lady, du sitzt mit ihr auf der Terrasse ihrer fency villa, a shocking coloured cocktail in your hand! Während du von Indien erzählst, schaust du auf den Pazifik...«

»Why shocking colour?« unterbrach er mich in einer Weise, als sei dieser Punkt meiner Geschichte von enormer Bedeutung. Ich bereute meinen Eifer. Im Fluß des Erzählens hatte ich mich zu dieser Übertreibung verleiten lassen. Ein schockfarbener Cocktail! Das wäre wirklich nicht nötig gewesen. Was sollte ich ihm jetzt erklären, ohne ihn noch mehr zu verwirren?

»Es ist nicht wichtig, all American cocktails are shocking coloured!« rechtfertigte ich diesen Umstand und hoffte, er möge sich damit zufriedengeben. Zur doppelten Sicherung meiner Überzeugungskraft spielte ich die Geschichte einfach weiter und rief nach Kumar, dem derzeitigen Küchenchef des Hauses und Santoshas Nachfolger: »Waiter, two cocktails please!« Hierfür bediente ich mich einer vornehmen Stimmlage, was in seinen Ohren recht ungewohnt klang. Ich hatte ihn noch nie 'Waiter' genannt, höchstens Mandan, wenn er eine Bestellung vergessen hatte.

»What?« grummelte Kumar verschlafen und blinzelte verständnislos unter einem der Tische auf der anderen Seite der Terrasse hervor. Die Füße hatte er aus Platzmangel durch die Seitenbalustrade gesteckt, damit wenigstens sein Oberkörper unter dem kleinen Tisch genügend Schatten bekam. Weit und breit keine Gäste - ich zählte ja nicht -, die bei ihm etwas bestellen wollten und deshalb seinen Schlummer hätten stören können! Wozu sich also aufraffen? Da er sah, daß nur ich es war, die etwas von ihm wollte, hieß das für ihn soviel wie 'Weiterschlafen'. Erschöpft sank er auf die Bastmatte zurück, und bevor er sein Nachmittagsnickerchen fortsetzte, knurrte er ein erleichtertes »Mandi, mandi!« unter seinem Tisch hervor.

Im Gegensatz zu Santosha brachte es Kumar zustande, mit ziemlicher Kontinuität gute Jaias und Kopis zu produzieren, was wiederum nicht minder verblüffend war. Denn Kumars Verläßlichkeit erschien mir irgendwie unindisch. Santosha, dessen Name der 'Glückliche' bedeutet, war ja wegen Unzuverlässigkeit schon vor längerem gefeuert worden. Jetzt schleppte er Steine, und manchmal sah ich ihn vom Dach aus, wie er zusammen mit anderen Männern an der Befestigung des Strandes schuftete. Das mache ihm viel mehr Spaß, beteuerte er, als ich ihn fragte, ob diese schwere Arbeit nicht sehr hart sei. Daß er dem 'easy job' als Koch bei Shajahan nicht ein Quäntchen nachtrauerte, das konnte ich nicht nachvollziehen. Ich glaubte ihm das nicht.
Einmal wurde er rückfällig Da opferte er sogar seine wertvolle Mittagspause als Steinschlepper, um den Notstand in der Küche seines ehemaligen Bosses wenigstens für ein paar Stunden zu beheben. Denn Kumar war entgegen seiner sonstigen Beständigkeit nach einer Lohnauszahlung spurlos verschwunden und blieb trotz der mafiosen Suchaktionen von Shajahan für drei Tage unauffindbar. Freudestrahlend hantierte Santosha in der Küche und schmiß den Laden. Es war ein Glückstag für alle Betroffenen, da er seinem Namen alle Ehre machte.

»Why cocktail?« fragte Prabha wieder, und ich bereute wirklich sehr, diesen schockfarbenen Cocktail jemals erwähnt zu haben. Ich brauchte einen neuen Anlauf.
»Es ist unwichtig«, versuchte ich meinen Fehler wettzumachen. Ich nahm meine Teetasse in die Hand, schob ihm seine näher hin und machte ihm vor, wie man einen Cocktail hält. »Imagine, diese Tassen sind unsere Cocktails.« Er kicherte wie ein altes Männlein. Solche Späßchen gefielen ihm, da lachte er gerne mit. Aber mitspielen? Da zierte er sich. Er schielte befangen zwischen seinen

19

verknoteten Fingern und meiner Demonstration hin und her und traute sich nicht, als säße er, alle Augen auf ihn gerichtet, auf einer Theaterbühne.

»Cheers, Mr. Prabhakaraja!« eröffnete ich das Theaterstück, prostete ihm mit meiner Teetasse zu und spielte beschwipst weiter: »...äh, pardon Mr. ... äh, what was your pleasant name?«

Das half alles nichts, zum Theaterspielen war er einfach zu schüchtern. Dafür amüsierte er sich um so mehr über meinen Auftritt als 'rich American Lady', die bereits einen Cocktail zuviel getrunken hatte. Ein Lächeln der Begeisterung legte sich über seine Züge wie bei einem kleinen Jungen im Kasperletheater.

Okay, sagte ich mir, dann war dies eben eine One-woman-Show!

»Dear... äh Mr. Maharaja from far India, welcome to California!« lallte ich. »Erzählen Sie mir von Ihrem faszinierenden Land!« Außer seinem verschämten Grinsen zeigte er keinerlei Reaktion. War er tatsächlich so scheu? Oder wollte er nichts erzählen?

»Don't you like to talk to me?« fragte ich, und der amerikanischen Schriftstellerin treu, juchzte ich wie eine übergeschnappte Diva: »Oh! Vielleicht mögen Sie den Cocktail nicht?« Aber auch damit ließ er sich nicht mitreißen, sondern versteifte sich auf die passive Rolle des Publikums.

»Prabha, du mußt jetzt auch etwas sagen!« bettelte ich. Verlegen kullerte er mit den Augen und wirkte wie eine jener pummeligen, indischen Leinwandbeauties. Nur eben nicht ganz so schön und mit Bart! Ich mußte lachen. Dann beschloß ich, den Blödsinn mit dem Beschwipstsein zu lassen, und wurde wieder nüchtern: »Prabha, sag doch was!«

Schweigen. Er wurde jetzt ernst, und es sah ganz danach aus, als ob er nun fieberhaft nachdachte. Dabei wollte ich ihn auf keinen Fall stören.

Das Haus war leer und verströmte eine angenehme Einsamkeit. Diese zeitlose Ungestörtheit konnte nur förderlich sein, um den imaginären amerikanischen Cocktail auf Prabhas Heimatgefühl einwirken zu lassen.

Es war ungewöhnlich still in diesen Tagen. Momentan wohnten keine Gäste hier, und selten kam jemand von auswärts zum Essen oder auf einen Drink vorbei. Bei nur drei verfügbaren Zimmern, Boß Shajahan bewohnte nämlich das vierte, konnte sich diese Situation jedoch schnell ändern. Es bedurfte lediglich der geringen Anzahl von drei Personen, und das Haus war voll! Mein Zimmerchen zählte nicht, es befand sich im Küchenbau hinter dem Haus und war sozusagen das Dienstbotenzimmer. Wahrscheinlich schlief Kumar in der Regenzeit dort, wenn überhaupt niemand mehr kam. Jetzt war sein Schlafplatz eine Bastmatte auf der Veranda zum Hof, wo er alles im Blickfeld hatte und Rosi, die Schäferhündin, beruhigen konnte, falls sie mitten in der Nacht zu bellen anfing.

Shajahan war mit dem Jeep weggefahren. Da er recht lange ausblieb, machte er vermutlich Besuche in der Stadt. Gewöhnlich benutzte er den Jeep für seine Spritztouren in der näheren Umgebung. Für die Fahrten nach Trivandrum ließ er sich von einem Chauffeur im eigenen Ambassador, dieser Luxuslimousine der 'besseren' Inder, die sich noch keinen ausländischen Mercedes leisten können, kutschieren. Niemand wußte dann, wo er sich aufhielt und wann er zurückkehrte. Doch sobald es ein dringlicher Fall erforderte, wurde er mit einer unglaublichen Schnelligkeit ausfindig gemacht.

Ich genoß die Ruhe, und da sich Prabha nach wie vor in nachdenkliches Schweigen hüllte, nutzte ich die Gunst der Stunde und begann meine Eindrücke niederzuschreiben. Um das feine Gewebe dieser verwunschenen Stimmung zu schonen, hämmerte ich nicht wie gewohnt in die scheppernden Tasten meiner Travellerde-Luxe, sondern nahm den leisen Bleistift.

...ausgestorben liegt der Strand dort unten, keine Fischer, die ihre uralten Lieder in den Wind keuchen, wenn sie, ihre drahtigen dünnen Beine in den Sand gestemmt, an den dicken Seilen hängen und Schritt für Schritt ihre Riesennetze aus dem Meer ziehen. Dort drüben im Schatten unter den Kokospalmen sehe ich sie wie dunkle Bündel beieinanderliegen. Sie halten jetzt ihren Mittagsschlaf. Einige hocken kartenspielend neben einem umgedrehten Boot. Ich höre keine Stimmen. Sie sind zu weit weg. Und der Wind ist zu laut. Sein Lärm taucht die Szenerie unter mir in Stummheit.

Auch die Steinschlepper sind gegangen. Sie arbeiten am liebsten in den frühen Morgenstunden und abends, bei Vollmond sogar nachts. Ein Tourist ist das einzige Wesen, das in der schattenlosen Hölle nahe dem Wasser zwischen den ausgebreiteten Fischernetzen und den Booten herumgeistert. Von einer außerirdisch anmutenden Unruhe gesteuert, wechselt er ständig seine Liegeposition. Kaum sind ein paar Minuten vergangen, wird das große Badehandtuch kräftig durchgeschüttelt, um es vom Sand zu befreien, und anschließend, nach dem neuesten Sonnenstand ausgerichtet, wieder auf den Boden gelegt. Dann trägt er die nächste Schicht Sonnenöl auf und harrt in unbequemer Bräunungsstellung eine Weile aus.

Offensichtlich ist er ein englischer Chartertourist, der zwei Wochen Kultur- und Badeurlaub in Indien gebucht hat. Daher bleibt ihm auch keine Zeit, seine winterweiße Haut erst langsam an die hiesigen Lichtverhältnisse zu gewöhnen. Mit Hilfe hoher Lichtschutzfaktoren hofft er wohl, die UV-Strahlung auszutricksen und den Bräunungsvorgang zu beschleunigen! Seine Opferbereitschaft ist für die Menschen in diesen Breitengraden nicht nachvollziehbar. Keiner der Steinschlepper und Fischer wäre je dazu bereit, mit ihm zu tauschen. Nur mit einer Badehose bekleidet, mit so viel nackter Haut in der prallen Sonne liegen? Freiwillig sich dieser Hitze aussetzen? Nein, da verrichten sie lieber ihre harte Arbeit und verschlafen die heiße Zeit im kühlen Schatten unter den Palmen...

Reifenquietschen zerriß die Nachmittagsandacht. Shajahan war zurückgekehrt. Mehrmals ließ er den Motor aufheulen, als er den Jeep durch die Einfahrt lenkte und im Hof parkte. Man konnte fast meinen, er werde von einer Killerbande verfolgt!

Wenn er mit dem Jeep unterwegs ist, gebärdet er sich wie ein wilder Husar! Unerschrocken bricht er zum Angriff auf, prescht verwegen über die steinige Holperpiste bis zur Hauptstraße vor und jagt weiträumig die Gegend ab. Oft bleibt er kaum eine Stunde fort. Er scheint so etwas gelegentlich zu brauchen.

Läßt er zum Zweck eines Stadtbesuches nach seinem Fahrer schicken, kommt dieser wegen des wichtigen Auftrags superpünktlich mit dem glanzpolierten, familieneigenen Ambassador vorgefahren.

Die bauchigen Konturen dieses indischen Automodells erinnern an die fünfziger Jahre. Das altmodische Design sowie die behäbige Innenausstattung wurden nie verändert. Jedes Detail ist von archaischer Gediegenheit, versetzt einen unweigerlich in die Vorgeschichte des automobilen Ursprungs. Die Armaturen sind teilweise aus edlem Holz gearbeitet, jeder Knopf und jeder Hebel ist verschwenderisch von Chromleisten eingerahmt. Nichts scheint an diesem Auto der Geschwindigkeit zu dienen, sondern einzig der robusten Schönheit. Zur Schonung werden die schweren Ledersitze stets mit weißen Frotteehandtüchern bedeckt, schließlich sollen sie ein ganzes Leben lang halten, und damit die Götter dabei behilflich sind, hängt am Innenspiegel immer ein frischer Blütenkranz. Ja, da erlebt man den Hochgenuß echten Fahrvergnügens der 'guten alten Kolonialzeit', so sanft geschaukelt und eingelullt von Räucherstäbchen, Jasminblüten und gepflegtem Moder!

Es gehört nicht gerade zum guten Ton eines sogenannten besseren Inders, sofort aus dem Haus zu stürmen, wenn der bestellte Driver vorfährt. Shajahan nimmt es mit diesem unausgesprochenen Hoheitsgesetz sehr genau. Er läßt seinen Fahrer grundsätzlich eine Weile vor dem Haus warten, bis er endlich in Erscheinung tritt. Dann aber nicht als wilder Husar, sondern frisch geschniegelt und nach altindischer Manier in Schale geworfen. Eile ist hier höchstes Verbot, Hetze ein Attribut der Armut. Gelegentlich besitzt er sogar die Seelenruhe, erst dann mit dem Duschen zu beginnen, wenn der Ambassador gerade anrollt.

Mit der Erhabenheit eines Maharajas und ohne das geringste Anzeichen von Schuld, begibt er sich, egal wie lange er den Fahrer hat warten lassen, in angemessenem Hoheitsschritt zu seinem Wagen, und ohne mit einem seiner manikürten Finger die Wagentür zu berühren, gleitet er elegant hinter die verdunkelten Scheiben des Fonds. Das Öffnen und Schließen der Tür ist Aufgabe des Fahrers. Daß sein Boß diese hilfsbereite Tat mit keinem Blick würdigt, kennt er nicht anders. Es scheint sie beide wenig zu kümmern, folgen sie doch dem landesüblichen Protokoll. Im Wageninnern würde er rechtzeitig die entsprechenden Anweisungen erhalten, wohin die Fahrt führen sollte.

Im vornehmen Schleichtempo einer Staatskarosse schaukelt dann der Ambassador auf der Holperpiste davon, und es ist selbstverständlich, daß alles, was da des Weges kommt, dem Präsidenten vom Samudra Beach ehrfurchtsvoll auszuweichen hat. Lediglich Hühner und manch anderes Getier unterschätzen diese Situation und begeben sich leichtsinnig in Todesgefahr.

Die Türen des Jeeps flogen blechern zu. Stimmen drangen von unten herauf. Der Nachmittagszauber ließ spürbar nach. Prabha wurde unruhig. Bis eben hatte er sich in sein unterirdisches, unsichtbares Loch vertieft, um über meine Frage nachzudenken.
Der Wind war schwächer geworden! Die Sonne stand zwar noch relativ hoch, aber ein Blick auf die Uhr genügte, um festzustellen, daß sie in etwa einer Stunde den Horizont erreichen würde.
Prabha rutschte nervös auf seinem Stuhl hin und her, offensichtlich hielt er es nicht mehr aus, seinen Freund unten zu wissen und von meiner Frage geknebelt hier oben zu sitzen. Schwerfällig raffte er sich auf, stellte sich mit todernstem Blick vor mich hin und sagte: »I have to think about your question.« Er machte einen abwesenden Eindruck und stand für kurze Zeit nur so da. Dann drehte er sich im Zeitlupentempo um, trödelte zur Treppe hinüber und stapfte hinunter, um dem Hausherrn Gesellschaft zu leisten.
'Ich muß über deine Frage nachdenken!' taumelte seine Stimme durch meine Gedanken. Ich war sprachlos.
Kumar krabbelte unter seinem Schlaftisch hervor. Er rieb sich die Augen und schaute gähnend vor sich hin. Dabei zog er das ganze Gesicht in Falten. Plötzlich schien er hellwach zu sein und zu wissen, was es zu tun gab, denn zielstrebig ging er auf das Treppenmäuerchen zu, wo die Windlichter standen, und begann sie für die Nacht herzurichten.
Die Konstruktion solcher Windlichter ist verblüffend einfach. Eine leere Mineralwasserflasche aus Plastik wird in der unteren Hälfte so durchgeschnitten, daß ein etwa handbreiter Sockel übrigbleibt. Diesen füllt man mit Sand, steckt eine Kerze hinein und setzt ein Windglas darauf. Vermutlich hat sich die Windglasproduktion dem Durchmesser der Plastikwasserflaschen angepaßt, denn es scheint

überhaupt kein Problem zu sein, die richtige Größe in den Geschäften aufzutreiben.

Kumar hatte in den letzten Tagen mit der Pflege der Windlichter ziemlich geschlampt, was für ihn nun doppelte Arbeit bedeutete. In lausigem Zustand waren sie nach dem Gebrauch einfach in eine Ecke gestellt worden! Bei der schwindenden Anzahl der Gäste, die bei Kerzenschein auf der Dachterrasse dinierten, war die schwindende Anzahl von funktionstüchtigen Windlichtern nicht weiter aufgefallen. Doch jetzt wurde die Angelegenheit dringlich.

Mit indischer Engelsgeduld und Liebe für Abfall puhlte er nun die verkorksten Kerzenstummel aus dem Sandboden des Plastiksockels und sammelte sie mit der indischen Sorgfalt für Nutzloses zu einem kleinen Häuflein neben sich. Unter Umständen konnte es schon mal passieren, daß die unansehnlichen Wachswürmer dann tagelang dort liegenblieben. Es brauchte nur eine Kleinigkeit dazwischenzukommen, um Kumar in seiner Kerzenstummelmeditation zu stören! Aber ein akuter Anfall von Faulheit konnte auch genügen, damit er diese Sache vernachlässigte.

Wenn der Andrang der nächtlichen Dinnergäste etwas größer war als zur Zeit und damit auch der Druck auf seine Arbeitsdisziplin, wurde das Instandsetzen der Windlichter zu seinem allabendlichen Ritual. Mit aller Deutlichkeit kündigte dies das Ende des Nachmittags an. Der Sonnenuntergang stand bevor, bald würde die Nacht anbrechen.

Trotz der launigen Einstellung gegenüber diesen Pflichten war es geradezu auffällig, wie selten es vorkam, daß keine Kerzen vorrätig waren. Das lag an Kumars indienuntypischer Eigenschaft, gleich eine ganze Packung statt einzelne Kerzen zu kaufen. Das ist eine klassische indische Vorliebe! In den Geschäften und an den Ständen kann man alles in geringen Mengen erstehen, sogar einzelne Zigaretten.

Manchmal schepperte es hinter mir. Dann war ein Windglas kaputtgegangen. Vorerst hieß das nur: es gibt ein Tischlicht weniger! Das ging solange, bis schließlich keines mehr heil geblieben war. Bei der großen Dachterrasse mit den sechs Tischen und dem permanenten Stromausfall, allgemein als Current-Cut bezeichnet, war das reichlich mickrig. Das sah sogar ein Inder ein! Und Kumar wurde von Boß Shajahan mit ein paar Rupie-Scheinen losgeschickt, um neue Windgläser zu kaufen.

Das Klappern des Teegeschirrs vor mir auf dem Tisch riß mich aus meinen Gedanken und holte mich in die Gegenwart zurück. Was ich sah, war kaum zu glauben! Die Tollkühnheit der Krähen sprengte all meine bisherigen Erfahrungen. Wußte ich, daß sie mit einem flinken Schnabelhieb den Deckel von der Teekanne schubsen konnten, so war es mir völlig neu, daß sie es in der unmittelbaren Nähe eines Menschen wagten. Davon sichtlich ungerührt, trippelten zwei Krähen zwischen den Manuskriptblättern und der Traveller-de-Luxe hindurch über den Tisch und sabberten sich abwechselnd mit dem Inhalt meiner Teekanne voll. Ein gerissenes Räubervolk! Ihnen entgeht es nicht einmal, wenn man gedanklich abschweift!

Mit einem Stapel Manuskriptblätter bewaffnet, fuchtelte ich drohgebärdend in ihre Richtung. Allerdings war ich zu faul, dafür extra aufzustehen, was sich sogleich als Fehler entpuppte. Hatte ich doch angenommen, die bedrohten Vögel kriegten es mit der Angst zu tun. Nein, Krähen lassen sich nicht so leicht einschüchtern.

Ihre schwarzen Teufelsaugen funkelten mich gefährlich und kess an. Da, schon wieder! Und hinein in die Kanne. Hat diese Krähe nur gute Erfahrungen gemacht in ihrem Leben, wunderte ich mich, weil sie keine Scheu zu kennen schien. Da, jetzt die andere! Ohne Zögern steckte sie ihren Bazillenschnabel mal eben schnell in meinen Kardamom-Jaia. Sie trauten sich das, obwohl sie sich im Hoheitsgebiet meiner Reichweite befanden? Ich könnte sie erschlagen, wenn ich wollte! Aber wahrscheinlich spürten sie, daß ich es doch nicht könnte. Erstens würde ich es nicht fertigbringen, und zweitens würden sie mir im allerletzten Moment geschickt entwischen, wenn ich es denn doch täte. Ja, sie wußten das, und deshalb war ihre Gelassenheit so provozierend.

Da schon wieder! Ich hatte verstanden. Ihr Bazillenschnabel triefte von meinem Milchtee. Damit demonstrierten sie ihre unangefochtene Überlegenheit. Das wollte ich augenblicklich ändern. Ich stand auf und schritt zur nächsten Instanz meiner Kriegsführung. Indem ich den wuchtigen Schreibmaschinendeckel scheuchend durch die Luft wirbelte und mit den Händen wild darauf einschlug, versuchte ich, sie davonzutrommeln. Mein Eindruckschinden hatte neben dem tänzerischen Unterhaltungswert zumindest den Effekt, daß die zwei aufsässigen Räuber einen Sprung auf die Balustrade machten. Ungläubig schielten sie zu mir herüber. »Kräh!« stieß die eine verächtlich aus und »Kräh!« die andere. Es klang wie Spott. Frech stellten sie ihren Kopf schief. Wie sie mich mit ihrem Blick taxierten! Als sei ich ein bedauernswertes Geschöpf. »Kräh-kräh!« war die höhnische Antwort auf meine Gedanken, 'wir glauben dir nicht!' pflanzten sie mir telepathisch ein. Machten sie sich über mich lustig?

Noch ehe ich sie mit furchteinflößenden Fäusten und Gebrüll zurechtweisen konnte, erhob sich eine Krähe mit abgewandtem Blick in die Lüfte. Sie ignorierte mich, schenkte mir nicht einmal Verachtung, tat geradeso, als seien wir uns nie begegnet! Mit dem lässigen Schwenk zur Hütte nebenan malte sie ihren Sieg in den Himmel. Majestätisch setzte sie auf der höchsten Spitze des Palmblätterdaches zur Landung an und wurde dort mit heißblütigem Gekrächze von ihresgleichen wie eine Heldin empfangen. Sie hatte mich mit meinen geballten Fäusten einfach stehenlassen! Sie hatte es geschafft, mich zu verspotten, mich vor mir selbst lächerlich zu machen! Als sei dies ihre kaltblütige Absicht gewesen. Aber damit nicht genug. Im direkten Anschluß wiederholte die zweite Krähe den gleichen Siegesflug.

Auf dem Nachbardach herrschte nun Aufruhr. Scheinbar hatten Späher neues Raubgut gemeldet. Im nächsten Augenblick schoß die Meute davon. Einige Nachzügler eilten dem Schlachtruf hinterher, dann war es beinahe unheimlich still. Die Krähen waren weg, nahmen ein neues Opfer in Beschlag.

Jetzt frischen Jaia bestellen und in Zukunft mehr Gelassenheit üben, sagte ich mir und wollte mich an Kumar wenden. Aber bei dem Mäuerchen neben der Treppe, wo er eben noch Windlichter instandgesetzt hatte, lag jetzt ein verlassenes Häuflein Wachswürmer. Ich rief in alle vier Himmelsrichtungen hinunter, zum Küchenhäuschen und in den Innenhof, doch von Kumar fehlte jede Spur. Womöglich besorgte er Kerzen? Ich sah nirgendwo eine Packung herumliegen. Bei genauerer Betrachtung stellte ich fest, daß sich der Arbeitsprozeß erst in den Anfängen befand. Nur ein einziges Windlicht stand für die Nacht gewappnet da, alle anderen waren in ihre zwei Einzelteile zerlegt und lediglich von Kerzenstummeln befreit worden. In den Sand der Plastiksockel hatte er mit dem Finger kleine Mulden gebohrt, die neuen Kerzen fehlten darin. Kumar war unauffindbar. Nun gut, dann eben keinen Tee, dafür aber eine bestandene Prüfung in Geduldsübung!

Die Sonne hatte nicht mehr weit bis zum Horizont, als Prabha gerade durch das Hoftor hinaus spazierte. »Wohin gehst du?« rief ich ihm vom Dach aus nach. Ein müdes Deuten in die Richtung seines 'Massage-Centers' war die knappe Antwort. Ich konnte mir die Mühe sparen, ihn an die 'rich, old Lady' und ihre Frage zu erinnern. Wenn nicht heute, dann eben morgen oder übermorgen. Oder überhaupt nie? Was spielte das für eine Rolle, hier in Indien! Prabha kam mehrmals täglich vorbei. Er langweilte sich. Es gab wenig zu tun, worunter er nicht unbedingt litt. Daß er dann wenig Geld verdiente, behagte ihm jedoch nicht. Hier im 'Al Italia' erhoffte er sich, unter den ausländischen Gästen hin und wieder einen zahlungswilligen Kunden zu einer AyurVeda-Massage überreden zu können. Wenn nicht, hatte er sich wenigstens gut unterhalten.

Nicht ohne Eigennutz hatte Shajahan ihm gestattet, auf der Dachterrasse eine schlichte Palmblätterbude aufzustellen. Der fensterlose Raum war gerade groß genug für eine Pritsche zum Liegen und einen dreißig Zentimeter breiten Stehplatz daneben. Das war Prabhas Zweigstelle! Und für Shajahan war das keineswegs von Nachteil. Somit hatte er einen Grund mehr, die vorbeiflanierenden Touristen anzusprechen und mit einer weiteren Attraktion anzulocken. Neben Hummer und kühlem Bier, Zimmern und Dachgarten-Restaurant nun auch eine hauseigene AyurVeda-Massagepraxis! Es war nicht mehr so leicht, Gäste zum Übernachten oder zum Essen zu gewinnen. Seit der Pauschaltourismus in Kerala seinen ungebremsten Einzug hielt, hatte sich vieles verändert. Vor ein paar Monaten war die erste Charterlinie eröffnet worden, und bei dem wöchentlichen Ansturm der fünfhundert Personen, die nonstop von London nach Trivandrum geflogen wurden, schnellten die Hotelpreise rund um den Kovalam Beach rasant in die Höhe. Das hatte zur Folge, daß die Traveller, die Billigreisenden, die sich um ihre Übernachtungsmöglichkeiten selbst kümmerten und sparsam haushalteten, um mehrere Monate oder gar Jahre unterwegs zu sein, regelrecht vergrault wurden Sie wanderten nun in das fünfzig Kilometer nördlich gelegene Varkala zum Papanasam Beach ab, wo alles noch indischer war, einschließlich der Preise. Der wachsende Andrang macht es allerdings fraglich, wie lange das noch so bleiben wird. Innerhalb weniger Jahre schossen dort kleine Hotels und Pensionen aus den Reisfeldern, und neben dem altherrschaftlich vergammelten Government-Guesthouse entstand sogar ein exklusiver Fünf-Sterne-Hotelkomplex.

Das ehemals primitive Eßlokal an der Junction ist heute auf Fremdenverkehr getrimmt. Einst hatten sich hinter dem Haus Dorfschweine im Unrat gesuhlt, heute sitzen dort die ausländischen Gäste Milkshakes schlürfend in weißgestrichenen Korbstühlen. Die neuangelegte Terrasse liegt unmittelbar neben dem alten Wassertank, der zum Tempel gehört und tagsüber einen idyllischen Ausblick auf die badende Bevölkerung bietet. Wer jemals einen Inder bei der Wäsche beobachtet hat, der weiß, mit welcher Hingabe er sich einseift. Das gleiche widerfährt seinen abgelegten Kleidungsstücken, die zudem mit heftigen Schlägen auf die Treppenstufen geknallt werden. Das erklärt, warum in Indien so viele Menschen mit fehlenden Knöpfen herumlaufen und statt dessen Sicherheitsnadeln bevorzugen.

Die letzten Jahre haben viel verändert in Varkala. Abends sitzt man jetzt bei romantischem Kerzenlicht auf dieser Terrasse und verspeist gegrillte Meeresfrüchte, und manchmal hört man das Schmatzen des Tempel-Elefanten, der sich unweit entfernt, an einem Palmstamm angekettet seinen Heuhaufen einverleibt.

Überall winken bunte Tücher von den Verkaufsständen, die an jeder Ecke aus dem Boden sprießen. Nun hat auch in Varkala der gleiche Prozeß begonnen, wie ich ihn vor zwei Jahrzehnten in Goa und später dann in Kovalam beobachtet hatte. Je höher die Nachfrage stieg, desto einheitlicher und wertloser wurde das Angebot! Und die Begegnungen mit den Einheimischen waren zusehends von Geschäftemachereien geprägt.

Das wilde Meer und die Steilküste aus bröckeligem, rotem Gestein sind am Papanasam Beach von großem Vorteil. Wegen der Ausuferungen in der Regenzeit kann der breite Sandstrand nicht bebaut werden. Von Mai bis September verschlingt das Meer den Strand. Daher hat sich am Strand selbst nichts verändert: ein wildes Landschaftsspektakel wie in alten Zeiten. Der leicht zugängliche Kovalam Beach hingegen ist dicht bebaut. Wenn der Monsun tobt, kann man dort den Einfallsreichtum und die Anstrengungen der Restaurantbuden-Besitzer bestaunen, wie sie gegen den Ansturm des Meeres um den Erhalt ihrer Hütten ringen. Wer von diesen Notstandsaktionen nichts weiß, fragt sich in der trockenen Schönwettersaison, warum jede Hütte mit häßlichen, teils zerfledderten Sandsäcken umsäumt ist. Daß der fünfzig Meter breite Strand zu manchen Zeiten gar nicht existiert, kann man sich nur schwer vorstellen.

Englische Reise-Agenten verwalten die neue Chartereinrichtung mit europäischer Disziplin. Sie haben sämtliche Quartiere im Umkreis von Kovalam, die einen gepflegten Zustand vorweisen konnten, bereits in Beschlag genommen. Bei Shajahan haben sie auch des öfteren vorgesprochen, doch bisher ohne Erfolg. Gottseidank! Obwohl das Angebot, das sie ihm machten, äußerst verlockend war: Sechs Monate feste Buchung seiner drei Zimmer zum Höchstsatz! Das versprach ihm ein tägliches Einkommen von über zweihundert Mark. Mit hundertachtzig Tagen malgenommen, ergibt das selbst für europäische Verhältnisse eine stattliche Summe.

Nur beiläufig erwähnte er das Thema. Der finanzielle Aspekt gefiel ihm, denn er liebäugelte seit längerem mit einer Halbinsel, nur wenige Kilometer nördlich vom Samudra Beach. Von dem Geld könnte er sein Traumobjekt kaufen! Aber ein innerer Impuls hinderte ihn bisher daran, dem Pauschalangebot zuzustimmen. Es war immer die gleiche nüchterne Erklärung, die er als Begründung angab: »I don't like these boring people!«

In der Kovalam-Gemeinde war Shajahan vermutlich der letzte Verweigerer des Massentourismus. Instinktiv spürte er wohl, daß dieses lukrative Geschäft eine Kehrseite hatte, die ihn schreckte: ein langweiliges Leben! Die braven Engländer aus den Chartermaschinen kamen ihm allesamt wie eine Serienproduktion vor. Egal, was er ihnen erzählte, eine Episode aus seinem Leben oder den Speisezettel für das Dinner, in den schrillsten Tönen juchzten sie ihre höflichen Pauschalantworten: »Ch!! Marvellous! ...isn't it nice? ...how excellent, ...so friendly, please, welcome, I beg your pardon!« Dieses Englisch war ihm nicht geläufig. Und obwohl Bewunderungen gegenüber nicht abgeneigt, hatte ihn der Schmeichelwert dieser Umgangsart schnell übersättigt. Es langweilte ihn. Denn so ließ sich keine interessante Unterhaltung führen!

Das war mit den Individualreisenden schon anders! Teilweise waren recht ausgeflippte Typen darunter. Zum Beispiel der wilde Karsten aus Deutschland, der stets auf einer alten Enfield aufkreuzte und für ein paar dralle Tage Wirbel in Shajahans Leben brachte. In seiner halbnackten, verwegenen Aufmachung sah er wie ein junger Pirat aus, der gerade Schiffbruch erlitten hatte. Einmal brachte er sogar einen Affen mit, der im 'Al Italia Beach Resort' sein Unwesen trieb, bis es auch Shajahan zuviel wurde und er beide hinauswarf. Aber Karsten kam jedes Jahr und versorgte ihn mit weiteren wilden Geschichten.

Dann gab es noch all die Frauengeschichten, in die Shajahan leibhaftig verwickelt war, und die gelegentlichen Reisen in seinem Ambassador, dann die Tempel- und Gurugeschichten. Und all diese Lebensbereicherungen ereigneten sich mit jenen westlichen Besuchern, die auf eigene Faust und nicht mit einer Reiseagentur nach Indien kamen.

Seit Jahren gewährte er mir auf seinen Dächern die Ungestörtheit, die ich zum Schreiben benötigte, und sorgte dafür, daß mich niemand dort oben belästigte. Er tat dies gewiß nicht ganz selbstlos. Insgeheim hoffte er nämlich, daß ich mit meiner ewigen Schreiberei endlich zu Ruhm gelangte und seine 'Story' standesgemäß erzählte. Sonst würde er weiterhin der unerkannte Held seines sterbenden Heimatortes bleiben!

Seine abwehrende Haltung gegenüber dem Massentourismus und der damit verknüpften Entkultivierung alles Indischen zeigte sich in manch seinen launigen Erneuerungen, die seinen Landsleuten eher wie Rückschritte anmuteten. War er vor Jahren noch auf die überdimensionale, elektrisch beleuchtete Neontafel stolz gewesen, so griff er jetzt auf vermeintlich altmodische Mittel zurück. Nur ein winziges Schild draußen vor der Mauer weist darauf hin, daß es sich bei seinem Vier-Zimmer-Haus um das 'Al Italia Hotel' mit Dachgarten-Restaurant handelt.

Er will die Atmosphäre möglichst privat halten. Seine Adresse spricht sich unter Individualreisenden herum, und wer hierherfindet, der bringt meist eine unterhaltsame Anreise-Geschichte mit, zum Beispiel wer von diesem Ort geschwärmt hatte und welche Umstände oder verrückten Zufälle dazu führten, das neue 'Al Italia' zu suchen. Vielen Rikscha-Fahrern von Trivandrum ist der Name unbekannt; wer also den Weg nicht weiß und keine Wegbeschreibung mitbekommen hat, der muß sich ziemlich durchfragen. Inzwischen ist er sogar in einem Reiseführer erwähnt und seine Küche besonders hervorgehoben. Manchmal ergibt sich auch ein Gespräch mit ausländischen Spaziergängern, die neugierig vor seinem Hoftor anhalten, weil dort ein handgemaltes bescheidenes Blechschild steht, das ihre Aufmerksamkeit auf sich lenkt: 'Real Indian AyurVedic-Massage'!

Den Malauftrag hatte sein Künstlerfreund Sunil erhalten. Als wohlhabender Sohn genoß er den Vorzug, ohne jeglichen Erfolgsnachweis dennoch gut dazustehen. In der Nähe betrieb er sogar eine kleine Galerie, wo er neben seinen eigenen auch die Werke indischer Kollegen ausstellte. Es war verwunderlich, wie er von seinen Freunden als hochbegabter Künstler gehandelt wurde. Mir war seine Malkunst unbegreiflich. Unbeirrt produzierte er eine schwarze Serie nach der anderen, lauter Motive von ehemals sonnigen Strandidyllen, die er selbstbewußt in einfache Bleistiftzeichnungen und verschmierte Kohlebilder umsetzte. Vielleicht beneidete ich ihn um seine gesicherte exotische Narrenfreiheit.

Wenn Shajahan neuen Gästen eines der Zimmer zeigte, vergaß er dabei nie, mit Genugtuung auf Sunils 'Neue Werke' hinzuweisen.

Rußigen Quadraten gleich verdüsterten sie die Wände über den Betten. Sonne, Palmen, Boote, Strand und Meer in viereckiges Schwarz gesperrt.

Das AyurVeda-Massage-Schild hatte Sunil entgegen seiner Stilrichtung vorwiegend in Blau und Rot und ein wenig Weiß gestaltet. Doch auf sein Markenzeichen verzichtete er auch dabei nicht gänzlich und quetschte ins obere linke Eck eine schwarze Palme! Jeden Morgen wurde nun dieses Schild von Kumar vor die Hofmauer getragen und dort so aufgestellt, daß kein vorbeifahrender Fischtransporter es umfahren würde. Es war seine erste verschlafene Tat des Tages. Abends, bevor er sich schlafen legte, holte er es wieder herein, damit es niemand stehlen konnte. Seine Gewissenhaftigkeit machte mich eines Morgens stutzig: Es schien ihn nicht zu irritieren, wie gering sein täglicher Aufwand in Relation zur Wirkung stand! Die Nachfrage war im Grunde ein Witz. Von meinem Schreibplatz auf dem Dach aus hatte ich von Morgengrauen bis kurz vor Mitternacht alles im Blickfeld und konnte genau beobachten, was sich tatsächlich abspielte. Kam wirklich einmal jemand und verlangte nach einer AyurVeda-Massage, dann war das solch ein Ereignis, daß der Abend mit einer Flasche King Fischer Beer begann. Das bedeutete, Kumar würde am Spätnachmittag nicht Kerzenstummel aus den Windlichtern herauspuhlen, sondern die ganze Gegend ablaufen und genügend Vorrat besorgen. Am besten schon eisgekühlt! Solche Feiern konnten sich zu exzessiven Ausschweifungen bis hin zum bitteren Ende verwandeln, und am nächsten Tag, wenn das Koma allmählich nachließ, gab es einsichtiges Klagen über diverse körperliche Mißstände. Prabha hatte dann selbst eine AyurVeda-Massage nötig!

...gerade berührt die Sonnenscheibe den fernen Horizont. Horizonte sind immer fern! Das macht wohl ihre Attraktivität aus...

In der Ferne am Strand, etwa auf der Höhe des alten 'Al Italia Beach Resort', erkannte ich die gedrungene Gestalt von Prabha. Immer kleiner werdend stapfte er auf sein 'Massage-Center' zu.

Jedesmal, wenn ich auf dem Weg zur Rikscha oder zum Bus dort vorbeikam, konnte ich mir ein Schmunzeln nicht verkneifen. 'AyurVedic Massage Center', prangte da ein handgemaltes Schild

im Sand. Und gleich dahinter befand sich die Praxis! Es war stets
ein Überraschungsmoment, blickte ich von dem Schild auf und
sah dann die windschiefe Palmblätterhütte. Drinnen war sie mit
den landesüblichen bunten Bettdecken beduinenhaft verhängt und
in zwei Räume aufgeteilt, einen Empfangsraum und einen Behand-
lungsraum! In das Blättergeflecht gesteckte Tücher zierten die Seitenwände. Überall war Sandboden, der Strand ging hier weiter!
Im Empfangsraum stand sogar ein richtiger Schreibtisch, abge-
nutzt und schäbig, doch immerhin. Ein paar fettige Fläschchen
und verbeulte Blechdosen drängten sich, trotz aller Verschmiertheit,
fein säuberlich auf einer Tischecke zusammen. Es roch ranzig und
muffig und auf seltsame Art heimelig. Meist war die Hütte leer,
dann ging ich hinein, um für einen Augenblick in diesen atmosphä-
rischen Cocktail einzutauchen. Die Stille war fast unheimlich. Alte
Gefühle wurden wach, alte Kindheit wiederbelebt.
...ich spielte in meinem Zimmer, hatte Bettlaken, Badetücher und
Decken über Stühle und Besenstiele gehängt, mit Schnüren ver-
knotet und überall mit Wäscheklammern befestigt. Labyrinth-Zel-
te zu bauen war meine große Leidenschaft gewesen, und je kom-
plizierter und verwinkelter der Bau, desto authentischer meine Verwandlung. Die Stoffhöhle des Kinderzimmers wurde zu einem
Berberzelt, und ich war eine Nomadenfrau aus der Steppe mit
vielen Kindern...
Nur ein einziges Mal traf ich dort einen Klienten an. Ein älterer
Europäer saß auf dem angerosteten Blechstuhl vor dem Schreibtisch, der je nach Bedarf auch als Rezeption diente, und verhandelte gerade mit Prabha. Gewöhnlich vertrieb er sich bei seinem
Nachbarn im 'Seafood Restaurant' die Zeit, wo ebensolche gähnende Leere herrschte wie in seinem 'Massage-Center'. Da er von
dort aus alles unter Kontrolle hatte, stand die Tür der Hütte offen.
Das sah einladender aus, meinte er. Half aber wenig! Abends jedoch, oder wenn er Shajahan einen Besuch abstattete, war er mit
dem Absperren auffallend zimperlich. Er verrammelte und verriegelte die von Termiten und Salzluft angefressene wacklige Tür,
daß es einen wunderte, wie sie es überhaupt aushielt. Ein Fremder
mit bösen Gedanken, der solche Sicherheitsvorkehrungen beob-

achtete, hätte durchaus vermuten können, dahinter verberge sich ein wertvoller Schatz!

Sah mich Prabha kommen, rief er mir schon von weitem von seinem Stammplatz aus zu: »Evitu pohunnu?« Wohin gehst du? Es war seine Absicht, daß es alle hörten. Denn als mein Malayalam-Lehrer mit dem Prädikat 'Number One', wie er es ausdrückte, erwartete er natürlich von mir, daß ich in Malayalam antwortete. Da es nicht viele Möglichkeiten gab, wohin ich ging, kannte ich die Antworten schon in- und auswendig. War ich gerade auf dem Weg nach Trivandrum, rief ich zurück: »Naan Thiruvananthapuram-leik pohunnu!« Und fuhr ich zu einem der Dance-Festivals in der näheren Umgebung, hieß mein Sprüchlein: »Naan kalli kanam pohunnu!« Daß ich für Trivandrum den zungenbrecherischen einheimischen Namen Thiruvananthapuram verwendete, brachte mir die Note 'best' ein.

Strenggenommen war die Endung falsch, was aber niemand registrierte. Diese Feinheiten erfuhr ich aus höheren Kreisen. Da gibt es für das örtliche 'nach' gleich mehrere Formen, je nachdem wie das betreffende Wort endete. Im Falle von 'nach Trivandrum' heißt es demnach richtig: 'Thiruvananthapura-tinne'!

Den Einheimischen, die unser kurzes Gespräch hörten, fiel so plötzlich die Kinnlade herunter, als wären sie Zeugen eines unerklärlichen Phänomens. Sie blieben stehen und gafften mich mit großen Augen an. Daß ein Ausländer Malayalam sprach, hatte für sie Seltenheitswert.

Für Prabha und mich war dieses Frage-und-Antwort-Spiel vor aller Augen ein besonderes Vergnügen. Er konnte ein bißchen angeben mit mir, seiner ausländischen Schülerin, und erzählen, daß er im Gegenzug Deutsch von mir lernte. Das führten wir dann umgehend vor: »Wie geht es dir, Prabha?« fragte ich ihn, und in lässiger Pose antwortete er: »Iiich weiiiß es niiicht!« Wir kicherten geheimniskrämerisch, was die anderen vor Neugier gänzlich überschnappen ließ, und ich fuhr heiter fort: »Wie läuft das Geschäft?« Weltmännisch gestikulierend antwortete er: »Wiiillst duuu eiiinen Kuuuß!« Damit brachte er mich immer zum Lachen, und prustend rief ich zurück: »Ni Mandan!« Und jetzt brachen alle Zuhörer in fröhliches Gelächter aus. Aufgeregt redeten sie durcheinander, wie so etwas denn sein könne, und diskutierten eifrig über das Ereignis. Es war ein quicklebendiges Bild von glücklichen Menschen, und ich war ein Teil davon!

Wie jemand, der im Geiste lustigen Erinnerungen nachhängt, grinste ich beim Weitergehen vor mich hin und erreichte in bester Laune den Platz mit dem riesigen heiligen Banyan-Baum, wo ich entweder den öffentlichen Bus oder eine Rikscha bestieg. Die spaßige kleine Angeberei war willkommener Balsam für mich. Denn da ich diese komplizierte Bandwurmwörter-Sprache ohnehin nie beherrschen werde, kam ich doch wenigstens in den Genuß, so zu tun als ob. Bei meinen stotternden Konversationsübungen mit Einheimischen, freute ich mich schon über ein einziges Wort, das ich aus dem Chaosgesang von Konsonanten herausfischen konnte. Zu meiner Entlastung muß ich jedoch bemerken, daß sich die meisten überhaupt nicht bemühten, ein bißchen langsamer und deutlicher zu sprechen, und daß der Dialekt in der Gegend von Trivandrum am schwierigsten zu verstehen ist.

Prabha war nicht immer dazu aufgelegt, mir alles zu erklären, und wegen seiner wiederholten Unlust ärgerte ich ihn, indem ich behauptete, von nun an sei Kumar mein Malayalam-Lehrer 'Number One'. Denn, so rechtfertigte ich meinen Beschluß, er habe schließlich seine Pflicht als Sprachlehrer vernachlässigt! Der Seitenhieb war gelungen. Entgeistert schaute er mich an, wehrte sich vehement gegen die Entwürdigung, und während Kumar, von dieser Titelverleihung wie narkotisiert, mit einem ständigen Grinsen herumlief, ließ ich Prabha zur Strafe eine Weile leiden! Nach einem Tag gab ich ihm seinen begehrten Titel mit der Bitte zurück, in Zukunft etwas aufmerksamer zu sein. Feierlich sagte ich zu ihm: »Guru Prabha, Teacher Number One!« und er strahlte zufrieden über die zurückgewonnene Ehre.

Kumar schmollte nicht deswegen. Das stünde ihm mit seinen dreiundzwanzig Jahren gar nicht zu.

Der Wind war verstummt, die Sonne untergetaucht. Ich stellte mir vor, sie habe ihn mitgenommen hinter den Horizont. Der Schleier der Dämmerung legte sich über alle Farben, deckte das Licht zu. In den Palmkronen verstummte nun auch das Scharren der Krähenfüße. Vom Dach aus konnte ich Prabha vage als dunkle Gestalt erkennen. Er hatte sein 'Massage-Center' fast erreicht, doch er blieb beim 'Seafood Restaurant' stehen und ging dann hinein. Es zog ihn nicht sonderlich heim zu Frau und Töchterchen, aber deswegen war er aus indischer Sicht noch lange kein schlechter Ehemann und Familienvater.

Ich räumte meine Schreibsachen zusammen und rüstete mich für die Dunkelheit. Kurz nach Einbruch der Nacht gab es den ersten Current-Cut. Die Einheimischen ließ das im voraus unberührt. Der Stromausfall betraf ganz Indien, nur hatte jeder Distrikt seine eigenen Uhrzeiten. In dieser Sache ausnahmsweise zuverlässig, wurde in der Gegend von Kovalam pünktlich um zwanzig Uhr für etwa dreißig Minuten der Strom abgedreht. Obwohl es alle wußten, fingen sie erst im Finstern an, auf allen vieren kriechend zuerst nach einer Kerze und dann nach einem Streichholz zu suchen! Wohingegen ich, ein fortschrittlicher Mensch, der mit Planung und Zweckbezogenheit groß geworden war, im Bedarfsfall lediglich die Taschenlampe anzuknipsen brauchte. Ich hatte mich ja rechtzeitig darum gekümmert und sie aus meinem Zimmer geholt!

Den Triumph mußte ich eine Weile auskosten. War es doch ein anregendes Hörspiel, den indischen Freunden zu lauschen, wie sie in der Dunkelheit herumirrten. Aber noch bevor sie Kerze oder Streichholz finden konnten, half ich ihnen mit meinem Licht aus der Patsche. Meinen momentanen Vorteil registrierten sie sehr wohl, ihr beneidenswerter Paradiesschlummer wurde dadurch nicht gestört. Der Effekt meiner vorausplanenden Vorsorge motivierte sie noch lange nicht, mir darin auch nachzueifern! Letztlich glichen sich die Vorteile von selbst wieder aus, das erkannte ich irgendwann: Während ich mit meiner disziplinierten Vorsorge beschäftigt war, also mit meiner Planung den fließenden Augenblick zerriß, genossen sie den Vorteil der Freiheit, sich nicht manipulieren zu lassen bei dem, was sie gerade taten oder nicht taten, und einfach nicht weiter zu denken als an die Gegenwart! Ihre Freiheit forderte eine ganz andere Art von Disziplin von mir.

In einer Alltäglichkeit wie dieser verriet sich mir oft deutlich, wie verschieden östliches und westliches Denken und Empfinden wirklich sind und was es bedeutet, sich dafür zu öffnen. Denn zum Ganzen gehört nun mal beides, das Östliche und das Westliche! Ein Inder nimmt sein Dasein hin, so wie es ist. Ereignet sich dann etwas Neues, das eine Reaktion erfordert, vertraut er instinktiv auf das Gesetz der Wandlung und darauf, daß sie für ihn eine Lösung bereithalten wird. Er denkt nicht im voraus darüber nach, was sinnvoll oder nicht sinnvoll wäre, wenn...! Diese Philosophie läßt sich gerade in der Bürokratie sehr gut studieren. Und es kostet einige Überwindung, nach einem Tag in enger Tuchfühlung mit Post oder Bank oder sonstigen Ämtern die westliche Arroganz abzustreifen und sich einzugestehen: Östliches Denken ist flexibel und ohne persönliches Wollen lebendig mit dem Fluß des Lebens verbunden! Im krassen Gegensatz dazu ist das westliche Denken von einem starken Willen geprägt. Ja, es zeichnet sich gerade dadurch aus, beschreitet es doch den Weg der Empörung nach dem Beispiel von Prometheus und entwickelt daher eigene Pläne. Und diese wiederum sind, aus östlicher Sicht betrachtet, nicht selten sogar eine Gotteslästerung.

...die Problematik einer Konfrontation beider Denkstrukturen ist doch einleuchtend! Egal, wo sie sich begegnen, die Wand des Unverständnisses wird dazwischenliegen, da nützt alles Vertuschen und Verzieren nichts. Für die einen ist es untragbar, für die anderen ein Hauch von Exotik! Kommt das westliche Denken zum östlichen, liegt die Herausforderung gerade bei dem Gast im fernen Land, seine Toleranz unter Beweis zu stellen...

Bevor ich mit meinen Schreibsachen unter dem Arm das Dach verließ, hielt ich einen Moment inne und lauschte. In den Palmkronen war es nun mucksmäuschenstill. Zwei Seelen pochten in meiner Brust, da rief die Pflicht, der westlichen Natur gerecht zu werden und entsprechende Vorsorge für die hereinbrechende Nacht zu treffen, und da war alles andere. Die Brandung plätscherte leise, als sänge sie dem Meer ein Schlaflied. Von fern sickerte die Tempelmusik durch die Dämmerung.

Ach ja, den Tempel gab es auch noch! Hier im neuen 'Al Italia' hörte ich ihn kaum. Aber was hatte der Tempel uns schon Nerven gekostet! Das alte 'Al Italia Beach Resort' lag direkt daneben, was es bei Tag auch so romantisch erscheinen ließ: Ein richtiger Tempel mit einem schwarzen runden Felsenbuckel, der aussah wie ein überdimensionaler schlafender Elefant! In den nächtlichen frühen Morgenstunden allerdings fand die Romantik mit einem Schlag ein Ende, da wurde die Probe aufs Exempel gemacht.

Wie es Hindutempel so an sich haben, begrüßen sie jeweils die hereinbrechende Nacht und den neuen Tag mit Musik, was weiter nicht schlimm wäre, wenn diese Musik nicht so laut gespielt würde. Im westlichen Sinne rührte diese Lärmbelästigung bereits an Körperverletzung!

Wo war eigentlich die Toleranzgrenze? Und warum fingen sie mit ihrer Tagesbegrüßung bereits mitten in der Nacht zwischen drei und vier Uhr an? Warum mußten sie die Lautstärke unbedingt so hoch drehen? Warum gaben die alten Boxen und Verstärker überhaupt noch einen Ton von sich? Oder warum explodierten sie nicht einfach? Bei uns wären vergleichbare Exemplare entweder auf dem Schrottplatz oder im Museum gelandet! Und das letzte Warum, wenn dies halt alles doch sein muß: Warum mußte dieses ohrenbetäubende Schepperkreisch-Konzert unbedingt zwei Stunden lang dauern?

Unwillkürlich brachte mich die Erinnerung an den Tempel zum Lachen. Einst war ich im Schlafanzug und mit einer Riesenwut im Bauch nachts um Viertel nach drei zum Tempel nebenan marschiert, und zwar schnurstracks zu der kleinen Baracke am Eingang, dem Ort der Störung. Ein schmales Bürschchen von etwa Mitte Zwanzig hing dösend in einem Stuhl vor der musikspeienden elektronischen Anlage. Energisch trat ich ein, bat beherrscht freundlich, die extreme Lautstärke ein wenig zu reduzieren, und nachdem ich von ihm nur untätig angeglotzt wurde, fragte ich nicht lange um Erlaubnis und nahm die Sache selbst in die Hand. So! Natürlich hatte er seine Einwände und drehte umgehend wieder auf. Ich protestierte mit einem erneuten Eingriff am Lautstärkeknopf, konnte den Krach für eine oder zwei Sekunden dämpfen, bis er dazwischen fuhr und noch lauter aufdrehte. Ich schmetterte vernunftgeladen meine westlichen Argumente auf ihn nieder, drohte mit der Polizei, beschimpfte ihn ob seiner hirnverbrannten Aufgabe, die Schlafenden um ihre Nachtruhe zu bringen, und so weiter und so fort, während unsere Finger um die Eroberung dieses einen Knopfes kämpften. Er beharrte ebenso uneinsichtig auf seine östlichen Vorschriften und entwickelte sich zu einem äußerst störrischen Gegner. Es schien ihm geradezu Schmerzen zu bereiten, sobald die Musik in einem einigermaßen erträglichen Klangvolumen durch die Nacht tönte. Er verteidigte seinen Stand mit einer Vehemenz, als drohe ihm bei Nichteinhaltung die Todesstrafe!

Es war ein ständiges Gerangel um Indiens wichtigsten Knopf eines Hi-Fi-Gerätes. Der Lautstärkeknopf wurde einem harten Test unterzogen, ein hurtiges Hin und Her von überlaut auf leise, laut und leise, laut, leise…! Die scheppernden Lautsprecher draußen auf dem Dach und auf der Mauer gerieten in Stimmung, gehorchten jedem Dreh, gaben alles her. Und das nachts um halb vier! Wirklich eine spaßige Szene im nachhinein, aber in der knallharten Realität der Gegenwart leider ziemlich strapazierend.

Allem Anschein nach hat die schlafende Bevölkerung unsere Schlacht um die Lautstärke nicht einmal bemerkt. Es ist der inneren Unabhängigkeit des indischen Gemüts zuzuschreiben, denn gleichgültig um welche Uhrzeit, durch Krachmachereien in der Nachbarschaft läßt sich so schnell niemand stören!

Unverrichteter Dinge und beschossen von den unbesiegten Frequenzen der Tempel-Hi-Fi-Anlage stapfte ich zu meinem Zimmer zurück. Viel zu aufgebracht, um mit Ohrstöpseln nochmal schlafen zu gehen, saß ich bis zum Sonnenaufgang auf dem Bett und brütete über dem Plan einer Protestaktion. Mit Shajahans eifriger Unterstützung und der kreativen Aufmunterung meiner Schwester entstand schließlich ein Beschwerdebrief, der heiteren Beifall aller Leidtragenden erntete. Jener berühmte 'Complaint Letter' wanderte bis zur höchsten polizeilichen Instanz vom Kovalam Distrikt. Aber das ist eine andere Geschichte.

Hier in Shajahans neuem Hotel, zweihundert Meter vom Tempel entfernt, gibt es keine Gelegenheit mehr zur Beschwerde. Hier bin ich sogar wehmütig ergriffen, wenn einzelne Fetzen dieser fernen, verschrobenen Klänge zu mir herüberwehen! Ich lauschte in die Richtung, betrachtete die Lichtpünktchen der kleinen Öllämpchen, die durch das dichte Blätterwerk hindurch schimmerten und vage Umrisse in die Dämmerung zeichneten. In unmittelbarer Nähe lag das hell erleuchtete 'Seafood Restaurant', ein Stückchen dahinter Prabhas 'Massage-Center'. Ich konnte erkennen, daß im Restaurant nichts los war, und überlegte, ob er wohl gerade dort saß und über meine Frage nachsann. Eher nicht, antworteten meine Gedanken automatisch, du kennst ja die Zuverlässigkeit deiner indischen Pappenheimer!

In einem Überschwang, als verließe ich eben das Kino nach einem lustigen Film, stieg ich die Stufen vom Dach hinunter und ging in mein Zimmer, um mich endlich für die Dunkelheit zu wappnen.

Daß sich Prabha daraufhin drei Tage nicht blicken ließ, überraschte mich doch. Zwar behauptete er später, sein Fernbleiben sei ohne Belang gewesen und hätte rein gar nichts mit meiner Frage zu tun, aber ich wollte ihm das nicht glauben. Immerhin war er in den letzten Jahren, seit ich ihn kannte, keinen einzigen Tag ausgeblieben! Und außerdem hatte er auch am vierten Tag noch keine Antwort für die 'rich, old Lady'.

Indien! ...wie lässt sich Indien beschreiben?

Die Menschenmassen sind ein Schock für jeden, der zum ersten Mal dieses ferne Land betritt. In den letzten fünfunddreißig Jahren hat sich die Bevölkerungszahl verdoppelt, und im Jahre Zweitausend wird die magische Zahl eine Milliarde erreicht sein.

Bei jedem Schritt wird man gleichsam von Staunen und Entsetzen gepackt, die Kontraste, die Vielfalt, die Fremdartigkeit dieses riesigen Kontinents flößen einem geradezu Angst ein. Vom nördlichsten bis zum südlichsten Punkt sind es dreitausendzweihundertzwanzig Kilometer, vom westlichsten bis zum östlichsten zweitausendsiebenhundertfünfzig. In welche Himmelsrichtung man auch reist, es ist völlig normal, tagelang in Zügen und Bussen unterwegs zu sein, und nicht selten muß man genausolange auf Bahnhöfen zubringen, nur um sich hundert Kilometer fortzubewegen.

Zur Verständigung genügt Englisch; so wie es die Inder allerdings sprechen, ist es recht gewöhnungsbedürftig. Man fängt erst gar nicht damit an, mehr als ein paar freundliche Brocken wie 'Danke' und 'Guten Tag' von der Landessprache aufzuschnappen und zu üben, denn jeder indische Bundesstaat hat seine eigene Sprache samt einer eigenen Schrift. Daneben gibt es unzählige Dialekte und natürlich die Nationalsprache Hindi. Der Ursprung der so andersartigen Schriftzüge soll bis in die Babylonierzeit zurückreichen. Und bei näherer Betrachtung gibt es auch keinen Zweifel: Diese Schriftzüge entstammen einer anderen Welt! Die umständlich und teils verschnörkelt gekritzelten Buchstaben erinnern an die Geheimzeichen dunkler Epochen der Vergangenheit. Aus Spaß 'lese' ich zuweilen eine südindische Tageszeitung, und obwohl der Malayalam-Schrift in keinster Weise mächtig, bin ich magisch angezogen von der Stimmung, die mich dann befällt. Fasziniert starre ich auf die Seiten, vollgemalt mit sinnlichen Schlangenlinien, und eine Imagination wird lebendig: Ich bin eine Archäologin und studiere die alten Schriften eines geheimnisvollen Fundes!

Hindus, Moslems, Christen, Sikhs, Buddhisten, Jains, Parsen, Juden... Die Religionsvielfalt ist nicht minder verwirrend. Kaum ist der Raum Delhi erkundet und kaum hat man gelernt, einen Sikh anhand seines Turbans von einem Hindu zu unterscheiden, muß sofort wieder umgelernt werden, trifft man in Rajasthan ein. Dort nämlich leben vorwiegend Moslems, und die tragen nun auch alle einen Turban! Sie haben etliche Meter dünnen Baumwollstoff farbenfroh und wild um den Kopf gewickelt und werden so dem Bild der verwegenen Gestalten aus Tausendundeiner Nacht noch am ehesten gerecht. Sikhs und Hindus dagegen sieht man nur wenige. Langsam beginnt man, die Wickelarten zu unterscheiden und zuzuordnen. Angesichts eines präzise gefältelten Turbans weiß man also bald, daß ihn nur Sikhs so ordentlich tragen.

In Goa, Daman und Diu gehört die Mehrheit aufgrund der portugiesischen Vergangenheit dem Christentum an, und in Kerala, dem fortschrittlichsten Staat Indiens mit der zweithöchsten Selbstmordrate der ganzen Welt, ist es wieder ganz anders. Da gibt es Hindus, Moslems und Christen, und weil sie schon etwas moderner sind, kann man sie kaum mehr voneinander unterscheiden! Einen Christen erkennt man vielleicht noch an dem kleinen Goldkreuz am Hals, einen Hindu an der Stirnbemalung, vor allem nach einem Tempelbesuch, aber einen Moslem? Ein Fremder tut sich schwer, einen Moslem in der bunten Menge eindeutig auszumachen. Die Einheimischen behaupten, sie sehen es an den Gesichtszügen!

Es sind nicht nur die Turbane, das wird einem schnell klar, denn auch der berühmte Sari ist lediglich eine von vielen Trachten des Landes. Und die Menschen! Es ist unmöglich, die typisch indische Rasse zu nennen. Die Hautfarbe reicht von weiß bis schwarz, der Wuchs von klein bis groß, von stämmig bis dünngliedrig. Genausowenig läßt sich die typisch indische Landschaft in ein einziges Bild pressen. Da gibt es Hochgebirge, die bis zum Dach der Welt reichen, Wüsten mit martialischen Burgen und Kamelreitern, Seen und pittoreske Hausboote, unzugängliche Regenwälder mit wilden Affen, Elefanten, Hirschen, Leoparden, Panthern und Tigern, steinige Ebenen und Hochplateaus, leuchtend grüne Reisfelder in gleißendem Sonnenschein, trübes Dämmerlicht unter Urwaldriesen, Lianen und dampfenden Monsun, Flüsse, von eingeseiften Menschen und badenden Wasserbüffeln bevölkert, heilige Kühe in engen Gassen, karges Buschland und Ochsenkarren, Strände mit urzeitlichen Fischerbooten, kilometerweite überschwemmte Flußläufe und Deltas, mit Bambus bewachsene Ufer, Giftschlangen und Skorpione, Steilküsten, Schluchten und Wasserfälle, alte Tempelanlagen auf gigantischen Granitblöcken, die wie abgeschmirgelt aussehen. Es gibt Teeplantagen und Gewürzfarmen, Kautschuk- und Eukalyptuswälder, turbulente Großstädte mit Wolkenkratzern, Parkanlagen und Slums neben schwarzen Kloakenkanälen, prächtige Maharajapaläste, bunte Märkte und Basare, Dampflokomotiven wie aus dem Märchenbuch, herrschaftliche Bahnhöfe als Zeugen viktorianischer Blüte, verwunschene Lehmhüttendörfer und öde vertrocknete Felder, Geier im Frühnebel, Kokospalmen ohne Ende und Krähen überall... Selbst die Tempel sehen in jedem Staat anders aus! So könnte man weiter und weiter aufzählen, um Indien zu beschreiben, und obwohl längst nicht alles erwähnt ist, hört man lieber damit auf, bevor das Gegenüber einschläft.

Doch trotz aller Verschiedenheiten gibt es eine Gemeinsamkeit, die für das gesamte indische Volk typisch ist: das Hin- und Herwackeln mit dem Kopf! Das heißt 'Ja' und sieht sehr drollig aus, denn meist wird es eifrig mit einem betulichen Grinsen kombiniert. Von der westlichen Logik untrüglich als 'Nein' aufgefaßt, kann es folglich zu unangenehmen Mißverständnissen führen. Wie soll es ein Fremder auch anders wissen? Und weiß er es dann, so wird er stutzen und meinen, ein Nein existiere hier überhaupt nicht. Es stimmt schon, Asiaten sagen nicht gerne 'Nein'. Das bekommt man spätestens bei Wegbeschreibungen zu spüren. Sie wären Überbringer von schlechten Nachrichten, rechtfertigen sie ihre Eigenart und erteilen eher eine erfundene Auskunft, als zu gestehen, daß sie den Ort nicht kennen, nach dem man sie gefragt hat. Das indische 'Nein' ist daher nicht sehr ausgeprägt. Ein kurzes, kaum merkliches Zurückschnellen mit dem Kopf, eine halbe Nick-Bewegung von unten nach oben, also nach westlicher Auffassung in 'Ja'-Richtung, das heißt in Indien 'Nein'!

Reisende, die nach ihrer ersten Indienreise heimkehren, neigen dazu, ein recht einseitiges Bild von Indien wiederzugeben. Abhängig von ihren Erlebnissen, konzentriert sich ihr Augenmerk hauptsächlich auf einen kleinen Ausschnitt indischer Besonderheiten. Abhängig von ihren Erlebnissen, schildern sie entweder in aller Ausführlichkeit die unvergleichliche Armut, oder sie schwärmen von der lebendigen Spiritualität und von dem Reichtum der alten Kultur, oder sie schimpfen über die umständliche Bürokratie der Ämter oder über die lästigen Bettler und aufdringlichen Händler oder über den allgegenwärtigen Schmutz, den Gestank, die mangelnde Hygiene... Einmal traf ich eine Frau in meinem Alter, die allen Ernstes behauptete, Indien besäße keine Kultur! Da ist schnell ein falscher Eindruck entstanden, und diejenigen, die Indien noch nicht mit ihren eigenen Augen gesehen haben, gelangen zu der irrigen Annahme, die Bevölkerung bestehe zum größten Teil aus Bettlern, Obdachlosen, Kranken und solchen, die massenweise auf den Straßen herumliegen und dort vor Hunger sterben. Oder sie glauben, in Indien lebten ausschließlich Heilige! Oder Scharlatane und Betrüger! Oder Zigeuner! Oder romantische Gestalten wie aus Tausendundeiner Nacht!

Indien ist nicht zimperlich mit seinen Besuchern. Unverhohlen präsentiert es bei schönstem Sonnenschein, was der Schöpfung Gottes angehört. Schon ein kleiner Morgenspaziergang durch die Stadt reicht aus, um die Nerven zu verlieren. Es ist nicht leicht für fortschrittliche Menschen, all das auszuhalten, was sie da sehen. Ausgerechnet die weniger schönen Dinge des Lebens, die man der Öffentlichkeit in der westlichen Heimat niemals zumutet, finden hier unverdeckt vor aller Augen statt.

Die Toten werden nicht versteckt und in verschlossene Särge eingesperrt, nein, sie werden, auf selbstgebastelten Bahren aus Bambus liegend oder aber auch sitzend, durch die Gassen getragen! Begleitet von zahlreichen Menschen und lauter Musik, manchmal sind es die schmetternden Klänge einer Blaskapelle, manchmal die eindringlichen Schläge von Trommeln.

In Madras begegnete ich einem solchen Leichenzug, und wegen der schmissigen Musik dachte ich: Ui schon wieder ein Fest! Bis ich wie angewurzelt stehenblieb, weil ich den Toten entdeckte, der auf einem Bambusgestell sitzend, festgeschnürt und mit Blüten geschmückt über der Menge hin und her wackelte.

An den Flußufern kann man beobachten, wie Angehörige ohne die geringste Scheu ihre Verstorbenen waschen, sie in ein schönes Gewand kleiden, mit Blütenkränzen schmücken und sie anschließend auf einem Holzstoß verbrennen. Wenn der Schädel explodiert, gibt es einen lauten Knall, und sie sagen, jetzt sei die Seele frei! Sadhus, die von Almosen lebenden indischen Asketen, und kleine Kinder, nur in ein Leintuch gewickelt, binden sie auf einen Stein und versenken sie im Wasser.

In der Nähe von Benares machte ich einmal eine unglaubliche Beobachtung. Ich stand vor einer Teebude an einem der vielen Treppengänge, den Ghats, die zum Ganges führen, und trank einen Jaia, als sich ein Inder in mittleren Jahren mit einem Fahrrad dem Ufer näherte. Das, was er da in weißes Leinen gewickelt in seinem Fahrradkorb beförderte, zeichnete auf makabre Weise die Umrisse eines Kindes ab. Es hatte etwa die Größe eines Dreijährigen, und an Hals und Knien zusammengebunden, erinnerte es an eine Zwergenmumie aus einem ägyptischen Geschichtsbuch. Gebannt schaute ich zu, wie er das Bündel auf eine Steinplatte schnürte. Die Einheimischen schenkten diesem Vorgang keinerlei Beachtung, es schien etwas völlig Alltägliches zu sein. Er weinte nicht, wartete gefaßt neben seinem Fahrrad, bis ein Bootsmann frei war und ihn auf die Mitte des Flusses hinausruderte. Dort schob er sein Kind eigenhändig ins Wasser, und ans Ufer zurückgekehrt, radelte er mit dem leeren Fahrradkorb wieder heim.

Solche Bilder können dem westlichen Gemüt ziemlich hart zusetzen; in den Bereichen von Krankheit und Tod wird ihm seit langem Schonung gewährt. Mich hat diese Szene auf sonderbare Weise ergriffen. Hier wurden mir mit einer Direktheit die Dinge des Lebens vor Augen geführt, die mich trotz aller Gewöhnungsbedürftigkeit sehnsüchtig stimmte. War es doch eine Freiheit, die ein moderner Mensch nicht mehr kennt: seine engsten Verwandten mit den eigenen Händen den Elementen der Erde und den Göttern zurückzugeben!

Es vergeht kaum ein Tag, da Indien seinem westlichen Besucher keinen unsanften Rempler verpaßt und ihn nicht zum Nachdenken zwingt. Die Forderung umzudenken haftet ihm hartnäckig an den Fersen.

Zerlumpte, halbnackte Gestalten sitzen am Straßenrand und betteln, und nicht selten sind blinde oder verstümmelte Kinder darunter. In besonders zudringlichen Mengen scharen sie sich vor den Tempeln und in der Nähe von Sehenswürdigkeiten. Ihre Verunstaltungen überschreiten oft weit die Schmerzgrenze, ein westliches Auge hat manches nicht einmal in Filmen gesehen. Unbehagen steigt in einem auf, wenn man vor ihnen steht und nervös nach ein paar Münzen kramt. Man erschaudert, vermag nicht hinzuschauen und kann den Blick doch nicht abwenden, angesichts solchen Ausmaßes körperlicher Gebrechen und Mißbildungen. Im Reiseführer steht etwas von Elefantiasis, einer tropischen Krankheit, die vorwiegend die Beine unförmig anschwellen läßt und nur jene befällt, die jahrelang in sumpfigen Reisfeldern stehen. Sieht man dann eines Tages tatsächlich so ein Elefantenbein im fortgeschrittenen Stadium, das irgendwie unecht an einem Menschen dranhängt, bleibt einem augenblicklich der Mund offenstehen. Automatisch gehen die Beine weiter, weil die Kraft nicht ausreicht zur Überwindung des Grausens.

Doch die Augen lassen sich nicht vollkommen verschließen vor den blinden, entstellten Gesichtern, den schmutzigen Körpern mit den fehlenden Gliedmaßen, den Leprakranken und den Torsos, den Einarmigen und Einbeinigen und vor jenen, die selbst noch mit verkrüppelten Beinen flink herumrobben und Tabak oder Haargummis und dergleichen verkaufen. Abscheu ist die erste Reaktion eines westlichen Besuchers, der Zeuge dieser unverblümten Preisgabe der Vielfalt irdischen Daseins wird. Die Beschämung holt ihn mit Gewißheit ein.

Es gibt auch solche Indienreisende, die geradewegs eines der vielen Aschrams ansteuern, um bei sanften Tönen und leisen Stimmen all dies Scheußliche der Welt in höhere, feinstofflichere Sphären zu transformieren versuchen. Den einen verhilft es dazu, das Leben in der westlichen Heimat besser zu meistern, den anderen dazu, sich tiefer und tiefer in Illusionen zu verstricken und überhaupt nicht mehr klarzukommen. Wieder andere bleiben für einige

Jahre dort oder steigen ganz aus, manche suchen ihren Guru fürs Leben, viele nur für die Dauer ihres vierwöchigen Urlaubsaufenthalts. Man trifft wenige, die zu Fuß oder auf dem Fahrrad Indien erkunden; die meisten benutzen Flugzeug, Bus und Zug und klappern alle wichtigen Sehenswürdigkeiten streng nach dem Reiseführer ab. Immer öfter begegnete ich in den letzten Jahren Studenten aus Europa und Amerika, die die Erlaubnis erhielten, für längere Zeit an indischen Musikschulen, Kunstakademien, Universitäten oder bei einem Meister zu studieren.

Die Gründe sind vielfältig, nach Indien zu fahren oder gar für immer zu bleiben. Ich gehöre zu jenen Reisenden, die regelmäßig nach Indien fahren müssen, um einfach nur dort zu sein, ansonsten würde die Psyche meutern! Beim zweiten Mal erst richtig 'infiziert', kehre ich nun seit zwei Jahrzehnten immer wieder nach Indien zurück. Nach mehreren Reisen kreuz und quer durch das ganze Land war ich des anonymen Herumziehens müde. Ich studierte in Kerala drei Monate Kathakali, den klassischen Tanz von Südindien, und seither verbringe ich die meiste Zeit an diesem westlichen Küstenstreifen, der berühmten Malabarküste, wenn ich auf indischem Boden weile. Denn dort leben die Menschen, die ich in all den Jahren kennenlernte und liebgewann.

Meine Erinnerungen an Indien sind eine endlose Kette von Geschichten, die etliche Tagebücher füllen. Heute bin ich froh um diese Mühe, wenngleich ich diesem Fleiß in anderen Zeiten ziemlich skeptisch gegenüberstand. Ob es denn nötig sei, all diese Eindrücke und Gedanken niederzuschreiben, fragte ich mich, als ich dem östlichen Denken besonders intensiv ausgesetzt war, und schrieb hurtig weiter.

24.11.1994, Samudra Beach ... ich bin wieder hier! Es ist, als träumte ich, heimgekehrt zu sein. Die morgendliche Musik vom Tempel nebenan ist so leise, daß ich diesmal nicht aus dem Bett gefallen bin vor lauter Schreck, sondern langsam erwachte, sanft begrüßt von exotischen Gesängen. Offensichtlich ist mein Beschwerdebrief auf offene Ohren gestoßen! Gleich zur Begrüßung hat Shaji diese Neuigkeit erwähnt. »Beziehungen!« grinste er und blickte verwegen wie ein Mafiaboß. Tja, was wäre Mr. Shajahan ohne seine guten Verbindungen?

Es ist noch finster. Ich sitze auf dem Dach und lausche dem Mysterium, wenn es Tag wird in Indien. Eine alte Inderin kehrt den Sandboden um den Tempel herum. Ein archaisches Heimatgefühl erfüllt mich, während ich sie beobachte, und eine warme Erinnerung aus grauer Vorzeit streift durch mein Gedächtnis. Es läßt sich weder in Worte einfangen noch begreifen, was da geschieht. Behutsam sammelt die Frau vom Boden auf, was da nicht mehr herumliegen soll, und trägt zwei Arme voll Kokospalmenunrat wie ein Geschenk Gottes fort. Hier auf dem Tempelgelände wird es nicht mehr gebraucht, aber daheim in ihrer Hütte ist es nützliches Brennmaterial für das Kochfeuer. Ich sehe sie nur von hinten. Ärmlich gekleidet geht sie barfuß wie die meisten einfachen Leute. Ein schmutzig-weißer Lungi reicht ihr von der Taille bis zu den Knöcheln, und ein zerknülltes Tuch bedeckt die Vorderseite des verwaschenen karierten Tops und den nackten Bauch. Der Baumwollstoff scheint mit ihr gealtert zu sein, hat sie womöglich ihr ganzes Leben hindurch begleitet und hat nun die Qualität antiker Lumpen. Ihr Körper zäh, voller Erinnerungen, altgewordene Schlankheit, Zeit der größten Freiheit! Die Kokospalmenkulisse macht sie zu einer bedeutungsvollen Erscheinung. Als schreite sie stellvertretend für die Gesamtheit alles Weiblichen durch die mit Vergangenheit prall gefüllte Luft dieses indischen Morgens, um die Unvergänglichkeit des Menschseins zu offenbaren.

Die Zeit plätschert dahin. Oder hat sie sich gänzlich ausgeschaltet? Was sich bewegt, das bewegt sich sehr langsam, eigenartig ruhig. Und doch ist es dann jedesmal viel zu schnell gegangen, wenn die Sonne später zwischen den Palmenstämmen hindurchblitzt und die geheimnisvollste Stunde des Tages vorüber ist.

Vereinzelt kriechen die Menschen aus ihren Schlupflöchern, lautlos noch, angetan von ihren Träumen. Ein Fischer krabbelt auf allen vieren aus einer Palmblätterüberdachung am Strand hervor und setzt sich verschlafen in den Sand. Den Blick hat er auf das Meer gerichtet. Ein anderer Fischer schlendert plötzlich aus dem Nichts daher, gesellt sich dazu und blickt ebenfalls zum Meer. Als die ersten Sonnenstrahlen wie zufällig genau diesen Fleck treffen, sind es bereits an die zehn Männer, die dort beisammensitzen und auf das Meer blicken. Manchmal wechseln sie ein paar Worte. Ich sehe, wie sie etwas zueinander sagen, nicken, deuten, mit ihren Händen gestikulieren. Es ist wie in einem Stummfilm, die Brandung übertönt alles.

Sashi, einer der nutzlosen Söhne der chaotischen Nachbarsfamilie, zieht es wohl eher vor, unter freiem Himmel am Strand zu nächtigen als in der Enge der Ein-Zimmer-Behausung. Er ist Langschläfer, was keineswegs indientypisch ist, und er kommt immer erst dann zu sich, wenn rundherum längst reges Treiben herrscht. Schwerfällig rappelt er sich auf und torkelt zur Hütte hinüber, Bastmatte und Schlaflungi kraftlos hinter sich herschleifend. Seine Nächte sind oft lang, was ebensowenig indientypisch ist. Wahrscheinlich legt er sich in seinen eigenen vier Wänden nochmal hin. Außer dem hustenden, alten Vater sind die Geschwister und die Mutter längst aufgestanden, um zu arbeiten oder zu betteln. Bis zum Nachmittag hat er also einigermaßen Ruhe.

Die alten Holzboote liegen auf dem breiten Strand verstreut, als dienten sie allein dem Zweck, dem Auge zu gefallen. Jedes hat dort seinen schiefen Platz! Darüber nachzusinnen, ob ein System hinter dieser Anordnung steckt, ist reiner Zeitvertreib, das läßt sich mit westlicher Vernunft nicht begründen. Jeden Tag liegen sie in anderer Pose am Strand! Kann ein fortschrittlich erzogener Geist überhaupt nachvollziehen, wie es sich anfühlt, die Alltagskulisse wie selbstverständlich frei und täglich neu zu gestalten?

Das Alter der behäbigen Fischerboote ist schwer zu schätzen, es scheint bis zu Jesus-Zeiten zurückzureichen. Grobe Holzplanken sind nach steinzeitlicher Handwerkskunst zusammengeschnürt und verteert, das Holz ganz schwarz vom vielen Gebrauch. Von unschuldigen Zeichen verziert, erwecken diese Strand-Ungetüme beim Betrachten ein prickelndes Gefühl. Hier ist Vergangenheit anwesend, der Wandel der Zeiten spürbar und allgegenwärtig, geradeso als hätte ich eine Zeitreise unternommen.

Manchmal schaue ich mir die ehrwürdigen Ahnen aus der Nähe an und streiche ehrfürchtig über die rauhe Oberfläche. Meine Fingerkuppen berühren tausendjährige Spuren! Ich staune über die primitive Machart, ohne moderne Hilfsmittel mit bloßen Händen geschaffen. Plötzlich erfaßt mich überquellende Dankbarkeit, weil ich das alles mit meinen eigenen Händen anfassen darf.

Niemand hat es eilig. Gemeinsam mit ihren urzeitlichen Booten warten die Fischer auf den rechten Augenblick, in See zu stechen. Ihre Väter, Großväter und Urgroßväter haben sicherlich genauso dagesessen, neben den gleichen Booten!

Das kleine Stückchen Grund zwischen der chaotischen Nachbarsfamilie und den häßlichen Mauerresten eines seit vielen Jahren brachliegenden Hüttenbaus ist die einzige frei zugängliche Grasfläche am Samudra Beach. Von meinem erhöhten Dachplatz aus kann ich diesen grünen Fleck fast vollständig überblicken. Erst drüben an den Ufern der Blackwaters gibt es wieder ein paar Fleckchen grünes Gras. Eine Frau führt zwei Wasserbüffel an der Leine auf die Miniaturweide unter mir. Schwerfällig hinken die beiden Tiere hinter ihr her, als litten sie an einem schlimmen Gehfehler. Sie werden an einem der Palmenstämme festgebunden und dann allein gelassen. Lustlos stehen sie da, betrachten mit gleichmütiger Miene ihr neues Revier. Immerhin beträgt ihre Freiheit fünf Meter im Umkreis. Zwischen den anderen Palmstämmen ist eine Kokosschnur gespannt, an der frisch gewaschene Wäsche hängt. Karierte Lungis, bunte Rüschenunterröcke, winzige Tops, meterlange Saris und Tücher baumeln direkt über der kleinen Weidefläche. Der kleinere der zwei Wasserbüffel macht sich sogleich an dem blaukarierten Lungi zu schaffen und versucht, ihn mit ausgelassenem Kopfnicken von der Leine zu ziehen. Der größere hingegen hat momentan etwas Interessanteres im Visier. Regungslos steht er da und glotzt wie hypnotisiert auf das Dach herauf. Er blickt mich geradewegs an! Von einem Wasserbüffel mit solcher Bestimmtheit angestarrt zu werden, irritiert mich gehörig. Bei einem Hund wäre das etwas anderes oder bei einer Katze, aber bei einem Wasserbüffel?

Es dauert nicht lange, da ist der Lungi von der Leine gerissen, hängt nun quer über das Wasserbüffelgesicht des kleineren und hat sich in den spitzen Hörnern verfangen. Das Tier wird ganz verrückt, wippt heftig mit dem Kopf auf und ab und stöbert verzweifelt im Dreck umher, damit es den Lungi vor seinen Augen loswird.

Der große Wasserbüffel ist noch immer nicht beeindruckt von dem Theater hinter ihm, er muß nur gelegentlich zur Seite springen, weil ihn Hiebe hart in die Flanken treffen. Das hindert ihn aber keineswegs daran, mich unbeirrt anzustarren. Instinktiv starre ich zurück, betroffen von dieser Direktheit. Fange ich schon an zu spinnen? Denn eben huscht die verrückte Frage durch meine Gedanken, welche verstorbene Seele mich wohl mit diesen Wasserbüffelaugen ansehen mag!

Wahllos denke ich mich durch die Liste mir bekannter Verstorbener. Aber ich kann mir nicht schlüssig werden, wer es sein könnte. Als ich dem glotzenden Wasserbüffel freundschaftlich zuwinke, macht dieser erschrocken einen Satz und rennt weg, soweit seine Schnur reicht. Als sei ich ein Wasserbüffelschreck!

Ich muß an Benares denken, dort hat sich etwas Ähnliches ereignet. Auf den langen Stufenreihen eines Ghats am Gangesufer sitzend, waren wir von einer sogenannten heiligen Kuh buchstäblich aus dem Weg gebeten worden. Als diese schwarze Kuh mit ihren Blütenkränzen um den Hals vor uns stehenblieb, war ihr Blick so herausfordernd und machtvoll gewesen, daß wir ohne Zögern aufstanden, um ihr Platz zu machen! Gelassen tänzelte sie an uns vorüber, und unweit entfernt ließ sie sich bequem nieder. Wir setzten uns wieder und waren wie verzaubert.

Die Kuh schaute unentwegt zu uns herüber, gleichmütig ihre Blütenblätter wiederkäuend. Wir staunten über das eben Erlebte, und mein vernunftbetonter Mann begann schließlich an sich selbst zu zweifeln. Sein rationaler Blick auf die Welt bekam Risse, Launen jener unheimlichen Art hatte er bisher bei sich für unmöglich gehalten. In den Augen dieser heiligen Kuh aus Benares hatte er etwas gesehen, das ihn erschreckte. Er glaubte, einen Verstorbenen erkannt zu haben! Ganz verdattert schielte er zu dieser Kuh hinüber, die uns von weitem musterte wie eine alte Tante, die sagt: So ist's recht!

Ist es schon so spät? Santosha und sein jüngerer Bruder Mohanlal streunen verschlafen durch den Garten des ausgestorbenen Hotels. Wenn keine Gäste da sind wie zur Zeit, fangen sie ganz schön an zu schludern. Eigentlich ist Mohanlal nicht sein richtiger Name, sondern Inbegriff des berühmtesten Filmstars von Kerala. Diese komische Namensgebung entstammt wie viele andere Verrücktheiten der Langeweile jener eintönigen Monsuntage. Weil dieser kleine Küchenjunge den großen, dicken Filmstar so perfekt mimen konnte, was bei dem gegensätzlichen Aussehen um so lustiger aussah, wurde ihm von uns, der Mandan-Family, aus Dankbarkeit für die vielen Lacher dieser ehrenhafte Titel verliehen. Niemand rief ihn seitdem anders als Mohanlal. Die Touristen können mit diesem Wort nichts anfangen, sie wissen ja nicht, welche Stars gerade angesagt sind. Sind jedoch indische Gäste zum Essen da, ist das ein besonderer Spaß für uns. Bei dem prominenten Namen müssen sie unwillkürlich aufhorchen. Verwirrt blicken sie sich um und sehen dann nur den schmächtigen Küchenjungen. Keine Frage, daß Mohanlal in solchen Situationen ziemlich ins Schwitzen gerät, weil besonders häufig nach ihm gerufen wird!

Obwohl inzwischen ein bißchen größer, hat seine Schauspielkunst kein bißchen gelitten. Und wenn die sogenannte Mandan-Family zufällig unter sich ist, läßt ihn Shajahan, des Nichtstun überdrüssig, spaßeshalber zwischen Küche und Veranda solange als Filmstar Mohanlal hin und her spazieren, bis sich alle ausgelacht haben und ganz erschöpft sind vor lauter Vergnügen. Mohanlal hat dabei einige Mühe, ernst zu bleiben. Er genießt seinen Auftritt sichtlich. Danach geht es wieder ab in die Küche zum Fischeausnehmen, Abspülen, Bodenschrubben, Aufräumen oder Zwiebelschälen. Oder um ein kurzes Nickerchen neben dem Kühlschrank zu machen? Als müsse dessen Inhalt strengstens bewacht werden! Wenn ihn keine dringenden Aufträge unter Druck setzen, ist das mit Sicherheit seine Hauptbeschäftigung.

Als ungebildete Söhne armer Eltern, denen lediglich ein windiger Beedie-Stand nahe der Hauptstraße gehört, haben es Santosha und Mohanlal mit der Anstellung im 'Al Italia Beach Resort' wirklich günstig erwischt. Gerade des Lesens und Schreibens mächtig, könnten sie ebenso Straßenarbeiter sein, ein wesentlich anstrengenderer Job bei viel geringerem Lohn.

Das Bodenkehren und Sandfegen ist auch hier die erste Tätigkeit des Tages. Im Gegensatz zu den Frauen, die bereits im Morgengrauen mit ihrem Hüttenputz beginnen, verrichten sie den ersten Handstreich um einiges später.

Man muß das Paradiesinsel-Idyll wenigstens einmal beobachtet haben, wenn die Inderinnen frühmorgens in gebückter Pose einen zwei Meter breiten Streifen rund um ihre Hütten abschreiten und dabei den Unrat vom Vortag mit dem Handbesen beiseite kehren. Es scheint sie nicht zu stören, daß der dadurch angehäufte Abfall außerhalb des sauberen Zweimeterzirkels in den letzten Jahren immer unansehnlicher und geruchsintensiver wurde. Seit jeher hatten sie doch so verfahren mit dem, was sie nicht mehr benötigten! Solange ihre Gebrauchsgegenstände ausschließlich aus den herkömmlichen Naturprodukten bestanden, war dieses Verfahren nur von Vorteil. Der Abfall verrottete in Kürze und war bald Dünger für den Boden oder Brennmaterial für die Feuerstelle. Heute, da westliche Einflüsse auch in einfache Haushalte Indiens vordringen, hat sich der Abfall hartnäckig vergrößert. In stummer Anklage liegt er zerknüllt und unverrottet überall herum und verschandelt die schöne Kokosfaserlandschaft. Was sollen sie auch tun mit so vielen Einwegplastikflaschen? Einige dienen als Kerzenständer ihrer Windlichter, ein paar als Behälter für Öl, Milch und Toddy.

Die niedrige Arbeit des Sandfegens zählt zu Mohanlals Aufgabenbereich. Selbst im ungünstigsten Falle, daß sämtliche Hilfskräfte streiken, würde sich Boß Shajahan niemals dazu herablassen, den Boden zu kehren. Bisweilen versäumt Mohanlal seine allmorgendliche Pflicht, sei es aus Vergeßlichkeit oder aus Faulheit. Dann fällt das Sandfegen eben aus! Es wird ihm ohnehin erst übelgenommen, wenn daraus drei Tage oder mehr werden.

Allem Anschein nach hat er heute ebenfalls keine Lust dazu. Viel lieber geht er mit der Hausziege spazieren! An einer mehrmals geknoteten Schnur führt er sie gerade durch das Gartentor hinaus. Draußen am Strand wird er sie an einem Palmenstamm festbinden, wo sie bei einem kümmerlichen Grasbüschel ihren Tag verbringt. Das Glöckchen am Ziegenhals bimmelt mal laut und mal leise, je nachdem welche Richtung die Meeresbrise einschlägt. Mohanlal bekommt man eine ganze Weile nicht zu Gesicht, und als er etwa eine Stunde später im verträumten Schlenderschritt in den Garten zurückkehrt, hat man vergessen, weshalb er überhaupt weg gewesen war.

Santosha ist inzwischen aufgewacht. Langsam räkelt er sich unter dem Lungi hervor, in den er sich wie alle Inder zum Schlafen eingewickelt hatte. In der Trockenzeit sind die zwei aneinander gestellten Tische unter der runden Blätterüberdachung im Garten sein bevorzugter Schlafplatz. Weil aber dieses Blätterdach nur ein Sonnenschutz und daher nicht wasserdicht ist, muß er sich bei Regen ein anderes Plätzchen suchen. Bei launigen Wetterverhältnissen kann das für ihn bedeuten, mitten in der Nacht mit Matratze und Schlaflungi ins Trockene zu fliehen. Gähnend räumt er jetzt seine Schlafutensilien in eines der unbewohnten Gästezimmer, in dem er dann bis auf weiteres zur Morgenwäsche verschwunden bleibt.

Kaum ist Santosha weg, kriecht Hansi-kutti, der schwarze Bastard, unter den zwei Tischen hervor. Wie üblich hat er dort als Wachhund die Nacht verbracht. Da er am Tischbein angebunden ist, kann er nicht weglaufen! Als echter Wachhund gäbe er eine lächerliche Figur ab. Er mag zwar eindrucksvoll bellen, doch zu mehr reicht es nicht. Hat er nämlich Angst, versteckt er sich schleunigst unter dem Tisch. Als er nun Mohanlal zum Gartentor hereinspazieren sieht, springt er auf die Tischfläche und wedelt aufgeregt mit dem Schwanz.

Er hat Grund zur Freude, denn Mohanlal wird ihn wie jeden Morgen losbinden und ein paar Runden mit ihm um das Haus rennen. Das macht dem Küchenjungen mindestens soviel Spaß wie dem Hund. Danach ist Hansi-kutti so fertig, daß er sich ohne Murren hinter das Küchenhäuschen führen läßt, wo er im Schatten einer Kokosnußpalme, einen verbeulten Blechtopf mit Wasser neben sich, bis zum Abend am Stamm angebunden ist. Das ist sein Leben, tags an eine Palme gekettet und nachts an ein Tischbein, aber mit den Träumen eines Wachhundes!

Unweit von seinem Tagesliegeplatz steht der neue Holzgitterkasten, in dem Rosi, die Schäferhündin, untergebracht ist. Sie protestiert lauthals und poltert an die verriegelte Tür, weil sie natürlich auch um das Haus rennen will. Mohanlal irritiert das Gebelle wenig. An das Heulkonzert hat er sich gewöhnt.

Nach Morgenwäsche und Hunderennen finden sich die zwei Brüder in der Küche ein, und ich kann mit ziemlicher Sicherheit damit rechnen, daß sie nun, sollte nichts anderes mehr dazwischenkommen, den Kerosinherd anschmeißen, um Wasser zu kochen. Ich kann mich also darauf einstellen, in Kürze einen heißen Jaia zu trinken! Ob mit Milch oder ohne hängt ganz von Santoshas Kalkulierung ab. Sollte seine Wirtschaftsführung durcheinandergeraten sein, müßte ich mich vorerst mit schwarzem Tee zufriedengeben. Ich würde nicht einmal schmollen, wenn er dann auf dem scheppernden Fahrrad davonrast und ohne erkennbare Gewissensbisse ruft: »Palu varum!« Die Milch kommt! Es fragt sich halt nur, wann? Instinktiv schreie ich ihm das oft geübte »Väkkam! Väkkam!« hinterher. 'Schnell! Schnell!' Und ich weiß, daß das jetzt auch nichts nützt.

Auf der zwei Kilometer langen Strecke bis zur Junction werden ihm unvermeidlich zahlreiche Bekannte und Verwandte begegnen. Mir bleibt also nur zu hoffen, daß sie nicht sehr redselig aufgelegt sind. Sonst wird sein Milchholen zum Tagesausflug. Und dann besteht da noch die Gefahr, daß es in dem Laden an der Kreuzung keine Milch gibt, weil die Lieferung ausnahmsweise erst mittags erwartet wird. Daraus kann schließlich Nachmittag werden!

Noch scheint es diesbezüglich gut auszusehen. Aus der Küche dringen vielversprechende Scheppergeräusche. Eine Zeitlang fixiere ich das Küchenhäuschen. Wie verabredet wird die Luke der Durchreiche einen Spalt geöffnet und Santosha schaut grinsend zu mir herüber. Es genügt, daß er meinen kurzen Wink auf dem Dach erkennt, dann weiß er Bescheid. Das typische Kopfwackeln ist seine Bestätigung und verheißt nur das Beste: Tee mit Milch, und sogar bald!

Ich lehne mich zurück und höre den Krähen am Himmel zu, will mich recken und stehe auf, dem Meer zugewandt. Unwillkürlich streift mein Blick das Grasfleckchen zwischen der chaotischen Nachbarsfamilie und den Hüttenruinen. Und was ich dort unten sehe, trifft mich wie ein Schlag. Der große Wasserbüffel steht schon wieder regungslos da und hat seine stumme Aufmerksamkeit auf mich gerichtet. Kein Zweifel, er starrt zu mir herauf! Ich bin völlig perplex. Er schaut mich an wie ein Bruder aus alter Zeit! Unfähig, ihn für sein stures Glotzen auszulachen, starre ich zurück.

Der kleinere trapst mittlerweile ohne Lungi umher und langweilt sich sichtlich. Das blaukarierte Stoffstück liegt niedergetrampelt im Unrat. Als zudem Miss Pinky, die weiße Spitzdame, trippelnd um die Ecke biegt und sich auf eine arglose Schnüffelpartie unter die schwarzen Riesen mischt, denke ich: Wie doch alles ist, wenn es so sein darf, wie es ist!

Ein altbekanntes Geräusch schwingt sich leise durch den Palmenwald hinter mir. Erst klingt es wie das Knacken von Ästen oder das Knistern von Feuer, dann wird es deutlicher. Unzählige Hämmer, die auf Stein schlagen! Die Steinklopfer fangen früh an.

Es sind meistens Frauen! Sie sitzen drüben auf dem großen Platz neben dem mächtigen Banyan-Baum, und bis zur Junction hinauf ist die Straße zu beiden Seiten gesäumt mit Steinhaufen und klopfenden Frauen. Ein Palmenblatt oder ein auf zwei Stöcken aufgespießter Sack bietet notdürftigen Schutz gegen die stechende Sonne. Die ungewöhnliche Kulisse erinnert an Sklavenarbeiter in einem Monumentalfilm. Es ist verwirrend, daß die Frauen nicht mißmutig dreinblicken. Im Gegenteil, es herrscht eine heitere Atmosphäre, als sei dies ein Picknick. Sie plaudern miteinander und lachen mir zu, wenn ich in der gut durchlüfteten Auto-Rikscha an ihnen vorbeiflitze.

Die Tempelmusik ist verstummt. Inzwischen haben sich die Fischer erhoben, umringen ein Boot. Ich kann jetzt den rhythmischen Schreigesang hören, mit dem sie sich gegenseitig anfeuern. Mit vereinten Kräften drehen sie das schwere Boot solange im Sand hin und her, bis es sich ins Wasser schieben läßt. Wie ein durchgegangenes Tier bäumt es sich in der Brandung auf. Ein paar Männer hängen sich an die Flanken, um es zu bändigen. Einer hat sich bereits über die Kante geschwungen und bemächtigt sich des

Ruders. Andere rennen aufgeregt umher und beladen es mit Netzen und dicken Seilen.

Shajahan ist aufgewacht und schreit nach Santosha: »Jaia!« Er spielt sich als Boß auf, will auf der Stelle seinen Morgentee haben. Laute Stimmen gellen aus der Küche, Santosha schimpft, Mohanlal plärrt beleidigt zurück. Drüben beim Banyan-Baum fährt aufheulend der erste Bus weg. Demnach dürfte es zwischen sieben und acht Uhr sein! Eine exakte Abfahrtszeit existiert nicht. Langsam verhallt das Motorenröhren in der Ferne. Verschmitzt lächelnd steht Mohanlal neben mir auf dem Dach und serviert den Morgentee. Mit Milch!

Die Einstellung der Inder zu Tieren ist nicht nachvollziehbar. Wer besonders schick sein will, hält sich neuerdings einen Hund oder auch mehrere. Wer es sich leisten kann, möglichst eine edle Rasse, nicht solche Köter, die in räudigen Horden überall herumstreunen! Als ich vor Jahren zum ersten Mal einen Inder mit einem Hund an der Leine durch Bombay spazieren sah, wirkte das so komisch inmitten des indischen Großstadtchaos, daß ich belustigt stehenblieb und mich an dem grotesken Anblick ergötzte.

Ich verstehe nicht, was Shajahan von seinen Hunden hat, wenn er sie doch nur angebunden und im Zwinger gefangen hält. Als Moslem ist es ihm eigentlich verboten, das Fell eines Hundes anzufassen. Aber von islamischen Regeln, die seine Freiheit beschneiden, hält er ja nicht viel. Sonst dürfte er auch keinen Alkohol trinken! Ab und zu streichelt er seine Hunde. Sein Argument, warum er sie einsperrt, ist verblüffend einfach und überzeugend. Würde er sie nämlich frei durch die Gegend sausen lassen, kämen sie verdreckt und stinkend heim. Außerdem wäre es unvermeidbar, daß sie sich mit Straßen- und Strandkötern keilten, dann aus offenen Wunden bluteten und schon hätten sie sich etwas eingefangen. Letztendlich hat er Recht behalten! Hansi-kutti starb an solch einer Kampfwunde, weil er wieder einmal ausgebüchst war.

Hansi-kutti war sein erster Hund. Daß er ihn vor einigen Jahren bekam, war die Schuld der Indian Airlines! Meine Schwester und Shajahan brachten mich im KCV-11, dem Lieblings-Ambassador, zum Flughafen. Wegen der fünfstündigen Verspätung meines Abflugs von Trivandrum nach Bombay fuhren wir an einen nahegelegenen Fischerstrand, um die lange Wartezeit etwas sinnvoller als am Flughafen zu verbringen. Fischerkinder schleppten dieses süße, schwarze Hündchen an, und Shaji war sofort verliebt. Als wir gehen mußten, wollte er es nicht mehr hergeben, und die Fischerkinder wollten es nicht mehr haben. Für fünfzig Rupees kauften wir den Kleinen und schenkten ihn unserem 'großen Bruder' Shaji. Und der taufte ihn umgehend auf den Namen meines Mannes, was uns amüsierte, und hängte die südindische Verniedlichungsform 'kutti' hintendran.

Die Geschichte von Schäferhündin Rosi und die von Miss Pinky verlief anders. Von ihren vorherigen Besitzern wurden sie vorübergehend bei Shajahan abgeliefert und später nie wieder abgeholt. Shajis Tat hat demnach eine lobenswerte Seite: Er gewährt den Tieren das Gnadenbrot! Pinky durfte im Gegensatz zu Rosi und Hansi-kutti frei herumlaufen. Bei ihrer Winzigkeit wäre sie dumm gewesen, wenn sie sich mit den wilden Kötern eingelassen hätte oder gar durchgebrannt wäre!

Wie alles Weiße in Indien vergilbte auch Pinkys Fell nach einer Weile. Santosha steckte sie von Zeit zu Zeit in einen Waschzuber und badete und schrubbte sie gründlich unter Beigabe des indischen Zaubermittels mit dem vielversprechenden Namen 'Whiter'. Das war wirklich eine sehenswerte Zaubervorstellung. Nach der nassen Behandlung mit dem Weißmacher entstieg sie pinkfarben dem Zuber! Ja, pinkfarben. In Indien ist man da nicht so pingelig, scheint doch die Entwicklung dieses Pulvers noch nicht ganz ausgereift. Oder las etwa niemand die Gebrauchsanweisung? Zum Waschen der weißen Lungis und Hemden der Männer ist es in jedem Haushalt vorrätig. Es ist eine Marotte! Jede solche Weißmacher-Prozedur färbt den Stoff lila bis pink, und zwar mit Leuchtkraft, und dennoch wurde der irreführende Name 'Whiter' bisher nicht abgeschafft und in 'Pinker' geändert. Es ist also völlig normal im indischen Straßenbild, wenn Männer in lila- und pinkfarbenen Lungis und Hemden herumstolzieren. Und wahrscheinlich bezweifeln sie nicht, daß sie das weißeste Weiß aller Zeiten tragen!

Dafür trug Pinky ihren Namen an den darauffolgenden Tagen zu Recht und Santosha auch, denn er war überaus glücklich.

Manchmal meldete sich mein Gewissen. Dann schlug ich mich mit dem Gedanken herum, Rosi und Hansi-kutti heimlich zur Freiheit zu verhelfen, damit sie wenigstens den Rest ihres Lebens ohne Leinen und Zwinger verbringen könnten.

Die Befreiungsrevolte meines Gewissens währte nicht lange. Nach kurzen Überlegungen gelangte ich zu der stets gleichen Einsicht. Alles hat eine Kehrseite! Hätte ich die beiden Hunde befreit, wäre ihnen eines gewiß gewesen: Kein feines Fleisch- und Fischcurry mehr, frisch zubereitet mit Reis und Gemüse! Fortan hätten sie sich mit dem begnügen müssen, was die Menschen übrigließen und wegwarfen oder bereits verzehrt hatten und wieder ausschieden! Was wäre das für eine Freiheit gewesen? Welchen Preis würde sie kosten? Von morgens bis abends sich herumtreiben, in ständige Keilereien mit Rivalen verwickelt, nur um irgend etwas aufzutreiben, was sie fressen konnten.

Wem klar wird, wie es einem freien Hund in Indien ergeht, ist sofort mittendrin im Konflikt. Wie viele räudige Exemplare bevölkern dieses Land! Und was ist mit den Menschen, den Ärmsten der Armen, die oft ein elendigeres Dasein fristen als die Hunde selbst? Und neben ihnen im Abfall wühlen müssen, nur um überleben zu können!

Augenblicklich ist das westliche Erbarmen überfordert. Es kollabiert angesichts dieser Masse von Menschen, deren Zehntel immer noch mehr ist, als Deutschland Einwohner hat. Das großartige und lange gehegte Gebilde aus Idealismus und Humanität fällt hier auf indischem Boden wie ein windiges Kartenhaus in sich zusammen. War es doch zeitlebens unter den Bedingungen unserer neuen Zeit aufgebaut worden!

Wie läßt sich Indien beschreiben...? Es ist nicht leicht, dieses indienspezifische Gefühl zu erfassen, geschweige denn zu beschreiben. Da ergeht es einem Inder nicht anders als mir.

Unter all den Indienreisenden verschiedener Nationen, ob sie nun zum ersten Mal oder des öfteren Indien besuchten, gibt es jede

Menge, die mit einem verklärten Glanz in den Augen heimkehren und im ersten Kulturschock nicht wissen, wie sie diese Reise beschreiben können, was sie sagen sollen.

Es ist eine Tatsache, daß Indien in einem etwas bewirkt. Das macht sich erst später bemerkbar. Da regen sich im zutiefst verborgenen Innern Keime, die nie zuvor verspürt wurden, lassen Gefühle wachsen, die nach alter Erinnerung schmecken, nach Mutterleib und urvertrauter Herkunft, nach einer Vergangenheit, die man nie für möglich hielt. Jeder Atheist wird in Indien anfangen, sich erneut mit der Frage nach Gott auseinanderzusetzen, mit der Suche nach seiner Herkunft, seiner Abstammung.

Dann erwachen die Emotionen, wühlen auf, was bisher gut geruht hatte, und führen mit aller Gewalt der Gegensätze durch das mannigfaltige Spektrum an Möglichkeiten. Von euphorischen Glückszuständen bis hin zu heftigsten Tiefs durchlebt der Neuling einen schnellen Wechsel von Liebe und Abneigung, Haß und Beschämung, Jubel und Schrecken und vor allem Sehnsucht.

Die Sehnsucht bleibt, läßt oft den Wunsch nicht mehr los, wieder und wieder hinzufahren an den Ort, der einen so viel Anstrengung und Mühe gekostet hat. Dort war man dem Leben näher denn je! Wie war das möglich? Das Warum wird zum großen Ansporn, nie mehr stehenzubleiben, treibt einen weiter und weiter, hält einen immer in Bewegung.

Dem Chartertouristen bleiben innere Aufstände dieser Art völlig fremd. Steht er doch unter dem rettenden Schutz der Reiseveranstalter, die jegliche Auseinandersetzung mit der andersartigen Kultur weiträumig von ihren ausländischen Schützlingen abschotten. Warntafeln am Hotelausgang und abschreckende Beispiele sollen ihnen Mahnung sein. Daß diese fürsorglichen Maßnahmen gleichzeitig Entmündigung bedeuten, wird von diesen Touristen nicht wahrgenommen. Angesichts der fremden und mitunter beängstigenden Exotik sind sie heilfroh, daß man sie an die Hand nimmt!

Und diejenigen, die sich neugierig und mutig ohne Begleitschutz gut geplanter Gruppenorganisationen auf die Reise begeben? Irgendwann vielleicht werden sie mit Wehmut erkennen: Diese Alte

Welt ist dem Untergang geweiht, geht verloren in unserer gepriesenen fortschrittlichen Neuen Welt! Nicht, daß sie da keinen Platz hätte. Es wird für so viel Zierat Platz gemacht. Aber wer mißt dem Alten schon Bedeutung bei? Außer in Theatern und Opern und Museen und für die Dauer eines intelligenten Vortrags über Mythen vergangener Epochen! Wer weiß schon, daß es gerade die alten Orte sind, wo der Mensch seit altersher beginnt, nach sich selbst zu suchen?

Alle guten Vorsätze und kultivierten Heile-Welt-Anschauungen und sämtliche Anstrengungen, positiv zu denken und Nächstenliebe zu demonstrieren, können beim ersten Schritt auf Indiens Boden ins Wanken geraten. Permanent von einem Stimmungsextrem ins andere gestoßen, von hellster Begeisterung in dunkelste Enttäuschung gestürzt, schwinden die Kräfte.

...es ist nicht des Menschen Fähigkeit, zu wählen und selbst zu bestimmen, welche Stimmungen ihm am liebsten sind! Da wirkt eine unablässige Macht von außen, zwingt dich erbarmungslos in die Knie vor dem Leben, das nicht nur in der Theorie, sondern auch in der Praxis von dir verlangt, als ein ewiger Fluß von Geburt und Tod begriffen zu werden...

Wie viele schwüle Nächte hatte ich in schäbigen Hotelzimmern bei Kerzenlicht zugebracht, um mit endlosen Grübeleien meine Tagebücher zu füllen? Es gibt kaum einen Ausweg, die Herausforderung zu umgehen, denn nicht immer hilft die sofortige Abreise.

Der Widerstand ist groß. Und es ist auch so beschwerlich, alle Energie dafür zu verwenden, die eigenen Ansichten aufrechtzuerhalten und zu pflegen. Bloß nicht loslassen, was man glaubt zu sein! Schreien die Egopartikel im Gewebe der Persönlichkeit. Die Sperre kann sehr lange dauern. Da mag der Betroffene noch so sozial eingestellt und gebildet sein, leidenschaftlich gewillt, die Welt zu verbessern, voller Draufgängertum und Pfadfinderunschuld. In den besten Absichten! Bis Theorie und Praxis ernüchtert und die Einbildung entlarvt ist, wird so mancher viele Male nach Indien zurückkehren müssen.

Dieses Alte Land verschont seine westlichen Besucher wahrlich nicht. Hier können sie wie nirgendwo in der Welt üben, sich mit dem Sinn und Unsinn von Helfen praxisnah auseinanderzusetzen und ihre Nächstenliebe zu prüfen. Kaum dem Flugzeug entstiegen, ja gleich beim Verlassen des relativ sicheren Flughafengebäudes, nach wenigen Schritten nur, doch spätestens beim fluchtartigen Besteigen des Taxis wird die Therapie beginnen.

…huch! Was ist das? Da langt eine filmreife Horrorhand durch das offene Taxifenster und zittert einem was vor. Unwillkürlich sucht man nach dem Kopf zu dieser schlimmen Bettelhand. Doch, was ist das? Hilfe! Hollywoods Maskenbildner würden es nicht gruseliger gestalten können. Die Augen! Wo sind die Augen? Nur leere Hautmulden, wo sie eigentlich sein müßten! Der Rest des Gesichts, falls es überhaupt diese Bezeichnung verdient, ist von Faltennarben und Wulsten verzerrt und so verzogen, als sei es zu heiß geworden und geschmolzen. Der Taxifahrer tut ganz hektisch und fährt dennoch nicht los. Ob er mit diesen Bettelhänden etwa unter einer Decke steckt? Angeblich fehlt noch irgendeine Nummer auf dem Taxi-Ticket, murrt er, widerliches rotes Zeug kauend, weshalb sein ohnehin verwildertes Englisch noch weniger zu verstehen ist.
Der Polizist, der gut beleibt vor dem Checkpoint-Häuschen steht und jeden Papierschnitzel einer akribischen Kontrolle unterzieht, behauptet dasselbe. Er hat den Posten des Oberkommandos über den Schlagbaum inne. Auf seinen Wink hin wird der rostige Balken von einem klapperdürren Untergebenen in einer viel zu großen Uniformjacke eigens für jeden Passanten hochgezogen und nach Passieren wieder herabgelassen. Daher läßt er nur diejenigen durch, bei denen alles stimmt!
Der Taxifahrer rennt in der halsbrecherischen Hoffnung los, am überfüllten Ticket-Schalter der Erste zu sein, und verschwindet in dem bunten Stoffgetümmel der Menschenansammlung vor dem Flughafengebäude. Er läßt den verschreckten Ankömmling einfach allein im Taxi zurück! Der Impuls, das Fenster zu schließen, wird zum Alptraum. Dort, wo sich einst die Fensterkurbel befand, klafft ein zerklüftetes Loch und mittendrin steckt eine nackte Schraube. Zum Glück gibt es auf der anderen Fensterseite noch eine

Kurbel! Man braucht nur unauffällig über den Rücksitz zu rutschen. Endlich sitzt man am anderen Fenster. Doch welche Enttäuschung! Es läßt sich genausowenig schließen, weil die Kurbel hier durchdreht. Nein, man darf sich jetzt nicht gehenlassen. Alle schauen her. Ein Tourist im Taxi erweckt eben Neugier. Und außerdem, was für ein Armutszeugnis, vor diesen armen Menschen feige das Fenster zuzukurbeln! Aber ihre Aufdringlichkeit nagt an den Nerven, macht einen innerlich rasend. Die zitternde Bettelhand bleibt beharrlich an der gegenüberliegenden Fensterseite. Man hat sich wenigstens ein bißchen Abstand erobert. Aber da, wo man jetzt unbehaglich sitzt und von alledem nichts wissen will, ist das Fenster leider nicht lange leer. Schon ist der zweite Gruselmensch auf einen aufmerksam geworden. Er hat angefaulte Finger, die einem bedrohlich nahe vor der Nase herumfuchteln. So etwas hat ein Tourist in seiner sauberen Heimat nie gesehen. Selbst im Reality-TV nicht! Er ist schockiert. Wo soll er hinschauen? Neben den Gruselmenschen hat sich eine total verwahrloste Frau gestellt. Sie lallt unverständliche Laute und deutet mit leidvollem Mienenspiel ständig auf das winzige Kind, das sie auf dem Arm trägt. Der Anblick verursacht unmittelbaren Brechreiz. Die Rotznase und die entzündeten, klebrigen Augen des Säuglings sind scharenweise von schwarzen Fliegen in Beschlag genommen! Plötzlich spürt man im Hinterteil ein verdächtiges Pieksen, und auch ohne diesbezügliche Erfahrungen erreicht einen der naheliegende Gedanke an Flöhe. Daß es Wanzen sind, weiß man noch nicht. Auf einer Art Verkehrsinsel, wenige Meter vom Taxi entfernt, balgen sich drei räudige Hunde um einen kleinen braunen Haufen, der dort im Gras liegt. Sie sind ganz gierig auf diese weiche Masse, die aussieht wie... Nein, es sieht nicht nur so aus!

Spätestens hier wird die Sachlage ernst. Der geschockte, ausländische Mensch im Taxi, der sich nach zwanzigstündiger Flugodyssee endlich angekommen glaubte, erlebt nun unversehens seinen eigenen Untergang, den Zusammenbruch seiner sozialen Einstellung, seines Anstandes und seiner ganzen guten Erziehung. Und die Geburt eines Menschen, den er bisher nicht kennengelernt hatte: sich selbst!

Die Lektionen, die Indiens Alltag zu vergeben hat, sind tatsächlich nicht zimperlich.

Gelegentlich zieht es mich den langen Weg meiner eigenen Indien-Metamorphose zurück, bis ich schließlich zum Anfang gelange, zu jenem Zeitpunkt, als diese große Reise wirklich begann. Ich stoße auf ein neugieriges, kleines Mädchen, das sich durch die Bücherwand seines Vaters träumt und im Weltatlas zum ersten Mal ein Wort liest, das ihm sofort ins Herz springt: Indien…

AUF DEM LANDWEG NACH INDIEN

Im Frühjahr 1965 wiederholte sich Tag für Tag die gleiche Szene. Gegenüber dem Rewe-Geschäft saß nachmittags ein kleines Mädchen auf der einzigen Parkbank der Straße und war eifrig über einen Schreibblock gebeugt. Daneben stand der Kinderwagen, in dem das kleine Schwesterchen schlief. Es war erst wenige Monate alt. Nach der Schule wurde es von der großen Schwester spazierengefahren. Jedoch nur solange, bis es eingeschlafen war! Dann nämlich steuerte das Mädchen mit dem modernen Hochwagen aus Korbgeflecht schnurstracks auf jene Holzbank zu, stellte gewissenhaft die fortschrittliche Bremse an den Speichenrädern fest, rutschte umständlich auf seinen Platz, holte Bleistift und Papierblock aus dem Kinderwagennetz und vertiefte sich in hingebungsvolles Zeichnen.

Eines Nachmittags setzte sich eine alte Frau hinzu. Es war ein milder, grauer Tag. Bald würde es Frühling sein.

Aufmerksam beobachtete die alte Frau die kleine Zeichnerin und wunderte sich wohl über die komplizierten Linien, die das Papier überfluteten. Das sah nach einem geheimnisvollen Plan aus, mehr konnte sie nicht herauslesen. Nach einer Weile nahm sie sich ein Herz und fragte: »Was zeichnest du da?«

Das Mädchen deutete auf die verschiedenen Linienfelder seiner Bleistiftübung und fing an aufzuzählen: »Das ist Südkorea, das daneben Nordkorea, hier ist Thailand, da Nepal… dort befindet sich der höchste Berg der Welt! Die Insel da unten ist Ceylon, und das riesige Land dazwischen heißt Indien!«

Reisen in solchen Dimensionen waren zu jener Zeit unüblich. Da galt bereits Italien als fernes Ziel und verströmte in den Ohren der Menschen einen fremdartigen Klang.

Staunend folgte die alte Frau den exotischen Namen. Manche schien sie schon einmal gehört zu haben. In ihrem langen Leben hatte sie Deutschland nie verlassen, und ihre fernste Reise war die österreichische Grenze gewesen. Ungläubig fragte sie: »Und das weißt du alles aus dem Kopf?«

Ganz selbstverständlich gab das Mädchen zur Antwort: »Ja! Ich kann jetzt die Landkarte von Asien fast auswendig zeichnen!« Die alte Frau schüttelte verwirrt den Kopf. »Sowas«, murmelte sie und musterte die kleine Landkartenzeichnerin. »Wie alt bist du denn?«

»Neun Jahre!« antwortete das Mädchen. Auf einmal leuchteten seine Augen auf, und es sagte voller Stolz: »Aber bald werde ich zehn! Und wenn ich mal groß bin, fahre ich dort überall hin!«

Zwölf Jahre später war dieses kleine Mädchen groß. Gerade volljährig reiste ich zum ersten Mal nach Asien, auf dem Landweg nach Indien...

Welch ein Glück für jene Landkartenzeichnerin, zur rechten Zeit einem jungen Abenteurer zu begegnen! Sie hatte gerade eine zweieinhalbjährige Ausbildung abgeschlossen, er war erst kürzlich von einer ausgedehnten Indienreise zurückgekehrt und sprach von nichts anderem, als möglichst bald wieder dorthin zu fahren.

Ich verliebte mich sofort in ihn!

Für eine Indienreise benötigte man nicht viel: ein wenig Geld und genügend Zeit. Da wir jede Menge Zeit besaßen, fehlte also nur noch etwas Geld.

Im darauffolgenden Sommer zählte ich meine Ersparnisse und war begeistert von der bisher nie erreichten Summe: Eintausendachthundert Mark! Es war Juli 1977. Jetzt konnte ich auf dem Landweg bis nach Indien gelangen und dort auf unbestimmte Zeit bleiben. Solange das Geld reichte! Das war ein berauschendes Gefühl, es roch nach grenzenloser Freiheit.

Die günstige Mitfahrgelegenheit mit persischen Autohändlern, bei der man um fünfhundert Mark reicher Teheran erreichen konnte, war unter den Indienfahrern kein Geheimnis, sondern eine weitverbreitete Methode, um auf billigste Art nach Indien und Nepal zu reisen. Und Teheran war schon der halbe Weg! Daß diesem ganzen Deal ein Kitzel von Ungewißheit und Gefahr anhaftete, war um so aufregender.

Nach persischem Gesetz war es nur einmal im Jahr gestattet, ein ausländisches Auto einzuführen; zur Kontrolle wurde die Einfuhr in den Ausweispapieren vermerkt. Dieses kleine Hindernis wußten die persischen Autohändler aber schlau zu umgehen, ohne auf das lukrative Geschäft zu verzichten. Denn es gab ja die Indienfahrer! Es galt die Abmachung, den deutschen Reisepaß für den Stempel des iranischen Zolls zur Verfügung zu stellen. In Teheran dann wurden die Behörden saftig geschmiert, ein Autoverkauf vorgetäuscht, Zoll gezahlt und der Stempel aus dem deutschen Paß gelöscht. Die Ausländer hatten damit nichts zu tun, diese Arbeit erledigten die Perser selbst.

Jahre später hörte ich von einem Fall mit unangenehmen Folgen. Aufgrund der nicht verrichteten Zollgebühr, wurden die deutschen Paßinhaber verhaftet und mehrere Wochen in einem Gefängnis von Teheran festgehalten.

In jenem Sommer 1977 existierten Schwierigkeiten dieser Art lediglich in meiner Phantasie, in meinen Alpträumen!

Es erforderte Geduld, bis sich eine Mitfahrgelegenheit ergab, und tägliches Herumstehen auf bestimmten Autoschieberplätzen rund um den Hauptbahnhof. Ein einzelner Fahrgast kam schneller zum Zug, bei zwei Mitfahrern verdoppelte sich die Wartezeit. Da mein junger Abenteurer diese lästige Aufgabe übernahm, blieb ich vergnügt zu Hause und widmete mich ganz meinem Reisefieber. Ahnungslos und obendrein frisch verliebt, nähte ich mir im letzten Moment noch sexy Shorts für meine Reiseausstattung!

Der gemeinsame Rucksack stand bereits gepackt neben der Tür. Es konnte ja jeden Augenblick losgehen! Manchmal fügte ich etwas hinzu oder holte wieder etwas heraus. Es war nicht leicht, das fertige Reisegepäck ständig vor Augen zu haben und darüber nachzusinnen, was ich wirklich brauchte und was nicht. Eines war jedenfalls klar, es sollte so wenig wie möglich sein. Zwei T-Shirts, ein Sweatshirt, ein Bikini, die neuen Shorts, das, was ich auf dem Leib trug, außerdem Zahnbürste, Zahnpasta, Haarbürste, Seife, Creme, ein Handtuch, ein Lippenstift, ein Buch zum Lesen und natürlich ein Tagebuch. Und noch etwas: mein Handspiegel!

Dies sollte mein Talisman sein. Die etwa zwei Zentimeter dicke Glasscherbe mit der verkratzten, stark vergrößernden Spiegelfläche lag wegen ihrer Dreiecksform wie angepaßt in meiner Hand.

Der ungewöhnliche Spiegel entstammte einem Suchscheinwerfer aus Rußland, wo ihn mein Großvater im Ersten Weltkrieg gefunden und, unter Lebensgefahr in den Schützengräben kauernd, als Rasierspiegel benutzt hatte. Diese Geschichte verlieh der eigentlich wertlosen Scherbe ein Charisma, das mich schon als Kind beflügelte. Ehrfürchtig hielt ich sie in meinen kleinen Händen und träumte von fernen Ländern. In meiner kindlichen Welt war sie ein Mysterium, das ich richtig anfassen konnte. Meinem Großvater schien das zu gefallen. Wohl spürte er, daß ich die geeignete Person war, die das Erbe seiner Erinnerung in Ehren halten würde. Schmunzelnd schenkte er mir das Relikt aus der Fremde und machte mich zur stolzen Besitzerin eines kostbaren Schatzes.

Anderthalb Jahrzehnte später sollte diese alte Spiegelscherbe das Wertvollste neben dem Tagebuch in meinem Reisegepäck sein. Daß ich sie in Zukunft auf jedes große Abenteuer mitnehmen würde, daran dachte ich nicht, als ich sie für die erste Indienreise einpackte.

Nach zwei Wochen des Wartens klingelte mittags das Telefon. Wir hatten eine Mitfahrgelegenheit, in einer Stunde mußte ich dort sein! Mit einer übergroßen Blue jeans bekleidet, in der Taille anstatt eines schönen Gürtels mit einer dicken Schnur zusammengehalten, einem weiten T-Shirt und Plastiksandalen verließ ich die Wohnung. Schon während ich die Wohnungstür absperrte, steigerte sich mein Reisefieber zu einem nahezu unerträglichen Hochgefühl. Kribbelnd hüpfte ein nie gekannter Jubel durch mein Inneres. Eine große Reise, nein, meine allergrößte Reise begann! Mit dem kleinen Rucksack auf dem Rücken eilte ich zur Busstation, und die ganze Fahrt bis in die Innenstadt verhexte mich dieser eine Gedanke: Jetzt beginnt meine Reise nach Indien! Jetzt! Jetzt! Jetzt! Jeder einzelne Meter, den ich mit Bus und Straßenbahn zurücklegte, brachte mich um diesen Meter näher nach Indien! Später im Auto tönte es weiter so, Kilometer um Kilometer.

Zwei junge persische Familienväter steuerten abwechselnd den fast neuen Wagen japanischen Fabrikats gen Teheran. Völlig unerfahren, hatten sie das ursprünglich zweite Fahrzeug auf der Strecke von Stuttgart nach München bereits zu Schrott gefahren.

Mit einem Triumphgefühl, als eroberte ich nun die halbe Welt, passierte ich die deutsch-österreichische Grenze bei Salzburg. Es regnete in Strömen, als der Grenzpolizist einen flüchtigen Blick auf meinen Paß warf und dann mitleidsvoll ins Wageninnere schaute. Da saßen wir eingequetscht zwischen einer dicken jugoslawischen Mama und ihrer Tochter, die am nächsten Tag irgendwo auf dem Autoput durch Jugoslawien aussteigen wollten. Aber was wußte der österreichische Grenzpolizist schon von meinem Glück? Diesmal würde ich nicht in Österreich oder Jugoslawien oder Griechenland schon am Ziel sein. Diesmal reiste ich viel weiter. So weit, wie ich niemals zuvor gewesen war. Folglich war es an mir, den Grenzpolizisten zu bemitleiden! Denn in ein paar Wochen stand er noch immer an der gleichen Stelle, aber ich war in Indien.

Auch der nächste Grenzübergang verlief noch problemlos. Danach herrschten rauhere Sitten. Es fing mit mehreren Stunden Wartezeit an und dauerte bald einen ganzen Tag. Jedes Auto auf dieser Strecke transportierte Schmuggelware, und jede Grenze hatte ihre Vorlieben. Alle wußten das. Deshalb mußte permanent etwas anderes versteckt werden, je nachdem, was an der bevorstehenden Grenze besonders viel Schmiergeld kosten würde. Das konnte zusätzlich einen halben Tag Umpackerei in irgendeiner jener öden Grenzstädte bedeuten. Zusehends bestimmten orientalische Gesetze diesen Ablauf, und daran maß ich mit kindlichem Vergnügen die wachsende Entfernung von daheim. Als stünde der immense Zeitaufwand und die Mühe, die jeder Grenzübergang unvermeidbar mit sich brachte, in direktem Zusammenhang mit den zurückgelegten Kilometern!

Daß auch unser Wagen bis oben hin mit Schmuggelware beladen war, erfuhren wir erst kurz vor der bulgarischen Grenze. Mitten im Nirgendwo wurde angehalten, um Plastiktüten voller bunter Tücher hastig unter die Kühlerhaube zu stopfen. Die Dauer der Grenzformalitäten war dabei offensichtlich nicht einkalkuliert worden, denn an der Grenze, während der heiklen Zoll- und Durchsuchungstortur, machten sich die versteckten Tücher plötzlich bemerkbar. Eine stinkende Rauchwolke quoll unter der Kühlerhaube hervor. Mir stand der Angstschweiß auf der Stirn, aber die anderen blieben ruhig. Niemand schöpfte Verdacht. Qualmende Kühlerhauben und brennende Motoren bedeuteten in diesen Breitengraden nichts Besonderes. Das war unsere Rettung. Wir durften passieren, um schleunigst nach dem Rechten zu sehen und den vermeintlichen Motorschaden zu beheben.

Unsere zwei persischen Familienväter hatten die Ruhe weg, sie machten das nicht zum ersten Mal. Des öfteren waren sie als kleine Schmuggler bei solchen Touren mitgefahren, bis sie beschlossen, ihren Umsatz zu vervielfältigen und in eine eigene Autoüberführung zu investieren. Das Schmuggeln verstanden sie zwar, aber Autofahren mußten sie noch üben!

An der Grenze zur Türkei waren die Zollbeamten so übellaunig, daß sie vorab einen Ami-Anorak und einen Daunenschlafsack kassierten. Vermutlich als Bußgeld für die Störung ihres Kartenspiels. Beim Berg Ararat hielten wir bereits mittags in einem staubigen Kaff an und mieteten uns in einer Pension ein. Die türkisch-persische Grenze sei die allerschwierigste und die am meisten gefürchtete, klärte man uns auf, die Beamten dort galten als äußerst hartnäckig und gründlich. Im Gegensatz zu den anderen, die genauso Bescheid wußten, daß geschmuggelt wurde, sich aber wenigstens an die gängigen Spielregeln hielten und sich mit Bestechungsgeldern und Bakschisch zufriedengaben, lag diesen daran, die Schmuggelware zu finden!

Das Kaff schien Treffpunkt der Schmugglerelite ganz Kleinasiens zu sein, ein einziger Umpackplatz verbotener Waren. Hier wimmelte es von zwielichtigen Gestalten. Ich sah sie überall, in den Lokalen, auf den Straßen, vor der Pension. Mit ihren doppelbödigen Blicken taxierten sie die Neuankömmlinge. Aus allen Löchern krochen die verwegenen Typen hervor, für ein entsprechendes Entgelt bereit, heiße Ware zu Fuß über die Berge zu schleppen. Niemand hatte Scheu, in aller Öffentlichkeit und in voller Lautstärke die Preise zu verhandeln. Der gesamte Ort hatte Anteil an diesem Geschäft.

Nicht ohne Stolz gestanden unsere zwei Fahrer, daß sie viertausend Zündkerzen im Wagen hatten. Viertausend! Mit leuchtenden Augen rechneten sie uns in ihrem dürftigen Englisch die magischen Zahlen ihres Profits vor. Zündkerzen seien in Persien beinahe unerschwinglich. Etwa drei Viertel dieser Menge sollten nachts über die schwarze Grenze geschafft werden, und dazu waren drei Träger erforderlich. In dem Café unterhalb der Pension marschierten die Interessenten auf. Es war ein stundenlanges Debattieren bis tief in die Nacht hinein.

Solche Gaunereien waren für mich mehr als gewöhnungsbedürftig. Verstohlen blickte ich mich um, ob wir nicht längst umzingelt seien und jeden Augenblick verhaftet würden. Ein Reflex, der das Ergebnis meiner braven Vergangenheit war.

Die restlichen tausend Zündkerzen sollten zusammen mit der Jeans-Kollektion unter dem Rücksitz verstaut werden. Damit bloß keiner jener gefürchteten Grenzbeamten den dummen Einfall hatte, ausgerechnet dort nachzusehen, wurde ein Plan ausgeheckt. Der ist allerdings aus Sicherheitsgründen nur für islamische Gebiete empfehlenswert! Nun war mein rares Geschlecht gefragt, denn ich war das einzige weibliche Wesen weit und breit, und das mit langem, blondem Haar! Als existiere für mich kein ehrenvolleres Amt auf Erden, wurde ich von den zwei persischen Familienvätern in die orientalische Kunst weiblicher Raffinesse eingeführt. Sie verlangten von mir, in eines der geschmacklosen Jeanskleider zu schlüpfen, was ich allein schon als Beleidigung empfand. Unförmig hing das altbackene Modell an mir herunter. Für eine angehende Modedesignerin, für die ich mich damals hielt, war die Verkleidung geradezu beschämend. Aber ich wollte nach Indien, und der Weg dorthin führte über Teheran. Also machte ich mit. Dermaßen verunstaltet, mußte ich mehrmals auf besagtem Rücksitz Platz nehmen. Da sie zur Generalprobe alle Details durchspielen wollten, ließen sie mich einen ziemlich dämlichen Gesichtsausdruck üben und brachten mir sonst noch bei, was in ihren islamischen Augen die Unantastbarkeitspose einer Frau darstellen sollte. Ich kam mir ganz schön albern dabei vor. Doch immerhin erfuhr ich auf diese Weise, wie sich eine Frau in dieser Männerwelt nützlich machen konnte!

Ich erhielt das felsenfeste Versprechen, daß kein Zollbeamte es je wagen würde, angesichts dieser einstudierten Posen eine Frau aus dem Auto zu bitten. Die Worte waren beruhigend, wenngleich ihre Richtigkeit noch längst nicht bewiesen war. Saß ich doch als lebendes Sicherheitsschloß auf verbotenem Schmuggelgut!

Mit flatternden Nerven wartete ich auf meinen Auftritt. Die Aussicht auf die bevorstehende Aufgabe jagte mir mulmig durchs Bewußtsein. Das zu tun, würde mich eine gehörige Portion Überwindung kosten! Selbst die harmlose Mitwisserschaft ihrer kleinen Betrügereien bereitete mir schlimmstes Unbehagen. Jetzt wurde ich indirekt zur Mittäterin.

Zwei Tage später gab es kein Zurück mehr. In das lange, altmodische Jeanskleid gewandet, tat ich alles, was man mir an Dämlichkeit beigebracht hatte, und von den Grenzsoldaten mit solcher Vorsicht umspäht, als hätte ich eine ansteckende Krankheit, saß ich artig auf dem Rücksitz. Und tatsächlich, es klappte! Die erste Hürde war genommen. Blieb also nur noch der Zollstempel im Paß.

In Teheran betrat ich eine vollkommen neue Welt. Hautnah erlebte ich diesen abrupten Wechsel. Bei Sabi, dem jüngeren Fahrer, untergebracht, wurde ich augenblicklich zu einem weiblichen Mitglied in dem islamischen Haushalt. Mit seiner Ehefrau, die sich kurz vor der Niederkunft befand, und der einjährigen Tochter bewohnte er das Erdgeschoß eines kleinen Hauses im unteren Teil der Stadt, dem ärmeren Viertel von Teheran. Der erste Stock war von einer Familie mit einer ähnlichen Konstellation belegt: ein zweijähriges Kind und die Mutter ebenso hochschwanger. Wir, die deutschen Gäste, schliefen auf dem Flachdach unter freiem Himmel. Es war nicht leicht für mich. Wie hätte ich auch ahnen können, mit welcher Unerbittlichkeit ein stilechter Aufenthalt in orientalischem Umfeld seinen Preis einforderte? Nachts litt ich unter der ungewohnt trockenen Hitze, die bei jedem Neuling Erstickungsgefühle verursachte, tagsüber traktierten mich die Restriktionen der islamischen Gesellschaft, die Wut und Protest in mir schürten. Für eine Frau aus dem fortschrittlichen Abendland, jung, unternehmungslustig und ahnungslos wie ich war, bedeutete das eine weitaus härtere Eingewöhnungstortur als für meinen männlichen Begleiter.

Mit meiner zweiundzwanzigjährigen Unerfahrenheit begegnete ich erstmals der orientalischen Kultur. Häufig wechselnde Stimmungen waren meine offenkundige Reaktion darauf. Noch am Morgen schritt ich fröhlich neben den verhüllten Nachbarinnen über den turbulenten Markt, belustigt über meine Verschleierung, da sie auch mich in einen Tschador gesteckt hatten. Doch schon mittags konnte mein emanzipiertes Selbstbewußtsein wegen irgendeiner frauendiskriminierenden östlichen Alltäglichkeit in die totale Krise stürzen.

Während der Vorbereitungen eines Festmahls begann auch mein Körper sichtbar gegen die Überforderung anzukämpfen und meldete schmerzhafte Störungen im Verdauungstrakt. Beim Anblick der gebräuchlichen Sitten überfielen mich die ärgsten Zweifel. Vor meinen Augen schnitten die Männer mit einem Küchenmesser der sich windenden Ziege kurzerhand die Kehle durch. Anschließend wurde sie gemeinsam mit der halben Verwandtschaft in heiterer Runde zerlegt und ausgenommen. Der Boden des Innenhofes war ein einziger Blutsee und glich einem Schlachtfeld.

Von der körperlichen Schwächung übersensibilisiert, genügte ein flüchtiger Blick in die von allen am meisten gepriesene Schüssel, und mein Hunger schlug in Übelkeit um. Die begehrteste Delikatesse war bei ihnen der Ziegenkopf! Naturbelassen schwamm er mit gefletschten Zähnen und verklebten Haaren in einer klaren Kräuterbrühe. Die toten Augen glotzten mich stumpfsinnig an, und aus dem abgeschnittenen Hals quollen dicke Adern wie Würmer heraus. Auffordernd schoben meine Gastgeber die Schüssel vor mich hin, damit ich mir das beste Stück davon nehmen konnte. Doch ich hatte nur den einen Wunsch: nichts essen zu müssen.

Das pittoreske Bild, das ich einst in meiner Naivität von den arabischen Morgenländern gemalt hatte, bekam nun einen ersten realistischen Schliff.

Beim Spaziergang durch die Gassen befiel mich zuweilen das unbehagliche Gefühl, in einem unentrinnbaren Steinlabyrinth gefangen zu sein. Jedes Haus besaß einen Hof, der meterhoch ummauert war. Der Ausblick war also drinnen wie draußen immerzu derselbe. Rundum hohe Mauern! Die Frauen trugen auch innerhalb dieser Mauern einen Tschador, hier jedoch mit einem freundlichen Blümchendesign anstatt des schwarzen Ausgehmodells. Selbst in ihren Wohnungen legten sie ihn an, sobald ein männlicher Besucher anwesend war. Die übertriebene Sorgfalt ihrer Verschleierung grenzte meiner Ansicht nach an Hysterie. Es war mir unbegreiflich, wieviel Umständlichkeit sie in Kauf nahmen, damit das Riesentuch bei den häuslichen Arbeiten nicht verrutschte. Benötigten sie für eine Tätigkeit beide Hände, klemmten sie eine Falte unter ihren Ellbogen fest und hielten mit den Zähnen die Vorderfront geschlossen! Kein Unbefugter durfte mehr sehen als Augen und Nasenspitze. Ihr Ganzkörpertuch ließen sie erst fallen, wenn sie unter sich oder mit ihrem Ehemann allein waren.

Ungezwungen ging es beim Kochen in der Küche zu, ihrem unangefochtenen Herrschaftsrevier, oder in einem männerfreien Wohnzimmer. Ihrer behindernden Verpackung entledigt, hockten sie am Boden und unterhielten sich mit freien Händen und unverdeckten Gesichtern. Bewundernd strichen sie über mein feines 'goldenes' Haar, und im Gegenzug durfte ich ihre dicken, schwarzen Zöpfe anfassen. Was Männer, Beziehung und Ehe betraf, interessierte sie lediglich, ob und daß man verheiratet war. Damit war dieses Thema abgehakt. Der Nachbarin stand sogar eine Zweitfrau ins Haus, was sie mit einem Lächeln kundtat. Das war nichts Aufsehenerregendes und erfüllte eine Erstfrau eher mit Stolz. Dann wäre sie Herrin über eine Untergebene, der sie befehlen konnte! Den meisten Gesprächsstoff boten die Anzahl und das Geschlecht ihrer Kinder und die der anderen, Schönheitspflege und wieviel echten Goldschmuck sie besaßen.

Ausgelassen konnte es zugehen, bis plötzlich die Tür aufsprang und ein Mann seinen Kopf hereinschob, weil er nach seiner Ehefrau suchte. Schon begann das einfältige Versteckspiel und im Nu war ich von Stoffbergen umgeben, aus denen scheue Augenpaare hervorlugten. Dabei spielte es keine Rolle, ob dieser männliche Kopf einem Nachbarn oder Verwandten gehörte.

Anfangs fand ich ihre maßlos übersteigerte Reaktion auf einen harmlosen Männerkopf im Türspalt erheiternd und amüsierte mich über diese aberwitzige Vorstellung. Aber mein Lachen war von kurzer Dauer. War ich doch selbst eine Frau, und als solche wurde ich hier behandelt!

Trotz meines Ausländerstatus bekam ich die ortsansässigen Regeln in allen nur erdenklichen Situationen unliebsam zu spüren. Keine Frage, meine selbstgenähten Shorts waren hier gänzlich fehl am Platze. Als meine weite Jeans frisch gewaschen und triefnaß zum Trocknen in der prallen Sonne auf dem Dach lag, hatte ich ein ernsthaftes Problem: In meinem islamischen Anpassungslehrgang fortgeschritten, fiel es mir natürlich nicht im Traum ein, die knappen Shorts islamischen Männerblicken auszusetzen. Ich hatte aber nichts anderes anzuziehen! Also verkroch ich mich tagebuchschreibend in eine stille Ecke des Hauses, um bloß keine Aufmerksamkeit auf meine nackten Beine zu lenken. Kaum hatte ich mich gesetzt, stand die junge Gastgeberin vor mir und hielt freundlich lächelnd die Riesenschlafanzughose ihres Mannes vor meine Nase. Es sei nicht wegen ihr, entschuldigte sie ihre Aufforderung, aber ihr Mann dürfe 'das' auf gar keinen Fall sehen!

Die wenigen Erfahrungen, die ich bis dahin auf orientalischem Boden gemacht hatte, bestätigten die Notwendigkeit solcher Schutzmaßnahmen. Das fortwährende Angestarrtwerden und die suchenden Finger, die keine Gelegenheit ausließen, gierig nach weiblicher Haut zu grapschen, waren mir nicht entgangen. Nicht, daß diese Männer von heißblütigerer Art gewesen wären, als die Männer meiner westlichen Heimat! Aber alles, was die Armen von einem weiblichen Körper sehen durften, beschränkte sich auf Augen und Nasenspitzen! Nur von der eigenen Mutter und den Schwestern und später von der Ehefrau kannten sie das vollständige Gesicht. Eines begriff ich wirklich nicht. Warum kamen sie nicht von selbst darauf? Warum sahen sie nicht, wohin es führte, menschliche Impulse unterdrücken zu müssen? Und daß es doch gerade die Abstinenz visueller Freuden war, die schließlich das bewährte Sicherheitssystem sprengte.

Schon bald war es beschlossene Sache. Sie wollten uns, den ausländischen Gästen, Teheran zeigen. Sabi schlug als Sehenswürdigkeit ein Museum vor, das, wie er geheimnisvoll andeutete, gewissermaßen etwas Besonderes sei. Mehr verriet er nicht. Wir hegten keinerlei Skepsis, sondern staunten nur über das rege Interesse für Museen und über das zahlreiche Erscheinen unserer Begleiter. Nachbarn und Verwandte, alle wollten unbedingt mitkommen. Komischerweise waren es nur Männer! Aber auch da schöpfte ich keinen Verdacht, hielt ich doch diese geschlechtliche Einseitigkeit bei Ausflügen und Unternehmungen für eine Begleiterscheinung ihrer Lebensform. Ihre Frauen hätten keine Lust, in ein Museum zu gehen! Und mit einem nachsichtigen Schmunzeln erklärten sie, viel lieber würden sie bei ihren Kindern zu Hause bleiben und das Abendessen kochen.

Ihre Frauen lächelten milde hinter ihren Schleiern hervor wie die Marias und Magdalenas aus biblischen Zeiten und kicherten dann wie neuzeitliche Schulmädchen hinter den Rücken ihrer Männer, die zum Museumsbesuch aufbrachen.

Das mit dem Abendessenkochen war ihre Lieblingsausrede. Und während des Ramadan schon morgens in aller Frühe einsetzbar. Da die Fastenzeit einem Moslem ausschließlich in der Nacht erlaubte, Nahrung zu sich zu nehmen, waren die weiblichen Familienmitglieder mangels anderer Mahlzeiten ständig mit Abendessenkochen beschäftigt! Ausgerechnet sie waren es auch, die das vorgeschriebene Fasten in aller Härte ein- und durchhielten. Egal, ob sie schwanger waren oder nicht, während des Tages gönnten sie sich nur wenige Schlucke Wasser. Ihre Männer hingegen fingen pünktlich gegen Mittag an zu kränkeln und verschwanden regelmäßig hinter den Planen vor den Eßlokalen. Damit sie nicht zugeben mußten, daß es ihnen an echter Stärke mangelte, griffen sie zur berühmten Ausnahme der Regel. Wenn man sich krank oder nicht gut fühle, behaupteten die Familienoberhäupter im Brustton ihrer Überzeugung, sei es erlaubt zu essen! War das nicht Betrug? Ihre Unehrlichkeit reizte mich ungeheuerlich, die Praxis ihrer Religion zu hinterfragen. Sie aber grinsten mich nur lausbübisch an, weil sie daran überhaupt nichts Unrechtes finden konnten. Das machten sie schon immer so, antworteten sie gleichmütig, das sei nun mal so üblich. Viele Männer aßen tagsüber, deshalb hingen ja auch die Planen vor den Eßlokalen! Die seien doch nur wegen des Ramadan dort.

Nach der Fastenzeit würden diese Planen also wieder entfernt werden? Ja, natürlich, lachten sie mich aus, als sei ich besonders begriffsstutzig.

In diesem Punkt war ich allerdings begriffsstutzig. Was sie da taten, war in meinen Augen schlicht verlogen. Zum einen beharrten sie stolz auf ihrem strengen Glauben, und zum andern nahmen sie ihn selber gar nicht ernst. Sie bemogelten ihren Gott! Sie waren eben doch nicht so gläubig, wie die meisten behaupteten. Und gerade aus jenen Mündern kam das strenge Urteil, jeder Nichtmoslem sei ein Nichtgläubiger! Das war eine Mentalität, die es mir besonders schwer machte, Toleranz zu üben.

Der Museumsbesuch! Niemals hätte ich erraten, was mich dort erwartete. Eskortiert von unseren unzähligen Begleitern, wurden wir durch menschenleere Gänge und Hallen zu einem leicht abgedunkelten Raum geführt. Er war auffallend gut besucht. Von lauter Männern! Merkwürdig war, daß sie allesamt vor ein und demselben Bild standen, obwohl etwa ein halbes Dutzend anderer die Wände rundherum zierte. Wir drängelten uns durch die dichte Menschentraube, und schließlich standen wir vor einem großen, alten Ölgemälde. Ein Akt! Ein typisches Motiv aus dem letzten Jahrhundert: die keusche Pose einer fülligen Jungfrau. Den Namen des europäischen Künstlers wußten sie nicht.

Andächtig umringten die männlichen Museumsbesucher den auf islamischem Boden so seltenen Anblick, und ihre Augen verschlangen all die nackte Haut, die zu sehen ihnen verboten war. Sogar die prallen Brüste und Schenkel wurden ihnen hier in aller Herrlichkeit preisgegeben. Es herrschte eine heilige Stille. Als stünden sie vor dem Schrein ihres höchsten Gottes!

Im ersten Augenblick hätte ich beinahe losgeprustet. Was für eine Andacht, so unerwartet inmitten eines Museums. Und das alles wegen eines nackten weiblichen Körpers.

Sabi, unser Gastgeber, hatte sich neben mich postiert und flüsterte mir leise seine flammende Begeisterung für dieses Kunstwerk ins Ohr; aber seine Frau dürfe 'das' auf keinen Fall erfahren!

Es war das einzige Gemälde dieser Art. Sie zeigten uns fürwahr die in ihren Augen spektakulärste Sehenswürdigkeit von Teheran! Nach dem Museumsbesuch weihten sie uns in einen weiteren Brauch ein, den nur sie als Männer kannten: heimliches Biertrinken! Denn der Konsum alkoholischer Getränke war ihnen von ihrem islamischen Glauben ja auch verboten. Und das nicht nur während des Ramadan.

War es schon für Einheimische kein leichtes Unterfangen, Bier zu beschaffen, so hätte ich jämmerlich versagt, wäre ich in Teheran damit beauftragt worden. In einem ziemlich schrägen Lokal irgendwo in der Innenstadt trieben unsere privaten Reiseführer Bier auf, das sogar eisgekühlt war. Der Austausch von Geld und Ware fand in einem düsteren Keller statt. Knisternde Spannung hing in der Luft. Augenblicklich fühlte ich mich in die unentrinnbare Kulisse dunkler Machenschaften gesperrt. Und während ich aus ein paar Metern Abstand den verbotenen Handel skeptisch beobachtete, hatte ich nur eine Überlegung: Wie komme ich hier raus, wenn etwas schiefgeht?

Jetzt hatten wir kaltes Bier! Nur, wo sollten wir es trinken? In dem Kellerlokal war es strengstens verboten. Ein Plan mußte ausgeheckt werden. Zurück auf der Straße und später im Auto auf dem Heimweg wurde laut debattiert. Für die erwachsenen Männer war es gar nicht so leicht, einen Ort aufzutreiben, an dem sie unbemerkt die verbotene Tat begehen konnten. Die letzte Hürde nämlich betraf die Vorsicht vor den eigenen Ehefrauen, die den Konsum von Alkohol in ihrem Haus niemals geduldet hätten. Also durfte das Biertrinken erst beginnen, wenn die Luft rein war. Jemand mußte sich solange mit dem verbotenen Bier verstecken.

Die Wahl fiel auf den Jüngsten unter ihnen, ein Teenager noch, der diesen heroischen Auftrag ausführen sollte. Die schwere Tüte voller Bierflaschen auf den Armen, wurde er in einem wenig beachteten staubigen Winkel außerhalb der häuslichen Mauern versteckt. Das eisgekühlte Bier umarmend, kauerte er auf dem sandigen Boden und wartete auf ihr Zeichen. Der bierhungrige Rest lümmelte in den Polstern der verschiedenen Wohnzimmer und täuschte Langeweile vor. Insgeheim aber bangte jeder einzelne um eine baldige Erlösung, die Ehefrau möge doch einen triftigen Grund haben, das Haus zu verlassen.

Boten pendelten zwischen den Häusern hin und her, um ja keinen günstigen Moment zu verpassen. Spione wurden ausgesandt, um die brenzlige Situation des Jünglings mit den Bierflaschen zu überwachen und auszukundschaften, ob irgendwelche Gefahren drohten. Ahnungslos servierten die Ehefrauen Tee und liefen unbeschwert durch die Wohnung.

Während das islamische Versteckspiel in vollem Gange war, rang ich um meine Fassung. Nicht, daß ich ohne Bier nicht hätte leben können, doch bei der Knappheit kalter Getränke und meinem Dauerdurst, den zu stillen lediglich lauwarmes Wasser und brühheißer, bitterer, pappsüßer Schwarztee zur Verfügung standen, war mir die Vorstellung unerträglich, daß das kühle Bier dort draußen in der Hitze zu warmer Brühe verkam. Verhext von dem Bild, wie perlende Tropfen an einer kalten Flasche herunterrannen, wurde ich sehr wütend.

Ich hatte mich gerade in Schwung geredet, um den jeweils anwesenden Männern wegen ihrer Heuchelei vor ihren Ehefrauen und vor sich selbst die Leviten zu lesen, als die aufregende Nachricht unser Wohnzimmer erreichte. Die Nachbarin sei zum Markt gegangen, hieß es. Allesamt nichts wie hin!

Der schwarze Tschador der ahnungslosen Nachbarin war kaum um die Ecke geflattert, da wurde ihr eben verlassenes Wohnzimmer hinter ihrem Rücken zur Trinkstube. Es füllte sich in einer unglaublichen Schnelligkeit mit strahlenden Männergesichtern und war alsbald bevölkert von einer Horde glücklicher Lausbuben nach einem gelungenen Streich. Sofort wurde der Jüngling vor der Hofmauer herbeigepfiffen und in die ehefraufreie Zone geleitet. Das Saufgelage mit dem warmen Bier konnte beginnen.

Es dauerte nicht lange, da sprang die Hintertür auf, und herein stürmte Sabis hochschwangere Frau, unsere Gastgeberin! Sie hatte Verdacht geschöpft. Mit unbewegter Miene steuerte sie zielstrebig auf ihren Mann zu, packte ihn ohne langes Federlesen an seinen Ohren und schleifte ihn wie einen kleinen Schuljungen hinaus. Er hatte halt Pech gehabt und war ertappt worden! Niemand lachte ihn deswegen aus, noch wirkte sich der Zwischenfall in irgend-einer Weise abschreckend auf die verbleibende trinkfreudige Runde aus. Im Gegenteil, die Sache wurde kommentarlos übergangen. Als sei nie etwas dergleichen passiert, fuhren sie fort, fröhlich weiterzutrinken.

Scheinbar waren andere Rauschmittel wesentlich problemloser aufzutreiben und weder von Staat noch Religion verboten. So pflegten sie zuweilen gesellige Abende zu verbringen und bis tief in die Nacht hinein auf den Dächern zu sitzen. Die strapazierende Heimlichtuerei fiel dann weg, und sogar ihre Ehefrauen durften dabeisein und mitmachen. Sie hatten alte Perserteppiche ausgelegt, Knabberzeug und Tee hinaufgetragen und weiche Kissen mitgebracht. Alle Familienmitglieder bildeten einen großen Kreis und rauchten undefinierbares braunes Kristallzeug in einer Pfeife. Es hatte irgendeinen arabischen Namen, den ich jedoch nicht behielt. Ich hatte von solchen Dingen keine Ahnung. Vielleicht war es Opium? So verrückt war diese Welt, wegen einer Flasche Bier wären sie in Teheran ins Gefängnis gewandert, und Opiumrauchen war völlig normal!

Kacem, der lustige Nachbar, spielte den Zeremonienmeister, denn die Zubereitung verlangte eine besondere Handhabung. Reihum mußte sich jeder neben ihn setzen und einen kräftigen Zug aus der Pfeife nehmen, was er mit kleinen Späßchen kommentierte. Und es fielen ihm die besten Witze ein, wenn sich der eine oder die andere ungeschickt anstellte. Das laute Brutzeln des rätselhaften braunen Kristalls, wenn es beim Erhitzen über der Flamme rasch zusammenschmolz, klingt mir heute noch im Ohr.

Nach dem Inhalieren bekam man von Kacem feierlich einen Keks überreicht, der sofort gegessen werden mußte; darauf legte er übertriebenen Wert. Erst nachdem der zerkaute Keks hinuntergeschluckt war, durfte man zu seinem Platz zurückgehen, und der nächste war an der Reihe. So ging das bis tief in die Nacht, und nebenbei erzählten sie lustige Geschichten aus ihrem Leben und hatten richtig Spaß miteinander.

Danach war ich so aufgekratzt, daß ich nicht schlafen konnte. Am anderen Morgen fühlte ich mich wie gerädert, und obwohl die

Folgen weniger erfreulich waren, ist die Rauch-Party meine fröhlichste Erinnerung an Teheran!

Nach zwei Wochen Aufenthalt waren die Zollformalitäten abgeschlossen. Das Auto war gut verkauft und die Gebühren bezahlt worden. Der Zollstempel in unserem Reisepaß hatte keine Gültigkeit mehr. Wir waren frei weiterzureisen. Ich wähnte mich in dem Glauben, den islamischen Fesseln entkommen zu sein. Mit öffentlichen Verkehrsmitteln setzten wir unsere Fahrt Richtung Afghanistan fort. Dabei erlebte ich erstmals, wie es in der Praxis aussah, wenn ein Bus solange gefahren wurde, bis er buchstäblich auseinanderfiel. So hatte ich mir abenteuerliche Reisen vorgestellt. Todesängste kannte ich nicht, da ich zu jenem Zeitpunkt noch den Vorteil der Jugend genoß, die einem vorgaukelt, unsterblich zu sein.

In Kabul angelangt, betrat ich von neuem eine fremde Welt. Die Menschen lebten hier unter primitivsten Bedingungen, und das in städtischen Verhältnissen. Es mutete wie im Mittelalter an und manchmal wie nach einem Krieg. Ich staunte und war erschreckt zugleich über die enorme Überlebensfähigkeit der menschlichen Rasse. Es war eine Erkenntnis, die mir richtig Angst einjagte, als ich diese Verwahrlosung sah. Die mehrstöckigen Wohnhäuser aus brüchigen Lehmziegeln waren restlos überbevölkert und entbehrten jeglicher Wohnlichkeit. Kotschächte verliefen vom obersten Stockwerk an den Vorderfronten hinunter bis zum Gehsteig, wo sie in stinkende Öffnungen mündeten, die von dreck- und kotverschmierten Schweinen zahlreich belagert wurden. Schwarze Kloakenbäche säumten die Gassen, und fliegenübersäte, rotznasige Kinder tollten darin herum. Es grauste mir vor dem Boden unter mir, und es kostete mich einige Überwindung, mit meinem luftigen Schuhwerk darauf zu treten. Der innige Wunsch, antiseptisch vermummt zu sein, ließ sich nicht abschütteln. Weit und breit sah ich keinen Fleck, der geteert war. Besonders matschige Stellen wurden mit einem wackeligen Brett überbrückt. Ein Stadtbummel wurde zur Horrorvision! Was wird einmal sein, wenn die Welt aus allen Nähten platzt? Mir war sehr unwohl bei dem Gedanken. Sehen dann so die Städte der Zukunft aus?

Natürlich durfte ein Besuch in einem jener berühmt berüchtigten Coffee-Shops nicht fehlen. Dort gab es die in Travellerkreisen heißbegehrten Special-Cakes und Special-Teas, die einen in lebensfrohe Zustände versetzten. Dort sah ich auch die ersten Hippies. Das jahrelange Herumziehen in Asien war ihnen unverkennbar auf den Leib gezeichnet. Ihre bunten Klamotten hingen in schmuddeligen Fetzen an ihren ausgezehrten Körpern. Haare, Zähne und Fingernägel machten einen unappetitlichen Eindruck. Den ganzen Tag schienen sie nichts anderes zu tun, als faul auf den Polsterkissen herumzuliegen und zu den Specials viele Special-Pfeifen zu rauchen. »Bom Shankar!« murmelten sie müde und reichten wie mit letzter Kraft das qualmende Shilom, das Marihuana-Pfeifchen, weiter. Ihr Gang war schleppend, rafften sie sich einmal auf, und alles an ihnen wirkte kraftentleert.

Wir blieben nicht so lange wie sie, aber wir probierten alles aus, Tee und Kuchen von der Special-Menü-Karte, was insgesamt scheußlich schmeckte, weil das Haschisch in den verschiedenen Gerichten so stark durchdrang. Anschließend liefen wir, von der entsprechenden Wirkung der Specials übersensibilisiert, durch die Einkaufsstraßen von Kabul. Die gesteigerte Wahrnehmungsfähigkeit setzte uns nun einem mehrfachen Bombardement von Eindrücken aus. Ich kann nicht sagen, daß ich einfach nur berauscht war. Denn zuerst erlebte ich die Intensität von Gerüchen und Farben und Stimmen und Bildern, und diese geballte Sinnesflut trug mich dann in einen herrlichen Rausch. Ohne jegliche Zensur strömte eine Vielfalt von Stimmungen auf mich ein. In diesem Zustand war es möglich, alles zu hören, zu sehen, zu spüren, zu träumen und alles zu sein.

Für mich war es ein Vergnügen, nicht zuletzt auch wegen meines Gefährten sehr amüsant. Von seinen Sinnestäuschungen ständig an der Nase herumgeführt, inszenierte er ganz unbeabsichtigt eine urkomische Geschichte. Vielleicht war es ein versteckter Anfall von Heimweh, daß er ausgerechnet so weit weg von zu Hause aus jedem Lädchen den AFN-Sender aus München hörte? Das konnte ja nicht sein! Aber er wollte es nicht glauben und stürmte, von seinen Halluzinationen dazu verleitet, immer wieder in einen der kleinen Läden. Jedesmal stellte sich das Geplapper und Gedudel als das Programm der ortsansässigen Radiostation heraus, und auch die Ladenbesitzer schüttelten verwundert die Köpfe, was dieser Fremde da von ihnen wollte. Einmal geriet er doch glatt mit einem Ladenbesitzer in einen Streit, weil er diesen verdächtigte, den AFN abgeschaltet zu haben, als wir hereinkamen! Der arme Afghane wehrte sich mit Händen und Füßen gegen die ungerechte Anklage und beteuerte, nichts von AFN zu wissen.

Mein Freund ließ sich nicht unterkriegen. Er war besessen von der Vorstellung, alle Ladenbesitzer von Kabul hörten heimlich AFN. Er werde das Rätsel lüften, murmelte er im Weitergehen, blieb unvermittelt stehen und fragte: »Hörst du das nicht?« und steuerte die nächste Ladentür an. Kichernd lief ich hinter ihm her und freute mich über die verrückte Komödie, in der ich da mitspielte.

Später im Hotel, in unserem Zimmerchen unter dem Dach, hatten wir wie zur Abrundung unserer Kabul-Erfahrung noch ausgiebigen Besuch von einer fetten Riesenratte. Die ganze Nacht lang turnte sie geräuschvoll auf den Balken über uns herum und machte sich scharrend hier und da wichtig. Irgendwann schlief ich doch ein, wachte aber kurz darauf vor lauter Nervosität wieder auf. Ich hatte mir tagsüber einen wunderschönen Apfel gekauft, der in einen Stoffbeutel gewickelt neben meinem Bett lag. Nun, in diesem Zwielicht, wirkte er merkwürdig zerfleddert. Ich entzündete schnell eine Kerze, und da sah ich die zerpflückten Überreste meines kostbaren Apfels am Boden verstreut, und der Stoffbeutel war völlig zerbissen.

Trotzdem fand ich das alles aufregend, besonders wenn das Unangenehmste davon überstanden war. Danach fühlte ich mich wie eine Heldin!

Die sich steigernde Fremdartigkeit bestätigte meine kindliche Vision, je weiter ich mich von daheim entfernte, desto urtümlicher und spannender würde das Leben sein. Demnach glaubte ich, die absolute Steigerung erwarte mich letztlich in Indien.

Mit der Zeit aber überfielen mich immer häufiger Zweifel. Die Konfrontation mit der islamischen Mentalität, die mich auch in

Afghanistan und später in Pakistan nicht unberührt ließ, ermüdete mich und schürte eher einen Widerwillen in mir. Meine Erwartungen begannen zu schrumpfen, und allmählich sah ich Indien mit wachsender Skepsis entgegen.

In einem fort war ich damit beschäftigt, mich vor den ausgehungerten Männerblicken zu verstecken und den strengen Regeln gerecht zu werden. Während eine junge Frau in meinem Heimatland alles dafür tat, um mit ihren weiblichen Reizen zu reizen, war mein Einfallsreichtum hier ganz anders gefordert. Meine langen, blonden Haare trug ich ausnahmslos in einem Zopf oder zu einem Knoten hochgesteckt, und meistens hatte ich es zusätzlich mit einem Kopftuch bedeckt. Das weite T-Shirt zog ich mit der Vorderseite nach hinten an, so daß der ohnehin halsnahe Ausschnitt vorn noch etwas höher war. Das führte aber zu einem neuen Problem: Nun lag der Nacken ungefähr fünf Zentimeter frei! Das war zuviel im Orient. Vor den hohen Mauern einer Moschee wurde ich von einem bärtigen Alten deswegen zurechtgewiesen. Umgehend mußte ich diese ungebührliche Stelle nackter Haut mit meinem Sweatshirt verbergen. Den Lippenstift zu benutzen erschien mir zu riskant. Trotz Zopf, Kopftuch, weiter Jeans und T-Shirt wäre ich mir damit wie eine Prostituierte vorgekommen. Ich wagte nicht, mehr als einen Meter Abstand von der Seite meines Freundes zu weichen, und schließlich fühlte ich mich, als sei ich aufgrund meines weiblichen Geschlechts jeder eigenen freien Tat entmündigt. Wäre ich heute klüger? Vielleicht. Ich würde einfach die sexy Shorts anziehen und überhaupt alles, wozu ich Lust hätte. Und diesen Augenschmaus würde ich dann schadenfroh unter dem landesüblichen Tschador verstecken!

So kann es gehen. Der orientalischen Männerwelt würde ich nicht mehr und nicht weniger zeigen als meine großen Augen und meine lange Nase!

Wir machten einen Abstecher in den Hindukusch. Der Name hatte mich schon länger in seinen Bann gezogen, ohne daß ich wußte, was es genau war. Jetzt erfuhr ich nicht nur, daß der Gebirgszug im Norden so hieß, sondern sah ihn mit meinen eigenen Augen.

Da man Hotels nur in Kabul kannte, war es im Hindukusch üblich, daß Reisende in den gemütlichen Teestuben übernachteten. Außer etlichen Lagen alter Teppiche gab es keine Einrichtungsgegenstände. Man saß und schlief auf dem Boden. An den Wänden entlang reihten sich Kissen und Polsterrollen zum Anlehnen, hier und da stand eine reichverzierte Wasserpfeife. Kerzenlicht sorgte für den passenden Höhlenschummer. In einem Berberzelt mochte die Stimmung ähnlich sein! Ich war hingerissen.

Mein romantischer Traum vom Morgenland erlebte einen kurzen Aufschwung. Er währte nicht lange. Auch in den Teestuben des Hindukusch litten die einheimischen Männer an einem unersättlichen Hunger nach weiblichem Fleisch. Und nicht nur sie! Was für das Auge anfangs nicht sichtbar war: Zahlreiche Kolonien von nachtaktiven Flöhen hatten sich in den Borsten der Teppiche eingenistet. Die ganze Nacht lang wurde ich von ihren Bissen traktiert, und am nächsten Morgen staunte ich über die mehrspurigen Straßen von Stichen auf meinen Armen und Beinen. Jedem erging es so. Ausländische Haut schien ungemein attraktiv zu sein. Für Flöhe nicht minder als für Männer!

Längst hatte es sich unter den männlichen Dorfbewohnern herumgesprochen, daß sich die Teestuben besonders gut dazu eigneten, die weiblichen Prachtexemplare aus Europa aus nächster Nähe zu betrachten. So hatte es sich eingebürgert, daß sich gegen Abend Männer mit Musikinstrumenten einfanden, um zu musizieren. Vermutlich war das eine gute Ausrede gegenüber ihren Ehefrauen. Wenn drei oder vier von ihnen auf den Instrumenten spielten, war das genug. Der Rest konnte sich augenrollend auf die Handvoll hellhäutiger Ausländerinnen stürzen und zu den heißen Rhythmen ihrer musizierenden Kumpel tuchfühlend mit den Mädchen tanzen. Denn beim Tanzen wackelten die Brüste so schön! Die Ausländerinnen trugen nämlich keine Büstenhalter unter der Schlabberkleidung, die lose ihre nackte Haut umgab. Der freie Zugang wirkte sich unwiderstehlich auf die ausgehungerten Männerhände aus. Bei den wilden Bewegungen konnten sie sich schnell mal unter den dünnen Stoff verirren. Keiner wollte sich diese seltene Gelegenheit entgehen lassen. Ablehnungen konnten sie daher nicht ver-

tragen, und mit einem autoritären Gehabe setzten sie sich bei ihrer
Aufforderung durch. Sie wollten mit jeder tanzen!

...was habe ich schon getanzt in meinem Leben! Unter normalen
Bedingungen fällt es mir eher schwer stillzusitzen, sobald hinrei-
ßende Rhythmen ertönen, und den Sirtaki kann ich nicht nur auf
dem Boden tanzen, sondern auch auf dem Tisch. Das ist Vergnügen, Hingabe! Tanz, das ist zuerst Begeisterung der Sinne, dann
Ausdruck der Seele und höchste Form der Kunst, wenn ein indischer Tänzer das Einssein mit den Göttern übt, und zur Gestalt
des Shiva wird...

Was ich jedoch in jenen Teestuben erlebte, war reine Fleischbe-
schau. Solche Art Tanz widerte mich an. Was diese Männer da
trieben, war primitive Anmacherei. Sie blickten nicht etwa ihrem
Gegenüber in die Augen, und wahrscheinlich hätte sie es kaum
gestört, wenn ihre Tanzpartnerinnen gar keine gehabt hätten! Hände
und Augen dieser Männer konzentrierten sich einzig auf die zwei
Schwerpunkte: hoppelnde Brüste und wippende Unterleiber.

Unaufhaltsam waren diese afghanischen Männerhände auf der
Pirsch. Gierig nach den zitternden Körperteilen und obendrein an-
gespornt von dem Lachen der naiven Tänzerinnen, tapsten sie
mutig in sonst verbotene Gefilde. Manchmal bereute die eine oder
andere, daß sie nicht rechtzeitig 'Stop' gesagt hatte, weil sie die
zudringlichen Männerhände unter ihrem Hemdchen nicht mehr
loswurde. Sie wollte aufhören, weigerte sich weiterzutanzen, wehrte
die Zugriffe ab. Der Macho allerdings hatte für solche Zicken kein
Verständnis, seine Finger bebten erregt, waren bereits ganz nah
dran. Er bediente sich seiner herkömmlichen Umgangsmethoden,
meinte wohl, so mache er auch eine europäische Frau gefügig. Er
wurde aufsässig und unverschämt. Unschöne Worte fielen da in
häßlichem Ton. Manch eine riß sich dann panisch los, sie hatte
jetzt genug. Ihr Tänzer fand das endlich auch. Sein spöttischer
Blick sollte seine Niederlage übertünchen, immerhin war er von
stolzer Natur, aber sein Haß über die Abfuhr der Ausländerin brach
ihm aus allen Poren. Als echter Moslem würde er sich in der Öffentlichkeit niemals blamieren, ganz zu schweigen vor einer fremden Frau. Daher drehte er sich Gelassenheit vortäuschend um und

ließ die Aufmüpfige einfach stehen, als habe sie nie existiert. Dann nahm er sich triumphierend die Nächste.

Anfangs war es für mich unterhaltsam, diesem Spiel zuzuschauen. Fast kam ich mir vor wie im Kino, wo man als Zuschauer weit genug weg ist von der Leinwand. Nichts kann einem wirklich gefährlich werden, außer die Geschichte selbst. Ich verkannte den Ernst der Lage, solange die Tänzer noch mit anderen beschäftigt waren. Je länger ich sie jedoch beobachtete, wurde mir vor Augen geführt, daß kein einziges Mädchen bisher ausgelassen wurde. Ich saß ziemlich weit hinten im Raum. Doch das würde mir nichts mehr nützen, wenn ich an der Reihe war!

Dieser Film machte mich wütend, sauwütend. Ich fand sie bescheuert, diese blöden Weiber! Warum setzten sie sich nicht gegen diese sabbernden Mannsbilder durch, warum ließen sie sich das alles gefallen? Ich stellte mir vor, eine wunderschöne Catcherin zu sein, und dann, forderten sie mich zum Tanzen auf, eins-zwei-drei, brachte ich den Kerlen Vernunft bei. Aber mit dem kleinen Finger und mit links!

Während ich so dachte und Möchtegernszenen erfand, damit ich mich wenigstens in meiner Phantasie für dieses taktlose Verhalten rächen konnte, gelangte ich zu einer traurigen Vermutung. Wer weiß, seit wieviel hundert oder gar tausend Jahren Frauen und Männer im Hindukusch nicht mehr miteinander tanzten? Sie hatten es einfach verlernt! Das wäre eine Erklärung, warum die Männer so vereinsamt waren, daß sie beim ersten harmlosen Anblick weiblicher Umrisse schon zum Tier wurden. In solchem Zustand kann man nicht tanzen!

Schließlich war ich an der Reihe. Als mich einer jener falschen Tänzer mit einem selbstgefälligen Lächeln zu seiner Fleischstudie aufforderte, die er 'dancing' nannte, lehnte ich freundlich, aber entschieden ab. Autoritätsbewußt blieb er hartnäckig und zog alle herrischen Register. Meine Absage machte mich noch begehrenswerter für ihn, was mir eine Genugtuung war, meine heimliche Strafe für seine Taktlosigkeit. Ich war die einzige, die sich bisher geweigert hatte, auch nur einen Schritt zu tanzen. Er ließ nicht locker und versteifte sich auf sein männliches Vorrecht, führte mir sein ganzes paradoxes Drama vor. Einerseits lebenslänglich darauf getrimmt, keiner Frau zu nahe zu kommen, verrannte er sich gegenüber einer Ausländerin in den Irrtum, sie sei Freiwild für alle Männer.

In keinem islamischen Land der Welt, wäre es ihm gestattet gewesen, so mit einer Moslemfrau umzugehen! Geschweige denn mit der Frau eines anderen. Das ärgerte sogar meinen deutschen Freund. Er konnte dem eingebildeten Aufdringling zwar seine Plumpheit nicht begreiflich machen, hielt ihn mir aber vom Leib. Ohne Umschweife erklärte er ihm, daß eine Frau in unserer Kultur nicht zum Tanzen gezwungen werden kann, sofern sie nicht will. Weder von ihrem eigenen noch von einem anderen Mann. Und eine Ablehnung sei noch lange keine Beleidigung, sondern lediglich Ausdruck ihres eigenen Willens, wozu auch sie ein Recht hätte. Nicht nur die Männer!

Der Afghane schob ohne Widerrede, aber voller Verachtung ab. Sein höhnischer Gesichtsausdruck färbte sich lüstern, als er über eine dicke, strohblonde Holländerin herfiel, die bereits eifrig auf diese Auserwählung gewartet hatte. Gänzlich geschmeichelt, wurde sie butterweich und kam seiner Aufforderung zum 'dancing' willig nach.

Es wird ewig ein Geheimnis bleiben, was in den afghanischen Ehefrauen vor sich ging. War doch ihre Gefühlswelt vom Anbeginn ihres Daseins dazu trainiert, in mehrschichtiger Verpackung zu leben. Den Großteil ihres Lebens brachten sie hinter den hohen Mauern ihrer Lehmhäuser zu, und traten sie einmal hinaus, dann nur im Schutz der totalen Vermummung. Dagegen wirkte der Tschador der Perserinnen geradezu sexy! Beim Anblick afghanischer Frauen konnte man meinen, Geister huschten durch die Gassen. Sie trugen eine Art braunen Sack, der bis zum Boden reichte, und damit sie etwas sehen konnten, war auf der Höhe ihrer Augen ein winziger Häkeleinsatz eingenäht.

In einem Laden in Herat hatte ich mir zum Spaß einen ihrer Mumienschleier übergestülpt. Innendrin war mir jedoch nicht mehr zum Lachen. Der gehäkelte Einsatz zum Hinausschauen verursachte Platzangst. Ich fühlte mich behindert und eingesperrt und halbblind. Der magere Blick durch die Luftmaschen hindurch war alles, was eine Afghanin von der Welt draußen zu sehen bekam! Und was durfte die Welt von ihr sehen? Von ihrer weiblichen Schönheit? Rein gar nichts? Ich fand das entwürdigend. Aber nie bin ich in einem islamischen Land einer Moslemfrau begegnet, die mir ihren Unmut gestanden hätte. Vielleicht hegten sie überhaupt keinen?

Eines Abends ging eine schreckliche Nachricht durch das Dorf. Eine Schweizerin wurde vermißt. Betroffen standen wir mit anderen vor dem Haus und blickten zu der Bergkette hinauf, wo sich die nächtliche Suche abspielte. In der Dunkelheit konnte ich auf dem Grat der aufragenden Felswände Fackelschein erkennen, der zwischen den Simsen hindurchhuschte. Das Schreien und Rufen der suchenden Männer durchdrang die Dunkelheit und hielt die ganze Nacht an. Es war unheimlich. Daß hier eine grauenhafte Tat begangen worden war, hing offenkundig in der Luft. Überall wurde über das Mädchen gesprochen, wo sie gewohnt, wer sie gekannt und zum letzten Mal gesehen hatte, seit wann sie verschwunden, wie alt sie gewesen war.

Am nächsten Morgen, als wir weiterreisten, hatte man die junge Ausländerin noch immer nicht entdeckt.

Zurück in Kabul trafen wir eine Australierin, die seit längerer Zeit schon dort lebte und in eigener Initiative mit einigen Gleichgesinnten ausländische Gefangene betreute. Sie hieß Mercedes, das hatte ich mir leicht merken können. Von dem Verschwinden der Schweizerin in dem Hindukusch-Dorf wußte sie nichts. Allein die Entfernung von wenigen hundert Kilometern schien zu genügen, daß Nachrichten von solchem Gewicht die Hauptstadt nicht mehr erreichten.

Von Mercedes erfuhren wir einiges über die Härte örtlicher Gefängnisse und die Gepflogenheiten afghanischer Gerichtsverfahren. Eine erschreckend hohe Anzahl von Travellern saß wegen teils nichtiger Drogendelikte in den mittelalterlichen Kerkern bei Wasser und Brot ein. Mehrere Monate mußten vergehen, bis man sie überhaupt zu einer Gerichtsverhandlung vorlud, um sie dann für weitere Jahre zu verknacken. Das Ausmaß der Strafe stand in keiner Relation zu den Vergehen. Es genügte bereits, den Freunden in der Heimat eine Brise Marihuana oder auch nur ein Samenkorn dieser Rauschpflanze in das Briefkuvert zu legen, um noch auf dem Postamt verhaftet zu werden.

Angesichts der scheinbaren Freizügigkeit in den Coffee-Shops, wo man anhand der Special-Menü-Karte derartige Drogen problemlos erstehen konnte, war die Verführung groß, sich zu solchen Taten verleiten zu lassen. Die Ahnungslosigkeit kostete so manchem das Leben. Denn aufgrund der hygienischen Mißstände in den primitiven Gefängnissen erkrankten viele an Cholera und Typhus. Mercedes pflegte sie, versorgte sie mit frischem Obst, Joghurt und anderen wichtigen Nahrungsmitteln und kümmerte sich um die Beschaffung und Zulassung von Anwälten. Ihre Berichte waren erschütternd.

Als wir kurze Zeit später auf dem Postamt Souvenirs nach Hause schickten, war mir ziemlich unwohl dabei, obgleich wir uns nichts zuschulden hatten kommen lassen. Die Postbeamten musterten uns mit einer Strenge und filzten den Inhalt unseres kleinen Päckchens in einer respektlosen Art und Weise, als seien wir bereits überführt. Die Schilderungen von Mercedes eindrucksvoll in Erinnerung, inszenierte meine Phantasie unaufhörlich jene verhängnisvollen Dramen, die sich einst auf diesem Postamt abgespielt haben mußten.

Für manche Ohren mag der Bericht meiner Anreise nach Indien recht einseitig klingen. Aber es waren eben gerade jene Begebenheiten, die mich mit meinen zweiundzwanzig Jahren am stärksten berührten. Meine Reise führte mich hundert oder gar tausend Jahre in der Zeit zurück, mitten in das Herz des Patriarchats. Das war für eine junge Frau, zudem blond und voller Emanzipationsideen, eine bittere Kost.

Neben der Bedrohung des weiblichen Geschlechts erlebte ich aber auch Begeisterung. Ich war angetan von den geschichtsträchtigen Spuren der alten Bauten und konnte mich schwärmerisch über die landschaftlichen Reize auslassen. Die Abenteuerlichkeit der Busfahrten über ausgestorbene Wüstenebenen, über karstige Gebirgszüge und durch grüne Täler fand ich sehr aufregend. Sogar der Anblick der vermummten Gestalten in den engen Gassen zwischen den hohen Mauern ließ den fernen Traum von orientalischer, dörflicher Idylle in mir aufleben, solange ich nur Betrachter war. Dann, im direkten Kontakt mit den Menschen und den Gewohnheiten jener bestaunten, fremden Welt, machte mir die knallharte Praxis ihrer Lebensweise und meines Abenteuers doch zu schaffen.

Daß ich damit meine Schwierigkeiten hatte, ist nur verständlich und bedeutet keineswegs, ich hätte dieses Abenteuer nicht gewollt. Im Gegenteil, mein jugendlicher Tatendrang ließ mir keine andere Wahl und trieb mich an, weiter und weiter nach der verlockenden Freiheit zu suchen. Es war nur gut, daß ich so ahnungslos war, sonst wäre ich niemals aufgebrochen.

Heute weiß ich: Abenteuer ist das Betreten eines unbekannten Raumes! Demzufolge ist es unvermeidlich, sich in Konfliktsituationen wiederzufinden, sobald das Fremde vor einen tritt und augenscheinlich den Weg versperrt. In der Heimat oft unerkannt, entpuppen sich die Krisen in den weit gesteckten Zielen zur offenkundigen Botschaft. So ist eine Reise nach Indien eine von vielen Möglichkeiten, die Herausforderung anzunehmen und zu erfahren, wie Krisen zu Wachstum verhelfen.

In einer krisenähnlichen Stimmung erreichte ich schließlich die indische Grenze. Seelisch wie körperlich hatte ich mit den ersten tiefsitzenden Kratzern meines großen Abenteuers zu kämpfen. Mein rechtes Auge litt an einer hartnäckigen Infektion. Es war zugeschwollen und verklebt, und es schmerzte. So konnte ich nur auf dem linken Auge etwas sehen!

Zutiefst ernüchtert in meiner Vorstellung und Freude gegenüber dem nächsten neuen Land, Indien, dem Ziel meiner Reise, fühlte ich mich völlig gespalten, ja beinahe erwartungslos.

Aber wahrscheinlich war das die beste Ausgangssituation, indischen Boden zum ersten Mal zu betreten!

DER ERSTE EINDRUCK

Nach mehr als einem Monat Anreisezeit war es endlich soweit. In Lahore bestiegen wir den Bus, der zur pakistanisch-indischen Grenze fuhr.

31.8.1977 ...schöne Fahrt. Der klapprige Bus hat ein Frauen- und ein Männerabteil. Trotzdem setzen wir uns einfach zusammen, im Frauenabteil! Weshalb wir verständnislose Blicke ernten. An der Grenze behandelt man uns mit ungewöhnlicher Freundlichkeit. Im Vergleich zu den letzten Grenzübergängen ist hier rein gar nichts los. Dafür gibt es Gepflogenheiten, die sehr ungewöhnlich sind. Ein pakistanischer Grenzbeamter bearbeitet unsere Ausreiseformulare. Niemand sonst befindet sich in der schäbigen Grenzbaracke. Plötzlich zieht er die Schublade seines Schreibtisches auf und holt einen riesigen Klumpen Haschisch hervor. Ein Exemplar von solcher Größe habe ich zuvor noch nie gesehen. Er fragt uns, ob wir etwas davon haben wollen, und puhlt trotz unseres Zögerns ein kleines Stückchen ab. Auf unser Stutzen hin meint er lachend, daß es überhaupt nicht gefährlich sei, und ermuntert uns, etwas zu nehmen. Als aber ein Kollege hereinkommt, läßt er den dicken Klumpen schnell wieder in der Schublade verschwinden...

Nahezu zwei Jahrzehnte später entdeckte ich beim Schmökern in meinen alten Tagebüchern diese Zeilen. Fast hätte ich die Einzelheiten meines ersten Grenzübergangs nach Indien vergessen. Beim Lesen kehrte die Szene lebhaft in mein Gedächtnis zurück und auch das mulmige Gefühl, das mich gepeinigt hatte, als ich dann später vor dem indischen Grenzbeamten stand, kroch mir wieder in die Knochen.
Das seltsame Geschenk des pakistanischen Beamten belagerte meine Gedanken. Es befand sich jetzt in der Socke meines Abenteurers, der ein bißchen mehr Mut besaß als ich, und dafür klagte ich ihn im stillen an. Warum mußten wir uns in solche Gefahr begeben? Brauchte ich diese Mutprobe unbedingt?

Der indische Grenzbeamte drosch beflissen auf meinen Reisepaß ein, und auch die verklecksten Stempel und die Schlampigkeit seiner Schreibutensilien konnten über die Wichtigkeit seines Auftrags nicht hinwegtäuschen. Er war ein Sikh. Ein kriegerischer Menschenschlag, soviel hatte ich aus Reiseberichten bereits erfahren. Der krachrote, fein säuberlich gewickelte Turban auf seinem Kopf bestätigte nur meine irrtümliche Annahme, alle Inder würden einen Turban tragen. Sein schwarzbärtiges Gesicht und die stechenden dunklen Augen hatten etwas Bedrohliches und erinnerten mich an Räuber Hotzenplotz.

Mit einem undurchschaubaren, freundlichen Lächeln händigte er mir meine Papiere aus, und zu meiner totalen Verblüffung forderte er mich auf, ein Foto von ihm zu machen. Ganz verdattert fotografierte ich ihn, und er, hinter dem Chaos seines Schreibtisches in herrschaftlicher Pose erstarrt, blickte voller Stolz in die Kamera. Dann verabschiedete er sich herzlich von uns, als hätten wir soeben Freundschaft geschlossen, und wir gingen in die nächste Baracke zum Zoll. Dort nahm man es sehr genau mit der Kontrolle. Während unser Gepäck gleich von mehreren Personen durchgefilzt wurde, war ich von panischen Vorahnungen umzingelt. Mir war schier übel von der Vorstellung, die indischen Beamten könnten hinterlistig mit dem pakistanischen Zoll zusammengearbeitet haben, und wir säßen folglich in der Falle. Jede ihrer Gesten erschien mir verdächtig, und ich hatte keinen Zweifel daran, daß sie gut informiert nach dem suspekten Geschenk suchten. Aber sie fanden nichts. Entweder wußten sie doch nichts von unserem kleinen Schmuggel, oder sie kannten den Trick mit der Socke nicht! Unbehelligt entließ man uns. Einer begleitete uns sogar hinaus und deutete wohlwollend in die Richtung, in die wir laufen sollten, um zur Busstation zu gelangen.

Mit allen notwendigen Stempeln für 'Immigration' und 'Custom' in der Tasche waren wir nun offiziell in Indien. Da jedoch die Grenzstation in einem einsamen Dschungelstück postiert war, lag noch ein Fußmarsch von etwa einem Kilometer vor uns. Das viele Grün tat mir gut, und mit jedem Schritt wuchs die Spannung. Dann öffneten sich mit einem Mal die dichten, grünen Blätterwände, und ich fühlte mich wie Mogli. Überrascht trat ich aus dem Wald und stand inmitten des lärmenden Straßenlebens von Indien. Blinzelnd schaute ich um mich, irritiert von der plötzlichen Helligkeit und der Blindheit meines kranken rechten Auges. Das erste, was ich dann mit meinem gesunden linken Auge erblickte, war der nackte Bauch einer molligen Inderin. In einem gelbgemusterten Sari fuhr sie auf einem schwarzen, altmodischen Fahrrad an mir vorüber. Hier also mußten die Frauen nicht diesen Mummenschanz betreiben, war mein erster Gedanke, und erleichtert atmete ich auf.

Noch am selben Nachmittag besuchten wir den Goldenen Sikh-Tempel von Amritsar. Mein naiver Traum vom verklärten Asien erlebte hier einen märchenhaften Höhenflug. Eingelullt von der berauschenden Atmosphäre verklärter Klänge, kauerte ich in einer vergoldeten Nische des Tempels und wähnte mich im wahrsten Sinne des Wortes in meinem Traumland angekommen.

Der Tempel war von einem großen Wasserbecken umgeben. Ein goldenes Glitzern tänzelte auf der Wasseroberfläche und sprang mit dem Sonnenlicht durch die Luft. Alles, was meine Hände berührten und mein linkes Auge auch sah, schillerte golden. Und aus allen Ritzen drangen gemurmelte Gebete.

Weißgekleidete Pilger strömten in andächtiger Stille zum Allerheiligsten im Innern des Tempels. Dies sei heiliges Wasser, erzählte uns ein weißbärtiger, alter Sikh. Denn dies sei 'Amritsar', Nektar der Unsterblichkeit! Bunte Menschenmassen sammelten sich auf den Treppenstufen am Rand und badeten in dem heiligen Wasser. Sie tranken kleine Schlucke davon, als sei es das kostbarste Getränk unter dem Himmel. Aus der Nähe betrachtet, sah es sehr trüb und schmutzig aus. Eine Greisin badete sogar nackt. Es wirke Wunder, sagte der weißbärtige, alte Sikh, Kranke würden geheilt und könnten wieder gehen. Er selbst sei ein Beispiel dafür, lächelte er mit Glanz in den Augen und deutete auf sein Bein, an dem nichts Bemerkenswertes zu erkennen war.

In einem hellen Raum des obersten Stockwerkes des Goldenen Tempels wurde das Heilige Buch gelesen. Seit sechshundert Jahren! Alle paar Stunden wechselten sich die Leser ab. Beeindruckt schaute ich der Zeremonie zu. Ein weißgekleideter Mönch trat sich verneigend ein, setzte sich neben den Lesenden und las mit ihm etwa eine halbe Seite gemeinsam. Danach entfernte sich der Vorgänger, sich ebenso verneigend, und der, der ihn abgelöst hatte, machte für die nächsten Stunden allein weiter. Nicht ein einziges heiliges Wort durfte ungelesen bleiben und verlorengehen! Die Vorstellung, daß diese Lesung ohne Unterbrechung seit sechshundert Jahren vollzogen wurde und mich, allein weil ich Zeuge war, mit der Vergangenheit in direkten Kontakt brachte, zog mich unweigerlich in ihren Bann. Wie viele Mönche hatten auf jenen zwei Kissen gesessen, ihre Stimmen in die Kette des dauernden Klangs heiliger Worte eingefädelt? Hier wurde wahrlich Gottes Wort verkündet, wie ich es nie zuvor gehört hatte. Es war gleichgültig, ob ich diese alte Sprache verstand oder nicht, hier wurde der Fluß der Ewigkeit sichtbar, und ich saß an dessen Ufer.

Unweit des Wasserbeckens stand ein langes, niedriges Gebäude, das nach einer Seite hin offen war. Dort wurden in großen, dickbauchigen Kannibalenkesseln gigantische Mengen von Reis und Dal gekocht. Endlose Reihen von zerlumpten Menschen bevölkerten den Boden. Mit den Händen schaufelten sie die weißgelbe Pampe in sich hinein. Es gab kein Besteck, und Bananenblätter dienten als Teller. Hier wurden die Armen verköstigt. Jeder, der hungrig war, konnte hier umsonst essen. Auch wir! Aber angesichts des schmatzenden Andrangs verspürten wir keinen Hunger. Es war ein ununterbrochenes Kommen und Gehen und Essenverteilen. Man schien keinen Futterneid zu kennen, niemand drängelte sich vor.

Das Staunen über diese goldene Welt sollte nicht lange anhalten. Wohl hatten die Götter beschlossen, meinen ersten Tag in Indien ohne jegliche Schonung zu gestalten. Bereits auf dem Rückweg zur Pension kehrte sich mein Staunen in Entsetzen um.

Im Gewirr der Gassen hatten wir uns verloren. Allein irrte ich weiter durch das Labyrinth dieser fremden Stadt, und ehe ich mich versah, stapfte ich über ein weites Feld voller Menschenkot. Manche Haufen waren dampfend frisch, manche alt und eingetrocknet. Menschenkot in solchem Ausmaß ist angsteinflößend. Der Anblick und der Gestank waren nicht zum Aushalten. Doch was blieb mir anderes übrig, als zwischen diesen stinkenden Haufen hindurchzubalancieren? Die Artenvielfalt war widerwärtig. Auf den alten, längst vertrockneten Fladen und Häufchen turnten fette, blauschillernde Schmeißfliegen herum und belagerten in gierigen Heerscharen die Kothügel. Die Krönung des Abscheus waren jene Exemplare, die leicht angekrustet von einer Invasion weißer Maden durchwühlt wurden! Ich war fassungslos. Daß ein lebendes Wesen, und sei es auch nur eine Made, daran Geschmack finden konnte!?

Von einem permanenten Schaudern erfaßt, verlor ich Schritt für Schritt die Beherrschung. Die Wirkung der heiligen Worte des Goldenen Tempels ließ rapide nach. Meine Stimme brach aus, nannte ohne Scheu beim Namen, was meine Augen wehrlos mitansehen mußten, wiederholte wie unter Zwang die häßlichen Worte und entfachte ein lautes Geschrei. Mein erster Wutausbruch auf indischem Boden.

In unmittelbarer Nähe saß ein klapperdürrer Greis in der Hocke vor einer angerosteten Blechdose. Meinem Toben und Fluchen zollte er lediglich mitleidvolle Blicke, was meinen Zustand um so mehr verschlimmerte. Er hielt mich für ein bedauernswertes Geschöpf; das blieb mir nicht verborgen. Und außerdem ließ er sich nicht im geringsten dabei stören, unbeeindruckt weiterzuscheißen! Das machte mich noch zorniger. Seine Gemütsruhe war provozierend. Indessen er sich der Produktion weiterer Stinkhaufen widmete, rang ich verzweifelt darum, dieser Hölle zu entrinnen.

Während ich nach einem Ausweg suchte, ging mir der kackende Greis hinter meinem Rücken nicht aus dem Sinn. Von einer Neugier dazu angestiftet, die ich selbst nicht begriff, mußte ich mich immer wieder nach ihm umdrehen. Entsetzt beobachtete ich, wie er zum Abschluß seiner Morgentoilette kam. Mit der rechten Hand goß er das Wasser aus der rostigen Blechdose über sein nacktes Hinterteil, griff gleichzeitig mit der linken Hand unter den Wasserfall und wusch die Schmierreste seines Geschäfts unter dem fließenden kleinen Wasserstrahl tatkräftig ab. Um ganz sicher zu sein, daß er keine Stelle ausgelassen hatte, nahm er mit den Fingern eine Tastprobe, die er dann eingehend studierte. Offensichtlich war er noch nicht zufrieden, denn er griff abermals nach hinten, suchte und fand etwas, schmierte es in das Fleckchen Erde vor seinen Füßen und wischte die beschmutzte Hand sorglos an dem hundertjährigen Fetzen ab, den er an seinem Leib trug. Daraufhin erhob er sich müde und humpelte mit seiner leeren Blechdose zielstrebig zu den schiefen Hütten hinüber.

Inzwischen war mir zwar bekannt, daß bei den Asiaten die rechte Hand für die obere Hälfte des Körpers zuständig war, also zum Essen, und die linke für den unteren Teil des Körpers. Dennoch schlug sich dieses Wissen, das ich nun als nackte Tatsache unfreiwillig kennengelernt hatte, keineswegs beruhigend auf mein Gemüt nieder. Im Gegenteil! Das komplette Bild dieses Wissens über Theorie und Praxis ihrer Methode haftete jetzt wie Klebstoff in meinem Gedächtnis.

Argwöhnisch saß ich später in einem sogenannten 'Hotel'. Die Inder sagen nämlich 'Hotel' zu einem Restaurant. Diese Namensgebung hat bei den Fremden auf der Suche nach einer Unterkunft schon viel Verwirrung gestiftet. Mittlerweile gibt es aber auch moderne 'Hotels', die sich nun 'Restaurant' nennen.

Nach erfolgreicher Selbsthilfe und von Abscheu verfolgt, hatte ich jene schiefen Hütten am Rande des gemeinschaftlichen Freiluftklos erreicht, und die einzige Rettung, dem widerlichen Gestank zu entkommen, war der Essensgeruch dieses einfachen 'Hotels'. Ohne überhaupt an Essen zu denken, trat ich ein. Ungewollt betrachtete ich die schaufelnden Hände der essenden Inder um mich herum. Daß sie dazu vorschriftsmäßig die rechte Hand benutzten, konnte mein Ästhetikgefühl nicht besänftigen. Curryfarbene, brockige Brühe troff von ihren Fingern, die zudem vollgeschmiert waren mit vermanschten Reiskörnern und Erbsenmus und strohigen Gemüseresten. Ohne Scheu schlabberten sie genüßlich den wässerigen Joghurt mit Händen und Lippen direkt vom Bananenblatt weg. Zum Abschluß ihrer Mahlzeit ließen sie sich vom Ober eine milchige Flüssigkeit in die gehöhlte Hand gießen und tranken sie laut schlürfend leer.

Kaum hatte ich auf einer freien Bank Platz genommen, wurde ein naßtriefendes Bananenblatt vor mir auf den Tisch geklatscht. Ein schwitzender 'Waiter' schöpfte einen Berg Reis darauf, als sei ich nun zum großen Fressen verurteilt. So viel hatte ich in meinem ganzen Leben nicht auf einmal gegessen. Zum Protestieren blieb mir keine Zeit. Der Ober war von einer Eile angetrieben, die mir völlig unbegründet erschien. Er verschwand, kehrte aber nach wenigen Sekunden zurück und stellte mehrere vollgekleckerte Blechkübel auf meinen Tisch. Ich mußte an die unappetitlichen Eimer denken, die meine Tante zum Füttern der Schweine benutzt hatte. Mit einer ebenso vollgekleckerten Schöpfkelle tauchte er hinein, goß zuerst die bröckelige Brühe über den Reisberg, dann kleckste er verschiedene Häuflein Gemüsebrei daneben. Am Ende langte er mit seiner rechten Hand in einen Behälter, der mehrere Fächer hatte, und warf in schneller Abfolge gebrutzelte Körner, Zwiebelringe und angesengte Chilischoten dazu. Erneut kamen schmutzige Löffel zum Einsatz für eine Prise Salz, klebriges Chutney und einen verkochten Fischkopf, dessen Augen genau in dem Moment herausfielen, als er schwungvoll auf dem Bananenblatt landete.

Das sollte ich nun essen?

Es roch nicht unappetitlich. Aber meine Augen waren an das alles nicht gewöhnt. Der Greis ging mir nicht aus dem Kopf. Die plastische Erinnerung an die zahllosen Schmeißfliegen und Maden rumorte in mir wie ein wiederkehrender Alptraum. Augenblicklich hatte ich meine Schlüsse gezogen: Kein Koch der Welt war in der Lage, mit nur einer Hand zu kochen! Folglich war die Mahlzeit, die mich da andampfte, nicht nur mit der rechten, sondern auch mit der linken Hand zubereitet worden!

Ich steckte in meiner ersten indischen Krise. Und es sollte nicht das letzte Mal sein, daß ich mein Reisefieber bereute, ja mehr noch, ich verdammte es, weil es mich in eine derartige Situation gebracht hatte.

In dem Lokal waren nur Männer, allesamt mit schwarzbärtigen Hotzenplotzgesichtern und dunklen undurchdringlichen Augen, die mich neugierig anstarrten. Ihre Turbane, diesmal schlampig um den Kopf gewickelte Lumpen in schmutzigen, undefinierbaren Farbtönen, unterstrichen ihren wilden Ausdruck.

Ich wich ihren Blicken aus und täuschte Gelassenheit vor, indem ich dem beladenen Bananenblatt meine Beachtung schenkte. Aber innerlich kämpfte ich mit aller Kraft, um meinen Widerstand zu bezwingen. Wie sollte es weitergehen? Ich konnte mich doch nicht monatelang von Erdnüssen, Cakes, Obst und Jaia ernähren! Mein Magen verlangte nach einer warmen Mahlzeit. War das die Kehrseite der Exotik?

Der Ansturm der Fliegen auf mein Essen tat das Seine, damit mein Ekel nicht abriß. Unbekümmert krabbelten sie über die Tischplatte, über den dampfenden Reisberg, über den Fischkopf und die herausgefallenen Augen, über meine Hände, die noch ganz sauber waren, und über mein Gesicht. Alles an mir schien plötzlich die Hauptattraktion der ansässigen Fliegen zu sein. Aber nein, das stimmte gar nicht. Überall tummelten sie sich, belagerten jeden Tisch und jedes dunkle Gesicht, das mich so unverhohlen anglotzte. Hier gab es kein Entrinnen. Das Abenteuer forderte unwiderruflich seinen Preis. Zur Umkehr war es jetzt zu spät, ich mußte die Herausforderung annehmen, sonst würde ich lebenslänglich dieser Erfahrung nachhängen. Ich raffte meinen gesamten Mut zusammen und klaubte vorsichtig mit drei Fingern ein paar Krümel Reis auf, tupfte kurz in die Currysoßen, die klecksweise den Fischkopf säumten, und balancierte die Spatzenportion tapfer zum Mund. Der Geschmack stimmte mich zwiespältig, da war etwas Bekanntes und viel Fremdes. Während ich tapfer weitermachte, war ich peinlichst darauf bedacht, die herausgefallenen Fischaugen weiträumig zu umtunken. Mein indisches Publikum fand das Drei-Finger-System scheinbar ziemlich komisch. Voller Spannung verfolgten sie meine Vorstellung. Wahrscheinlich fragten sie sich, ob ich zuvor jemals etwas Vernünftiges gegessen hatte! Die dünnsten Männlein konnten immense Berge von Reis vertilgen und verlangten obendrein nach einem Nachschlag, als müßten sie sich eine Woche Vorrat anfressen.

Es dauerte nicht lange, da war mein Hunger gestillt. Ratlos betrachtete ich die matschigen Spuren an meinen Fingern und überlegte, den neuerworbenen Baumwollschal für die Säuberung zu opfern. Verstohlen blickte ich umher, auf der Suche, was ich sonst tun könnte. Da fiel mir der schwitzende Essensverteiler auf, wie er unmißverständliche Winkzeichen in die Luft malte und beinahe mit Strenge in eine düstere Ecke des Lokals deutete. Die Botschaft galt zweifellos mir, denn ich beobachtete, wie die Männer mit ihren leeren und tropfenden Bananenblättern genau auf diese düstere Ecke zusteuerten. Ich begriff. Hier war es also Sitte, den 'Teller' selbst wegzuräumen!

Als ich mein Bananenblatt mit dem restlichen Berg Reis und Curry und dem Fischkopf zu jener düsteren Ecke trug, galt meine ganze Konzentration der unsinnigen Bemühung, ja nichts zu verklekkern. Dort angekommen, warf ich den Bio-Teller in den schäbigen Steintrog. Ein kurzer Blick genügte, und das Würgen in meiner Kehle zwang mich, ein wenig Abstand zu halten. Da lagen all die Unmengen von ausgekauten Gemüsespänen und abgenagten Fischköpfen samt den weich getunkten Bananenblättern und den überschüssigen, bröckeligen Soßen, beharrlich umschwärmt von einem Großeinsatz fliegender und krabbelnder Kleinkulturen. Der Gestank war unerträglich säuerlich. Es roch nach altem, sehr, sehr altem, verrottetem Essen. Aus der untersten Abfallschicht stiegen beißende Dämpfe auf. Allem Anschein nach befand sich die Fäulnis an ihrem chemischen Höhepunkt. Der Ansturm der Fliegen war verständlich. Ein Insektenforscher hätte seine wahre Freude gehabt! Alle Rassen waren da vertreten, von den dicken, blaugrün-violett schimmernden Brummern bis hin zum allerkleinsten Kriechzeug. Und an den Rändern hatten die Könige des Abfalls ihr Revier: Kakerlaken.

Geräuschvolles Rotzen und Spucken hinter mir verwebte sich mit dem Plätschern von Wasser und riß mich aus meiner Starre. Meine verklebten Finger fielen mir wieder ein. In der dunkelsten Nische, direkt neben dem stinkenden Steintrog war die Waschstelle. Ich war überrascht, weil ich angesichts der unappetitlichen Bräuche in diesem Eßlokal keine Waschmöglichkeit vermutet hätte. Das Waschbecken besaß alle Attribute, die für einen hygienebewußten Menschen abstoßender und ekelerregender nicht sein konnten. Ich wollte gar nicht hinschauen, und damit ich nicht zuviel davon sehen mußte, zwickte ich die Lider zusammen. Und dabei fiel mir auf, daß es meinem kranken Auge seit dem Goldenen Tempel besser ging.

Was für eine Ironie! Jetzt, da es so viel Abscheuliches anzuschauen gab, konnte ich wieder mit beiden Augen sehen!

Weil der Wasserhahn nicht funktionierte und es aller Wahrscheinlichkeit nach auch nie getan hatte, stand neben dem Waschbecken eine zerbeulte Blechtonne voll Wasser. Einzelne Fettaugen schwammen darauf, sonst wirkte es erstaunlich klar. Daß ich nicht gleich an der Reihe war, hatte die Schicksalsgöttin geschickt eingefädelt. Denn dann hätte ich den unverzeihlichen Fehler eines Ahnungslosen begangen und meine verkleckerten Hände achtlos in die Tonne mit Wasser gesteckt! Die Belehrung wäre nicht ausgeblieben, und wenn es ganz dick gekommen wäre, hätte der Lokalbesitzer einen Aufpreis für das verunreinigte Wasser von mir verlangt und sich mit einer Schimpfkanonade von mir verabschiedet.

Nein, ich hatte Glück. Während ich darauf wartete, bis ich an der Reihe war, hatte ich genügend Zeit, die Männer vor mir zu beobachten. Schnell wurde mir klar: Die Tonne war nicht zum Planschen da! Sonst würden nicht nur Fettaugen, sondern auch die Essensreste von den Fingern darin herumschwimmen, und das Wasser hätte sich in Gemüsecurry verwandelt. Durch mehrmaliges Vormachen eines Besseren belehrt, tauchte ich den verkratzten Plastikbecher so in die Tonne, daß ich das Wasser mit meinen Kleckerfingern nicht berührte. Dann wusch ich über dem Waschbecken Reis und Fischcurry von den Fingern. Natürlich war auch der Ausguß verstopft!

Die Gleichgültigkeit der Einheimischen gegenüber dem unhygienischen Mißstand empörte mich. Es war mir schier unbegreiflich, mit welcher Gelassenheit sie Dreck in solchen Dimensionen um sich herum duldeten. Meinem westlichen Erbe treu, reagierte ich sofort missionarisch und entwarf die Erneuerungen. Aber ich gab sie nicht preis und verließ resigniert das 'Hotel'.

In der Hoffnung, ein sauberes Lokal zu finden, wo ich etwas Gescheites zu trinken bekam, irrte ich weiter. Ich hatte Lust auf etwas Prickelndes, Frisches, Kühles in gepflegter Umgebung. Ich eilte von Laden zu Laden. Es hatte den Anschein, als sei Schmutzigkeit in den 'Hotels' das oberste Gebot. Sie übertrafen sich gegenseitig. Schließlich trank ich an einem 'Teastall' das einzige, was es dort gab: pappsüßen Jaia. Danach war ich noch durstiger als je zuvor. Ich fühlte Wüstendurchquerungshalluzinationen in mir hochquellen. Wann würde ich meinen Durst je wieder stillen können? Der Gedanke an kühles Sprudelwasser raubte mir nahezu den Verstand. Ich lief durch die Gassen und hätte die Suche längst aufgegeben, wäre da nicht dieser unstillbare Durst gewesen.

An einem Stand wurde mir eine mittelgroße Flasche aus dickem Weißglas mit einem seltsamen Kugelverschluß vorgesetzt. Der Budenbesitzer sagte stolz: »Soda!« Er zeigte mir, wie man die festsitzende Kugel mit dem Daumen nach unten drückte, um die Flasche zu öffnen. Wie beim Entkorken eines guten Weines machte es 'Plupp', als die Glaskugel im Flaschenhals absank. Ungeduldig setzte ich zum Trinken an und spuckte gleich den ersten Schluck wieder aus. Dieses angebliche Sodawasser war brühwarm, und außerdem schmeckte es wie das Wasser eines Fischereihafens. Mit einem lauten »Iiiihh!« gab ich die Flasche zurück. Das Soda sei völlig in Ordnung, behauptete der Mann und entrüstete sich, als könne es daran keinen Zweifel geben. Zum Beweis für die Unversehrtheit des Inhalts tippte er mit triumphierender Miene auf den Kugelverschluß. Er hielt einen Defekt für völlig ausgeschlossen. Aber wenn man schlechtes Wasser einfüllte, entgegnete ich mißmutig, könne selbst der beste Verschluß nichts anderes tun, als schlechtes Wasser zu konservieren! Dann demonstrierte ich die Richtigkeit meiner Rede und hielt den Kindern, die mich kichernd umringten, die Flasche unter die Nase. Angewidert verzogen sie ihre Gesichter, und ich konnte keines dazu überreden, von dem Fischwasser zu kosten. Auch den Budenbesitzer ließ ich riechen, worauf er trotzig reagierte. Das Soda sei okay, argumentierte er, nur sei er im Moment überhaupt nicht durstig! Ich glaubte ihm nicht, bei dieser Hitze mußte doch jeder unter Durst leiden! Mit einem unschuldigen Kopfwackeln holte er ein neues Soda aus dem überladenen Regal, wischte die verstaubte Flasche an dem ausgefransten Saum seines Lungis sauber und öffnete sie für mich. Seine Geschäftstüchtigkeit rang ihm ein zuversichtliches Lächeln ab. Er wußte sehr wohl, solange er es nicht schaffte, mich, den Kunden, zufriedenzustellen, standen die Chancen schlecht, daß er etwas verdiente.

Als ich an der neuen Flasche roch, war es das gleiche. Hafenwasser! Ich gab auf und zog ohne zu zahlen ab. Bevor ich auf der gegenüberliegenden Straßenseite um die Ecke bog, drehte ich mich noch einmal nach ihm um. Zaghaft schnupperte er auch an dem zweiten Soda, dann rümpfte er die Nase und kippte den Inhalt beider Flaschen in den Sand vor seiner Bude. Zufrieden ging ich weiter. Wenigstens brauchte ich mein Gewissen nicht unnötig damit zu strapazieren, einen armen Inder geschädigt zu haben!

Es war meine Rettung, als ich auf ein 'Indian Coffee House' stieß. Die gepflegte Erscheinung der Ober in einer Art Sarotti-Mohr-Tracht täuschte zumindest auf den ersten Blick über die fehlende Sauberkeit hinweg. Kaum hatte ich Platz genommen, konnte ich der Wasserkanne auf dem Tisch nicht widerstehen. Ohne nachzudenken, verstieß ich gegen die wichtigste Traveller-Regel und schüttete drei Gläser in mich hinein. Als ich danach mit zwei Tassen pappsüßem Kopi nachspülen mußte, um den gräßlichen Modergeschmack des Wassers loszuwerden, bereute ich meine Gier. Jeder Tropenführer warnte eindringlich vor dem Trinken von ungekochtem und ungefiltertem Wasser! Aber jetzt war es zu spät. Ich konnte meine Tat nicht mehr rückgängig machen. Sollte ich etwa mit einem Wasserfilter und einem Kocher im Gepäck durch Indien reisen? Nein, das war mir zu lästig. Da mußte es eine andere Lösung geben. Die Macht des Glaubens!

Optimistisch klammerte ich mich an das klassische Bild des indischen Fakirs. Seine Nagelbrettsitzerei war aus westlicher Sicht eine recht zweifelhafte Beschäftigung, aber demonstrierte er damit nicht die geistige Macht über den Körper? Und obendrein verspottete er die körperlichen Bedürftigkeiten, indem er über die Folter lachte. Fest entschlossen, allen Schreckensnamen der möglichen Krankheiten ab sofort den Zutritt zu meinen Phantasien zu verbieten, beschwor ich nun meine Geisteskräfte. Ich sandte ihnen den inständigen Appell, meine Organe immun zu machen gegen die Invasionen von Bakterien und Bazillen und Viren und Parasiten. Wenn ich nur stark genug daran glaubte, so hoffte ich, könnte es doch auch bei mir funktionieren. Dann hätte ich den Schutz eines immateriellen Impfstoffes! Vielleicht war ein Überleben in diesem Land gar nicht anders möglich?

Manche Traveller erzählten, man könne allein durch Ekel oder aus Angst schon Gelbsucht bekommen. In Pakistan und Afghanistan war ich einigen begegnet, die, aus Indien kommend, daran erkrankt waren. Spindeldürre, bleiche Gestalten, die träge in verlausten Hotelzimmern herumlagen und vor sich hin dämmerten. Keiner unter ihnen konnte mit Gewißheit sagen, welches Vergehen eigentlich der Auslöser für die Krankheit gewesen war.

Meine indische Lehrzeit hatte also gleich am allerersten Tag begonnen und sollte mich während der ganzen Reise begleiten. Ich ahnte davon nichts. Nur widerwillig war ich Schüler. Lange Zeit erkannte ich den Zusammenhang nicht, daß die Probe um so härter ausfiel, je mehr ich mich sträubte. Meine Schlußfolgerungen bestanden aus Auflehnung und falschem Stolz. Ich faßte noch oft den Entschluß, Indien nie wieder zu betreten.

Mit diesem Vorsatz erreichte ich nach mehrmonatigem Aufenthalt den Flughafen von Delhi. Es tat mir nicht im geringsten in der Seele weh, als der Zollbeamte mein Visum mit dem Ungültigkeitsstempel versah.

Der Zufall wollte es, daß wir beim Anstehen vor den diversen Schaltern einen Engländer trafen, der kurz nach uns in jenem Hindukusch-Dorf gewesen war, wo die Schweizerin vermißt worden war. Er berichtete uns, daß sie nach langer Suche tot aufgefunden worden war. Jemand hatte sie umgebracht und wahrscheinlich auch mißbraucht. Aber genauere Informationen darüber seien der Bevölkerung nicht abzuringen gewesen.

Als das Flugzeug gen Heimat abhob, hakte ich Indien auf meiner Wunschliste feierlich ab. Das nächste Mal wollte ich noch weiter reisen, nach Thailand und Malaysia und Indonesien. Denn dort erwartete ich wegen der größeren Entfernung eine Steigerung. Aber

wohin ich auch reiste, nach Südostasien oder Afrika, die Steigerung von Indien fand ich nirgendwo. Allenfalls in Indien selbst.
Meinen eigenen Beschlüssen untreu, betrat ich noch viele Male indischen Boden. Obwohl ich es anfangs nicht wahrhaben wollte, hatte mich die indische Intensität vom ersten Tag an infiziert.
Neben den umstürzlerischen Prozessen, die mein Ego entgegen seinem ausgeprägten Willen qualvoll durchstehen mußte, und dem nervenaufreibenden Überlebenstraining inmitten der Billionen von Bazillen und Bakterien, die Imagination der geistigen Verbrüderung mit einem nagelbrettsitzenden Fakir als einzige Prophylaxe, gab es noch etwas, das Indien mit mir machte: Es brachte mich zum Lachen! Angesichts der Tragödien, die einen weder als Darsteller noch als Zuschauer verschonten, hatte ich zuerst ein schlechtes Gewissen, so zu empfinden.
Die schlimmsten Sachen, die ich dort erlebte, verwandelten sich im Laufe der Zeit zu urkomischen Erinnerungen, ganz nach Woody Allens These: Komödie ist gleich Tragödie plus Zeit!
Indien vermochte noch mehr. Nach fortschreitender Erfahrung mit der indischen Mentalität und reichlich Übung in Sachen Strapazen geschah etwas völlig Unerwartetes. Dieses 'plus Zeit' begann sich aufzulösen. Es war nicht mehr nötig, damit ein gegenwärtiges Ärgernis in der Zukunft zum Vergnügen wurde. Ereignis und Heiterkeit, zwei Punkte, die bisher durch die Zeit voneinander getrennt waren, fielen immer häufiger zeitgleich zusammen und bildeten ein Ganzes. Hier bekam Woody Allens Formel eine Korrektur: Komödie ist gleich Tragödie! Die Verschmelzungsformel der Gegensätze. Makrokosmos ist gleich Mikrokosmos!
Nach und nach bot der indische Alltag lauter kleine Gelegenheiten zum herzhaften Lachen und Schmunzeln. Zuweilen streifte mich ein beglückendes Gefühl aus der Kindheit. Hatte ich vergessen, wie ein Kind zu lachen, und lernte es jetzt wieder?
Es mag befremdlich klingen, daß ausgerechnet in einem Land mit so viel Armut, Schmutz und Elend so viel Frohsinn möglich ist. Allem Anschein nach heißt das Heilmittel gegen das Übergewicht von Leid und Not: Humor! Mahatma Gandhi hatte es einst ausgesprochen: »...hätte ich keinen Sinn für Humor, dann hätte ich

schon längst Selbstmord begangen!« Und ein ähnliches Bekenntnis las ich von Abraham Lincoln: »…wenn ich nicht lachen könnte, müßte ich zusammenbrechen unter dem furchtbaren Druck, der Tag und Nacht auf mir lastet.«

Erstmals bekam ich einen Geschmack von Erlösung. Ich lachte in Situationen, die mich früher zur Weißglut gebracht hätten, amüsierte mich über Dinge, die ich wegen meiner westlichen Befangenheit zuvor nicht geschätzt hatte und die nun liebenswert und erheiternd waren. Ich vergnügte mich an den Marotten der Menschen und vor allem an den eigenen. Langsam häutete ich mich. Stück für Stück legte ich die Missionarstracht ab. Und was entdeckte ich darunter? Die stolze Rüstung des westlichen Denkens! Die Veränderung ist jedem anzusehen, der sich für längere Zeit in Indien aufhielt. »Alles ist Maya!« flüstern ferne Stimmen und streuen eine leise Ahnung in der Seele aus.

Immer wieder frage ich mich, was die Erlebnis-Essenz in nur wenigen Worten sein könnte. Möglicherweise existiert dafür ein einziges Wort? Oder gar nur eine einzige Silbe? …OM?

Mahadevan, ein vielseitig interessierter Inder, der auf seine alten Tage eine Pension in Varkala leitet, kennt keine Müdigkeit, wenn ein geeigneter Diskussionspartner sich mit ihm die Nacht um die Ohren schlägt. Morgens um vier erzählte er mir von wissenschaftlichen Untersuchungen, ob es im All Geräusche gab. Was die Wissenschaftler herausgefunden hatten, sei bemerkenswert, sagte er. Die im All aufgenommenen Töne klangen wie das altbekannte OM! Er flüsterte nur mehr und bekam einen starren Blick wie jemand, der ein Geheimnis enthüllte. OM, die Stimme des Kosmos! Die alten Inder hätten das schon immer gewußt…

OM! Faszinierend, aber in solcher Knappheit kann ich - noch - nicht empfinden. Der momentane Stand meiner Essenz-Suche liegt bei genau drei Worten: Tiefe! Humor! Magie! Es ist jedoch nicht jene Magie, die alle Welt in Staunen versetzt, spektakuläre Wunder zur Schau stellt, pompös und aufsehenerregend ist, sondern die Magie des unscheinbaren Zufalls. Das ungewollte Aufeinandertreffen von kleinen Begebenheiten, die sich im Alltag ereignen. Vielleicht bedarf es der Freiheit eines Narren, so zwanglos zu schauen? Ist der nicht ein Narr, der mit leuchtenden Augen von unglaublichen Zusammenhängen berichtet?

Ein Inder freilich verschwendet keine Zweifel an die Alltagsmagie. Unbeirrt betrachtet er die Dinge einfach so, wie sie sind: in einem größeren Zusammenhang! Schicksal und Götter gehören für ihn genauso zum realen Leben wie Reis und Curry.

Samudra Beach, Januar 1996. Alltagsmagie! Gestern war ich den ganzen Tag damit beschäftigt, meinen ersten Eindruck in Indien vor fast zwei Jahrzehnten schriftlich aufzuzeichnen. Es hat richtig Spaß gemacht. Heute Morgen setzte ich mich wie üblich auf das Dach im vorderen linken Eck. Während ich belustigt durchlas, was ich so alles über das leidliche Thema 'Kacka in Indien!' niedergeschrieben hatte, machte es auf dem Palmwedel über mir laut »Kräh!« und daraufhin »Platsch!« Die ganze Manuskriptseite, vollgekritzelt mit den Erinnerungen an das stinkende Kotfeld in Amritsar, war nun unter einem Riesenklecks Krähenkot begraben! Das war schon eine Sensation. Man bedenke, wie viele tausend Stunden ich auf Indiens Dächern unter freiem Himmel zugebracht hatte, und wenn man diese Zahl in Relation zu der Tatsache stellt, daß nach zwanzigjährigem, krähenschißfreiem Reisen und Dachhocken in Indien und in der restlichen Welt und überhaupt in meinem ganzen Leben so etwas noch nie passiert ist, darf es schon als ein magiegeladener Zufall bezeichnet werden, wenn es exakt dann geschieht, da sich der entsprechende Text bietet!

Die geschriebenen Worte hatten sich materialisiert!

Diesmal lachte ich. Und dies mag sich jetzt durchaus seltsam anhören: Ich verspürte Demut. Kam es nicht wie ein Gruß von oben? So entstand der Name 'Alltagsmagie'.

Das Zen des Dach-Hockens

»Was?! Du sitzt die meiste Zeit in Indien nur auf dem Dach! Sonst tust du nichts?« So oder ähnlich tönt die Stimme des modernen sportlichen Urlaubertyps.

Der indische Dach-Hocker hingegen antwortet gelassen: »Auf der Suche nach Eindrücken muß ich doch nicht unbedingt körperliche Anstrengungen aufbringen. Das habe ich alles ausprobiert, zehn Berge nacheinander besteigen, um möglichst viele Höhen- und Strecken- und Abenteuer-Meter heimzutragen. Wozu? Um mich zu beeindrucken? Oder gar andere? Wenn ich heute in Indien auf dem Dach sitze, kann ich mich der Eindrücke nicht erwehren, und das genügt mir für einen Tag.«

Da fliegt jemand seit über zehn Jahren nach Indien, nur damit er auf dem Dach hockt. Natürlich wird er von seinesgleichen in der Heimat für einen Narren gehalten und dementsprechend belächelt. Aber bald finden andere Gefallen daran und kommen auf den Geschmack. Immer mehr wollen auf dem Dach sitzen! Anfangs sind die Dächer noch echte Geheimtips, und die Pioniere der Dach-Hocker steigen in Kürze zum Dach-Hocker-Guru auf! Immer mehr riechen den Trend. Sie besinnen sich der häßlichen Flachdächer, die oft geplante, aber nicht realisierte Stockwerke sind und bisher als Wäschetrockenplatz und sicheres Versteck für sperrigen Unrat dienten. Jetzt werden sie zu komfortablen Dachterrassen umgebaut und mit einladenden Tischen und Liegestühlen, von Palmen beschattet und von Topfpflanzen mutwillig verschönert, trendgerecht gestylt. Die ersten 'shocking coloured Cocktails' werden gemixt. Es ist wie verhext, von nun an ist jedes neugebaute Hotel von einer großangelegten Dachterrasse gekrönt.

Der Dach-Hocker-Boom kommt sehr gelegen, wo sich die Touristen an den gängigen Sightseeing-Spots ohnehin halb tottrampeln. Ihnen läßt sich jetzt spielend leicht das 'Zen des Dach-Hockens' verkaufen. Und wie einfach das geht! Die Geschichte muß stimmen, davon hängt alles ab, dann karrt man die ängstlichen Ausländer geradewegs auf ein präpariertes Dach. Dort werden sie mit

Cocktails und Folkdance und Lobster und Horrorgeschichten in
Schach gehalten und geködert, damit sie sich mit dem indischen
Alltags-Theater, das ein paar bestellte Statisten unterhalb der Balustrade aufführen, zufriedengeben.
Der Boom bringt neben dem vielen Geld auch viel Gutes. Kein
Bus- und Taxi-Chartern mehr, keine Pannen und keine Beschwer-
den und nie wieder Streß auf den schlechten Landstraßen. Und
das bei doppeltem Verdienst! Es kommt dann auf die richtige Werbe-
strategie an, damit das beste Dach unter den anderen Dächern
hervorsticht. Da darf nicht gespart werden. Da muß man Eindruck
schinden. Weg mit den handgemalten Holz- und Blechschildern!
Von nun an sind überdimensionale, bunte Leuchtreklamen angesagt! Man kann sie schon von weitem durch den Kokospalmenwald sehen, weil sie sich deutlich von dem tropischen Grünerlei
abheben.

Die Dächer von Shajahans altem und neuem 'Al Italia' waren in
den letzten Jahren mein Aufenthaltsort in Indien, Knotenpunkt
von alten Erinnerungen und neuen Betrachtungen. Ort der freien
Gedanken! Heimat der Närrin! Shajahans Dächer waren und sind
ein hervorragender Platz zum Schreiben. Die umstehenden hohen
Kokosnußpalmen werfen kühle Schatten herab, die während des
Tages wie eine Sonnenuhr langsam über das Dach wandern.
Hier im neuen 'Al Italia' sitze ich frühmorgens mit Vorliebe vorn
an der Balustrade. Der Tisch in der Mitte wird als erster von den
Sonnenstrahlen getroffen. Um diese Uhrzeit läßt man sich gerne
mit angenehmer Wärme überschütten. Es ist kühl. Ich trage meinen weißen Pyjama und habe einen Seidenschal umgelegt. Seit
der bösen Erkältung letztes Jahr, die ich mir im Morgendämme-
rungsrausch zwischen nasser Wäsche und Unrat auf einem Dach
am Kovalam Beach eingefangen hatte, bin ich belehrt.
Von den Sonnenstrahlen ausgiebig gewärmt, fange ich an zu schwitzen. Es ist an der Zeit, zum Nebentisch auf der linken Seite umzu-
ziehen. Wenn ich die Dämmerungsphase mit gedankenlosem Herumstehen vertrödelt habe, fange ich manchmal auch dort an zu
arbeiten. Dann sitze ich in dem Eck unter der Palme und lese den

produzierten Stoff vom Vortag. Die besagte Palme spendet lange Schatten, und ich hole meine Traveller-de-Luxe heraus und drapiere sie stilgerecht mit Papier, Bleistift, Notizbuch und Tip-Ex auf diesem Ecktisch. Hier arbeitet eine Schriftstellerin! Spätestens in diesem magischen Eck werde ich meinen ersten Jaia zu mir nehmen. In den seltensten Fällen mußte ich Kumar daran erinnern, daß ich auf dem Dach saß und auf meinen Milchtee wartete.

Gegen Mittag muß ich wieder umziehen. Diesmal an den hintersten Tisch auf der linken Seite. Meist überspringe ich einen Tisch, an den ich dann erst später überwechsle. Der Umzug entwickelt sich zur sportlichen Einlage, denn Schreibmaschine und der ganze dazugehörige Krimskrams, der Papierstapel mit beschriebenen und unbeschriebenen Blättern, die Teetasse und die Kanne, Wasserflasche und Kekse, Aschenbecher, Zigaretten und Feuerzeug, müssen umgelagert werden. Da gehe ich bis zu dreimal hin und her!

Neigt sich die Sonne nach Westen hin, zerreißen die Schattenmuster. Ich muß erneut meinen schriftstellerischen Basteltisch umräumen und verbringe den restlichen Nachmittag wieder in der magischen Ecke. Von dort ziehe ich ein allerletztes Mal weiter, zurück zum Tisch in der Mitte. An der Stelle, wo frühmorgens meine Dachwanderung beginnt, endet sie auch. Es ist der beste Platz, um sich von den ersten Sonnenstrahlen erwärmen zu lassen und um den Sonnenuntergang in voller Breite zu betrachten.

Was die Einheimischen über meine tägliche Dachwanderung wohl denken?

…mindestens einmal im Jahr kommt sie zum Samudra Beach. Dann wohnt sie im 'Al Italia' und sitzt den lieben langen Tag auf dem Dach an ihrer Schreibmaschine. Was sie da oben macht, bezweifelt niemand. Sie schreibt. Ein Buch. Alle sagen Mandi zu ihr, was allerdings keine Beleidigung ist, sondern eher einer Titelverleihung gleichkommt. Immerhin war sie bei der Gründung der Mandan-Family dabei!

Niemand wundert sich, daß noch keiner je ein Buch von ihr gelesen hat. Niemand hält es für notwendig, ein Buch zu sehen! Diejenigen, die aus irgendeinem nichtigen Grund einmal oben gewesen sind, berichten von unzähligen fremden Buchstaben auf mehreren hundert Seiten. Sie können es nicht entziffern, weil es nicht in Malayalam geschrieben ist. Diejenigen, die englisch sprechen, verstehen auch nichts. Sie sagt, es sei deutsch.

Es gibt keinen Grund, sie zu verspotten. Es würde auch niemand daran nur einen Gedanken verschwenden, geschweige denn dies öffentlich tun. Shajahan sagt, sie sei die 'Cheaji', seine ältere Schwester. Sie behauptet, sie sei sechs Monate jünger als er. Aber so genau muß man es nicht nehmen!

Im Morgengrauen, wenn sich gerade die ersten Fischer und Steinschlepper am Strand versammeln, steht sie bereits auf dem Dach und macht ihre Gymnastik. Es ist eine Art Morgengebetsyoga, was nichts Außergewöhnliches bedeutet. Jeder in Indien praktiziert auf seine Weise ein Morgengebet. Kein Kathakali-Tänzer würde die Tanzfläche betreten und zu tanzen beginnen, ohne zuvor Boden und Stirn mit den Fingerspitzen zu berühren, das heißt, ohne das 'Namaskar' zu verrichten. Niemals würde ein Fahrer den Motor seines Taxis anlassen und davonfahren, ohne mit den Fingerspitzen Lenkrad und Stirn zu berühren, die Hände zu falten und ein kurzes Gebet zu murmeln! Und auch die Steinschlepper berühren Stirn und Stein mit ihren rauhen Fingerkuppen, bevor sie den ersten Brocken auf die Arme stemmen und mit ihrer Arbeit beginnen. AyurVeda-Ärzte, Lehrer, Beamte, Heilige, Budenbesitzer, Priester, Geschäftsleute, Busfahrer, Sadhus, Bettler, Polizeidirektoren. Ja, alle machen morgens vor der ersten Tat ihr Yoga! Daran ist ein indisches Auge gewöhnt.

Die Übungen, die man die Cheaji jeden Morgen auf dem Dach verrichten sieht, ähneln sehr dem Namaskar der Kathakali-Tänzer. Vielleicht stimmt es doch, was einige erzählen? Sie sei Kathakali-Schülerin gewesen, bei Guru Gopinath! Jeder hier kennt Guru Gopinath...

Vor Jahren hatte ich Shajahan auf sein Drängen hin in einem bisher unfertigen Roman als den 'Onkel von der Malabarküste' mitspielen lassen. Seitdem läßt er es sich nicht nehmen, neue Gäste oder Bekannte mit mir, seiner 'Biografin', bekanntzumachen und ein bißchen anzugeben.

»She is a famous writer in Germany!« grinst er dann. »And she is writing my biography! I´m the crazy uncle of the Malabar Coast!« Das sind seine hochtrabenden Worte und dabei strahlt er über sein ganzes Omar-Sharif-Hotzenplotz-Gesicht. Er lacht sich ins Fäustchen, wenn die Geleimten daraufhin in englische Ekstase ausbrechen und in schrillen Tönen juchzen: »Oh! Ah! How interesting! ...really?«

In einem Anfall von Angeberei zumindest kann er sich lebhaft und voller Stolz ausmalen, eines Tages die berühmte Figur eines Millionen-Bestsellers zu sein. Er spielt die Rolle des vom Glück Auserwählten dermaßen perfekt, daß auch ich für kurze Augenblicke dem Eindruck verfalle, den Großteil seines Lebens verbringe er damit, die Lorbeeren, die Preise und die Geschenke, die Fortuna für ihn am Wegesrand bereitgestellt hat, einzusammeln!

Spätestens, wenn das Telefon gesperrt ist, weil er die Rechnung nicht bezahlt hat, oder wenn er sich ein paar Rupees ausleihen muß, weil er sonst keinen Fisch für das Dinner kaufen kann, nimmt er wieder eine andere, wenn auch recht herrschaftliche Position ein.

Er hegt noch andere Träume. Alle sind sie von überdimensionaler Art. In besinnlichen Phasen zum Beispiel stellt er sich vor, einen ganzen Berg in den Nilgiri-Hills zu kaufen und sich als 'Holy Man' dorthin zurückzuziehen. Ein in jeder Hinsicht besonderes Aschram würde er gründen! Meist überkommt ihn an dieser Stelle ein Anflug von schlechtem Gewissen, und mit belegter Stimme gesteht er, daß es seit jeher sein Traum gewesen sei, den Armen und Kranken und elternlosen Kindern zu helfen. Das Schmieden dieses Sozialplanes nimmt schnell ein Ende. Schon im nächsten Moment übermannt ihn erneut der Größenwahn, und er spinnt als Pascha weiter. Dabei erfährt man endlich genauer, was er tatsächlich unter diesem besonderen Aschram versteht. »Only women are allowed!« Also das ist die wahre Version seiner Guru-Vision: Nur Frauen sollen in seinem Aschram zugelassen sein? Und er, gebettet und verhätschelt vor den anschmiegsamen weichen Frauenleibern, einzig dazu da ihn zu verwöhnen, er bräuchte seinen Jüngerinnen nur zuzuwinken und sie seien high!

In diesem Bereich ist und bleibt er halt ein waschechter Moslem! Shajahan und Prabhakaran verlieren nicht viele Worte darüber, daß mein Bestseller noch nicht erschienen ist. Als langjährige Mandi mit dem künstlerischen Beinamen Shilpa und als Mitglied der Mandan-Family ist das keine Schande. Solange ich schreibe, dreht sich das Rad weiter. Es spielt keine Rolle, wie viele Romane ich bereits begonnen und geschrieben, beendet und nicht beendet habe. Sie würden sich erst wundern, wenn ich eines Tages ohne meine Typing anreiste und nicht mehr auf dem Dach säße, um Geschichten zu schreiben!

Gelegentlich rivalisiert Prabha mit seinem sonst weniger gesprächigen Freund Shajahan. Er ist ein bißchen eifersüchtig, weil dessen Geschichten eifrig von mir gesammelt und aufgeschrieben werden. In solchen Momenten besucht mich Prabha besonders aufgeschlossen auf dem Dach und protzt mit vielversprechenden Phrasen: »I could tell you stories of my life!«

Den Triumph auskostend, lungert er faul in dem weißen Plastikstuhl und gaukelt mir was von obertollen Geschichten aus seinem Leben vor. Er tut gelassen, obwohl er im Grunde nur darauf wartet, daß ich anbeiße. Ich bin natürlich ganz Ohr, obertolle Geschichten machen mich immer neugierig. Er ziert sich neckisch. Ich hake nach, lasse nicht locker, weil ich seinen Bericht hören will. Schmunzelnd setzt er seine Taktik fort, windet sich aber bald mit wachsendem Unbehagen in dem Plastikstuhl und ringt schließlich um ein Ende der Gefangennahme.

Er habe jetzt keine Zeit, sagt er mit ernster Miene. Ich lache ihn aus. Daß er unter Zeitmangel leidet, ist wohl ein Witz! Das glaubt er doch selbst nicht. »Wenigstens eine klitzekleine Kostprobe!« bettle ich. Aber nein, er läßt sich nicht festnageln und erklärt nun, weshalb er zum Erzählen seiner Lebensgeschichte soviel Zeit benötigt: »Long stories!«

Unvermittelt erhebt er sich, steht in imponierender Pose neben dem Plastikstuhl und wirkt dennoch wie ein Komödiant, der einen Politiker nachahmt. Er muß jetzt dringend gehen, gibt er lapidar als triftigen Grund an und vertröstet mich auf morgen oder übermorgen. Und wenn nicht dann, vielleicht irgendein nächstes Mal in der vagen Zukunft. Sicher bin ich eine lästige Geschichtenbettlerin!

Ist er wirklich einmal mitteilsam aufgelegt, bringt er also genügend Lust und Zeit mit, weiß er es sehr wohl zu schätzen, daß ich so hartnäckig und neugierig betteln kann und mit unvermindertem Interesse zuhöre, obwohl er mir seine Lebensgeschichte bestimmt schon zehnmal geschildert hat. Erwähne ich diesen Umstand und frage ihn, ob er denn keine andere Story erzählen könne, tut er so, als sei diese eine Geschichte eine brandneue Offenbarung und redet einfach weiter. Also achte ich meinerseits besonders hellhörig auf die Feinheiten und versuche, ihn mit raffinierten Zwischenfragen auf wirklich neue Fährten zu lotsen. Er ist ein ziemlich harter Brocken, stur und phantasielos und einfach viel zu ehrlich!

Shajahan erfindet zur Abwechslung auch mal eine Heldengeschichte. Er hat keine Not, wenn ihm gerade nichts Besseres in Erinnerung kommt. Aber Prabha haftet gewissenhaft an der Reihenfolge der Ereignisse und zählt im nüchternen Telegrammstil den Ablauf der Fakten auf. Sein Report klingt immer gleich.

Ja früher, da hat er richtige Geschäfte betrieben, darauf ist er am meisten stolz. Immerhin war er Besitzer eines Lebensmittelgeschäfts und eines Restaurants. Zeitweise hat er auch zuviel getrunken, gesteht er weniger stolz. Irgend etwas ist dann schiefgegangen, Schulden wuchsen ihm über den Kopf. Es ist der klassische Verlauf einer Pechsträhne. Daraufhin ist er einfach davongelaufen, abgehauen nach Kaschmir. Niemand wußte, wo er sich aufhielt, nicht einmal seine Frau. Nach zwei Monaten erst schrieb er ihr. Ein Onkel hatte in Kaschmir ein Geschäft, wo er arbeiten konnte. Vier Jahre blieb er dort. Bis sich die Wogen in seinem Heimatort Kovalam ein wenig geglättet hatten. Nun ist er seit zwei Jahren wieder hier, und weil seine dürftigen Ersparnisse nicht ausreichen, um etwas Richtiges anzufangen, hat er am Samudra Beach dieses 'AyurVedic-Massage-Center' eröffnet. Solange Touristen kommen, ist das gutes Geld! Da sein Vater AyurVeda-Arzt war, kennt er sich in dem Metier halbwegs aus. Aber eigentlich interessiert es ihn überhaupt nicht, und es macht ihm auch keine Freude, fette, alte Körper zu massieren. Viel lieber würde er die knackigen Schenkel der jungen Ausländerinnen kneten! Doch die kommen selten zur Massage. Was bleibt ihm anderes übrig? Dieses 'AyurVedic-Massage-Center' zu führen ist halt das einzige, was er gegenwärtig tun kann.

Es hilft nichts, ihm gut zuzureden und an sein AyurVeda-Gewissen zu appellieren. Er hat gar keines! Ich predige von Berufung, und er ist sich nicht einmal sicher, ob er jemals davon gehört hat! Ich lasse mich in bunten Bildern über die Früchte hingebungsvoller Arbeit aus, bis er sich endlich zu Wort meldet. Das sei nicht das Problem, meint er, sondern diese AyurVeda-Massage sei einfach nicht das Richtige für ihn.

Das ist das Stichwort! Was denn das Richtige für ihn sei, frage ich. Diesmal kommt die Antwort prompt. Er wisse schon, was er machen würde, wenn er genügend Geld hätte: ein Restaurant eröffnen! Ich bin überrascht. Hatte er nicht des öfteren darüber geklagt, Massieren mache zu viel Arbeit? Bereite denn ein Restaurant nicht weitaus mehr Arbeit? Ach woher, klärt er mich lachend auf. Dafür habe er ja dann seine Leute! Ein Restaurant zu haben, strahlt er glücklich, das wäre nicht schlecht: »Then I can sit and watch!« Dann braucht er nur dazusitzen und zu beobachten? Da bin ich wirklich baff, komme jedoch zu dem Schluß, daß genau dieses 'sit and watch' ziemlich treffend die indische Arbeitsmoral zum Ausdruck bringt.

Ich will wissen, ob es schon immer sein Traum gewesen sei, ein Restaurant zu besitzen. Oder ob womöglich etwas völlig anderes in seinem Kopf herumspukt, was eventuell nicht so lukrativ ist? Er schaut mich verwundert an und murmelt: »My dream?«

Ja, was war sein absoluter Traum? Solche Fragen seien ihm fremd, gesteht er, er habe sich das nie überlegt. Aber es interessiere ihn, er müsse unbedingt darüber nachdenken.

»Oh, mandan Prabha!« protestierte ich ungeduldig. Über was alles er inzwischen nachdachte! Hatte er überhaupt meine anderen Fragen noch im Gedächtnis? Wie lange wartete bereits die old, rich Lady from California auf seine Antwort!

»I don't forget! I really think about!« versichert er und zieht seine Stirn in Falten. Er denke ja ständig darüber nach! Meine Fragen seien nicht so leicht zu beantworten, dazu brauche er halt ein wenig Zeit. Selbstverständlich gewähre ich ihm seine Bedenkzeit. Was soll ich sonst tun? So wichtig ist es ja auch wieder nicht. Dennoch bleibt es mir ein Rätsel, wie ein erwachsener Mensch wochenlang über diese simplen Fragen nachdenken kann und zu keiner Antwort kommt.

Mittlerweile haben wir unser eigenes Begrüßungsritual entwickelt. »Hallo Prabha!« rufe ich vom Dach, wenn ich ihn unten in den Hof hereinspazieren sehe, und erkundige mich gleich nach seinem Befinden: »Entu wischäscham?«. Sein indientypisches Kopfwackeln bedeutet, es gehe ihm gut. Dann richtet er die Frage an mich. »Sukkam!« antworte ich, was so viel heißt wie: Es geht mir gut. »Preschnam onde?« fahre ich fort und nähere mich der Kernfrage. Nein, es gebe keine Probleme, erwidert er und beschleunigt seinen Schlenderschritt, was bei einem Inder immer recht komisch aussieht. Seine Fluchtgedanken bleiben mir nicht verborgen. Geschwind ins Haus, in Shajahans Zimmer, Männergespräche führen! Er ahnt sehr wohl, was ich ihn als nächstes fragen würde. Über die Balustrade gebeugt kann ich ihn gerade noch erwischen. »Any answer for me?« schreie ich ihm nach und muß aufpassen, daß ich nicht vom Dach stürze. »Not yet!« gibt er zurück. »I must think about!«

Shajahan besaß früher ein kleines Restaurant am vielbesuchten Kovalam Beach, das er stolz 'Midway Restaurant' nannte. Aus westlicher Sicht war es eine schäbige Hütte, aus indischer Sicht ein beachtenswerter Ort.

Als ich bei meiner ersten Indienreise zum Kovalam Beach kam, standen an dem weiten Sandstrand lediglich zwei einfache Fischerhütten. Auf die bescheidenen Ansprüche der Handvoll Travellers eingestellt, boten sie tagsüber eine schlichte Fischersmahlzeit und nachts für damals umgerechnet fünfzehn Pfennige eine Schlafgelegenheit auf einem der Holztische. Toilette und Bad waren natürlich nicht vorhanden, aber dafür gab es ja den Strand und das Meer. Die Fischer hatten nie etwas anderes gekannt, und die Fremden jener Zeit fanden es abenteuerlich.

Jedesmal, wenn ich nach ein oder zwei Jahren zum Kovalam Beach zurückkehrte, waren es mehr Hütten geworden. Wie das eben so geht! Bald fing es damit an, daß jede Hütte und jedes Haus, ob Unterkunft oder Restaurant, einen Namen erhielt. Das war der Beginn der Verschandelung.

Obwohl ich damals den Zuwachs und die damit verbundenen Veränderungen häßlich fand, stehe ich heute mit Wehmut vor der Skyline von Kovalam Beach. Im Rückblick sieht man alles immer etwas anders. In der Erinnerung wirken die dilettantisch bemalten Holzschilder der ersten Hotels und Eßlokale überaus pittoresk. Lighthouse Restaurant! Sheela's Cafe! Seaview Hotel! Shiva's Lodge! Hotel Sea-Rock! Midway Restaurant!

Einige der alten Namen gibt es immer noch, aber die Fassaden haben sich unvorteilhaft verändert und sind fast nicht wiederzuerkennen. Unzählige Kokospalmen mußten den Weg räumen, um der regen Bebauung Platz zu machen. Die satten Palmenwäldchen lichteten sich, und neue Namen führen bildhaft den ausländischen Einfluß vor. Bombay Lodge! Coral-Fish Restaurant! German Bakery! Lobster House Hotel! Tourist Lodge! Roof Garden Restaurant!

Vor ungefähr sechs Jahren aß ich zum ersten Mal im 'Midway Restaurant' und machte meine Bekanntschaft mit Shajahan. Der Kovalam Beach hatte gerade das Stadium eines beliebten Hippiestrandes erreicht, als man emsig begann, die Tische mit Tischdecken und selbstgebastelten Windlichtern auszustatten. Aus lauter Geschäftstüchtigkeit stellten sich die 'Owner' vollkommen auf den ausländischen Geschmack ein, was zur Folge hatte, daß ihre Köche kein indisches Essen mehr zustande brachten. Im fortschrittlichen Kontrast zu den einheimischen Lokalen, in denen lediglich eine kleine Wandtafel die wenigen Gerichte auflistete, lagen hier mehrseitige Menü-Karten in modernem DIN-A4-Format aus. Die Rechtschreibung war manchmal zum Schieflachen. Beim Lesen der phantasierten und international klingenden Gerichte war man auf jeden Fall gut unterhalten und freute sich über die gelungenen Rechtschreibfehler. Sandwitches! Wer von nun an ein Sandwich aß, nannte es 'Sandhexe'.

So international wie die Speisekarten angelegt waren, so stattlich waren die Preise. Den Touristen wurde mindestens das Fünffache von dem aufgebrummt, was eine herzhafte indische Mahlzeit im nächsten Dorf kostete. Als dieser Entwicklungsstand erreicht war, hielt ich es nie länger als drei Tage dort aus.

Die indischen Schlager und Filmsongs wurden nur früh morgens gespielt, wenn die Hippies noch schliefen. Zum Glück waren sie Langschläfer! Ich mochte die einheimische Musik und bedauerte den Umstand, daß die indischen Ohrwürmer kaum mehr zu hören waren. Früher hatte ich sie auswendig singen können, und zwar brandaktuell.

Wenn sich die Hippies gegen Mittag allmählich aus ihren Laken schälten, wurde das lokale Musikprogramm beendet. Ab jetzt schepperten aus den billigen Lautsprechern Boney M. und das abgedroschene Repertoire englischen Popgedudels. Von den Travellern wurde diese Musik belächelt, weil sie längst veraltet war, aber sie schien ihnen immer noch erträglicher zu sein als die indischen Lieder. Die musikgeschmackliche Orientierung der einheimischen Restaurant-Besitzer ging nur langsam vonstatten. Sie bemühten sich zwar, sich den ausländischen Bedürfnissen anzupassen, aber so schnell konnten sie sich nun mal nicht entwickeln. Ihnen gefiel Boney M.! Mit den neuesten Trends aus England und Amerika, die die Hippies auf Kassetten mitbrachten, konnten sie gefühlsmäßig noch nichts anfangen.

In dieser Hinsicht war Shajahan ultramodern eingestellt. Er nämlich spielte in seinem 'Midway Restaurant' sogar Reggae. Natürlich nicht selbst, sondern auf seinem Kassetten-Recorder. Die Hippies waren sehr großzügig im Verschenken ihrer Kassetten, wenn sich ein Einheimischer interessiert zeigte.

Shajahan ist und war schon immer 'very special' im Clan der Angepaßten. Seine Lebensgeschichte hebt sich da ganz revolutionär hervor. Gerade achtzehn Jahre jung, brannte er mit seiner gleichaltrigen Cousine durch, schwängerte sie und nach zwei Wochen waren sie wieder daheim. Er mußte sie umgehend heiraten. Für die Verwandtschaft war diese ungeplante Hochzeit kein Verhängnis. Weil sie Cousin und Cousine waren, blieb wenigstens die Fa-

119

milie zusammen. Und die Schande ihres unehelichen Vorspiels konnte um so besser geheimgehalten werden.

Das Eheleben langweilte Shajahan rasch, und es dauerte nicht lange, bis er sein eigenes Leben führte. Während seine Freunde ihre Collegeabschlüsse machten, besuchte er nur hin und wieder die Unterrichtsstunden. Später gingen die anderen soliden Berufen nach, lebten brav bei ihren Familien, zeugten mehrere Kinder und tranken Alkohol nur heimlich. So ein Leben war nichts für Shajahan. Er kam und ging, sah Frau und Tochter, wenn er hungrig war und frische Wäsche brauchte, und tat ansonsten, was er wollte. Auch bei den Eltern machte er seine regelmäßige Aufwartung, damit sie, durch den äußeren Schein besänftigt, keine unangenehmen Fragen stellten und ihm ins Gewissen redeten. Ihr besorgtes Drängen, er möge ein normales Familienleben führen, ließ ihn unberührt.

In seinen ersten Ehejahren nutzten die Eltern die Beziehungen eines Onkels und schickten Shajahan hoffnungsvoll nach Saudi Arabien. Dort sollte er eine Ausbildung zum Hotelmanager erhalten. Aber die Saudis drückten ihm eine Schaufel in die Hand und steckten ihn auf eine Baustelle. Obwohl er unter den damaligen Verhältnissen trotz einer solchen primitiven Arbeit als wohlhabender Mann in sein armes Heimatland zurückgekehrt wäre, scherte er sich nicht um das Privileg einer solchen Reise und drehte durch. Postwendend wurde er vom Onkel wieder heimgeschickt.

Sein Vater, ein ehemaliger 'High Officer' der staatlichen Bus-Gesellschaft, machte einen letzten Versuch und verschaffte ihm einen Posten als Busschaffner. Das widersprach Shajahans Würde, ähnlich der Schufterei auf einer Baustelle. Doch der ausgelegte Köder war verlockend, und der schwer erziehbare Sohn entschied sich für die bequemste Lösung. Er nahm den lukrativen Job an und erschien praktisch nie zur Arbeit. Das monatliche Beamtengehalt kassierte er quasi als Schmerzensgeld für die würdelose Berufsbezeichnung. Um die vorteilhafte Anstellung trotz seiner permanenten Abwesenheit nicht zu gefährden, fädelte er die Sache raffiniert ein. Wie das in Großfamilien eben so ist, hatte er zufällig einen Schwager, der Arzt war. Der präparierte den Arbeitsverweigerer mit speziellen Medikamenten für die amtsärztliche Untersuchung und stellte ihm ein Dauer-Attest auf Geisteskrankheit aus.

Daß sein Befinden von Amtsseite ständig geprüft und bestätigt werden mußte, war für Shajahan keine Belästigung. Dank der geschickten Präparation verhieß ihm dieser Aufwand alle drei Monate das Vergnügen eines unvergleichlichen Geisteszustands, der bewirkte, daß er den lästigen Untersuchungen seiner augenblicklich verblödeten Verfassung sogar etwas Komisches abgewinnen konnte. In Anbetracht des Unterhaltungswertes konnte er gut damit leben. Die lustigen verrückten Geschichten, die er danach erzählen konnte, belohnten ihn reichlich. Wenn Shajahan einmal anfing, sich zu erinnern, dann war er Mittelpunkt des Abends.

Im Gegensatz zu Prabha ist er ein brillanter Geschichtenerzähler. Jahrelang hatte er die Amtsärzte an der Nase herumgeführt, bis er die Stelle freiwillig kündigte. Um das nackte Überleben hatte er nie kämpfen müssen. Vom umfangreichen Familienbesitz gehörte ihm eine kleine Kokosnußplantage unweit des Kovalam Beach, die viermal im Jahr eine beachtliche Ernte abwarf. Diese rentable Einnahmequelle darf man nicht unterschätzen. Jedesmal, wenn die zehn Kokospalmen im Garten des alten 'Al Italia' abgeerntet wurden, wollte ich nicht glauben, wie viele Kokosnüsse das ergab und wieviel diese Menge in barer Münze einbrachte. Die Unkosten hingegen waren unbedeutend. Für umgerechnet zwei Mark kraxelte ein drahtiger Palmenkletterer den halben Tag Stamm rauf und Stamm runter und schnitt mit einer Art Säbelmesser die zähen Kokosnußstauden ab. Krachend plumpsten die schweren Nüsse zu Boden. Da war höchste Vorsicht geboten. Bei der Gelegenheit wurden auch die Palmkronen von abgestorbenen Palmwedeln gesäubert. Bis der Kraxler von dem Stamm herunter- und den nächsten hinaufgeklettert war, halfen Santosha und Mohanlal beim Aufsammeln. Nach wenigen Stunden war die Arbeit erledigt. Ein viertel Jahr später begann die nächste Ernte.

Shajahan hat nie einen Finger gekrümmt. Um dieses Vorrecht sichtbar zu machen, lassen sich Inder seiner Sorte den Nagel des kleinen Fingers wachsen, manche bis zu der ungewöhnlichen Länge von fünf oder sechs Zentimetern. So auch er. Bereits im 'Midway Restaurant' hatte er seine eigenen Leute, die die anfallenden Arbeiten verrichteten: einen Koch, einen Küchenjungen, einen Burschen für alles und eine zeitweilige Vertretung, falls er nicht abkömmlich war. Das genügte, um die Lage zu überwachen. War einmal Not am Mann, scheuchte er gerne auch die Nachbarn durch die Gegend. Mit einer unerklärlichen Willigkeit kamen sie seinen Wünschen nach. Er lohnte es ihnen nicht mit einem lobenden Wort, sondern feixte hinter ihren Rücken über ihren Gehorsam.

Im Laufe des um sich greifenden Modernisierungsprozesses am Kovalam Beach wandelte sich auch das Äußere der Restaurant- und Hotelbesitzer. Ihre Garderobe nahm zusehends westliche Züge an und war so ungeübt zusammengestellt, daß sie an den Look türkischer Gastarbeiter erinnerte. Shajahan jedoch saß weiterhin in gepflegter indischer Tracht vor seinem Restaurant. Seine Lungis waren stets dezent in dunklen, unaufdringlichen Mustern gehalten, dazu trug er ein geschlitztes langes Baumwollhemd in frischem Weiß und ganz klassisch ohne Kragen. Niemals hätte er es gestattet, seine weißen Hemden mit einem 'Whiter' zu waschen! Während er dem alten Stil treu blieb, spazierten seine Kollegen wie die Karikaturen ihrer indischen, fettwanstigen Filmhelden herum. Ganz klassisch mit Doppelkinn und langen Koteletten!

Neben den regelmäßigen Einnahmen aus der Kokosnußernte, aus der Anstellung beim staatlichen Busunternehmen und aus seinem Restaurant am Kovalam Beach bezog Shajahan zudem den Profit aus seinen 'two cars', einen schwarzen und einen beigen Ambassador. Außerdem besaß er das begehrte 'Tourist Permit' und durfte daher den Touristen Sightseeing-Trips verkaufen. Weil der schwarze sein erster Wagen und bis heute sein Lieblingsauto ist, wurde das Nummernschild zum Namen. Er würde nie sagen: »I take the black car«, sondern stets: »I take the KCV-11!«

Da alle seine Leute gut beschäftigt waren und sich tatkräftig darum kümmerten, daß viele Rupees in seine Hände rollten, konnte er sich im Liegestuhl zurücklehnen und nach altindischer Manier ein Special-Beedie nach dem anderen rauchen. Das hob die Stimmung und wirkte gegen Langeweile. Um ihn herum der weite

Strand, heller Sonnenschein, das blaue Meer und die bunten, aus-
geflippten Hippies. Das Geld floß ihm ungehindert in die Taschen.
Wenn er etwas wollte, Zigaretten, Beedies, Kopi, Jaia, Bier etc.,
brauchte er nur mit den Fingern zu schnippen oder laut zu schrei-
en, und schon kam jemand angerannt und bediente ihn.

An seinem Beispiel kann man das Phänomen der sozialen Rang-
ordnungen innerhalb einer Lebensgemeinschaft studieren. Mit dem
alles überschauenden Blick eines Herrschers und der Gelassenheit
eines vollgekifften Sadhus schweifte er in entlegene Sphären. Er
war zwar nicht immer ansprechbar, aber es entging ihm nichts!
Oft hing sein Blick an einem Punkt in weiter Ferne, als brüte er
über einem großartigen Plan. Er kannte jede Intrigengeschichte
aus dem geschäftigen Getriebe der Kovalam-Gemeinde. Zuweilen
hatte es sogar den Anschein, als mische er kräftig mit.

Am gesamten touristisch angepaßten Kovalam Beach war Shajahan
der einzige, der die Vorliebe für indisches Essen mit mir teilte. Das
hatte für mich den Vorteil, daß sein Koch das beste Puri Masala
machen konnte. Weil er seinen Angestellten mehr bezahlte als die
anderen Lokalbesitzer ihren Leuten, konnten sie auch etwas mehr.
Im 'Arulakam', meinem Stammlokal in Trivandrum, war das Puri
Masala nicht besser. Sofern ich mich am Kovalam Beach aufhielt,
aß ich folglich bei Shajahan. Zum Frühstück gab es Puri Masala
oder Egg Masala mit Parotha, zum Abendessen Fischcurry und
Reis oder ein Peas Masala und Chapati. Shajahan leistete mir mit
seinem Schweigen angenehme Gesellschaft und drehte versonnen
seine Special-Beedies. Ich philosophierte ungebremst über das
Leben, teilte es in Ost und West und suchte nach der Mitte. Ich
hatte die Gewohnheit, zu hippie-untypischen Essenszeiten hungrig
zu sein, und war deshalb fast immer allein dort. Shajahan konnte
mir stundenlang zuhören. Zumindest tat er so! Doch sobald ihn
ein Freund oder ein Onkel besuchte, erhob er sich mitten im Satz
und schlenderte wie ein Dorfältester zu seinem Männergespräch.
Das unterbrach mich keineswegs. Nahtlos setzte ich meinen Gedan-
kenfluß fort und holte mein Tagebuch aus der Tasche.

In einem Punkt allerdings hat er sich angepaßt. Damals verkörperte er noch das seltene Exemplar von Inder, der die jungen Auslän-

derinnen nicht anbaggerte. Heute hat er diesen Habitus geändert, was nicht heißt, daß er ein plumper Anmacher geworden ist. Er hat auch da seinen 'very special style'!

Seit er am Samudra Beach regiert, hält er sich einen abwechslungsreichen Harem von Ausländerinnen. Bei der hohen Anzahl können gelegentlich unangenehme Engpässe vorkommen. Bisher hat er jedoch noch jede brenzlige Situation geschaukelt. Manchmal hat er alle Hände voll zu tun, damit sich die Ausländerinnen nicht in die Quere kommen. In besonders vertrackten Fällen soll ich ihm aus der Klemme helfen. Dann diktiert er mir einen netten Brief an die Verschaukelte. Ohne Gewissensbisse bucht er ihre 'Reservierung' um und verhindert so eine bevorstehende Kollision.

Er habe jetzt einen Sekretär, deshalb der Brief mit Schreibmaschine, beginnt sein Lügendiktat. Außerdem sei er sehr beschäftigt und müsse ausgerechnet in der besagten Zeit für mindestens zwei Wochen geschäftlich verreisen! Wegen dringender gerichtlicher Angelegenheiten. Dann und dann sei er frei. »Then I have time for you!« Und dieses 'for you' klang nicht einmal verdächtig.

Das einzige, was ihn wirklich ins Schwitzen bringt, sind die unberechenbaren Besuche seiner indischen Ehefrau. In ihrer Ahnungslosigkeit gibt sie nicht auf, ihre Ehe mit Shajahan retten zu wollen. Sie tut mir überaus leid. Vor ihrem kurzfristig angekündigten Eintreffen müssen einige Vorsichtsmaßnahmen arrangiert werden. Obwohl sie seit fast so langer Zeit getrennt leben, wie sie verheiratet sind, darf sie von seinem modernen Lebensstil nichts erfahren. Als seine Cousine würde sie es anschließend der ganzen Verwandtschaft erzählen, und er kriegte Ärger. Mit seinem Vater, mit seiner Mutter und mit allen möglichen Onkeln!

Meist bleibt die Ehefrau für eine Nacht. Er reißt sich zusammen, spielt ihr einen anständigen Ehemann vor, raucht in ihrer Gegenwart keine Special-Beedies, höchstens heimlich in der Küche, trinkt keinen Brandy, vielleicht ein Bier, bei dem sie einen Schluck mittrinkt. In freundlicher Stimmung sitzt er seine Zeit neben ihr ab und muß all seine Schauspielkunst aufwenden. Am nächsten Morgen läßt er sie ruhigen Gewissens mit einem der Ambassadore abtransportieren und ist sie wieder für eine Weile los. Sie dagegen fährt wahrscheinlich ein wenig hoffnungsvoller nach Hause und wartet tapfer auf den nächsten Besuch und das Wunder. Oft kommt sie dann monatelang nicht mehr zu Besuch, was mich regelmäßig zu der Annahme verleitet, sie habe es nun endgültig satt. Doch dann steht sie plötzlich vor der Tür und tritt erwartungsvoll ein. Ich könnte mir vorstellen, daß er alt und krank eines Tages zu ihr zurückkehrt.

Nach den Errungenschaften von Tischdecken und Windlichtern, durchlief der Kovalam Beach eine neue Entwicklungsstufe. Nun fand es jeder Restaurant-Besitzer schick, die Tische in den Sand vor dem Lokal aufzustellen, damit die Gäste unter freiem Sternenhimmel speisen konnten. Wer von ihnen als erster diesen Einfall hatte, wird ewig ungeklärt bleiben.
Nachts wurde die gewaltige Veränderung durch den jahrelangen fremden Einfluß am deutlichsten sichtbar. Unzählige Windlichter auf weißen Tischdeckenquadraten malten einen imposanten Kerzenlichterbogen aus lauter kleinen Lichtpunkten in die meeresrauschende Dunkelheit. Vor dieser Kulisse fiel es mir schwer zu glauben, daß ich tatsächlich an der Südspitze von Indien stand. Viel eher erinnerte mich der Anblick an eine hundertjährige Photographie von der Côte d'Azur.
In jener Open-Air-Epoche lief der Pachtvertrag für Shajahans 'Midway Restaurant' aus. Der Besitzer des Grundstücks, auf dem die schiefe Hütte stand, hatte Blut gerochen und lehnte die Verlängerung des Vertrages ab. Er wollte nur selbst ein Restaurant eröffnen. Das bedeutete, Shajahan saß zum Jahreswechsel auf der Straße! Als ich Anfang Dezember abreiste, hatte er noch nichts Neues gefunden.
Monate später erhielt ich seine neue Adresse und glaubte, meinen Augen nicht zu trauen: »Al Italia Beach Resort and Midway Restaurant, Shajahan, Samudra Beach, Kovalam Distrikt...«
Ich stellte mir die abartigsten und gräßlichsten Gebilde von Beach Resorts vor und war fassungslos. Al Italia Beach Resort! In Indien? Das tat mir in der Seele weh.

BIG CHAPATI - SMALL CHAPATI

Lange bevor die Mandi-Zeit am Samudra Beach begann, bekam ich meinen ersten indischen Spitznamen. Aber nicht eine indische Person hatte ihn kreiert, sondern meine älteste Schulfreundin aus der deutschen Heimat.

Gemeinsam reisten wir sechs Wochen lang durch Südindien und Ceylon. Für sie war es die erste Indienreise, für mich die zweite. Ich hatte also schon einige Indienerfahrungen gesammelt und war ihr daher in manchen Dingen ein Stückchen voraus.

Die Beschreibung der exotischen Gerichte war nicht leicht. Jede Bestellung in einem Eßlokal entfachte lange Diskussionen. Manchmal existierte weder eine Karte noch eine Wandtafel, an der man in Ruhe ablesen konnte, was es so alles gab. Dann zählte der Ober in rasender Geschwindigkeit die Gerichte auf: »Masala Dosai, Iddly, Waddai, Ghee rost, Paper Dosai, Egg Parotha, Chapati, Pappaddam…« Der Vortrag klang wie ein endloses Bandwurmwort, und sogar ich hatte Mühe, die Namen zu verstehen.

»Ein Dosai ist wie ein Crêpe und doch ganz anders, leicht säuerlich und knusprig. Dazu ißt man Coconut Chutney, das ist frisch geraspelte Kokosnuß mit grünem Chili und verschiedenen Gewürzen zu einem milchigen Brei angerührt.«

»Das klingt ja nicht gerade einladend!«

»Aber es schmeckt lecker! Am besten, du probierst zum Frühstück Iddly Waddai, das ist mein Lieblingsgericht.«

»Und was ist Iddly Waddai?«

»Iddlys sind kleine in Dampf gegarte flache Klöße aus Blackbean- und Reisgrieß…«

Meine Erklärungen endeten meist damit, daß ich die Bestellung übernahm. Es half nichts, sie mußte es selbst ausprobieren.

Von Chapati war sie im doppelten Sinne angetan. Wann immer es vorrätig war, bestellte sie Chapatis, und sie spielte bei jeder Gelegenheit mit dem Wort herum. Plötzlich war alles chapati: das Wetter, ihr Gemütszustand, die Hände, das Gesicht, die Haare, die Kleidung, Indien! Bis sie beschloß, daß wir uns so nennen sollten.

Von nun an sei sie 'Big Chapati', verkündete sie, und ich 'Small Chapati'! Das ist bis heute so geblieben. Wenn wir uns sehen, sind wir die kleine und die große Chapati. In Anbetracht der Unterschiedlichkeit unserer körperlichen Beschaffenheit, ist die Aufteilung von small und big nur gerecht.

Ich war schon zwei Monate vor ihr nach Indien gereist und nahm sie in Bombay am Flughafen in Empfang. Mit einem bleichen Oxford-Studenten im Schlepptau flatterte sie mir entgegen. Sie hatten sich beim Umsteigen in Kairo kennengelernt und die Götter wissen warum, Feuer gefangen. Zu dritt lachten wir die folgenden drei Wochen, bis Simon beschloß, uns zu verlassen!
Beide litten sie an den typischen Eingewöhnungsschwierigkeiten. Kaum hatten wir die Weltstadt Bombay hinter uns gelassen, waren wir mittendrin in Indien, wie es leibt und lebt. Eine längere Wartezeit beim Umsteigen auf der Strecke nach Süden zwang uns, im Busbahnhofslokal zu essen. Für mich verhieß das nichts Neues, für die beiden war es die Premiere indischen Alltagstheaters. Während der eigene Magen erwartungsvoll knurrte im Bewußtsein, er werde bald gefüllt, warteten zitternde Bettelhände auf den Abfall der Satten!
…das Gewissen erlebt den ersten Umsturz. Aber man geht tapfer weiter, weil man selbst hungrig ist…
Die Ober jonglierten im Laufschritt einen überschwappenden Kopi über die Köpfe hinweg, dann einen Jaia, wiesen die Boys an, die freigewordenen Tische mit einem hundertjährigen schmutzbraunen Wischlappen und einem Stück Bananenstaude als Schaber sauberzuwischen. Hier wurde man noch Zeuge vom langsamen Sterben eines Stoffgewebes bis hin zur letzten Faser, die Endstation kurz vor der völligen Auflösung!
Der Koch hantierte mit freiem Oberkörper in einem Verschlag. Simon lachte hell auf, als er das Schild über der Küchentür las: »Kitschen! No Admittance!« Der Spaß dauerte gerade eine Sekunde lang! Pikiert betrachtete er die Lungis der Ober. Sie waren den hundertjährigen Tischabwischlappen beängstigend ähnlich. Zudem wischten sich die Ober dauernd daran die Hände ab. Ihre

einst weißen Unterhemden hatten an manchen Stellen häßliche Alterslöcher bekommen.

Big Chapati und Simon weigerten sich, mit den Händen zu essen. Sie verlangten partout nach dem passenden Besteck! Das war wirklich komisch inmitten des wild-exotischen Schauplatzes. Big Chapati griff zur Selbsthilfe. In astreinem Londoner Englisch, das in Indien ohnehin kaum jemand versteht, rief sie dem völlig überarbeiteten Ober ihren ausgefallenen Wunsch zu: »Hallo, waiter! Two knifes and two forks, please!«

Der angesprochene Ober hielt wie elektrisiert inne. Solche Worte hatte er nie gehört, noch wußte er, welche Sprache das war. Er verstand nicht einmal indisches Englisch. Mit den Händen malten wir 'Gabel und Messer' in die Luft, und das ganze Lokal schaute uns dabei zu. Endlich begriff der Ober. Von plötzlicher Eingebung getroffen, riß er die Augen auf und wackelte aufgeregt mit dem Kopf. Seine Gesten erinnerten an die Stummfilmzeit. Dann sauste er blitzschnell zur Küche und verschwand hinter der verbotenen Tür. Nach einer Weile kehrte er freudestrahlend mit einem antiken Stück, einem verbeulten Löffel, zurück, den er Big Chapati feierlich überreichte.

Simon wollte Kriegsberichterstatter werden. Er hatte gerade angefangen, in Oxford Journalismus zu studieren, und war voller Pfadfinder-Ideale. Seine erste schwere Indienkrise ereilte ihn beim Besuch eines fahrenden Zoos. Als er den räudigen, einäugigen Löwen hinter den verrosteten Gitterstäben erblickte, war er den Tränen nahe. Die grausamsten Strafen fielen ihm für die Schuldigen ein; er verdammte die indische Bevölkerung mitsamt ihrer Ethik.

In Goa legten wir eine Erholungspause ein und mieteten uns ein kleines Häuschen am Strand. In diesem Zentrum der Hippiekultur stapfte alles, was der weißhäutigen Rasse angehörte, in knappen Tangas oder im Adam- und Evakostüm durch den Sand, das lange Zottelhaar hinter sich herwehend. Je weniger sie anhatten, desto üppiger fiel der Schmuck aus, der an ihrem Hals und an Arm- und Fußgelenken klimperte. Nichts davon war gekauft, sondern Ausdruck ihrer neugewonnenen Lebenseinstellung: weg vom Konsum, zurück zur Natur! Die Kettchen hatten sie mit ihren eigenen Händen geschaffen, aus lauter Dingen, die sie fanden und die ihnen vom Schicksal in den Weg gestreut wurden. Und Gott Sonne gab ihnen die Segnung, wenn sie bei Sonnenuntergang die kleinen Muscheln, Steinchen, Glasperlen und Nußschalen auf speckige Schnüre fädelten.

Aus dem einheitlichen Bild der flippigen Hippies stach Simon schon von weitem hervor. Er und seine knielange, engsitzende Bermuda-Badehose aus Synthetikstretch in sportlichen Knallfarben waren unzertrennlich. Gut genährt und sportlich trainiert, sprang er wie ein aufgeweckter junger Hund zwischen den blassen Gestalten umher, als müsse er ihre Trägheit ausgleichen. Falls er von den weißen Wilden überhaupt bemerkt wurde, erntete er lediglich abfällige Blicke. Seine adrette Erscheinung und der brave englische Haarschnitt wurden in diesem Milieu herablassend übergangen.

Eigentlich kamen wir uns alle drei fehl am Platze vor. Die Strandregion von Goa offenbarte sich uns als Absteige der Abgestürzten aus westlichen Überflußländern. Der Anblick war erschütternd, und die Szenerie hatte manch tragikomischen Beigeschmack. Big Chapati und ich fühlten uns wie zwei ratlose Sozialarbeiterinnen an einem verkommenen Ort in Begleitung eines sensiblen Kriegsberichterstatters aus Oxford! Von unserer Veranda aus betrieben wir stundenlange Observationen auf unser Forschungsfeld, das uns mit anregendem Gesprächsstoff versorgte: die Metamorphosen menschlicher Zivilisation bis hin zu ihrem Zerfall.

Gelegentlich führten sich die Forschungsobjekte persönlich vor. Ungebeten betraten sie unsere Veranda und dokumentierten unsere Gesprächsrunden. Mit dem richtigen Instinkt tauchten sie immer dann auf, wenn wir gerade eine saftige Melone oder eine fette Mango oder eine Ananas aufschnitten und vergnüglich mampften. Ohne zu fragen, grapschten sie nach den Früchten auf unserem Teller. Diese Selbstverständlichkeit war provokant. Einige machten das seit Jahren so. Sie waren hungrig. Reisepaß und Geld besaßen sie längst nicht mehr. Ihre Lebensgeschichte nahm immer denselben Verlauf: In der Heimat verkracht, nach Indien abgehauen, vom Pech verfolgt, gleich nach ihrer Ankunft in Goa auf einer

Strandparty total ausgeraubt! Dafür war der Stoff echt geil, den man ihnen damals verpaßt hatte. Ihr einziger Besitz bestand aus den Hippiefetzen, die sie am Leib trugen, und vielleicht einem vergammelten Schlafsack. Sie waren obdachlos und schliefen im Freien, entweder am Strand unter einer Palme oder in den Dschungelhöhlen bei den 'Monkeys' in der nächsten Bucht, wo die Extremen lebten, die mit der Zivilisation abgeschlossen hatten, wenigsten für ein paar Jahre.

Nicht genug, daß sie sich ungefragt unseres Obsttellers bedienten, nein, zwischen ihren gierigen Bissen hielten sie überdies ein unverschämtes Pamphlet auf uns drei Spießer! Anfangs waren wir amüsiert über die theaterreife Aufführung. Der Kern der Sache blieb uns nicht verborgen. Betroffen schauten wir uns an, von Mitleid erfaßt für denjenigen, der uns gerade nach Strich und Faden beschimpfte.

Wenn sich die Dunkelheit über die grüne Tropenidylle legte, waren die Abgestürzten wie vom Erdboden verschwunden. Aber der Schein trog, die Nacht hatte sie nur verschluckt. Es wimmelte von unsichtbaren Gestalten. Niemand vermochte ihren Trips zu folgen. Allein mit dem Universum irrten sie umher.

Unser nächtlicher Ausblick von der Veranda auf die schwarze Kulisse bot so manch unheimliche Überraschung. Eines Abends bemerkten wir verschwommene Umrisse eines weißen Steins. Er hatte die Größe eines mannshohen Felsens, und spontan waren wir uns einig, er sei zuvor noch nicht dagewesen. Oder hatten wir ihn bei Tag nur nicht wahrgenommen? Wir rätselten, was das sein mochte, das so groß war und das man dennoch nur bei Nacht sehen konnte. Vielleicht war es ein Baumstumpf, der in der Finsternis phosphoreszierende Fähigkeiten entwickelte und deshalb tagsüber gar nicht auffiel? Jemand hatte mir einmal von Leuchtpilzen erzählt, die im Urwald von Borneo wuchsen, warum also keine Leuchtrinde?

Den mysteriösen hellen Fleck im Blick, setzten wir unsere Unterhaltung fort, doch der Grusel saß uns fortan im Nacken. Gegen Mitternacht passierte es dann zum ersten Mal: das undefinierbare Gebilde bewegte sich. Simon und mir war es in einem kurzen

Moment der Unachtsamkeit leider entgangen. Aber nicht Big Chapati, die mit einem plötzlichen Aufschrei hochfuhr, nach Luft japste und allen Ernstes behauptete, ES sei etwa einen Meter zur Seite geschwebt! Wir rückten unwillkürlich etwas enger zusammen. ES rührte sich jetzt nicht, keinen Millimeter. Zweifel schossen mir durch den Kopf, Big Chapatis Phantasie und nicht zuletzt ihre Kurzsichtigkeit könnten uns einen üblen Streich spielen. Erst Tage zuvor hatte sie bei unserem Elefantenritt durch einen Nationalpark unentwegt Tiger, Bären und Panther gesehen, und in Wirklichkeit waren es nur Baumstümpfe gewesen! Meine Zweifel belagerten mich in aller Vielfalt. War das etwa kein Stein? Wahrscheinlich hielten wir uns schon zu lange in Goa auf und sollten so bald wie möglich abreisen!

Über das schützende Geländer gebeugt, starrten wir die nebulöse Erscheinung in der Finsternis an. Keiner von uns traute sich, den Sicherheitsbereich der Veranda zu verlassen und hineinzutauchen in diesen schwarzen Dämonenrachen, um endlich zu erfahren, was es mit dem hellen Fleck dort wirklich auf sich hatte. Auch nicht unser englischer Kriegsberichterstatter!

Um Simon ein wenig zu necken, fragte ich: »Was denkst du?«

»I don't know. I'm tired!« war seine gleichmütige Antwort.

Er spielte den Gelangweilten und begann sich zu recken. Ich ignorierte seinen akuten Müdigkeitsanfall und ließ nicht locker: Aber er kollabierte fast vor Gähnen und Biegen und Recken. Mit letzter Kraft wankte er in Richtung Zimmertür. »It's late, friends, I'll go to bed... see you tomorrow!« Damit verschwand er.

»See you later alligator!« kicherten wir ihm hinterher. Der kleine Streich hatte die Horrorstimmung etwas entschärft, wir konnten wieder blödeln. Wir waren wie Kinder nach einer Fahrt in der Geisterbahn. Unbekümmert ließen wir uns in die Polster der Verandastühle zurücksinken, legten die Füße auf die Balustrade, und durch unseren Frohsinn in Sicherheit gewiegt, redeten wir mutig drauflos, um das Sein oder Nichtsein des Phänomens vor unseren Augen zu erörtern.

So verging eine Weile. Längst hatten wir uns in anderweitige Themen verstrickt, als es erneut geschah. Big Chapati hatte recht gehabt! Es waren keine Halluzinationen gewesen. Der weiße Stein bewegte sich tatsächlich. Nun jedoch nicht mehr seitlich, sondern direkt auf uns zu.

Die Argumente gefroren uns auf den Lippen. Wir waren gelähmt, unfähig, irgend etwas zu tun oder einfach davonzulaufen. Verdattert schauten wir zu, wie dieser weiße Geisterfelsen auf uns zu kam. Lautlos und schwerfällig schob er sich wie durch Zauberei vorwärts. Langsam näherte er sich und schälte sich aus der schwarzen Nacht. Es wuchsen ihm Arme und Beine und Kopf! Als er den Lichtkegel vor unserer Veranda erreichte, hatte er sich zu einer jungen Europäerin verwandelt, die lange weiße Jeans und ein weißes T-Shirt trug.

Ihre Langsamkeit erinnerte an einen Roboter, dessen Akkus und Batterien soeben ihre Ladung aufgaben. Die Funktionen waren schwer gestört. Und ihren Kopf konnte sie auch nicht gerade halten. Mit ihrer schiefen Kopfhaltung war der Ausdruck einer Irren perfekt. Ihr abwesender Blick war irritierend, haarscharf schielten die wirren Augen an uns vorbei. Ihre Wangen zuckten, ähnlich den letzten Reflexen eines Sterbenden. Die versiegenden Impulse verursachten ein hohles Grinsen und färbten ihr junges, hübsches Gesicht mit verblödeten Zügen. Diese Merkmale kamen mir inzwischen bekannt vor.

»...is ...this ...your house?« fragte sie schleppend. Auch ihrer Stimme war der Energieabfall deutlich anzumerken. Es klang wie die verzerrte Wiedergabe eines Kassetten-Rekorders, dem der Saft ausging. Dankbar, daß sie überhaupt sprach, versorgten wir sie reichlich mit Antworten und wollten von ihr wissen, wo sie denn wohne. Aber sie reagierte nicht.

Körperlich wirkte sie kräftig und gesund. Und auch ihre Kleidung war im Gegensatz zu den meisten hier sehr sauber und gepflegt. Sie war noch nicht lange hier und kein Hippie.

Ich hätte zu gerne gewußt, welche Lebensgeschichte sie in diese traurige Lage gebracht hatte. Enttäuschte Liebe? Sehnsucht nach Abenteuer? Der Protest gegen die strenge katholische Erziehung? Wahrscheinlich alles zusammen. Wir hatten keinen Einblick in ihre entrückte Welt.

Trotzdem, die ominöse Begegnung mit dieser Frau war uns irgendwie unheimlich. Die dreißig finsteren Meter bis zum Klohäuschen hinter dem Haus erschienen uns jetzt absolut undenkbar. Hand in Hand wie zwei kleine Schulmädchen wagten wir uns nur wenige Schritte um die Ecke und beeilten uns wie noch nie. Als wir zurückkehrten, stand die weiße Frau immer noch dort, wo sie zuletzt stehengeblieben war und himmelte die mittlere Säule der Veranda an.

Wir huschten in unser Zimmer und sperrten zu. Unser Kriegsberichterstatter wälzte sich im Schlaf unruhig hin und her. »Wahrscheinlich träumt er schlecht!« kicherte ich, aber Big Chapati war noch nicht zum Spaßen aufgelegt. Mit Unbehagen gingen wir schließlich zu Bett.

Unsere allererste Tat am nächsten Morgen war ein vorsichtiger Blick hinaus. Sie war weg! Später, beim Essen vor einer Strandbude, entdeckten wir sie wieder. Sie hatte sich zwischen zwei Tische postiert und unterhielt sich gestenreich mit der Luft. Dabei gab sie keinen Laut von sich. Weder erkannte sie uns noch schien sie alles andere rundherum zu registrieren.

Es ergab sich keine Gelegenheit mehr, sie nach ihrem undurchschaubaren Zustand zu befragen, denn bis zu unserer Abreise am darauffolgenden Vormittag fand keine nüchterne Begegnung mit ihr statt.

In Mapusa mußten wir umsteigen. Das Vergnügen, in der legendären 'Hanumans Ice-Bar' sämtliche vorrätigen Milkshakes zu probieren, ließ sich kein Traveller entgehen. Beherrschungslos tranken wir uns durch die verführerische Liste. Coffee-Shake, Chikku-Lassi, Chocolate-Milkshake, Passionfruit-Lassi! Anschließend fuhren wir nach Arambol. Das abgelegene Fischerdorf war damals ein echter Geheimtip unter Goas Stränden Jahre zuvor hatte ich noch eine Zeit erlebt, da jeder, der dorthin wollte, lieber einen zwölf Kilometer langen Fußmarsch auf sich nahm, als auf den unpünktlichen, überfüllten Bus zu warten.

Mit etwa einem Liter cremiger Eis-Shakes im Bauch hockten wir in dem überfüllten Bus, eingequetscht zwischen schnatternden Hühnern, Truthähnen und keifenden Marktfrauen. Der Motor war so laut, daß Brüllen die einzige Chance war, wollte man während der Fahrt seinem Nachbarn etwas sagen. Die Passagiere schien das nicht zu stören.

Der Bus hielt in jedem Dorf. Wir wußten nicht, wie uns geschah. Jedesmal gerieten die Dorfbewohner außer Rand und Band, wenn er heulend einfuhr. Schreiend stürzten sie sich auf ihn und droschen kreischend auf die Seitenwände ein, bis er wieder losfuhr.

»Sind die Inder jetzt auch schon alle übergeschnappt?« empörte sich Big Chapati, und weil sie günstig saß, streckte sie neugierig ihren Kopf zum Fenster hinaus. Genau in diesem Augenblick wollte es der Zufall, daß eine Riesenladung blaues Pulver hochschoß und sie in eine Staubwolke hüllte. Erschrocken zog sie ihren Kopf zurück. Gesicht und Haare mit Farbpulver eingestäubt, sah sie aus wie ein blaues Gespenst, das Augen und Mund aufgerissen hatte. Wer sie sah, brach ungehemmt in Gelächter aus. Der Spaß war ansteckend, polterte durch den ganzen Bus. Jedes Fenster wurde nun zur Zielscheibe, und in wilder Reihenfolge flog buntes Pulver herein. Die Insassen juchzten und schrien, warfen zurück, was sie einfangen konnten, und noch größere Ladungen trafen den Bus. Als er weiterfuhr, fingen sie an, sich gegenseitig mit dem Farbpulver zu bewerfen, lachten und grölten und freuten sich ihres Lebens. Das war zweifelsohne die indische Version von 'Einer flog über das Kuckucksnest'!

An jeder Station geschah das gleiche. Durchgedrehte Dorfbewohner von ungewöhnlicher Hautfarbe in grün, blau, rot, violett und pink fielen mit barbarischem Geschrei über den Klapperbus her, begruben ihn unter Pulverkaskaden und trommelten mit ihren Fäusten ekstatische Rhythmen und neue Beulen auf die Flanken.

Die Blechkarre hielt erstaunlich viel aus. Jeden Moment erwartete ich den totalen Kollaps. Aber weder Menschen noch Bus ließen irgendwelche Schwächen aufkommen. So wie er innen und außen zugerichtet war, hatte er in seinem Busleben sicherlich einiges dieser Art mitgemacht. Einem indischen Bus durfte solcher Tumult nichts anhaben, sonst war er eben untauglich für dieses Land! Seine Funktion als Transportmittel schien eine unwesentliche Begleiterscheinung darzustellen neben den Hauptfunktionen als Trommel, Partyraum, Ort zum Schlafen und Essen, Treffpunkt und Stätte der freien Entfaltung... und nicht zuletzt als Spielzeug der Busfahrer! Möglich, daß kein Busfahrer der Welt seine Rennfahrerträume so innig ausleben kann wie ein indischer Busfahrer.

Mit Vollgas preschte er durch die Abendrotkokosnußpalmenlandschaft der nächsten Dorffeier entgegen. Die Karosserie schaukelte, als seien wir in hohen Seegang geraten. Unbeirrt donnerte der Bus über die Schlaglöcher und lag quietschend in den Kurven. Keiner der ausgelassenen Passagiere dieser verrückten Fahrt war imstande, uns vernünftig zu erklären, was es mit dem Farbspektakel auf sich hatte. Andauernd deuteten sie auf das Pulver, das inzwischen alle und alles kunterbunt eingefärbt hatte, und kicherten: »Powder! Powder only!« Nur Pulver! Als hätten wir das nicht selbst registriert.

In schrillen Farbtönen von oben bis unten eingepudert, erreichten wir Arambol. Es war bereits dunkel. Straßenbeleuchtung gab es keine. Die Hauptstraße, nicht mehr als eine holprige Sandpiste, war etwa ab der Mitte der weitläufigen, kleinen Siedlung nicht mehr befahrbar und verlor sich in vielen schmalen Pfaden.

Ein Fischerjunge nahm uns überfreundlich in Empfang, als habe er uns sehnsüchtig erwartet. »Room? Nice room!« rief er uns zu, während wir, vom Gedränge im Bus fest eingekeilt, ins Freie geschoben wurden. Ohne unsere Einwilligung abzuwarten, schnappte er sich flink eines der Gepäckstücke und marschierte los. Er hatte gewonnen. Ob es weit sei, wollten wir wissen, denn wohin wir auch blickten, überall war es stockfinster. »No, no!« lachte er. Unterwegs beschäftigten wir ihn mit unserer Frage, warum seine Landsleute an bestimmten Tagen des Jahres mit Farbpulver um sich warfen. Er redete eifrig auf uns ein, doch 'powder only' und 'festival' war alles, was wir aus seinem indischen Fischer-Englisch heraushören konnten.

Beim Haus seines Vaters angekommen, führte er uns mit einer qualmenden Kerosinfunzel in das Zimmer, ein karges Lehmhüttenkämmerchen mit minimaler Einrichtung. Es war leer, bis auf einen alten, abgewetzten Palmstamm, der in der Mitte des Raumes lag und offensichtlich als Sitzgelegenheit diente.

»Wo sind die Betten?« erkundigten wir uns und folgten entgeistert
dem Flackern der Funzel in die düsteren Ecken. Artig stellte sich
der Fischerjunge vor uns hin und gab wohlmeinend seine Antwort
zum Besten: »Fifteen Rupees! One five!« Gleichzeitig trat ein grin-
sender Greis im Lendenschurz ein und ließ drei Bastmatten zu
unseren Füßen gleiten. Es war nicht Entrüstung, was ich den farb-
verschmierten Gesichtern meiner beiden Reisebegleiter ablesen
konnte, sondern pures Unverständnis. »Toilet? Bathroom?
Shower?« Big Chapati verhandelte mit einer Selbstsicherheit, als
verfüge dieses finstere Kaff über -zig Übernachtungsmöglichkeiten.
Man möge ihr doch zuerst Bad und Toilette zeigen, beharrte sie,
bevor sie in den Preis einwillige!

Von Vorahnungen beschlichen, schwante mir Übles. Für sie war es
das erste Mal, ich hingegen hatte Unterkünfte dieser Kategorie zur
Genüge kennengelernt. Ich erinnerte mich nur zu gut an meinen
eigenen Widerstand. Am Anfang war es immer am schlimmsten,
bis die ersten Nächte einigermaßen überstanden waren, der ver-
wöhnte Körper allmählich nachgab und sich den Umständen an-
paßte. Dann aber wurde alles leichter.

Die Inder können sich nicht vorstellen, womit sich ein ausländischer Gast aus dem fortschrittlichen Westen plagen muß. Ohne
Aufhebens legen sie sich hin und bedürfen keines Aufwands, um
schlafen zu können. Bei ihnen trifft der Satz noch zu, den wir so
leichtfertig benutzen: auf der Stelle einschlafen! Da mögen Moskitos und allerlei Stechzeug durch die Nacht schwärmen, die Inder
kennen keine Störung. Der blanke Boden als Unterlage darf hart
und unbequem, voll pieksendem Sand und spitzer Steine sein, rundum Schmutz, Gestank und Lärm, keine Frage, daß sie trotz allem
auf einen gesegneten Schlaf nicht zu verzichten brauchen. Welchen Zirkus wir, die modernen Menschen, da veranstalten!

Wie viele endlose Nächte war ich von Neid erfüllt gegenüber den
Fähigkeiten der indischen Bevölkerung schlaflos umhergeistert,
von juckenden Stichen gepeinigt und hoffnungslos der Schwüle
ausgesetzt, und hatte dem rettenden Morgen entgegengelechzt?
Das einfache Leben ist eine harte Schule für den Verweichlichten!
Aber da gab es eine Lösung. Hatte ich die Strapazen erst einmal

gemeistert, war also bereit, die unabänderlichen Verhältnisse hinzunehmen, daß es trotz der stehenden Hitze und meiner persönlichen Bedürfnisse weder fließendes Wasser noch ein Klo noch einen Ventilator gab, dann wartete die große Belohnung auf mich. Es war die erlösende Freiheit, nichts mehr von alledem zu vermissen, was eben noch als Bedingung für mein Wohlbefinden gezählt hatte. Ich empfand es wie eine Initiation. Das Paradies bekommt man nicht umsonst!

Leider hielt die neugewonnene Abhärtung nicht unbegrenzt lange vor. Zu Hause in Deutschland gewöhnte sich mein Körper schnell an die Annehmlichkeiten und wurde vergeßlich. Prompt fiel ich in meine alten Ansprüche zurück. Wieder in Indien war es von neuem eine Tortur für mich, und obwohl in der Vergangenheit längst bestanden, mußte ich die Prüfung wieder und wieder absolvieren. Danach fühlte ich mich, als wäre ich in ein anderes Leben geschlüpft, als hätte ich nie etwas anderes getan. Ich schlief im Stehen, in der Hocke, im Sitzen, auf jedem Boden, sogar inmitten des Umtriebes auf Flughäfen, Bahnhöfen und Tempelfesten, ich konnte getrost auf Ventilatoren verzichten, die Hitze und Moskitos vertrieben hätten, ich fand Gefallen daran, zusammen mit den Frauen am Fluß zu baden, und es störte mich auch nicht mehr, daß ich mich vor aller Augen, und deshalb immer mit einem Tuch bekleidet, waschen mußte, so wie es die meisten Inderinnen eben machen. Ich reagierte mit Gleichmut, wenn ein wurstartiges Gebilde von unverkennbarer Farbe und Herkunft unweit von mir entfernt im Flußwasser vorbeischaukelte, während ich gerade mit Zähneputzen beschäftigt war. Ohne Abscheu konnte ich einen Schluck von diesem Flußwasser in den Mund nehmen und damit gurgeln, und ich benötigte keinen herbeigedachten Fakir mehr zur Immunstärkung.

Stand der Gang zur nicht vorhandenen Toilette an, schnappte ich mir den dicken Holzprügel, der eigens zu diesem Zweck für jedermann vor der Hütte lag, und begab mich auf die Suche nach einem stillen Örtchen. Und das ist gerade in Indien eines der schwierigsten Unterfangen. Abseits der überbevölkerten Städte läßt man sich angesichts von Strand, Palmen, Gestrüpp und Dschungel allzu gerne dazu verleiten anzunehmen, dies sei ein einsamer Fischerstrand. Bisweilen zerrt es ziemlich an den Nerven, daß man praktisch nie alleine ist. Die erfolgreiche Ausführung eines dringlichen Vorhabens in freier Natur hängt daher von der Geschicklichkeit ab, so lange wie möglich unauffällig zu bleiben. Beim Herumspazieren mit dem Holzprügel vermied ich es deshalb, meine Absicht offenkundig zu zeigen. Hatte ich ein Plätzchen entdeckt, das mir für meinen Zweck einsam genug erschien, hockte ich mich schnell nieder, den bewährten Stock fest im Griff. Von da an besaß ich keine Täuschungsmöglichkeiten mehr. Der Geruch war unvermeidlich und verräterisch! Jetzt mußte ich mich sputen. Schon nach wenigen Sekunden hörte ich es deutlich hinter meinem Rücken. Grunz... grunz-grunz! Die Schweine waren im Anmarsch. Da ich längst nicht fertig war, konnte ich auch nicht aufstehen, aber ich war vorbereitet, schwang die Keule und holte aus...

Indische Schweine sind sozusagen die Putzkolonne der Arme-Leute-Toiletten. Heißhungrig stürzen sie sich auf alles, was stinkt. Leidtragende Traveller hatten hinsichtlich dieser Verhältnisse bereits allerlei Maßnahmen getroffen und viel ausprobiert. Sie versäumten keine Gelegenheit, sich untereinander auszutauschen, und gelangten dann zu dem immer gleichen Schluß: Das Problem war mit rein mechanischen Mitteln nicht zu lösen! Es half reichlich wenig, als Klügerer nachzugeben und ein wenig zur Seite zu rücken. Der Holzknüppel ist pausenlos in Bewegung, sonst wird man buchstäblich über den Haufen gerannt. Will man zu einem ertragreichen Ende kommen, muß man sich steinzeitlicher Akrobatik besinnen, das ist eine Erfahrung wert.

Und was passiert dann? Man gewöhnt sich daran und freundet sich mit dem komischen Abenteuer an, weil es einen zum Lachen bringt.

Wir kamen nicht umhin, unsere erste harte Nacht in Arambol tapfer durchzustehen. Das Gesicht, der ganze Körper und die Kleidung bis zur Unkenntlichkeit mit Farbpulver vollgeschmiert, mußten wir ungewaschen schlafen gehen. Es gab weder Strom- noch Wasseranschluß. Der Brunnen stand, weiß Gott wo, draußen im

Dunkeln versteckt, und ein Bad oder eine Toilette existierte überhaupt nicht. In dem Zustand war das Dasein nicht mehr lustig!

Für mich war diese Nacht zwar genauso lang und unerträglich wie für die anderen beiden, doch in einem Punkt hatte ich einen entscheidenden Vorsprung: die Erkenntnis, daß es täglich besser werden würde, in der zweiten Nacht, in der dritten, in der vierten...

Was die heikle Beschaffenheit der Toilettengänge betraf, so begann ich gleich am nächsten Morgen mit dem entsprechenden Aufklärungsunterricht. Ich hatte es nämlich des öfteren erlebt, daß die Schweine-Geschichte von ahnungslosen Neuankömmlingen nicht gebührend ernstgenommen wurde, und dann, zu eigenen Erfahrungen gezwungen, rannten sie hysterisch umher und waren völlig fassungslos, weil die Geschichte tatsächlich stimmte.

Diesmal wollte ich besonders gründlich sein. Die Fischersfamilie, bei der wir wohnten, hatte in fortschrittlicher Absicht etwa fünfzehn Meter vom Haus entfernt drei aufrecht stehende Palmwedel als Toilette in die Erde gerammt. Das brachte so gut wie keinerlei Vorteile und war in jeder Hinsicht ein ungenügender Schutz. Außerdem hätten die Dorfbewohner alles mitansehen können! Es war ratsam, lieber gleich in der Pampas sein Glück zu versuchen.

Die kleinlaute Verfassung unseres englischen Kriegsberichterstatters bereitete mir ein wenig Sorge. In Gedanken sah ich ihn bereits mit der Keule in einem Busch durchdrehen.

»Am besten immer auf einen Fluchtweg achten!« referierte ich. »Niemals zu tief irgendwo hineinkriechen, sonst...«

Eher beiläufig nahm Simon meine guten Ratschläge zur Kenntnis und behauptete, daß es für ihn kein Problem sei. Auch Big Chapati betrachtete die Sache völlig locker und marschierte als erste von uns dreien mit dem Holzknüppel in der Hand mutig los. Kichernd rief sie uns zu: »Ich muß mal...zu den Schweinen gehen!«

Beunruhigend lange blieb sie weg und kehrte ganz außer Atem von ihrem Ausflug zurück. Den ständig wechselnden Ausdruck von Schrecken und Lachen im Gesicht, stand sie dann vor uns und berichtete aufgeregt und samt dem Aufgebot ihrer gewitzten Redekunst von ihrem erstmaligen Erlebnis mit der indischen Freiluft-Toilette. Ich genoß den Auftritt und lachte Tränen, während

Simon in desinteressierter Pose auf der Schwelle kauerte und stumm vor sich hin glotzte.

Wir zwei Chapatis hatten von nun an unseren täglichen Spaß damit, uns jedesmal übermütig wie Max und Moritz über den Kampf mit den Schweinen auszutauschen.

Simon jedoch blieb gnadenlos schweigsam, was diese Angelegenheit betraf. Unsere Abreise aus Arambol bewirkte einen spontanen Stimmungswechsel in ihm. Seine Freude, diesen rückständigen Ort endlich zu verlassen, war ihm deutlich anzumerken.

Das nächste Dorf lag nur wenige Kilometer südlich von Arambol. Es war fortschrittlicher, und daher gab es manche Annehmlichkeiten. Fast jedes Häuschen hatte einen eigenen Brunnen, der zusätzlich mit einer mannshohen Mauer in U-Form und ohne Dach versehen war. Dieser schlichte Anbau war das sogenannte Badezimmer. Dort konnte man sich ohne Publikum waschen, und es gab eine Blechtür, die sich, mit einer Schnur um einen Nagel gewikkelt, sogar schließen ließ. Toiletten hatten sie auch. Im Abseits der Wohnhütten standen kleine Holzverschläge. Sie waren auf Pfählen errichtet und über zwei Bretterstufen zu betreten.

Überall tummelten sich die Schweine zu Füßen der Kokospalmen. »Was sie jetzt wohl zu fressen kriegen, wo es richtige Toiletten gibt...?« überlegte Big Chapati laut vor sich hin, als wir bei unserem ersten Erkundungsstreifzug durch das Dorf schlenderten. In meine eigenen Gedanken versunken, antwortete ich automatisch: »Natürlich das gleiche!«

»Was?« stieß sie entrüstet aus und deutete auf die zwei Bretterstufen des Toilettenhäuschens, das wir gerade passiert hatten. »Und wie sollen sie über diese zwei Stufen gelangen?«

Ich klärte sie auf und übertrieb extra ein bißchen, damit sie sich hinterher nicht wieder wunderte. Der Pfahlbau dieser Toilettenhäuschen hatte nämlich einen Zweck. Der Boden darunter, wohin ja alles plumpste, war für die Dorfschweine frei zugänglich. Sie konnten dort bequem liegen, bis ihnen etwas auf die Schnauze klatschte. Das war die simple Konstruktion eines echten Plumpsklos inklusive Entsorgung!

Trotz meiner gründlichen Erklärung der 'Indian-village-toilet' stiftete die anschließende Praxis der Benutzung ähnliche Verwirrung wie zuvor die Freiluft-Toilette in Arambol. Wir hatten alle drei unseren Spaß, und während wir die Lachtränen aus unseren Augen wischten, humpelte zufällig der alte 'House-Owner' um die Ecke. Mit einem seltsamen Grinsen in seinem Runzelgesicht schlurfte er bedächtig an uns vorüber. Er sah uns dabei wie lustige Schelme an, und seine Augen funkelten spitzbübisch und zugleich allwissend. Verunsichert grinsten wir zurück und schauten ihm schweigend hinterher.

In Cochin, Kerala, sollten sich unsere Wege trennen. Wir bewohnten ein düsteres Drei-Bett-Zimmer des Elite-Hotels, einem zweistöckigen Oldtimer aus portugiesischer Vergangenheit mit knarzender Veranda mitten in einem alten Fort. Der Besitzer betrieb im Erdgeschoß ein einfaches Eßlokal. Außerdem hatte er zwei unverheiratete Söhne, die westlichen Einflüssen nicht abgeneigt waren. Wann immer sich die Möglichkeit bot, suchten sie die Gesellschaft der wenigen ausländischen Gäste, und jeden Abend fand im Vorraum des ersten Stocks ein heiteres Sit-in statt.
Für Big Chapati und mich war Fort Cochin der Inbegriff romantisierter Kolonialzeit, saubere, enge Gassen und schmucke Häuschen im Stile umständlicher Baukultur. Die exotische Mischung von alter europäischer Architektur inmitten der satten Kulisse von sich im Tropenwind wiegenden Kokospalmen verdrehte uns im Nu die jungen Köpfe und fütterte sie mit einfältigen Vorstellungen paradiesischen Daseins. Hitzköpfig sponnen wir an unserer Zukunft. Hier wollten wir uns niederlassen und leben! Und wie konnte es anders sein: Big Chapati als Deutsch- und Englischlehrerin und ich als Schneiderin. Simon konnte sich für solche späten Teenagerträume nicht begeistern, ihn zog es weiter in den Süden.
Dreh- und Angelpunkt unserer Träumereien war das Wohnen in einem der schnuckeligen Häuschen. Auf unseren ausgedehnten Streifzügen entdeckten wir an jeder Ecke eines, das wir enthusiastisch ins Herz schlossen. Jedesmal blieben wir davor stehen und malten uns lebhaft aus, wie wir es verschönern würden, wenn es

uns gehörte, welche Farbe am besten zur Fassade paßte, wie wir den Garten anlegten, welche Bäume wir pflanzten.

Es war März, die heißeste Jahreszeit in Kerala hatte begonnen. Seit November war kein Regen mehr gefallen. Die Gärten sahen verkümmert aus, der Boden war sonnenverbrannt und gebleicht, kaum ein grünes Blättchen hing an den mageren Sträuchern. Zusammen mit den abbröckelnden Fassaden mancher Schnuckelhäuschen machte das einen recht heruntergekommenen Eindruck, was aber unseren Pioniergeist noch mehr ansporne. Wir waren vernarrt in das alte Cochin. Seine Geschichte las sich wie ein spannender Roman. Die letzten zweitausend Jahre war hier und in der Umgebung ziemlich viel los gewesen! In dem nur fünfunddreißig Kilometer entfernten Cranganore soll im ersten Jahrhundert von den Römern ein Augustustempel und von dem Apostel Thomas die erste Kirche Indiens errichtet worden sein. Es wird sogar angenommen, das Christentum sei im vierten oder fünften Jahrhundert auf dem Landweg über Persien nach Indien gelangt. Die ersten Juden sollen mit König Salomons Schiffen hier angelegt haben, um Handel zu treiben und jüdische Gemeinden auf indischem Boden zu gründen. Abwechselnd eroberten Portugiesen, Briten und Holländer Cochin. Händler vom Hofe des Kublai Khan führten die monströsen Fischernetze ein, die noch heute in Betrieb sind, Marco Polo bereiste dieses Gebiet, Albuquerque baute ein Fort, Vasco da Gama gründete eine Handelsniederlassung und starb hier…

Die legendären Namen klangen aufregend in unseren Ohren. Vom Altertum umweht, schlenderten wir durch die Gassen und durchstreiften die entlegensten Winkel. Bald hatten wir die Stände und Lokale ausfindig gemacht, wo Kopi und Jaia, Kuchen, Milkshakes und Fruchtsäfte, Curries, Parothas und Chapatis am besten schmeckten, und waren mit sämtlichen Lungi- und Sarigeschäften bekannt. Den Sonnenuntergang verbrachten wir am Ufer. Von dort hatten wir einen weiten Blick über das Arabische Meer. Es war ein spektakuläres Schauspiel. Die Sonne sank als glühender Feuerball hinter den Horizont, ihr versiegendes Licht tauchte den Himmel in schreiendes Orange, und im Vordergrund schwebten die gigantischen, altertümlichen Fischfanggeräte wie unwirkliche Scherenschnitte langsam auf und ab. Manchmal luden uns die Fischer auf die behäbige Holzkonstruktion zu einer indischen Brotzeit ein. Das war ein Sprung in biblische Zeiten, dort oben zu sitzen und mit den Fischern bei einem Krug Wasser Chapati und Trockenfisch zu teilen!

Mit den Besitzern der Stoffgeschäfte hatten wir auch schon Kontakt geknüpft. Standen sie gerade nicht vor ihren kleinen Lädchen, sprangen sie winkend heraus, um uns hereinzulocken, sobald sie uns erspähten. Obwohl wir bestimmt keinen reichen Eindruck machten, wollten sie sich die seltene Gelegenheit nicht entgehen lassen, mit uns, den zwei Ausländerinnen, ins Geschäft zu kommen. Hatten wir ihr Imperium erst einmal betreten, taten sie alles, um uns möglichst lange zu halten. Ihre penetrante Verkaufsstrategie war zwar gewöhnungsbedürftig, aber dann ein Höllenspaß. Sie hofierten und schmeichelten uns mit kindlichem Charme und gaben uns das Gefühl, sie hegten keinen anderen Wunsch, als uns zu verwöhnen.

Unsere Shopping-Touren entwickelten sich zu einem höchst amüsanten Unternehmen. Die weiß bezogenen Matratzen der Ladenfläche erinnerten beim ersten Anblick an eine Schlafstätte. Es ließ sich außerordentlich bequem dort sitzen. Jedes Stoffgeschäft sah so aus. Niemals trat man mit Schuhen ein. Man streifte sie auf den kleinen Treppchen davor ab und ließ sie einfach da liegen.

So ein Shop war wie ein offenes Schaufenster. Die Passanten konnten davor stehenbleiben und hineinschauen. Zwei blonde Ausländerinnen inmitten von bunten Stoffbergen sahen sie nicht alle Tage, da blieben viele stehen.

Abends diskutierten wir über Unsinn und Zweck einer indischen Verkaufsausbildung. Weil es den Verkäufern anscheinend so beigebracht worden war, zogen sie alles wahllos aus ihren fein säuberlich einsortierten Regalen und Schränkchen, ob der Kunde danach verlangte oder nicht. So schnell konnte man gar nicht »Stop!« schreien, wie sie das nächste Regal leergeräumt hatten. Demnach muß ihnen eine aberwitzige Formel eingetrichtert worden sein: Maximum-Stoffmenge mal Minimum-Zeit ist gleich Umsatz!

Big Chapati und ich konnten an nichts Gefallen finden, was die Stoffverkäufer so üppig vor uns ausbreiteten. Die unsensible Auswahl der Stoffe grenzte an Komik! Ihr Übereifer war durch keinerlei Einwände zu stoppen, und es gelang uns nicht, durch Deuten und eigenhändiges Eingreifen selbst zu bestimmen, was wir sehen wollten und was nicht. Ziemlich wirkungslos setzten wir ihnen unsere westliche Käuferstrategie entgegen. Ohne unser Einverständnis entfalteten die Verkäufer fünf weitere Meter von einem Stoff, den wir geschmacklos fanden. Sie schienen es zu genießen wie ein Fest. Das Publikum auf der Straße vervielfältigte sich in rasender Geschwindigkeit, und im Nu hatte sich eine Menschentraube angesammelt, die uns lachend umringte, als spielten wir ihnen ein spannendes Theaterstück vor. Es herrschte eine ausgelassene Stimmung.

Aber die Stoffverkäufer lernten auch dazu. Sie änderten ihre Taktik, und um uns etwas zu verkaufen, gingen sie nun untertänigst auf uns ein. Oftmals genügte nur ein winziger Blick von uns, und der Umkreis des angepeilten Fachs wurde vollständig kahlgefegt. »Nein! Nicht hier... dort!« Lauthals kamen wir ihnen zu Hilfe, aber die Verkäuferhände griffen grundsätzlich zuerst daneben. Nach kürzester Zeit sah der Laden aus wie ein buntstoffliches Schlachtfeld. Ihr Verlangen, uns alles zeigen zu wollen, war unersättlich. Sie scheuten weder Mühe noch Aufwand, und versuchten wir zu verhindern, daß sie jeden einzelnen Sari auseinanderfalteten, lachten sie uns aus. Ich malte mir aus, wie lange sie brauchten, dieses Stoffchaos wieder zusammenzufalten und einzuräumen, und wollte ihren Eifer bremsen. Aber meine Anteilnahme ließ sie unberührt. »No problem!« sangen sie und drapierten Big Chapati ungefragt ein grell gestreiftes Goldborten-Modell um, während sie einen antiken Handspiegel hervorkramten, damit sich Big Chapati selbst davon überzeugen konnte. Wir lachten. Die Spiegelfläche war blind und voller Schimmelflecken! Und außerdem so klein, daß man darin allenfalls einen Ohrring oder eine Kette am Hals begutachten konnte.

Big Chapati brauchte keinen Spiegel, ihr gefiel der umgewickelte Sari nicht. Sie stellte sich etwas Schlichteres vor, mit kleinen Blümchen. »Flowers? No problem!« war der prompte Kommentar der Verkäufer.

Offenbar war es tatsächlich kein Problem für sie. Egal wieviel Unordnung unser Besuch verursachte, sie ließen sich nicht aus der Ruhe bringen. Daß die Kunden ihren Laden auf den Kopf stellten und am Ende lediglich einen Lungi kauften, schien für sie ebenso normal zu sein wie das anschließende Feilschen um den Preis. Ohne Einwände den 'first price' bezahlen? Das war unüblich und im Grunde ziemlich langweilig. Jeder wollte seinen Spaß haben! Dabei gab es gewisse Regeln, und manchmal hatte es den Anschein, der Unterhaltungswert würde an einer unsichtbaren Punktzahl gemessen. Daß besonders viel gelacht werden sollte, verstand sich von selbst. Humor war gefragt und Schlagfertigkeit und die Kunst des Bluffens wie beim Pokern, das wollte geübt sein. Es war ein Spiel, hinter dem sich ein ernster Wettstreit verbarg. Jede Partei hatte nämlich ihre Tricks im Kampf um den eigenen Vorteil. Auf diese Weise lernten wir das Feilschen. Trotz unseres spärlichen Einkaufs war es ein Vergnügen für alle Beteiligten. Die Umstehenden freilich konnten die Freude der Ladenbesitzer auch mißverstehen und glauben, man hätte mit uns das Geschäft des Lebens gemacht und uns kräftig abgezockt!

Im nächsten Stoffladen ging es nicht anders her. Wir verursachten große Unordnung und ebensolche Hochstimmung. Es machte mich stutzig, wie wenig trotz aller anfänglicher Geldgier letztlich doch gerechnet wurde. Bei dem geringen Umsatz und dem immensen Aufwand, den unser Besuch zur Folge hatte, war der niedrige Stundenlohn rekordverdächtig. Aber solcherart Kalkulationen sind in Indien generell nicht anwendbar.

Zu guter Letzt fand Big Chapati ihr lang gesuchtes zartblasses Blümchenmodell. Sie setzte sich in den Kopf, den neuen Sari unbedingt zu tragen. Ob ich denn wisse, wie man so ein Fünfmetertuch wickelte, fragte sie mich. Na klar wußte ich das! Ich hatte ja inzwischen genügend Erfahrungen gesammelt.

In den verschiedenen indischen Staaten wurde nicht nur anders gesprochen und geschrieben, sondern auch in mannigfaltigen Variationen gewickelt. Neugierig wie ich war, interessierte mich jede

Wickeltechnik, was bisweilen in einen regelrechten Wickelstreß ausartete. In komplizierte und zeitraubende Wickelübungen verwickelt, brachte ich etliche Stunden vor dem Spiegel zu, um das lange Stück Stoff auf meinem Körper unterzubringen. Manchmal mußte ich eigens zu diesem Zweck gefährliche Tisch- und Stuhltürme bauen, weil das Hotelzimmer nach den idiotischsten Kriterien eingerichtet war. Der Spiegel über dem Waschbecken, zumeist mit braunen rostigen Flecken übersät und winzig klein, hing nicht selten an jener bevorzugten Stelle der Wand, wo das Hineinschauen wegen seiner Höhe besonders beschwerlich war. Und ausgerechnet dann machte es die hervorstehende Bettkante unmöglich, einen Stuhl davor aufzustellen.

In Sachen Hausbau und Einrichtung, so scheint es leider, lernen die Inder nicht dazu, sondern bauen stetig ab, je moderner sie werden. Angesichts manch einer ihrer neuen Kreationen denkt man unwillkürlich an Donald Duck und weiß erst nicht warum. Doch plötzlich ist die Verbindung da: Ihre Vorlagen entstammen den Comics! Gab es da nicht diese extravagante Daniel-Düsentrieb-Villa? Deren Ableger sieht man heute in Indien überall dort, wo die Verantwortlichen besonders fortschrittlich sein wollten!

Vielleicht erklärt das die sinnlose Anordnung von Mauervorsprüngen, Ecken und Nischen in den Hotelzimmern, und warum halbblinde Miniaturspiegel an den undenkbarsten Stellen hängen und weder Zierde noch von Nutzen sind.

Ich war erfinderisch. Damit ich meine Wickelergebnisse in dem viel zu hoch angebrachten Spiegel betrachten konnte, stellte ich jedes noch so verbaute Hotelzimmer um und erkletterte wagemutig meine Tisch- und Stuhlkonstruktionen.

Apropos Tisch- und Stuhlkonstruktionen! Im 'Arulakam' in Trivandrum hatte ich in den vergangenen Jahren nicht nur gerne gegessen, sondern auch des öfteren gewohnt. Einmal hatte ich das Pech, daß ausgerechnet in der schwülsten Jahreszeit der Deckenventilator meines Zimmers seine Funktion aufgab. Also benachrichtigte ich die Rezeption, die mir daraufhin den etwas ältlichen Boy heraufschickte, der mir sonst Jaia oder Kopi aufs Zimmer brachte. Stirnrunzelnd musterte er den Störenfried an der Decke und fing an zu grinsen. Der Ventilator hing verdammt hoch und zudem direkt über dem Doppelbett. Als er auf dem Bett stand, fehlte immer noch über ein Meter, um mit den Fingern die Flügelblätter berühren zu können.

Gemeinsam berieten wir, was man tun könne. Ob sie im Hotel denn keine Leiter besäßen, fragte ich ihn. Nein, eine Leiter sei nirgendwo aufzutreiben! Die einzige Möglichkeit sei, Tisch und Stuhl auf das Bett zu stellen. Gesagt, getan. Tapfer bestieg er dann das wackelige Gerüst und balancierte mit todesmutigem Willen oben auf dem Stuhl, während ich die Tischbeine festhielt, die sich tief in die Matratze bohrten. Damit war ich den restlichen Tag eingespannt. Natürlich sei er kein Elektriker lachte er von oben herunter. Vorsichtig klopfte er den Ventilator ab, und alles, was seine laienhafte Untersuchung zur Folge hatte, war das gelegentliche Herabschneien von Staubknöllchen. Ob es denn keinen Ventilator-Fachmann gäbe, fragte ich schweißgebadet. Natürlich hätten sie jemanden, der für die Reparaturen der Ventilatoren im 'Arulakam' zuständig sei, erklärte er, aber momentan befände der sich gerade auf einem Familienfest. Morgen soll er zurückkommen? Jeder hier wußte, daß das in Indien ein relativer Zeitbegriff war. Der Boy tat sein Bestes. Einen kichernden Trupp Schraubenzieherträger im Schlepptau und von neuen Ideen beflügelt, kam er mehrmals täglich in mein Zimmer, baute mit meiner Unterstützung den Tisch- und Stuhlturm auf das Bett und bastelte fröhlich weiter. Wenn er Glück hatte und nicht gerade ein 'Current-Cut' alles lahmlegte, brachte er das Gerät für eine Weile notdürftig in Gang. Aber bei etwa einer Umdrehung pro Sekunde, war der Effekt recht erbärmlich.

Ein anderes Mal spielte das Türschloß plötzlich verrückt. Ich konnte es zwar von draußen aufsperren, schloß ich aber von innen ab, ließ es sich später nicht mehr öffnen. Ungläubig kam jener Boy herein und wackelte beschwichtigend mit dem Kopf. Einer hilflosen Frau half er gerne! Kurzerhand schloß er die Tür von innen zu, und beim Versuch, sie wieder zu öffnen, verwandelte sich sein tröstendes Lächeln schlagartig in Verblüffung. Der Schlüssel sperrte!

Erschrocken und zugleich belustigt blickte er mich an. Wir beide, eingesperrt in meinem Zimmer! Das war für alle lustig. Von draußen hörten wir die anderen Boys lachen, die er sicherheitshalber vor der Tür postiert hatte. Ihnen wollte er den Schlüssel geben, damit sie es von außen probieren konnten. Da der Spalt unter der Tür zu schmal war, um den Schlüssel hindurchzuschieben, blieb ihm nichts anderes übrig, als ihn durch das Durchlüftungsfenster zu reichen. Das wiederum befand sich sehr hoch, kurz unter der Zimmerdecke! Wir konnten uns das Lachen nicht verkneifen, die Situation kam uns bekannt vor. Im Nu hatten wir einen Kletterturm aus Tisch und Stuhl an die Wand gebaut, diesmal nicht auf das Bett! Und weil diese Höhe noch nicht ausreichte, mußten wir die Disziplin 'Inder brauchen keine Leiter!' erweitern. Glücklicherweise fand sich im Bad ein Schemel, den stellten wir obendrauf. Den heldenhaften Blick konzentriert nach oben gerichtet, als riskiere er Kopf und Kragen, um uns zu befreien, kletterte er das zirkusreife Kunstwerk aus Tisch und Stuhl und Schemel hinauf. Und ich hielt die Stuhlbeine fest, damit mein Retter nicht stürzte. Aufgeregte Zurufe von draußen begleiteten seinen mutigen Aufstieg und eskalierten in wildes Durcheinanderschreien, als er mit dem Oberkörper in das Durchlüftungsfenster hineinkroch. Dann knisternde Stille. Er warf den Schlüssel hinaus. Voller Spannung lauschten wir, hörten das Klirren von Metall und Stein, daraufhin Schritte. Der Schlüssel wurde von draußen ins Schloß gesteckt und herumgedreht. Die Tür sprang auf. Kindlicher Jubel folgte. Das beeindruckende Klettergerüst aus Tisch und Stuhl und Schemel wurde ehrfürchtig bestaunt, und der Held strahlte im Mittelpunkt eifriger Debatten über die bestandene Tat und die damit verbundenen Gefahren...

Inder brauchen keine Leiter! Und ich brauchte auch keine, wenn ich abends vor dem Spiegel übte, was ich tagsüber an den einheimischen Frauen gesehen hatte. Die Raffinesse der verschiedenen Wickelmethoden kostete mich oft stundenlange Tüftelei. Die Fischersfrauen von Orissa zum Beispiel wickeln den Sari wie eine Pumphose um die Beine. Sie tragen kein Top. Das letzte Stück Stoff wird lose über die Schulter gelegt und bedeckt damit not-

dürftig ihre nackte Brust. Die Fischersfrauen von der Manori Halbinsel hingegen zwirbeln das dünne Ende des Fünfmetertuchs dermaßen stramm zwischen ihren Pobacken hindurch, daß es geradezu verboten aussieht. Ich war ziemlich perplex, als ich ihre aufreizende Rückansicht zum ersten Mal erblickte.
Bedenkenlos ahmte ich alles nach und erntete skeptische Blicke von den Einheimischen. Gelegentlich konnte ich auch mit dem Tempo meiner Reise nicht Schritt halten und trug die falsche Tracht am falschen Ort. Das quittierten sie mit Belustigung.

Die Wickelweise, die sich national durchgesetzt hat und sogar über Indiens Grenzen hinaus allgemein als Sari bekannt ist, interessierte mich am allerwenigsten. Im Gegensatz zu Big Chapati, die sich dafür begeisterte. Trotzdem wußte ich, wie dieser Sari gewickelt wurde. Es war die einfachste Methode, fünf Meter Stoff auf den Körper zu bannen. Dazu wird ein Top getragen, ein hautenges, bauchfreies Oberteil mit kurzen Ärmeln, das die Inderinnen 'Blouse' nennen. Da sie dieses Top stets passend zum Sari maßschneidern lassen, ist es in den Läden nicht erhältlich. Big Chapati mußte sich also zuerst eine 'Blouse' anfertigen lassen, damit sie ihren Blümchensari anziehen konnte. Und weil Blitzaufträge für indische Schneider kein Problem darstellen, war es gar nicht schwer, einen zu finden, der den Eilauftrag in nur wenigen Stunden ausführte.
Die prompte Erledigung ist unumstritten der bestechende Vorteil, wenn man bei einem indischen Schneider nähen läßt. Doch wie eben alles zwei Seiten hat, gibt es auch da einen großen Nachteil! Eine indische Schneiderarbeit sorgt nämlich garantiert für Überraschungen. Schlimmstenfalls verliert man die Beherrschung. Wer meint, das Werk auf Herz und Nieren prüfen zu müssen, bevor er bezahlt, und es allzu penibel untersucht, ist selber schuld.
Neben ihrer schneidertechnischen Inkompetenz verschandeln sie gerne die schönen Stoffe mit dem berühmten Nähmaschinenölfleck. Das ist ihre schlimmste Sünde, und die hatte einst meinen kollegialen Geduldsfaden zum Zerreißen gebracht. Es war mein erster Auftrag beim Singapore Tailor in Trivandrum und zugleich der Beginn einer nun siebzehn Jahre währenden Zusammenarbeit!

Als ich voller Erwartung den indischen Anzug im Punjabi-Stil aus grasfroschgrünem Baumwollstoff abholte, traute ich meinen Augen nicht: überall scheußliche schwarze Flecken auf dem schönen Anzug. Heißblütig beschwerte ich mich, und typisch indisch blieb der alte Singapore Tailor von meinem Geschrei ungerührt. Geradeheraus lächelte er mir in mein grimmiges Gesicht und sagte: »Soap ...soap!« Dazu machte er Reibebewegungen über den Flecken und tat so, als seien sie leichterhand auszuwaschen. Mir ging die Puste aus vor lauter Rage. Nein, ich war nicht zu überzeugen, daß das allein mit Waschen getan sei. Keine Seife der Welt vermochte solche Flecken zu entfernen! Mit der Drohung, nie wieder zu kommen, verließ ich daraufhin wutentbrannt seinen kleinen Schneiderladen.

Ich hielt nicht Wort und nutze seitdem jeden Besuch in Trivandrum, um meine Indiengarderobe von ihm schneidern zu lassen! Natürlich wußte er von Anfang an, daß auch ich Schneiderin bin; das ließ ich ihn bei meiner ersten Reklamation deutlich genug wissen. Heute gibt es immer ein großes Hallo, wenn ich nach längerer Zeit sein Lädchen an der Hauptstraße aufsuche. Obwohl unsere Unterhaltung aufgrund der gegenseitigen Sprachschwierigkeiten ziemlich eingeschränkt ist, findet dennoch ein gewisser kultureller Austausch statt. Freudestrahlend berichtet er von den neuesten familiären Ereignissen, welche seiner sieben Töchter und Söhne inzwischen verheiratet sind und wer Nachwuchs bekommen hat. Nach indischer Sitte verheiratete er seine Kinder in der strengen Reihenfolge ihres Alters.

Er ist ein religiöser Mann, und so sieht er auch aus: weißer Lungi, weißes Hemd, weißes Haar und stets frische Farbpaste auf der Stirn. Mit leuchtenden Augen erzählt er von den Tempelfesten, bei denen er gewesen war. Manchmal überläßt er sein Geschäft den Gehilfen und begibt sich auf eine mehrtägige Pilgerreise. Er schätzt die klassischen Tänze. Daß ich bei Guru Gopinath Kathakali studierte, beeindruckte ihn um so mehr.

Während meines Kathakali-Studiums war ich Dauerkundin bei ihm. Meine regelmäßigen Besuche waren für ihn sicherlich so etwas wie ein Crash-Kurs der Schneiderkunst! Ein indischer Schneider ist lebenslänglich mit nichts anderem beschäftigt als den immer gleichen Modellen. War er von meinen Kleiderwünschen restlos überfordert, stand ich als deutsche Kollegin neben ihm hinter seinem Zuschneidetisch und schnitt unter seinen staunenden Augen meinen Auftrag eigenhändig zu. Von meiner Sachkunde sichtlich angetan, schaute er mir lernbegierig zu und registrierte vergnügt das Aufsehen, das wir erregten. Die Passanten blieben neugierig auf der Straße stehen, und gafften kichernd herein. Kam ich ein Jahr später mit einer ähnlich verflixten Bestellung daher, grinste er wie ein Spitzbub und zog einen Papierschnitt unter seinem Tisch hervor. Ganz gegen die indische Schneidergewohnheit hatte er in weiser Voraussicht von jenem ausgefallenen Teil einen Papierschnitt abgenommen!

Meine letzte Beschwerde liegt eine Ewigkeit zurück. Heute hole ich in bester Laune meine neuen Sachen bei ihm ab, und kein versehentlicher Ölklecks und kein gepfuschtes Knopfloch kann meine Stimmung trüben. Sicherlich bin ich als Kunde geduldiger und toleranter geworden, und er hat als Schneider hinzugelernt! Es verbindet uns eine Art Brüderschaft. Entgegen den üblichen Gepflogenheiten wird niemals um den Preis gefeilscht oder gar um Vorauskasse gebeten. Und obwohl es ihm bestimmt nicht entgangen war, daß ich beim Bezahlen grundsätzlich zum nächsten Hunderter aufrunde, nützt er meine dankbare Geste nicht aus. Es überrascht mich eher, wie unbestechlich seine Bescheidenheit ist. Er verlangt nach wie vor verblüffend wenig für seine Arbeit und bringt mich fast in Verlegenheit, wenn er mit einer ehrlichen Verneigung meine Geldscheine entgegennimmt.

Der Abschluß unseres Handels gipfelt stets in einem Ritual. Zuerst kritzelt er mit geschäftiger Miene die einzelnen Preise auf ein Papierfitzelchen und beginnt murmelnd zu rechnen. Früher schrieb er die errechnete Zahl mit dem Kugelschreiber direkt auf das neue Kleidungsstück! Inzwischen zeigt er Verständnis für meine westliche Penibilität, die ein Inder nicht begreifen kann. Es ist jedesmal spannend, wenn er mit dem Kuli in der Hand nach einer passenden Schreibmöglichkeit auf seinem Tisch herumwühlt und ich befürchte, er wolle in sein altes Laster zurückfallen. Den Saum des

Kleidungsstücks bereits zwischen den Fingern, lächelt er mich an, und ich weiß, daß er sich an meine diesbezüglichen Schimpfkanonaden lebhaft erinnert. Ich schmunzle allwissend zurück und spreche es aus: »Mandan!« Daraufhin lacht die ganze Belegschaft samt ihm, dem Meister.

Was die Nähmaschinenölflecken auf dem grasfroschgrünen Anzug betrifft, deretwegen ich den armen Singapore Tailor bei unserem ersten Zusammentreffen so heftig zusammengestaucht hatte, kann ich mich ehrlich gesagt gar nicht mehr entsinnen, wann sie mich jemals gestört hätten!

Big Chapati war glücklich. Der Schneider in Cochin hatte sein Bestes gegeben. Noch am selben Tag konnte sie ihre 'Blouse' abholen. Sie paßte wie angegossen, und wir fanden keinerlei Spuren von Nähmaschinenöl.

Am nächsten Morgen verließ sie stolz das Hotel und übte stolpernd die passende Handhabung ihres neuen indischen Outfits. Kaum hatten wir gefrühstückt, schlug sie vor, Fahrräder auszuleihen und eine Inseltour zu unternehmen. »Weißt du wieviel so ein indisches Rad wiegt? Und das willst du ständig auf eine andere Fähre heben?!« versuchte ich, ihr die närrische Idee auszureden. Daß ein Sari für Radtouren ziemlich unpraktisch und die Tour zu Fuß weniger anstrengend war, konnte sie nicht davon abbringen. Ich gab mich geschlagen und beugte mich der Unvernunft.

Völlig unverhofft wurde ich schon gleich beim Besteigen der Fahrräder mit dem Anblick der ersten komischen Szene entlohnt. Es gab nur Herrenräder! Umringt von feixenden Gesichtern kletterte Big Chapati in ihrem Blümchensari umständlich über die Querstange. Wenigstens ging es lustig los, dachte ich bei mir und fuhr zuversichtlich hinter ihr her, damit mir ja nichts entging.

Was uns vor Antritt der Inseltour nicht einmal ahnungsweise in den Sinn kam, war die Vorschrift der Schiffahrtsgesellschaft von Cochin, daß Fahrräder ausschließlich auf dem Dach der Fähren transportiert werden durften. Die Bootsdächer waren zwar relativ niedrig, aber, um ein schweres Fahrrad hinaufzuhieven, doch zu hoch. Gezeichnet von den Spuren dieser Anstrengung kämpfte Big Chapati eisern um Haltung. Das lose Endstück ihres Saris flatterte bei jeder sportlichen Bewegung davon und die Faltendrapierung drohte ständig zu verrutschen. Nach mehrmaligem Umsteigen von einer Fähre auf die nächste war sie um zwei Einsichten reicher: Erstens, ein Inselausflug per Fahrrad ist wirklich ein törichter Einfall gewesen, zweitens, die indischen Männer sind Chauvis! Anstatt uns zu helfen, quatschten sie uns permanent an, wenn wir schweißtriefend und keuchend unsere Räder auf die Dächer der Fähren stemmten. Bei der heftigen Schaukelei war es ohne Fahrrad auf den Armen schon nicht leicht, das Gleichgewicht zu halten. Wir waren daher nicht in der Stimmung, mit diesen Drückebergern eine gepflegte Unterhaltung zu führen.

Heute habe ich unweigerlich eine andere Sichtweise. Was nach augenscheinlicher Ignoranz und Mangel an Hilfsbereitschaft aussah, war vielleicht die Kehrseite der unerschütterlichen Gelassenheit der Inder, eine hochkultivierte Toleranz gegenüber den Narreteien der Mitmenschen. Wohl dachten sie, wenn jemand diese fixe Idee hatte, ein Fahrrad auf eine Fähre mitzunehmen, dann war das sicherlich auch sein Wille! Warum also eingreifen und ihm sein Glück nehmen? Spiegelte sich hier nicht im kleinen wider, was den Hinduismus in seiner dreitausendjährigen Geschichte auszeichnete? Im Gegensatz zu anderen Religionen war er nie darum bemüht gewesen, Missionare auszusenden, um 'Ungläubige' zu bekehren und ihnen den Hinduismus aufzuzwingen. Dafür hatte eine kluge Regelung gesorgt: nur durch Geburt kann man ein Hindu werden. Einsichten dieser Art waren uns als Indienanfänger in jener Cochin-Zeit verschlossen. Der westlichen Intoleranz verhaftet, verschleuderten wir unsere Energie, um uns über die landestypischen Gegebenheiten zu ärgern.

Schmollend rangierten wir die gemieteten Gewichte von einem Bootsdach zum nächsten. Die Männer, blind für das, was wir taten, stolzierten eiligst an uns vorbei, sobald sie uns erspähten. Und diejenigen, die vor uns stehenblieben und stereotype Fragen stellten, verrieten mit keinem Zucken, daß sie irgendwo ein schweres Fahrrad sahen. Als wir anfingen, sie geradeheraus auf ihre Faulheit und Ignoranz hin anzusprechen und über ihre Blindheit zu witzeln, wurden sie auch noch taub! Einige konnten sich ein beschämtes Grinsen nicht verkneifen und stoben um so hastiger durch das Gedränge ins Bootsinnere. Wir waren mitten in eine Filmkomödie geraten! Als auch noch die Kette von Big Chapatis Rad heraussprang, war klar, daß wir die Rolle der zwei Doofen verkörperten. Zwischen Komik und Tragik schwankend, standen wir unschlüssig an der Anlegestelle. Daß die Inder die Pflege ihrer Fahrradketten regelrecht übertrieben und sie üppig mit schwarzem Schmieröl vollbatzten, erfuhren wir spätestens jetzt. Sollte Big Chapati in ihrem Blümchensari oder ich in meinem schönen Anzug die herausgesprungene Fahrradkette etwa selbst wieder einlegen? Danach hätten wir ausgesehen wie ein Kaminkehrer nach dem dritten Schornstein!

Big Chapati suchte den nicht abreißenden Strom von Passanten nach einem geeigneten Retter ab. Die Erfolglosigkeit ihres weiblichen Posierens bescherte uns eine weitere Erkenntnis: Wenn wir Hilfe wollten, dann mußten wir dafür auch bezahlen! Schließlich trieben wir einen Jungen auf, der sich grinsend bereit erklärte, für ein paar Rupees zu helfen.

Bis jetzt hatte ich Big Chapatis Blümchensari mindestens hundertmal zurechtgezupft, damit sie den Kleidungsvorschriften in etwa entsprach. Wir schwitzten und keuchten, und dennoch wurde unser Fluchen immer leiser. Die Unbequemlichkeiten hatten uns gezähmt! Eine seltsame Stimmung nahm uns in Besitz. War das ein Traum? Plötzlich bekam unser verrückter Inselausflug eine humoristische Färbung. Wir fingen an, das Drehbuch zu mögen.

»Lady Blümchensari und Kermit, der Frosch, auf indischen Herrenrädern bei einem Island-Hopping!«

»Und weißt du warum sie das tun?«

»Sie studieren das soziale Verhalten der männlichen Bevölkerung!« lachten wir.

Etwa gegen Mittag waren wir total erschöpft und brauchten dringend eine Erholungspause. Die grüne Bolgatty-Insel, die wir inzwischen erreicht hatten, erschien uns geeignet dafür. Mit Blick auf ein großes koloniales Gebäude, das sich später als Mädchen-College herausstellte, ließen wir uns im kühlen Schatten der Riesenbäume nieder.

Kaum waren wir eingedöst, erschallte ein fernes Klingeln und zersägte die Stille. Kurz darauf öffneten sich die wuchtigen Portale, und eine bunte Schar Mädchen strömte heraus. Schnatternd hielten sie direkten Kurs auf unser kühles Schattenplätzchen, und bevor wir richtig wach waren, hatten sie uns im Visier. So geht das in Indien! Ist man erst einmal entdeckt, wird man neugierig umringt, bestaunt und befragt. Von der großäugigen Musterung befangen, richteten wir uns auf und lächelten fragend in den Kreis der dunklen Gesichter. Die Mädchen tuschelten und machten keinerlei Anstalten, mit uns zu reden. Gedränge entstand, jede wollte nach vorn, um uns eingehend zu inspizieren.

Big Chapati machte den Anfang, und weil sie irrtümlicherweise annahm, mit indischen Collegemädchen könne man etwas gepflegter kommunizieren, sprach sie die gackernde Runde in ihrem Londoner Englisch an. Daraufhin wurde das Kichern lauter. Sie stupsten sich gegenseitig an und deuteten verstohlen auf uns. Vielleicht waren unsere Herrenräder der Grund! Oder fanden sie es komisch, daß eine Ausländerin einen Sari trug?

Endlich trat eines der Mädchen vor und fragte in indischem Schulenglisch: »What is your name?« Die Mitschülerinnen verstummten hinter ihrem Rücken. Verlegen schoben sie ein säuberlich zusammengefaltetes weißes Taschentüchlein vor die untere Hälfte ihres Gesichts und schielten rehäugig hervor. Diese Unschuldsgeste beherrschte jede Inderin unnachahmbar.

Amüsiert stellten wir uns vor: »I am Big Chapati.«

»And I am Small Chapati!«

Das fanden die indischen College-Mädchen sehr lustig. Schüchtern plapperten sie unsere ulkigen Namen nach. Anmutiges Glucksen ging durch die Reihen, so wie es sich für gebildete Inderinnen eben geziemte. Es war den einfachen Fischers- und Marktfrauen vorbehalten, laut herauszubrüllen vor Lachen.

Wir erkundigten uns nach ihren Namen und reihum sagten sie sie auf: Chamila! Asha! Roswitha! Sheela!... Ihre Stimmen klangen wie ein exotisches Liebeslied.

Dann setzte die Vorsprecherin ihr Frage-Antwort-Spiel mit uns fort, und es entging uns nicht, daß ihre kichernden Freundinnen hinter den Taschentüchern immer aufgeregter tuschelnd in unsere Richtung zeigten. Es war der Sari, der sie in seinen Bann zog! Big Chapati fühlte sich geschmeichelt und beantwortete um so gefälliger die vielen Fragen. Besonders interessierte sie unser Schulabschluß. Aber da sich das indische und deutsche Schulsystem wesentlich voneinander unterschieden, gab es keine befriedigende Antwort. Mit Skepsis lauschten die Mädchen Big Chapatis Aufklärung über Abitur und Mittlere Reife. Sie schienen nicht glauben zu können, daß außer ihrem indischen Schulsystem, das ja von den Engländern stammte, auch noch ein anderes existierte.

Wir wollten schließlich wissen, was eigentlich die Ursache ihres ständigen Kicherns war. Blinzelnd verständigten sie sich, und der Schalk sprang ihnen aus den scheuen Rehaugen, als sie kopfwackelnd beschlossen, uns ihr Kichergeheimnis zu verraten.

In manchen Teilen Indiens, begann die Vorsprecherin schmunzelnd, trugen die Frauen das lose Endstück ihres Saris über der rechten Schulter, in anderen Teilen Indiens wiederum über der linken, also genau spiegelverkehrt. Zögernd hielt sie inne, zeigte auf Big Chapati und sagte, daran, wie sie den Sari gewickelt hatte, könne man sofort erkennen, daß sie nicht aus Cochin stammte.

Beim Vergleich der Wickelrichtung von den Saris der Mädchen mit Big Chapatis Blümchensari fiel es uns auch auf. In meiner Unkenntnis hatte ich Big Chapati spiegelverkehrt eingewickelt!

Ein fernes Klingeln kündigte das Ende der Pause an. Die Mädchen schienen es aber nicht allzu eilig zu haben, ihre Studierzimmer aufzusuchen. So blieb noch Zeit für ein Foto. Während ich die richtig gewickelten College-Mädchen neben Big Chapati in einer langen Reihe aufstellte, riß ihr Kicherschwall nicht ab. Erst als ich zum Abdrücken bereit war, verstummten sie schlagartig und erstarrten zu traurigen Wachsfiguren, die auf ihren Abtransport in verschiedene Museen warteten. Big Chapati hingegen strahlte, von ihnen eingerahmt, fröhlich in die Kamera.

Mit dem Fotografieren ist es in Indien immer das alte Lied, sofern es sich um menschliche Motive handelt. Es ist ziemlich mühsam, den Indern Natürlichkeit beizubringen angesichts einer Kamera. Kaum wollte ich abdrücken, erlitten meine indischen Modelle, ob groß oder klein, einen Versteinerungsanfall. Dabei hatten sie mich doch zuvor beinahe bedrängt mit der Bitte, ich möge doch ein Foto machen. Folglich mußte man sie überlisten. Ich probierte es mit ein paar Faxen, das half und entlockte ihnen heitere Gesichter. Das war der richtige Augenblick, um schnell abzudrücken.

Nach diesem Erlebnis traten wir den anstrengenden Heimweg nach Fort Cochin an. Unsere Geschichte nahm einen fröhlichen Verlauf! Spätnachmittags erreichten wir das Elite Hotel und erschöpft wie nach einem Sieg bei der Olympiade in der Dreierdisziplin aus Marathon plus Gewichtheben und Kaputtlachen, sanken wir auf unsere Betten. Wir brauchten unbedingt ein Nickerchen.

Es war längst dunkel, als wir wach wurden. Lachende Männerstimmen hatten sich vor unserer Zimmertür postiert. Gelächter verursacht in den meisten Fällen Neugier. Instinktiv öffneten wir einen Spalt, um nachzusehen, was da los war. Der dicke Holländer, unser Zimmernachbar, saß mit den zwei Söhnen des Hotels im Vorraum. Sie luden uns ein, mitzutrinken und zu erzählen, was wir tagsüber denn so getrieben hatten.

Der Tagesbericht unseres Insel-Hüpfens auf indischen Herrenrädern und Big Chapatis falschgewickelter Blümchensari ernteten überschwenglichen Beifall. Aber unsere Geschichte war nur die Einleitung einer unschlagbaren Sammlung verrückter Fahrradgeschichten, die der dicke Holländer im Anschluß zum Besten gab. Fahrradmäßig war er uns weit überlegen. Man sah es ihm rein figürlich zwar nicht an, aber seit drei Jahren fuhr er auf einem indischen Herrenrad durch Indien. Der sportliche Aspekt dieser Mühe allerdings stand bei ihm an allerletzter Stelle, sein Vergnügen nährte sich aus den unzähligen Erlebnissen mit den Einheimischen. Er hatte Indien 'fahrrad-nah' erlebt und Bescheidenheit gelernt.

Da saß er nun mit glasigen Augen auf dem Stuhl, ein Glas Bier in den Händen, und beendete wie immer die Geschichte mit einem herzhaften Lachen und dem glücklichen Bekenntnis: »Indien steckt voller Humor!«

Das alte 'Al Italia Beach Resort'

Eine Haremsdame von Shajahan aus Berlin, die er Berlin-kutti nannte, hatte gerade auf dem Dach Wäsche aufgehängt. Auf dem Rückweg blieb sie mit dem leeren Eimer an meinem Tisch stehen und fragte: »Worüber schreibst du gerade?« Ich antwortete: »Über den indischen Mann in der Rolle des Gentlemans!«
Entgeistert taxierte sie mich, als zweifle sie an meinem Verstand, und antwortete: »Da gibt es aber nicht viel zu berichten!«
»Oh, doch!« lachte ich zurück. »Wenn ich beweisen will, was für ein Chauvi er ist!«
»Ja, dann...!« knurrte sie sichtlich beruhigt und stieg kopfschüttelnd die Treppe hinab.

Kaum hatte ich mich meiner Erinnerung an die Cochin-Zeit überlassen, da fiel mein Blick auf ein Papierfitzelchen unter dem Tisch. Es war ungefähr einen Zentimeter breit und zwei Zentimeter lang und mit Buchstaben bekritzelt. In Gedanken versunken hob ich es auf und las: Cochin! Der Zufall bewegte mich. Wieder so eine indische Alltagsmagie! Cochin! Das Wort paßte haargenau auf die kleine weiße Fläche. Nach der Rückseite zu schließen, stammte das Stück Papier von einer Zigarettenschachtel.
Ich erinnerte mich. Am Vortag hatte ich einen Italiener an diesem Tisch sitzen sehen. Den ganzen Nachmittag verbrachte er damit, seinen Indienreiseführer zu studieren und nebenbei Notizen zu machen. Am Ende seiner Studie hatte er die Schachtel leer geraucht und mit den Code-Wörtern seiner Urlaubsplanung vollgeschmiert. Scheinbar hatte er sich alles gemerkt, denn er zerriß sie. Er warf die Schnipsel aber nicht einfach achtlos auf den Boden, wie es an seiner Stelle ein Inder getan hätte, sondern stopfte sie mit seinem europäischen Ordnungssinn in den winzigen Messingaschenbecher. Alles weitere besorgte der Nachmittagswind. Der schnappte ausgerechnet den Cochin-Schnipsel und wehte ihn unter den Tisch, wo ich ihn anderentags finden sollte, während ich zufällig mit meinen Gedanken in Cochin weilte!

Sorgfältig legte ich den bedeutsamen Fund zwischen die Seiten meines Tagebuchs. Von einer leisen Befürchtung bedrängt, schlage ich gelegentlich die Stelle auf und bin erleichtert, daß das Cochin-Zettelchen noch da ist. Finde ich es nicht sofort, weil es so klein ist, erfaßt mich unweigerlich ein ungutes Gefühl. Es würde mich wirklich nicht wundern, wenn es sich eines Tages einfach in Luft aufgelöst hätte!

Von dem alltagsmagischen Ereignis beflügelt, schrieb ich hurtig weiter. Ich liebte Vorfälle solcher Art und war geradezu süchtig danach. Dann entpuppte sich das Leben als eine spannende Geschichte, in der nicht nur die Menschen ihren Unfug trieben, sondern auch die Götter und die Geister ihren Spaß hatten. Die willkürliche Treffsicherheit des Unberechenbaren ließ mich meine Vernunft hinterfragen; da ging es um Gesetze, die weitab von irdischer Logik wurzelten. Wenn es nicht jene göttlichen undurchschaubaren Mächte waren, die dem Wind befahlen, das Papierfitzelchen mit der Aufschrift 'Cochin' unter den Tisch zu wehen, während ich an die Zeit dachte, die ich dort mit Big Chapati verbrachte, welche Kräfte waren es dann, die diese bizarren Zusammenhänge schufen? Etwa der Mensch selbst?

In meiner Heimat würde mich der Entzug von der indischen Alltagsmagie erwarten und Ernüchterung lehren. Irgendwie, fand ich, war die deutsche Alltagsmagie nicht so aufregend. Das westliche Leben schien von einer unheilvollen Krankheit befallen, die sich in den Seelen der Menschen eingenistet hatte, um das Wirken banaler Mysterien zu bekämpfen.

Prabha schlenderte jetzt durch die Einfahrt in den Hof. Kurz darauf war er schon auf dem Dach und rückte einen Stuhl an meinen Tisch. Scheinbar galt sein Besuch im Hause Shajahan ausschließlich mir. Hatte er etwa eine Antwort für mich?

»Entu wischäscham?« sagte er zum Gruß. »Sukkam!« antwortete ich und erkundigte mich ebenfalls nach seinem Befinden. »Sukkam!« gab er abwesend zurück und starrte eine Weile stumm vor sich hin. Dann fuhr er mit einem Ruck hoch, so als habe ihn ein Impuls mit neuen Instruktionen geimpft, und bat mich um Papier. Ich sah ihn erstaunt an. Was mochte das bedeuten? Natürlich konnte er Papier haben, jede Menge! »Wieviel brauchst du?« fragte ich ihn. »One piece only!« erwiderte er, und sein typisch indisches 'only' belustigte mich. Als Inder würde er auch 'only' sagen, wenn es sich um eine Tonne Papier handelte!

Ich reichte ihm ein Blatt. Er nahm es dankend in Empfang, faltete es einmal und riß es in der Mitte durch. Offensichtlich benötigte er ein kleineres Format als DIN-A4! Ich versuchte, das Motiv seines Tuns zu ergründen. Wenn die Größe des Papierbogens so wichtig war, dann wollte er mir sicherlich seine Faltkunst vorführen und einen indischen Flieger oder etwas Ähnliches basteln.

Zu meinem Erstaunen gab er mir die eine Hälfte wieder zurück. Er griff zur Brusttasche seines dunkelbraunen Hemdes, holte den Bon-Jovi-Pen heraus, den ich ihm als kleines Mitbringsel aus der modernen Welt mitgebracht hatte, setzte sich in Schreibpositur und fragte: »What was your first question?«

Dieser Prabha war voller Überraschungen! Hatte er tatsächlich meine Frage vergessen? »You forgot the old, rich Lady?« schalt ich ihn. Erklärend druckste er herum. Er habe die Frage nicht vergessen. Nein, er sei ernstlich daran interessiert und wolle sie aufschreiben, damit er besser darüber nachdenken könne!

An meiner Ungeduld sollte es nicht scheitern. Also fing ich von neuem an, die Geschichte von der 'old, rich Lady from California' zu erzählen. Damit ich ihn nicht unnötigerweise verwirrte, bemühte ich mich um eine gut strukturierte Wiedergabe und ließ den 'shocking coloured cocktail' ganz weg. Aufmerksam nickend kritzelte er seine Malayalamschnörkel auf das Papier, und nachdem er genügend Stichpunkte gesammelt hatte, meldete er sich von seiner Konzentrationsreise zurück: »Next?«

Zuerst verstand ich nicht, was er damit meinte, denn zur kalifornischen Lady gab es eigentlich nichts mehr zu bemerken. Und weil ich es nicht begriff, fügte er hinzu: »This other question, you asked me!«

Er war heute aber gründlich! Jetzt fiel es mir wieder ein. Es war die Frage nach seinem Lebenstraum. Wie eine Lehrerin beim Diktat formulierte ich langsam und deutlich, was ich von ihm wissen wollte: »Was würdest du gerne tun, wenn Geld keine Rolle spielte?« Skeptisch, ob ich mich nicht doch zu kompliziert ausgedrückt hatte, schaute ich ihm zu, wie er mitschrieb.

Nicht ohne Stolz betrachtete er schweigend seine Stichpunktliste, die er fein säuberlich mit erstens und zweitens versehen hatte. Mit einer Behutsamkeit, als fürchtete er, die Buchstaben könnten herausfallen, faltete er das Papier auf das klassische Format eines Spickzettels zusammen und verstaute es mit dem Bon-Jovi-Pen in seiner Brusttasche. Dann stand er auf, sagte: »Bodha!« und ging hinunter.

Weg war er. 'Bodha'! Das war ein Malayalamwort, das mir niemand richtig übersetzen konnte. Die Inder benutzten es oft zum Abschied, und in meinen Ohren klang es wie: »Ich gehe jetzt!« oder: »Also dann!« Das Vertrackte war, daß es derjenige, der ging, ebenso sagte wie derjenige, der blieb, und daß ich es Frauen überhaupt nie sagen hörte.

Sobald ich dieses Wort zur Sprache brachte, reagierte Shajahan geheimniskrämerisch, und auch Prabha verhielt sich recht eigenartig, belagerte ich ihn mit der Bitte, er möge mir doch verraten, was 'Bodha' nun wirklich bedeutet. »Du sagst besser 'Binne kanam'!« riet er mir abwehrend.

Warum ich lieber 'Binne kanam' verwenden sollte und nicht 'Bodha', konnte er mir nicht erklären. Der Verdacht, 'Bodha' sei etwas Anrüchiges und dürfe daher nur von Männern ausgesprochen werden, erhärtete sich, zumal sich Prabha und Shajahan verschwörerische Blicke zuwarfen, sobald ich allzu hartnäckig nachfragte. Genüßlich ließen sie mich zappeln, wahrscheinlich führten sie mich nur an der Nase herum. Ihren Mitmenschen einen Bären aufzubinden ist ja die Lieblingsbeschäftigung der Mandan-Family! Shajahan zum Beispiel bereitete es ein ungemeines Vergnügen, neuen Gästen die 'Island-Story' zu erzählen. Saßen die Touristen zum ersten Mal bei Nacht auf dem Dach des 'Al Italia', gesellte er sich gerne zu ihnen und lenkte die Unterhaltung geschickt auf die vielen kleinen Lichter auf dem Meer. Das waren Shajahans 'Islands'! Sein charmanter Auftritt überzeugte die Gäste, die sich in engem Kontakt mit Land und Leuten wähnten und jedes Wort aus dem Munde eines Einheimischen glaubten. Ja, sie fühlten sich geschmeichelt und hegten keinerlei Zweifel an der Existenz vorgelagerter Inseln, von denen sie bisher noch nichts gehört hatten.

In den Nächten, in denen die Fischer zahlreicher hinausfuhren, gab es entsprechend mehr 'Islands'! Daß die Geleimten vielleicht erst Stunden zuvor selbst beobachtet und sogar fotografiert hatten, wie die Fischer bei Sonnenuntergang auf ihren primitiven Holzbooten in See stachen, entfiel ihnen angesichts dieser Audienz am entlegenen Fischerstrand. Bisweilen trieb Shajahan es so weit, den leutseligen Fremden zu versprechen, für die folgenden Tage einen Ausflug mit dem Boot zu organisieren. Verständlicherweise ist bis heute keiner dieser Boots-Ausflüge zustande gekommen.

Die Traveller nahmen die Geschichten der Einheimischen nicht so ernst. Die leichtesten Opfer waren die Pauschaltouristen, die ahnungslos eine zweiwöchige Kulturreise durch Indien gebucht hatten. Den fest eingeplanten Abend ohne Programm durften sie frei gestalten, und so verließen sie in Begleitung eines Chauffeurs ihre wohlumsorgte Ferien-Welt und wagten sich für ein paar Stunden unter das Volk. Zum Höhepunkt ihrer eigenständigen Exkursion zählte sicherlich das Abenteuer, in einem unverfälschten indischen Restaurant landestypisch zu speisen. Im gebuchten Ambassador fuhren sie vor, adrett gestylt, die Frauen in Kleidchen und Pumps, die Herren in gebügelten Hosen und Hemden, und nicht selten trugen sie Socken und feine Lederschuhe.

Shajahans kleines Hotel mit dem Dachgarten-Restaurant gehört aus einheimischer Sicht bereits zur gehobenen Klasse. Für die Gäste aus dem teuren 'Ashok Hotel' aber ist es allemal urwüchsig genug. Viele von ihnen sehen hier ihr erstes Chapati, und man muß ihnen erklären, was es ist und wie man es verzehrt: In Indien ißt man mit der rechten Hand. Die Damen stürzen sich aufgeschlossen in das Chapati-Abenteuer. Und ihre Ehemänner tun so, als fänden sie es in solchen Breitengraden völlig normal, mit den Händen zu essen, und verlangen dann doch eine Gabel.

Wenn diese auswärtigen Dinnergäste nach der Toilette fragen, werden sie gewöhnlich in Shajahans Zimmer umgeleitet, damit die Umstellung für sie nicht zu kraß ist. Sein sauberes, appetitlich weiß gekacheltes Bad mit Sitzklo kann sich sehen lassen. Die Toilette, die eigentlich für die Restaurantgäste vorgeschrieben ist, liegt aus Platzgründen hinter dem Haus zwischen der Küche und meinem Dienstbotenzimmer. Sie wird ausschließlich von Kumar und den Küchenjungen benutzt. Angesichts der Düsterkeit da drinnen - keine Kacheln, nur grauschmutziger Estrich, wackelige Blechtür, übliches Stehklo, kein Waschbecken etc. - würde dem untrainierten Gast vermutlich der Appetit vergehen.

Außerdem sind indische Restaurant-Besitzer der gehobenen Klasse wohlweislich darauf bedacht, ihren sensiblen Gästen den Anblick der Küche zu ersparen. Nicht, daß dort etwa Unfug getrieben würde mit den Speisen! Aber die völlig andere Einstellung zur Küchenführung wäre Auslöser für falsche Phantasien. Immerhin hat man hier gegen Feinde zu kämpfen, die im hygienischen Ausland nicht so verbreitet sind.

Die Ameisen sind allgegenwärtig, spüren alles Eßbare auf, das unverschlossen herumliegt, und benachrichtigen sich gegenseitig blitzschnell auf ihrem weitverzweigten Straßennetz. Süße Sachen mögen sie besonders gern, und weil sie nicht schwimmen können, steht das Zuckerglas grundsätzlich in einer Wasserschale. Es gibt Kakerlaken, die vor allem im Dunkeln überall hineinkrabbeln und jeden noch so kleinen Abfall ausfindig machen. Durch ausgestreutes Gift sind sie halbwegs unter Kontrolle zu halten. Und es gibt Ratten und Mäuse, die es erforderlich machen, Obst und Gemüse, in Säcke und zähes Blättergeflecht gewickelt, an langen Schnüren aufzuhängen. Wer es nicht selbst erlebt hat, kann sich nicht vorstellen, welche Kletterkünstler darunter sind. Die Küche bei offenstehender Tür und Durchreiche unbeaufsichtigt zu lassen wäre unverzeihlich. Katzen und Krähen würden die günstige Gelegenheit kaum verpassen.

Vor nicht allzu langer Zeit stellte auch Pinky, die ja frei herumlaufen durfte, eine gewisse Gefahr für die Küche dar. Aber Pinky ist inzwischen tot. Sie starb am Tag nach meiner Ankunft an Bißverletzungen. Im neuen 'Al Italia' habe ich sie nur einen einzigen Tag gesehen. Meine Erinnerung an die weiße Spitzdame versetzt mich daher in das alte 'Al Italia Beach Resort'. Dort war der große Palmengarten ihr Revier gewesen.

Eine sentimentale Stimmung befällt mich, wenn ich heute die verwunschene Bruchbude betrachte. Auf dem Weg zum Riksha-Stand kann ich noch verdrängungskünstlerisch daran vorbeieilen, und es gelingt mir, der Vergangenheit nur teilweise flüchtigen Einlaß in meine Gedanken zu erlauben. Aber beim Herumschlendern und zum Trödeln aufgelegt, ist es um mich geschehen. Dann trete ich durch das halbverrottete Gartentor und statte der alten Zeit einen Besuch ab.

Wie es sich für ein indisch ausrangiertes Gartentor gehört, sind die ehemaligen Scharniere so gut wie nicht mehr vorhanden. Die salzig-feuchte Meeresluft hat sie regelrecht aufgefressen. Nun durchlaufen sie im Sinne der indische Weltanschauung den ewigen Wandel. Ehrfürchtig rücke ich die morsche Pforte zur Vergangenheit einen Spalt zur Seite und verwandele mich in ein Märchenwesen, das mit einem Schritt über die Schwelle den Zeitsprung auslöst. Auf einmal scheint alles wie von einer geheimnisvollen Macht inszeniert, und was ich auch betrachte, es fängt an zu leben.

...eine weiße Entendame wackelt mit ungewöhnlicher Schnelligkeit durch den Garten. Laut krakeelend wird sie von zwei diebischen Krähen verfolgt. Wild schaukelt der Fischkopf hin und her, den sie tapfer mit ihrem Schnabel festhält. Ihr Einfallsreichtum ist von höchster Stelle herausgefordert. Krähen lassen sich nicht so leicht abwimmeln. Die Ente schlägt raffinierte Haken knapp an den Tischbeinen vorbei, dreht neben der Mauer unvermittelt ab und watschelt im höchstgeschwindigen Inselschritt slalomartig zwischen den Palmstämmen hindurch. Von Pinky, die sich als Hirtenhündin für die fünf Enten von Subramanian, dem Manager des Hotels, einsetzt, fehlt jede Spur. Für die Entendame gibt es nur noch eine Möglichkeit: sie jagt zurück zur Küche, in den sicheren Schutz von Santosha. Die Krähen setzen ihr bis hinter das Haus nach und sind so dreist, kurz vor dem Rücheneingang eine letzte Attacke zu riskieren. Doch wer trippelt eben in diesem Augenblick aus der Küche heraus? Pinky! Sie hat das Ausnehmen der Fische überwacht, um ihren Anteil vor den fünf Schnäbeln der 'Mandi-Ducks' zu verteidigen. Daher muß sie zuerst kauen, bis sie die Angreifer gebührend verwarnen kann...

Jetzt ist es mucksmäuschenstill hier. Der Garten wirkt verlassen ohne seine Darsteller. Tische und Stühle hatte Shajahan bei seinem Umzug mitgenommen. Die Pflanzen entlang der Mauer sind verkümmert. Keiner gießt sie. Die geflochtenen Palmdächer der drei Sonnenschirme sehen liederlich aus. Sie verlieren nun auch ihre Funktion als Schattenspender. Alle Zimmer sind verriegelt, die Fenster geschlossen, und auf der Veranda klafft eine gähnende Leere.

Das Leben spielt sich weiterhin in den Palmwipfeln ab und klingt um so ferner, weil es hier unten so einsam geworden ist. Die Einsamkeit spinnt mich ein. Für wenige Atemzüge spüre ich die Trauer dieses alten Ortes. Es stimmt mich wehmütig. Die Tatsache, daß etwas für alle Ewigkeit vorbei ist, schmeckt bitter. Diese Endgültigkeit ist wie ein Tod. Das Baden im Meer, Sonnenauf- und Sonnenuntergänge, Krähengeschrei, Masala Dosai und Jaia, das alles kann ich täglich von neuem haben, aber die Zeit im alten 'Al Italia Beach Resort' ist unwiederbringlich vorüber.

'Al Italia Beach Resort'! Was für ein Schock beim ersten Lesen des gräßlichen Namens. Und welch freudige Überraschung, als ich dieses außergewöhnliche Beach Resort mit eigenen Augen sah. Die Spuren der Vorzeit hatten sich vor den mutwilligen Verschönerungsaktivitäten Shajahans und Subramanians nicht verdrängen lassen und schimmelten durch die übergepinselte Farbe graumoosig hindurch. Die umgrenzenden Mauern waren in Rosa und Hellblau gestrichen worden, die Häuser nur in Hellblau und die Sockel der Palmstämme in kräftigem Rot, das mit einem weißen Rand begrenzt war. Glücklicherweise hatte sich die Patina schon nach einigen Monaten gegen den geschmacklosen Eingriff durchgesetzt und die schrille Zusammensetzung der Farben gemildert. Angemodert wirkte auch die Farbkombination aus Rosa und Hellblau und Rot und Weiß geschmackvoll!

Als ich aus dem schwarzen KCV-11 herauskroch, gefiel mir der erste idyllische Eindruck sofort. Da rannten fünf Enten schnatternd durch den sanft durchwehten Palmengarten, niedrige Holztische und Liegestühle standen im tanzenden Schatten der Palmkronen, und eine pinkgefärbte Spitzdame kläffte mich gebieterisch an. Die lange Einfahrt war gesäumt von blühenden Hibiskusbüschen, der Sandweg sauber gekehrt, um das Küchenhäuschen reihten sich frisch gesetzte Papayabäumchen und Sträucher, und die Mauer war umrankt von saftiggrünem Blätterwerk. Der Anblick sprang mir mitten ins Herz.

Shajahan thronte stolz auf der überdachten Veranda vor seinem Büro. Je nach Tages- oder Nachtzeit trank er Jaia, Bier oder ausländischen Whisky. Meist hatten sich diverse Freunde und Subramanian dazugesellt, und vertrieb mich der Regen vom Dach, suchte auch ich dort Unterschlupf. In meinen Schreibpausen saß ich auf den Stufen davor und porträtierte Fischersfrauen, die den bestellten Fisch in der Küche ablieferten. Mit einem verlegenen Lächeln erkannten sie sich auf meinen Bildern und schielten mich ungläubig an. Aber nach einer Weile tauten sie auf und erkoren mich freudestrahlend zu ihrer Cheaji.

Shajahan hatte seinen Korbsessel wegen der Wanzen und schlauen Moskitos, die fachkundig von unten zwischen dem Korbgeflecht ins sitzende Hinterteil stachen, mit Zeitungen ausgelegt. Den lieben langen Tag konnte er damit zubringen, die Aussicht zu betrachten, und es war ihm sichtlich anzumerken, wie sehr er seinen Aufstieg genoß. Er war nicht mehr der ärmliche Pächter einer schiefen Restauranthütte am bevölkerten Kovalam Beach. Nun führte er das Restaurant des 'Al Italia Beach Resort' und hatte zudem die Aufgabe, Subramanian und seine Anlage zu beschützen.

Mit seiner ohnehin majestätischen Erscheinung, dem wichtigen Auftrag, die Rolle des Beschützers zu spielen, zudem mit Sonnenbrille sah er aus wie 'Der Pate'. Deshalb scheute er sich, eine zu tragen. Er wollte unauffällig bleiben! Einmal führte er einen Veitstanz auf, weil ich aus einer albernen Laune heraus ihm, seinem Fahrer und meinem Ehemann für ein Foto dunkle Sonnengläser verpaßte und sie alle drei auf einen Tisch setzte. Ich fand das urkomisch. Aber in diesem Punkt verstand Shajahan keinen Spaß. Vehement wehrte er sich und phantasierte, der indische Zoll könne dieses Mafioso-Foto von ihm in meinem Gepäck entdecken und auf dumme Gedanken kommen! Nur dank meinem hochheiligen Versprechen, dieses Foto niemandem außer meinen Freunden zu zeigen, ließ er die Maskerade doch über sich ergehen und posierte eine Sekunde lang für mich.

Wenn ich dem verlassenen 'Al Italia Beach Resort' einen Besuch abstatte, gehe ich gedankenverloren umher. Erinnerungen überfluten mich, und ich stelle mir vor, was sich auf genau diesem besonderen Fleckchen Erde in zukünftigen Zeiten ereignen wird. Dann fühle ich förmlich die unterirdischen Strömungen, die diesem Ort anhaften.

Früher, so wurde mir erzählt, sei es ein Bordell gewesen. Natürlich nicht offiziell, denn so etwas durfte auf indischem Boden nicht existieren. Im Besitz einer Genehmigung zum Ausschank alkoholischer Getränke, die in diesem Land Gold wert ist, galt es nach außen hin als eine Bar mit Übernachtungsmöglichkeiten für auswärtige Gäste. Daß sich unter den Gästen niemals Familien befanden, sondern ausnahmslos Männer in Begleitung von sehr jungen, merkwürdig aufgetakelten Inderinnen dort übernachteten, schien niemandem sonderlich aufzufallen. Wen sollte das stören? Die ganze Nachbarschaft bestand lediglich aus der chaotischen Familie und dem Hindutempel mit der lauten Musik!

Die exzessiven Saufgelage, die hier einst stattfanden, machten die männlichen Gäste aus der Stadt schnell vergessen, daß sie eigentlich brave Ehemänner und Familienväter, Polizeioberinspektoren, Bankdirektoren oder sonstige respektable Bürger waren. Sie lagen betrunken in den Armen fremder Frauen und ließen hier ihrem wahren Charakter freien Lauf.

Das ging nur ein paar Jahre gut. Der neue Polizeioberinspektor veranlaßte eine Razzia und ließ das verruchte Nest auffliegen. Die Bar wurde geschlossen, die Alkoholerlaubnis konfisziert, und der Besitzer kam ins Gefängnis.

Später hat es ein reicher, betagter Italiener aus Mailand gekauft. Mögen die Götter wissen, woher er diesen verschwiegenen Ort kannte! Kurz zuvor hatte er ein einfaches Dorfmädchen aus Tamil Nadu geheiratet und nach Italien mitgenommen. Zweifellos galt der Kauf des Hotels am Samudra Beach als Brautgeld, denn er überschrieb es seiner jungen Frau, und die wiederum übergab das Management ihrem Bruder Subramanian. Damit der ungebildete

Bruder seine Aufgabe ertragreich erfüllen konnte, holte sie ihn nach Italien, wo er zwei Jahre lang in einem italienischen Ristorante arbeitete. Daher konnte Subramanian hervorragend Spaghetti al dente kochen und sie mit italienischem Geplapper servieren.

Diese kleine Vorgeschichte erklärt nun auch den seltsamen Namen 'Al Italia'.

Dem jungen Subramanian hätte als armer Bauernsohn nichts Besseres passieren können. Mit Ende Zwanzig war er mehr oder weniger im Besitz eines Hotels, auch wenn er gelegentlich Bericht nach Italien erstatten mußte. Aber weil Zusammenhalt das oberste Gebot einer indischen Familie ist, hatte er trotz seiner Mißwirtschaft lange nichts zu befürchten. Das einzige Problem, das ihm dieses Hotel bescherte, waren die Einheimischen in der näheren Umgebung. Da er aus Tamil Nadu stammte, galt er hier als Fremder. Daß er solchen Reichtum besaß, störte viele der sogenannten echten Einheimischen. Ständig hatte er mit ihnen Schwierigkeiten, und einmal sollen sie ihn sogar überfallen und zusammengeschlagen haben. Der Zufall wollte es, daß Shajahans Pachtvertrag für sein 'Midway Restaurant' am Kovalam Beach zu dieser Zeit auslief. Er hörte von Subramanians Dilemma, und sofort witterte er die Lösung seines eigenen Problems. Fand er nicht bald etwas Neues, würde er ab Januar auf der Straße sitzen. Er, der Sohn einer alteingesessenen, einflußreichen Familie der Gemeinde Kovalam, wozu der Samudra Beach zählt, war ein echter Einheimischer mit guten Beziehungen und deshalb der geeignete Retter. Gemäß seines Standes ließ er den tyrannisierten Subramanian zu sich bitten und machte ihm ein Angebot: Sein einheimischer Schutz als Pachtgeld für das 'Midway Restaurant'!

Beider Not war so groß, daß sie nicht lange verhandelten. Hatte sich Shajahan eben noch auf der Straße gesehen, so wurde nun eine meterlange Leuchtreklame aus Plastik großspurig am Eingangstor zur Auffahrt angebracht: AL ITALIA BEACH RESORT and MIDWAY RESTAURANT!

Ich habe sie nie leuchten gesehen! Daß sie nicht funktionierte, schien niemanden zu stören; Hauptsache, man konnte damit protzen.

Subramanians ganzer Stolz war ein Motorrad. Die alte Enfield war stets gut sichtbar auf dem kleinen Platz zwischen Küchen- und Haupthaus geparkt. Lederkombi und Helm waren unbekannt. Zum Motorradfahren trug Subramanian das, was er immer trug, westliche Kleidung, also Stoffhosen und Hemd oder T-Shirt. Shajahan durfte sich die Maschine manchmal ausleihen. Dann preschte er mit flatterndem Lungi verwegen durch die Gegend und erweckte den Eindruck, er jage durch einen amerikanischen Thriller, wohingegen sein braver Kompagnon auf dem Motorrad eher an Heinz-Rühmann-Filme erinnerte.

Subramanian hatte die fünf Enten, drei Weibchen und zwei Männchen, angeschafft und darauf bestanden, daß es ihnen gestattet war, frei herumzulaufen. Es dauerte nicht lange, und die fünf Enten hatten ihren Namen weg: 'Mandi-Ducks'!

Vor Jahren inspirierten sie mich zu einer neuen Geschichte. Ich verspeiste gerade meinen letzten deutschen Müsli-Riegel, als mich ein dicker Brummer, von der Süßigkeit angelockt, immer enger umkreiste. Ich bemühte mich, schneller zu essen. Auch die Krähen auf den umliegenden Dächern hatten mich bereits im Visier. Als sie ihr Kriegsgeschrei anstimmten, vergaß ich plötzlich, daß ich ein Mensch bin. Ich fühlte mich regelrecht bedroht, weil ich jedes Krähenwort zu verstehen glaubte: »Da ist eine, die hat was!«

22.05.1992 ...im Sturzflug stechen drei schwarze Krieger in die Tiefe, tollkühn rast ein Entenmännchen an meinen Beinen vorbei und trickst die Angreifer aus, indem es unter dem Tisch hindurchrennt und dabei einen Haken schlägt. Das, was es zwischen dem Schnabel hält, ist offenbar begehrenswerter als mein Müsli-Riegel. Aufrührerisch kreischen die Wächter von den Dächern: »Da ist jemand, der hat was!« Unter dem mehrstimmigen Gekreische düst der gejagte Enterich im eckigen Slalom zwischen den Palmstämmen hindurch. Die Fischflosse in seinem Breitschnabel baumelt heftig hin und her. Es sieht ulkig aus, wie er seinen Kopf weit nach vorne reckt und seinen Hals ganz lang macht, als sei er dann schneller. Gleich sitzt er in der Klemme. Von allen Seiten rücken ihm die schwarzen Krieger auf die Pelle. Der bedrohte Enterich läßt sich jedoch nicht einschüchtern. Er ist jetzt zornig und hat es endgültig satt. Da streitet er sich doch lieber mit seiner eigenen Familie herum, scheint er zu beschließen, und verschwindet in der Küche. Die Verfolger ziehen sich zeternd zurück, und hinter der Küchentür spielt sich hörbar ein dramatisches Ententheater ab. Lautstark fallen seine vier Artgenossen über die Fischflosse in seinem Schnabel her.

Subramanian kommt aus der Küche heraus. Ein Tablett in den Händen und ein verschlagenes Schmunzeln im Gesicht, stapft er auf mich zu. »Mandi-Ducks!« schmunzelt er kopfschüttelnd und freut sich wie ein Lausbub über den Wirbel, den sie veranstalten. Als er mir den Nachmittags-Cappuccino serviert, hilft auch sein italienisches Geplapper nichts: der Kaffee ist nicht gefiltert. Aus Italien hat er eine einfache Espressokanne mitgebracht. Aber dieses robuste Teil war schon bald defekt und produziert seither lediglich Muckefuck. Spreche ich ihn auf diesen Mißstand an, lacht er mich einfach aus, für ihn besteht kein Zweifel an der Qualität seiner Kaffeebraukunst. Hatte er vergessen, wie ein echter Cappuccino in Italien schmeckt? Anscheinend hält er meine Beschwerde für einen Witz...

Ein anderes Mal beklagte ich mich bei ihm über den Deckenventilator in meinem Zimmer. Sobald ich ihn anstellte, spuckte er lauter schwarze Staubknöllchen. Subramanian kam in mein Zimmer und überzeugte sich persönlich von dem Mißstand. Natürlich dachte ich, er würde der Schlampigkeit entgegenwirken, indem er Mohanlal anwies, den Ventilator zu putzen. Statt dessen pflückte er gelassen die schwarzen Knöllchen von meinem Bettlaken und warf sie ohne ein Anzeichen von Gewissensbissen kurzerhand auf den Boden. Dann klatschte er in die Hände und verkündete strahlend, jetzt sei wieder alles in Ordnung! Als sich die Spuckanfälle des laufenden Ventilators fortsetzten, meinte er trocken, das passiere eben manchmal, sei aber kein Problem! Was konnte ich darauf antworten?

Bei meinem nächsten Besuch im alten 'Al Italia Beach Resort' nach etwa einem dreiviertel Jahr waren die 'Mandi-Ducks' weg.

Subramanian vermutete, die Hunde von draußen hätten sie gefressen. Shajahan ließ ihn in dem Glauben. War Subramanian jedoch gerade außer Hörweite, behauptete er unverblümt, Rosi, die Schäferhündin, habe die 'Mandi-Ducks' verspeist! Er habe sie eigenhändig geschlachtet und zu Hundefutter verarbeitet! Das war schwer vorstellbar. Er, der Big Boß, der normalerweise vollauf damit beschäftigt war, die langen Nägel an seinen zwei kleinen Fingern zu schonen, soll zu dieser Schmutzarbeit fähig gewesen sein?

Aus seiner Abneigung gegen die Enten hatte er nie einen Hehl gemacht. In einsichtigen Augenblicken gestand er immerhin, daß er die lustigen 'Mandi-Ducks' bisweilen vermißte. Aber sofort fiel ihm ein, wieviel Dreck sie verursachten, und dieser Aspekt siegte schnell über den Anflug von Reue.

Als ich später wieder nach Indien reiste und die Mandan-Family besuchte, war auch Subramanian weg.

Schauerliche Geschichten kursierten über ihn. Er sei nun richtig mandan geworden und habe in einem unerklärlichen Wahn Shajahans Büro in Brand gesteckt. Warum Subramanian so etwas getan hatte, konnte keiner begründen. Aus Eifersucht auf Shajahans Macht vielleicht? Shajahan soll ihn danach im 'Mental Hospital' abgeliefert haben. Aber dann erzählte Shajahan, Subramanian sei nach der Brandstiftung abgehauen. Die Polizei habe ihn gefaßt, verhaftet und in die Irrenanstalt gebracht. Zu alledem wurde dem Verschollenen die Schuld aufgeladen, seinem italienischen Schwager eine beträchtliche Summe Rupees unterschlagen zu haben.

Leider war ich zu jener spannenden 'Al Italia'-Epoche nicht anwesend und kann deshalb nur berichten, was man mir berichtete. Daß Subramanian aus Tamil Nadu stammte und kein echter Einheimischer war, wurde ihm zum Verhängnis, egal wie die Geschichte seines Abgangs tatsächlich verlief. Am Ende zeigte sich auch sein Beschützer als Feind. Subramanians Charakter war viel zu ehrlich, zu geradlinig; das war sein Pech. Er war ein hochanständiger Kerl, trank nicht, rauchte nicht, nahm keine Drogen, hatte keine Affären, und man konnte sich gescheit mit ihm unterhalten. Er war eben von niederem Stand, ein Bauernsohn, und Shajahans Raffinesse längst nicht gewachsen.

Heute, Jahre später, weiß niemand mehr, wo er sich aufhält und was aus ihm geworden ist. In der Klinik jedenfalls sei er nicht. Manche sagen, er sei jetzt verheiratet und lebe im Dorf bei seinen Eltern.

Bei unseren ausgedehnten Gesprächen mit Subramanian, die wir allmorgendlich auf dem Dach führten, ging es oftmals darum, wie sehr er ein konventionelles Dasein scheute. Bevor er eine Familie gründen wollte, wünschte er sich ausgiebige Erfahrungen mit einer Freundin, und erst in ferner Zukunft oder auch nie würde er heiraten. Er war sich da nicht so sicher, nur eines wußte er genau: Wenn er überhaupt jemals heiratete, dann eine ausländische Frau! Es ist die typische Einstellung indischer Männer, die mit dem Tourismus und der aus dem westlichen Ausland importierten Verdorbenheit in Kontakt gekommen waren. Der inzwischen zweiundvierzigjährige Shajahan konnte sich längst keine Beziehung mehr zu einer indischen Frau vorstellen, und das, obwohl er standesgemäß verheiratet ist. Auch Prabha träumte wie sämtliche 'Owner' am Kovalam Beach von ausländischen Frauen.

Eine neue Generation Inder wächst heran. Sie findet die strenge indische Familienordnung albern und verschmäht die eigenen Frauen ob ihrer Langweile. Heiraten, Kinderkriegen, Geld für Schmuck ausgeben, der permanente Druck der Familienbande, das alles reizt sie nicht mehr. Halbherzig nur treten sie in die Fußstapfen ihrer Eltern und weichen heimlich davon ab.

Mit den Ausländerinnen erleben sie völlig neue und aufregende Sachen. Diese Frauen treten ihnen gleichberechtigt gegenüber, sind frech und unabhängig, Kumpel und zugleich sexy, clever und verführerisch.

Das weibliche Geschlecht unter den Einheimischen braucht offenbar länger, bis es mit der Rebellion beginnt. Der Wunsch nach einem 'Boyfriend' vor der Ehe oder gar nach einem ausländischen Mann hat die Gedanken der Frauen noch nicht erreicht. In Bombay freilich gibt es sie, die modernen, jungen Inderinnen, die davon schwärmen.

Heiraten und Kinderkriegen steht an erster Stelle im Leben der indischen Frauen, um so mehr, wenn sie außerhalb der Hauptstädte wohnen. Komme ich mit ihnen ins Gespräch, wird sofort die Anzahl meiner Kinder erfragt. Leider muß ich sie enttäuschen und ernte dafür verständnislose Blicke. Daß ich keine eigenen Kinder habe und auch gar nicht haben will, können sie absolut nicht verstehen, ist es für ihr Empfinden doch das Höchste, was eine Frau erstreben kann!

Meine Kinderlosigkeit hat schon manch ernste Diskussion entfacht und ebenso für Erheiterung gesorgt. Lila, eine Freundin von Damaindi in Varkala, hat drei Kinder. Sie spricht sogar ein bißchen Englisch, und als wir wieder einmal bei ihrem Lieblingsthema waren, fragte sie mich: »Wer wird an dich denken, wenn du tot bist?« Ihr Gedankengang amüsierte mich. Lachend antwortete ich, daß meine Geschichten, die ich über Menschen schreibe, wie meine Kinder seien. Sind sie eines Tages groß geworden, werden sie meiner erinnern! Lila überlegte kurz und sagte mit fröhlichem Kopfwackeln: »Da hast du recht.« Dann übersetzte sie unser Gespräch den anderen Frauen, die anfingen zu kichern und ausgelassen miteinander zu reden. »An dich denken nur drei Kinder!« sagte ich, wenn auch stockend, in Malayalam, damit es alle verstehen konnten. Daraufhin brachen sie in lautes Gelächter aus, schrien wild durcheinander und wiederholten begeistert meinen Malayalamsatz. Um ihr Lachen von neuem anzuheizen, holte ich noch das Zauberwort hervor, deutete auf Lila und sagte: »Mandi!«

Ein Jahr später wurde das 'Al Italia Beach Resort' geschlossen. Der alte Italiener hatte wohl genug von dem uneinträglichen Projekt, das ihm zudem kontinuierlich Ärger bereitete. Er überlegte lange, was damit geschehen sollte. Natürlich wollte er es zuerst für gutes Geld verkaufen. Aber als Italiener wurde er von den Einheimischen nach Strich und Faden an der Nase herumgeführt. Plötzlich war er von einem halben Dutzend Vermittler eingekreist, die allesamt mitverdienen wollten und ihm rigoros erklärten, nur so laufe das Geschäft in Indien. Der verhängnisvolle Nachteil bei dieser Angelegenheit war die mangelnde Legalität seines Kaufvertrages. Um die berühmte 'Government Tax' zu sparen, wird bei den meisten Landkäufen gemogelt. Das ist für Einheimische nicht weiter problematisch, wohl aber für Fremde. Der Sprache und der landesüblichen Sitten nicht mächtig, sind sie letztlich gezwungen, weit unter Preis zu verkaufen.

Shajahan wußte, aus dieser Angelegenheit schlau seinen Vorteil zu ziehen. Geschickt hatte er den italienischen Greis mit der Erwartung einer Abfindung in astronomischer Höhe eingeschüchtert. Der Italiener bevollmächtigte ihn zum alleinigen Verwalter und überließ ihm sämtliche Einnahmen bis zur Schließung des Hotels.

Während jener aufregenden Verhandlungsperiode träumte die Mandan-Family davon, das 'Al Italia Beach Resort' zu kaufen. Es bedurfte aber keiner langen Rechnerei, um die Unmöglichkeit dieses Vorhabens einzugestehen. So viele Millionen Rupees konnten wir einfach nicht aufbringen, selbst dann nicht, wenn wir alle zusammenlegten.

Der alte Italiener hatte nur drei Wochen Zeit, seine Geduld war schnell erschöpft. Des Feilschens überdrüssig, verschenkte er das 'Al Italia Beach Resort', ehemaliges Bordell und Travellerabsteige, an den weißbärtigen Guru einer südindischen Sekte.

Um die Auflösung wurde heftig gekämpft. Man einigte sich schließlich auf den letzten Tag, den einunddreißigsten März. Das waren noch drei Monate.

Der Abschied tat weh. Das Ende einer glücklichen Zeit ist immer schlimm. In der letzten Woche, die ich dort verbrachte, hatte ich das Gefühl, als verlöre ich ein Stückchen Heimat. Shaji tröstete mich mit seinem ungebremsten Optimismus. Zuversichtlich schmiedete er Zukunftspläne und schwärmte von den Extravaganzen seines 'Palace', den er unweit am Strand von dem Geld, das er bis zu seinem Auszug noch einnahm, bauen lassen wollte. Weißgekachelte Bäder? Zimmer mit großen Fensterfronten und Blick aufs Meer? Eigene Veranda? Gut und schön, dennoch war ich untröstlich. Mit Annehmlichkeiten ließ sich mein Kummer nicht bestechen. Die traurige Tatsache wog schwerer: Das 'Al Italia Beach Resort' lag im Sterben!

Daß Shajahan sein neues Domizil der Einfachheit halber 'Al Italia' nennen wollte, war wenigstens ein kleiner Lichtblick.

DIE ZEHN VOGELSPINNEN

Der Rikschafahrer hatte Mühe, Gopinaths Adresse zu finden. Die knapp zwanzig Kilometer von Trivancrum bis zur Vattyoorkavu-Junction legte er zwar in einer neuen Rekordzeit zurück, aber für die letzten zwei Kilometer auf dem Schlängelsträßlein durch die verträumte Palmenlandschaft brauchte er mindestens doppelt so lange. An jeder Hütte mußte er anhalten und nach dem Weg fragen. Aufgeregt kamen die Anwohner herbeigerannt, um den ausländischen Fahrgast anzustarren. Ihre neugierigen Blicke auf mich gerichtet, debattierten sie gestenreich mit meinem Fahrer, und ich wurde den Verdacht nicht los, daß sie die komplizierte Wegbeschreibung einfach frei erfanden, nur um mich länger betrachten zu können.

Sie schickten uns auf etliche Umwege, und nach einer turbulenten Odyssee entdeckte ich das riesige Schild der Kathakali-Tanzschule 'Viswa Kala Kendra'. Jemand übersetzte es mir: Universal Art Center! Das Schild war direkt neben der Einfahrt weithin sichtbar angebracht und allein schon durch die knalligen Farben der großen Buchstaben und der abgebildeten Kathakali-Figur nicht zu übersehen.

Guru Gopinath war ein drahtiger, kleiner Mann von achtundsiebzig Jahren. Er trug die klassische Hauskleidung eines religiösen Inders, einen weißen Lungi, ging barfuß und hatte den nackten Oberkörper, die Arme und die Stirn mit wilden Streifen aus hellgrauer Asche und roter Farbpaste bemalt. Aus seinen Augen blitzte stets ein verschmitztes Lächeln. Mit den Familien seiner erwachsenen Kinder lebte er auf seiner Reis- und Kokosnußplantage.

Fuhr er zu einem 'Special-Event' aus, legte er sein festlichstes Ornat an: Lungi, langes, schmal geschnittenes Hemd und Schal, alles aus naturweißer Seide und an den Rändern mit Goldfäden verwebt. Er war eine eindrucksvolle Erscheinung. In seinem langen, weißen Gewand und mit dem weißen Strubbelkopf und dem Rauschebart erinnerte er mich manchmal an Miraculix!

Als ich ihm zu meinem Vorstellungsgespräch in seinem Büro gegenübersaß, klatschte er mir ein paar simple Takte vor und forderte mich auf, sie nachzuklatschen. »Test!« sagte er mit wichtiger Miene. Die Klatschübungen erschienen mir ziemlich kindisch, und leicht verwirrt tat ich, was er von mir verlangte. Ich bestand den Test im Nu! Freudestrahlend reichte er mir ein lauwarmes, rostfarbenes Getränk mit der Bemerkung, dies sei ein ayurvedischer Wurzelsud und daher sehr gesund. Dann teilte er mir in sachlicher Kürze die Einzelheiten meines bevorstehenden Kathakali-Studiums mit. Eigentlich unterrichtete er nicht mehr; diese Aufgabe hatte er inzwischen seinen ältesten Schülern anvertraut. Doch in meinem Fall wollte er eine Ausnahme machen. Er selbst würde mich täglich von zehn bis zwölf Uhr unterrichten, außer montags, das sei nämlich der 'Shiva Day'. Dreimal die Woche werde eine Sängerin den Unterricht stimmlich unterstützen. In dem Häuschen neben seinem Büro könne ich wohnen, um meine Verpflegung müsse ich mich selbst kümmern.

Für das alles nannte er einen Preis, der sich zum Teil aus lächerlichen Pfennigbeträgen zusammensetzte und den indischen Verhältnissen vollkommen entsprach. Er nahm es mit jedem Rupie sehr genau, aber wohl eher aus Korrektheit als aus Geiz.

In seinem Bürozimmerchen hingen alte, verblichene Fotografien, die ihn als jungen Tänzer zeigten, umrahmt von Nehru, Gandhi und anderen prominenten Persönlichkeiten der indischen Vergangenheit. Auf manchen Fotos war auch seine Frau zu erkennen, die viele Jahre mit ihm gemeinsam auftrat. Ich hatte nicht die geringste Ahnung gehabt, wie bedeutend dieser Mann in Wirklichkeit gewesen ist. Da ich gegen die Geschäftemacherei von Sekten und sogenannten Gurus größte Abneigung hegte, hatte ich auf meiner Suche nach einem geeigneten Lehrer besonders darauf geachtet, einen echten Tänzer zu finden, der bei ausländischen Touristen noch kein Aufsehen erregt hatte. Der Beiname 'Guru' störte mich keineswegs, denn ich wußte längst, daß 'Guru' im Indischen 'Lehrer' heißt. Wie wahrhaftig Gopinath seine Guruschaft tatsächlich lebte, wurde mir erst viel später bewußt. Am Ende des Vorstellungsgespräches zeigte mir Gopinath das Häuschen, in dem er mich während meines mehrmonatigen Aufenthalts unterbringen wollte. Etwas argwöhnisch betrachtete ich es. Gegenwärtig diente es als Rumpelkammer und war bis obenhin vollgestopft. Es sah nicht gerade einladend aus. Er lachte mich an und versicherte mir, sein Sohn würde bis zu meinem Eintreffen Mitte April natürlich alles leer räumen und entrümpeln.

Er hatte wohl entschieden, daß es nun nichts mehr zu besprechen gab, denn er verabschiedete sich von mir. »Namasthe!« sagte er mit einer leichten Verneigung, die Hände vor der Brust gefaltet, drehte sich um und ging in sein Büro zurück. Nach altindischer Tradition gab er mir zum Gruß nie die Hand.

Ein paar Wochen später war es endlich soweit. Ich kehrte von meinem Abstecher nach Darjeeling, Nepal und Benares wieder in den mehr als dreitausend Kilometer entfernten Süden zurück. Als ich mein Häuschen bezog, traute ich meinen Augen nicht. Beim Anblick der Wand hinter dem Bett überfiel mich der reine Horror. Ausgerechnet dort, so nah am Bett, hockten zehn fette, dicht behaarte, handtellergroße Vogelspinnen!

Versteinert blieb ich auf der Schwelle stehen und versuchte, mich an die exotische Ausstattung zu gewöhnen. Ansonsten sah das Zimmer recht aufgeräumt und ordentlich aus. Das bescheidene Mobiliar, ein Holztisch, ein Blechstuhl und das Holzbett, machte einen geputzten Eindruck. Auch der Boden war gekehrt und der kleine Spiegel ohne angewachsene Staubschichten. Er hing viel zu tief! Wollte ich mein Gesicht darin betrachten, mußte ich mich bücken. Das Bett besaß keine Matratze. Aber das war angesichts der Vogelspinnen das kleinere Übel!

Heute kommt mir der verrückte Gedanke, daß die zehn Vogelspinnen vielleicht auf Gopinaths Veranlassung hin da waren. Als Zen-Spinnen sozusagen! Nach einer gewissen Zeit in Indien sind solche Gedanken gar nicht so abwegig. Um mir diesen Streich zu spielen, mußte er bestimmt nicht einen Finger rühren, sondern traf seine Vereinbarung direkt mit den Göttern, und die waren scheinbar nicht abgeneigt, meine Belastbarkeit und meine mentale Stärke auf so schockierende, aber im Grunde genommen harmlose Weise zu testen!

»This is your room!« hatte Gopinath mit freundlichem Zwinkern gesagt. Dann ließ er mich vor der geöffneten Tür einfach stehen. Seitdem war vielleicht eine geschlagene Stunde verstrichen. In der Betrachtung meines zukünftigen Heims versunken, war ich am Boden angewachsen und nicht weiter vorgedrungen als diesen einen Schritt! Durch zwei holzvergitterte Fenster ohne Scheiben bewarf die Sonne die skurrile Idylle mit bewegtem Licht. Ein schwacher Windhauch huschte geheimnisvoll säuselnd an mir vorbei. Leise Fetzen von Krähengezeter aus sehr weiter Ferne flogen herein, und singende Stimmen und Trommeln eines naheliegenden Tempels webten sich dazwischen.

Wie Prachtexemplare eines Insektenforschers hockten die Spinnen regungslos an der Wand. Krabbelviecher von solcher Größe totzuschlagen überstieg mein Vermögen. Noch saßen sie wie ausgestopft und angeklebt auf der Stelle, aber wenn sie tagsüber schliefen, was taten sie dann nachts? Ich stellte mir unwillkürlich vor, wie ich im Dunkeln in ihrer unmittelbaren Nähe ahnungslos schlafe. Sie könnten auf mein Bett krabbeln! Die Vorstellung war zum Grausen.

Ich stand noch immer unbeweglich an der Türschwelle, aller Entscheidungsmacht beraubt, unfähig, irgend etwas zu unternehmen oder wenigstens zu überlegen. Was sollte ich tun? Ich konnte mich doch nicht von zehn Vogelspinnen tyrannisieren und zum Wahnsinn treiben lassen. Realitätssinn könnte in diesem Fall helfen, einmal nüchtern zu bedenken, daß deren lächerliches Gesamtgewicht lediglich einen geringen Teil meines eigenen Körpergewichts ausmachte. Welche Blamage vor meiner Abenteurerseele!

Ich mußte Ruhe bewahren und versuchen, meiner unerfreulichen Lage mit mehr Nüchternheit zu begegnen. Eines stand fest: sterben würde ich jedenfalls nicht! Generell war ich nicht zimperlich, und die Angst, ich könnte auf meinen Reisen eines Tages durch den Biß von Schlangen, Skorpionen oder Vogelspinnen zu Tode kommen, hatte ich nie gekannt. Deshalb stapfte ich auch in barfüßiger Arglosigkeit durch den Dschungel. Was mich schreckte, das war meine Abneigung, von haarigen Insektenbeinen bekrabbelt zu werden.

Diese Überlegung rüttelte mich wach. Geistesgegenwärtig und endlich ernüchtert, zerrte ich das Bett etwa fünfzehn Zentimeter von der vogelspinnenbelagerten Wand weg. Die unmerkliche Veränderung tat ihre sofortige Wirkung. So konnte ich die Situation vorerst ertragen.

Der nächste Schritt war, eine Ablenkung zu finden. Gleichgültigkeit gegenüber zehn Vogelspinnen will gelernt sein. Ich beschwor das rettende Bild des nagelbrettsitzenden Fakirs und bat um hilfreichen Beistand. Allmählich konnte ich mich aus der Starre lösen. Ich holte mein Gepäck herein und flüchtete voller Tatendrang in die räumliche Gestaltung.

Eine morsche Holztür auf der gegenüberliegenden Seite des Zimmers führte in ein nacktes Kämmerchen von etwa einem Quadratmeter. Das war das Badezimmer! Auf Kniehöhe ragte ein Wasserhahn aus der verschimmelten Wand. Eimer und Schöpfer mußte ich mir noch kaufen, damit ich mich duschen konnte. Rechts daneben, durch eine rostige Blechtür abgetrennt, befand sich die Toilette. Es handelte sich um die etwas fortschrittlichere Art eines Stehklos mit einem Abfluß in den Untergrund. Eine Spülung gab es allerdings nicht, das ließ sich mit einem Eimer Wasser erledigen.

Zur linken Seite der Waschstelle mündete ein schmaler Durchgang in ein Zimmerchen, das ein wenig geräumiger war und sogar ein Fenster besaß. Wie die anderen zwei Fenster hatte es Gitterstäbe aus Holz. An dem einen Ende war ein breites Brett von Wand zu Wand in Tischhöhe angebracht worden. Seitlich hingen zwei Regalbretter, wie konnte es anders sein: viel zu hoch! Das sei die Küche, hatte Gopinaths Sohn Unni lapidar erklärt. Daß sich ein Mieter seine Feuerstelle selbst baute, galt in Indien wohl als selbstverständlich.

Ich streunte draußen umher und fand hinter dem Häuschen geeignete Backsteine, die ich in einer Ecke der Küche aufeinanderstellte. Nie gekannter Jubel erfaßte mich. Wie zu Robinson Crusoes Zeiten baute ich mir eine Feuerstelle! Meinen eigenen Herd! Ich fühlte mich in den glücklichsten Zustand auf Erden versetzt: Kindheit!

Kinder und Urmenschen kennen keine Arbeit, sie spielen! So mochte sich ein Buschmann in der weiten Kalahari fühlen. Aber im Gegensatz zur Kalahari in Afrika lag das Feuerholz hier überall in Fülle herum. Ich brauchte es nur aufzuheben.

Bald hatte ich herausgefunden, wie unterschiedlich die Naturalien brannten, und betrieb mit meinem dürftigen Eingeborenen-Wissen eine regelrechte Forschung. Die trockenen Palmblätter waren leicht entzündbar, brannten lichterloh und schnell ab. Sie eigneten sich gut zum Wasserkochen, zum kurzen Anbraten eines Omelettes oder zum Erwärmen der Milch. Eine richtige Mahlzeit aus Reis und Gemüsecurry verlangte ein ausdauerndes Feuer. Dafür verwendete ich die verdorrte Faserschicht der Kokosnüsse und die Aststücke der Palmwedel. Die harte Schale des Kokosnußkerns bot ein besonderes Schauspiel. Einmal entflammt, zischten die brennenden Gase geradezu explosionsartig aus allen Poren.

Mit einem einzigen Spaziergang durch Gopinaths Kokospalmenwald trug ich genügend Vorrat für mehrere Tage heim. Fein säuberlich sortierte ich das gesammelte Brennmaterial unter dem Tischbrett in der Küche und brauchte dann während des Kochens nur noch hinter mich zu greifen.

Die Organisation meines indischen Haushalts ging mir leicht von der Hand. Meine Phantasie tanzte Freudensprünge. Mit primitiven Mitteln und urwäldlerischer Improvisation für Wohnlichkeit zu sorgen, das war genau mein Fall. Hier bewährte sich meine Begeisterung für Tarzan und Jane! Die Erinnerung an die schlichten Raffinessen ihrer Baumvilla aus Bambus und Dschungelgeflecht inspirierte mich nachhaltig. Bis zum Abend hatte ich meine Bleibe recht gemütlich und originell ausgestattet. Es war zwar keine Tarzanvilla, doch dafür besaß ich die exotischste Innenausstattung: zehn Vogelspinnen als lebende Wanddekoration!

Wollte ich es nicht immer so exotisch wie möglich haben? Nun wurde mein Wunsch erfüllt.

Erschöpft saß ich auf der harten Bettkante, den Rücken der Spinnenwand zugekehrt, und betrachtete zufrieden mein bescheidenes Werk. Die qualmenden Räucherstäbchen verbreiteten den heimeligen Duft indischer Gemütlichkeit. Ich hatte sie in den Fensterrahmen gesteckt; dank der Löcher von Holzwürmern und Termiten konnte man ohne Hammer und Bohrer ein Haus einrichten. Auf dem Tisch stand eine Kerze, eine halbierte Kokosnuß diente als Kerzenständer, und daneben ein Schälchen mit wohlduftenden, wasserbadenden Tempelblüten.

Den ganzen Tag lang schwebten die Blüten von den Bäumen und übersäten den Boden mit einem gelblich-weißen Teppich. Tempelblüten sind größer als Jasminblüten, riechen aber ebenso eindringlich nach Paradies, nur etwas süßer. Wenn man sie als Schmuck hinter das Ohr steckt, ersetzen sie das Parfüm.

Auf der anderen Hälfte des Tisches lagen meine Tagebücher und meine Malsachen ordentlich gestapelt. Das Bett war nun mit einer bunten, indischen Decke bedeckt, und um den Spiegel herum hing eine Mala aus Benares.

Die dunkelbraunen, sehr langen Nußketten aus Benares sind berühmt. Jeder Hindu, der dorthin gereist ist, hat sie, jeder Pilger, jeder Heilige, jeder Sadhu und inzwischen auch jeder Ausländer, der diesen alten Ort am heiligen Ganges besuchte. Ich hatte gleich zwei Malas gekauft, ohne mir dabei etwas zu denken. Als Gopinath sie sah, verschlang er sie mit solchen Stielaugen, daß ich ihm eine schenkte. Er nahm sie feierlich entgegen, blinzelte mich kopfwackelnd an und trug sie stolz in sein Häuschen, wo sie einen Ehrenplatz erhielt. Seine kindliche Freude machte mich stutzig. Hatte er etwa noch keine Mala? War er nie in Benares gewesen? Noch bevor die Sonne untergegangen war und meine erste Nacht in dem Spinnenhäuschen anbrach, hatte ich mit meinen zehn unheimlichen Mitbewohnern ein stilles Abkommen geschlossen. Da sie schon vor mir hier gelebt hatten, räumte ich ihnen das Vorrecht ein, solange in meinem Zimmer zu wohnen, wie es ihnen beliebte. Ich würde ihnen nichts antun, und deshalb würden sie auch mir nichts tun! Ich verhandelte auf gleichberechtigter Ebene mit ihnen und ging davon aus, daß sie die friedlichen Strömungen meines Respekts wahrnahmen und instinktiv verstanden, was ich wollte. Nämlich das, was ein normal veranlagter Mensch mit haarigen Vogelspinnen überhaupt nicht will: Kontakt! Sie antworteten regungslos mit Schweigen.

Meine Not machte mich großzügig. Ja, sie durften bleiben, und ich lud sie dazu ein! Diese Sichtweise verschaffte mir ungeheure Erleichterung. Zuversichtlich ging ich zu Bett und war dankbar, daß es kein Nagelbrett war. Morgen würde ich mir eine weiche Matratze kaufen! Die grob gewebte Baumwolldecke war alles, was mich von dem blanken Holz trennte. Eine zweite Decke, die ich zusammengerollt hatte, war mein Kopfkissen und ein dünner, karierter Lungi aus Madras meine Zudecke. Immerhin genoß ich die Schlafsituation eines Mittelklasse-Inders. Matratzen benutzten lediglich die moderneren unter ihnen und die Angehörigen der Oberschicht. Ganz arme Familien hatten nur Bastmatten auf dem Boden. Für sie war ein nacktes Holzbett schon der pure Luxus.

Mir war furchtbar heiß. Aber ich sah ein, daß das Zudecken unerläßlich war, denn auf dem Land gibt es viele Moskitos. Kaum hatte ich meine Füße zum Abkühlen unter dem Lungi hervorgestreckt, da fielen die stechenden Biester schon über meine Zehen her.

Gelegentlich spukten mir Bilder von zehn Vogelspinnen durch den Kopf. Konnte ich mich nicht schnell genug davor retten, machte sich der Film selbständig und lief ohne meine Einwilligung weiter. Der Plot des Alptraums war ganz einfach: Die Vogelspinnen fühlen sich gestört, sie werden wach, der Rauch macht sie aggressiv, sie rennen kreuz und quer über die Wand, dann über den Boden, an den Bettpfosten entlang, krabbeln hinauf auf die Decke, unter meinen Lungi...!

Die Stille war eine Folter. Ob Vogelspinnenfüße beim Krabbeln Geräusche verursachten? Ich konnte an nichts anderes denken. Vielleicht würde ich es sofort hören, wenn sie sich unerlaubt herumtrieben? Draußen hob ein Grillenzirpen an und drangsalierte meine Psyche vollends. In der Ferne stimmten Frösche ein Dauergequake an. Ab und zu vernahm ich ein zartes Rascheln der Palmblätter, Hundebellen oder das plötzliche Aufschnarchen eines Tieres. Nur in meinem Spinnenhäuschen herrschte absolute Stille. Wenn es ein Geräusch gab, war es das Tropfen meiner Schweißperlen. Ich litt höllisch unter der Schwüle. Es war April, die heißeste Zeit! Im Mai ist es zwar genauso heiß, doch wenigstens sorgen vereinzelte Schauer für eine kurze Erfrischung, bevor im Juni die großen Regengüsse kommen.

Ich mußte ohne Ventilator auskommen, da half alles Hadern nichts. Mein Budget zwang mich zum Sparen und reichte daher nicht aus, zusätzlich zur Matratze einen Tischventilator zu kaufen. Da mußte ich also durch, so wie die meisten Einheimischen auch.

Trotz des dünnen Gewebes klebte der Lungi an meinem schwitzenden Körper. Ich suchte Linderung unter dem Wasserhahn, doch das Wasser kam brühwarm aus der Leitung. Ich machte das physikalische Experiment, einen vollen Eimer stehenzulassen, und siehe da, nach einiger Zeit hatte sich die Temperatur des Wassers abgekühlt. Zu duschen und dann naß auf dem Bett zu liegen, das war eine Wohltat, zumindest für eine Weile. Wenn nicht diese alptraumhaften Visionen von aggressiven Vogelspinnen gewesen wären! Reines Überlebenstraining. Es dauerte solange, bis ich endlich vor Erschöpfung einschlief.

Krähengeschrei weckte mich früh am Morgen. Erstaunt stellte ich fest, daß ich nicht einmal schlecht geschlafen hatte. Instinktiv blickte ich zuerst zu den Spinnen. Meine Sorge galt der beunruhigenden Frage, ob sie wohl noch vollzählig waren. Starr wie Spielzeugattrappen hockten alle zehn an der Wand und hatten ihre Positionen kaum merklich verändert. Ich konzentrierte mich und beschwor meine mentale Überzeugungskraft. Würden sie sich auf diesen Fleck beschränken, so könnte ich den Überblick behalten.

Entgegen allen Erwartungen war ich frisch und munter, lief ins Freie hinaus, und mir war gerade so, als hätte ich eine der schwierigsten Prüfungen bestanden. Die Morgensonne blinzelte verlockend durch das zitternde Blätterwerk. Die Luft war jung, von angenehmer Kühle. Vögel piepsten in ihrem Versteck. Irgendwo plumpste eine Kokosnuß zu Boden. Eine Horde Krähen fuhr kreischend hoch, floh in die Ferne. Herabsegelnde Tempelblüten verströmten archaischen Duft wie im Garten Eden.

...nur in einen karierten Lungi gewickelt, stehe ich barfuß da, versinke mit all meinen Wünschen in dem satten Grün rundherum, das mir das Abbild des Glücks offenbart...

Gedankenlos spazierte ich umher, ziellos und vergnügt, so wie ich als Kind durch Wald und Wiesen streunte. Überall fand sich etwas, das meine Aufmerksamkeit fesselte. Hier eine prächtige Urwaldblüte, da ein schillernder Käfer, ein Baum mit Riesenfrüchten, zauberhafte Stauden mit übergroßen Blättern, blühende Sträucher, herabgefallene Mangos, faul und angefressen von Ameisen und Würmern.

Hinter jedes Ohr eine Tempelblüte geklemmt und die Arme mit Brennmaterial beladen, schlenderte ich heim. Ich hatte auch Kokosfasern gesammelt, die ich zum Scheuern der Töpfe brauchte. Es schien an nichts zu fehlen in diesem Dschungel, und der uralte Traum von Mogli umgab mich, als ich nur einen Steinwurf von meinem Spinnenhäuschen entfernt auf dem Land des Nachbarn einen Elefanten erblickte. Am Stamm einer Kokospalme angebunden, stand er in der grünen Dschungelkulisse und fraß rüsselschwenkend von dem Grashaufen vor seinen dicken Stampfern.

In den hinduistischen Götterlegenden gibt es einen elefantenköpfigen Gott namens Ganesha. Er ist ein Sohn von Shiva, verkörpert Weisheit und Verstand, und er stellt als Vernichter von Hindernissen die Verbindung des Menschen zur Allmacht her. Unter den Souvenirs von meinen verschiedenen Reisen nach Indien befinden sich nur zwei Götterfiguren: ein Nataraj aus Bronze, die Darstellung des tanzenden Shiva, und ein kleiner Ganesha aus Granit. Es sind die zwei Göttergestalten, die fast jeder Reisende in seinem Gepäck heimschleppt.

Hungrig kehrte ich von meinem Streifzug zurück und probierte zum ersten Mal meinen selbstgebauten Herd aus. Im Nu kochte das Wasser, und ich schlürfte den köstlichsten Milchkaffee meines Lebens. Anschließend aß ich Haferschleim mit kleinen Urwaldbananen. Ein besseres Frühstück konnte ich mir nicht vorstellen. Ich saß an meinem Tisch und schaute durch das Fenster in die grüne Blätterwelt hinaus. Sogar das Geschirrspülen war eine reine Freude. Nackt hockte ich vor dem plätschernden Wasserhahn, scheuerte mit den gesammelten Kokosfasern den Milchtopf sauber und gönnte mir selbst zwischendurch einen kühlen Guß. Das hatte mit Arbeiten nichts mehr zu tun, es war Spielen.

Die Inder duschen gewöhnlich einmal am Tag, ich duschte allein bei jedem Abwasch zehnmal!

Um zehn Uhr begann der Unterricht. Der Tanzraum, nur wenige Schritte von meinem Häuschen entfernt, bestand lediglich aus einer überdachten, großen, glänzenden Steinfläche, die mit einem niedrigen Sitzmäuerchen eingefaßt war. Dort saß Gopinath im weißen Lungi und Kriegsbemalung, schlug mit zwei Stöckchen den Takt und sang dazu merkwürdige Verse: »Tak Ida Keda Taki Ta... Dam Da Da Tim... Ti Ki Da Dei... Ta Tim Da Kem Dom...« Unerbittlich drillte er mir Rhythmus und Grundschritte ein und jagte mich durch die Grundlagen des Kathakali-Tanzes. Hatte ich zuvor gemeint, zwei Stunden Unterricht pro Tag seien zu wenig, war ich nun heilfroh, daß er nicht länger dauerte. Am Ende meiner Kräfte fiel ich in den alten Lehnstuhl, den mir Unni vor die Eingangstür gestellt hatte. Ich war klatschnaß, den dünnen Baumwolloverall mußte ich auswringen und zum Trocknen aufhängen. Gopinath empfahl mir, erst nach zehn Minuten etwas zu trinken und danach zu duschen. Solche Anstrengung brauche Ruhe, erklärte er.

Völlig fertig hing ich in dem Lehnstuhl und tauchte augenblicklich in einen kurzen Erschöpfungsschlummer ab. Plötzlich stand der Boy vor mir und reichte mir eine frisch geöffnete Kokosnuß. Das tat gut. Er wartete, bis ich sie ausgetrunken hatte, und hackte sie dann mit einer Art Säbelmesser entzwei, damit ich das weiche Fruchtfleisch auslöffeln konnte. Fortan wurde jeder Unterricht mit diesem Kokosnuß-Ritual abgerundet, und es war erstaunlich, mit welcher Exaktheit sich der Boy an die von Guru Gopinath vorgeschriebenen zehn Minuten hielt.

Nach dem Duschen legte ich mich auf das Bett und machte ein Nickerchen. Gewöhnlich hielt ich kein Mittagsschläfchen, aber nach der Tanzerei gab es nichts Schöneres. Den Matratzenkauf verschob ich auf den nächsten Tag. Spätnachmittags wurde ich wach. Mein Magen knurrte. Aufgeregt begann ich mit der Zubereitung meiner Hauptmahlzeit, und auf der Türschwelle am Eingang kauernd, mit der paradiesischen Aussicht auf die üppige Blätterkulisse, putzte ich zeitvergessen das Gemüse. Wozu hätte ich mich auch beeilen sollen? Alle Zeit lag mir zu Füßen! Leidenschaftlich schlüpfte ich in die Rolle einer Eingeborenenfrau, die auf der steinzeitlichen Feuerstelle in ihrer Lehmhütte ein einfaches Mahl kocht. Den Abfall brauchte ich nur vor das Haus zu werfen, und schon wußten es alle Krähen. Wie Pfeilgeschosse stürzten sie vom Himmel, balgten sich lauthals um Gemüseschalen und Essensreste und boten mir ein sehenswertes Schauspiel.

Die zweite Nacht ging ich bereits viel gelassener an. Vor dem Löschen der Kerze überprüfte ich zwar etwas skeptisch die Position der Wandspinnen, doch nachdem ich ihnen mein Gute-Nacht-Gebet gewidmet hatte, schlief ich unbesorgt ein.

Am nächsten Morgen erwachte ich ausgeruht in der Dämmerung. Während es langsam hell wurde, saß ich im Lehnstuhl vor der Tür und schüttete meine wilden Träume auf die leeren Seiten meines Traumtagebuchs. Als die Sonnenstrahlen durch die Blätter blitzten, machte ich ein Feuer für das Frühstück. Danach blieb mir noch genügend Zeit bis zum Unterricht, um mit meinem ersten Eintrag in das Kathakali-Tagebuch anzufangen. Dieser Bericht wurde zu einer allmorgendlichen Pflicht, die ich mir selbst auferlegte. Jeden Schritt, jeden Blick, jede Fingerstellung, jeden Sprung, jedes Kopfwackeln, jedes Aufstampfen, jede Bewegung, alles, was ich am Vortag gelernt hatte, zeichnete und schrieb ich genau auf. Dadurch war ich immer gut vorbereitet, wenn ich um zehn Uhr meinem Lehrmeister gegenübertrat.

Den Matratzenkauf verschlief ich auch an diesem zweiten Tag, und nachdem ich das Vorhaben immer wieder verlegt hatte, verschob ich es auf nimmermehr. Die Vorstellung von dem nagelbrettsitzenden Yogi bestärkte mich, und nach einer Woche merkte ich nicht mehr, daß ich auf einem harten Holzbett statt auf einer weichen Matratze lag.

Auch meine haarigen Zimmergenossen an der Wand verursachten keine Besorgnis mehr. Kaum hatte ich mich an sie gewöhnt, geschah etwas äußerst Seltsames. Eines Morgens stellte ich fest, daß eine Spinne fehlte. Am nächsten Morgen fehlte wieder eine und danach wieder eine. Manchmal verschwanden sogar zwei pro

Nacht. Nervös durchwühlte ich jedesmal Schlaflungi und Decken, untersuchte das Bettgestell und meine Kleidung, die ich nach indischem Vorbild über eine quer durch den Raum gespannte Kokosschnur geworfen hatte. Aber ich fand nichts, was annähernd nach Vogelspinnen ausgesehen hätte.

Nach zwei Wochen war die Wand vogelspinnenfrei!

Sie hatten mein Häuschen verlassen, bis auf eine. Ich entdeckte sie auf der Toilette! Sie hatte sich nicht irgendwo in einem unerreichbaren Eck unter dem Dach niedergelassen, nein, sie hockte ausgerechnet an der ungünstigsten Stelle der Wand. Folgte ich der anatomischen Bauweise des im Boden versenkten Klobeckens, streckte ich ihr mein nacktes Hinterteil entgegen. Also ignorierte ich die Kloschüssel-Anatomie und drehte mich um. Jetzt hatte ich das Gruseltier direkt vor meiner Nase.

Die Vogelspinne führte mich buchstäblich an der Nase herum. Gelegentlich wechselte sie ihren Standort und marschierte zur nebenliegenden Wand. Aber stets in gleicher Höhe! Sie wollte partout nicht nach oben krabbeln. Mal saß sie links, mal rechts, mal hinten, und weil ich sie nicht aus den Augen lassen wollte, mußte ich meine Hockstellung ständig nach ihr ausrichten, reihum in alle vier Himmelsrichtungen.

Eh ich mich versah, war ich ihr hörig. Ich, die Kompaßnadel einer Vogelspinne? So durfte das nicht weitergehen. Besonders nachts im Finstern war der Gang zur Toilette der reine Horror. Mit Kerzenlicht leuchtete ich die Wände des winzigen Raumes ab, und erst, wenn ich die schwarze, achtbeinige Silhouette ausfindig gemacht hatte, wagte ich mich hinein. Jeder Toilettenbesuch strapazierte meine Nerven dermaßen, daß ich mich nicht daran gewöhnen konnte.

Als ich mir die Niederlage endlich eingestand, rang ich mich zu einem Entschluß durch: Ich wollte mich aktiv gegen den Spinnenterror wehren. Der Plastikschöpfer, den ich zum Duschen und Klospülen verwendete, erschien mir geeignet. Ich füllte ihn mit Wasser und schwappte den nassen Inhalt mutig über die schlafende Vogelspinnengestalt. Was dann folgte, wurde mir zu einer lebenslangen Belehrung. Entweder erschreckte sie sich so sehr, oder es war gar ein Angriff auf mich; jedenfalls sprang sie etwa einen halben Meter horizontal von der Wand ab und schnellte ebenso flink wieder zurück. Haarscharf an mir vorbei!

Ich reagierte mit Panik und Lähmung, war dankbar, daß ich etwas Schreckliches überlebt hatte, und beugte mich der höheren Gewalt. »Ich wollte dich weder töten noch verletzen, sondern nur verjagen! Aber du sollst deinen Willen haben und kannst machen, was du willst! Ich werde dich in Ruhe lassen!« sagte ich dieser widerspenstigen Spinne. Wieder war die Antwort regungsloses Schweigen.

Sie blieb noch genau zwei Tage, dann war sie für immer verschwunden. Seitdem war mir in Indien keine Vogelspinne mehr unter die Augen gekommen.

Bis heute frage ich mich, wie die zehn Vogelspinnen in mein Häuschen bei Gopinath gekommen sind. Dabei kommt mir in den Sinn, wie oft Gopinath meine unzähligen Fragen mit »I don't know!« beantwortet hatte. Ich konnte eine harte Nuß sein. Er auch. Einmal diktierte er mir in seinem Büro die Sanskrit-Texte der drei einstudierten Tanzstücke. Ich war ratlos, wie ich die fremdartigen Laute in mein deutsches Schriftbild übertragen sollte. Ich strapazierte Gopinaths Geduld. Mehrmals mußte er mir die Passagen vorsingen, bis ich endlich begriff. Er beharrte darauf, daß ich jedes einzelne Wort richtig ausgesprochen nachsingen konnte, bevor ich es unter seiner strengen Aufsicht niederschrieb. Erst danach durfte ich Fragen nach dem Inhalt stellen.

Ich erinnere mich genau an den Refrain 'schab scheia schab'. Die Aussprache fiel mir dabei nicht schwer, um so mehr hatte ich bei der Übersetzung meines Lehrers eine Blockade. »Sie singen und tanzen, schab scheia schab!« Sofort begann ich nachzuzählen und versteifte mich auf den einen Gedanken: 'schab scheia schab' ergab drei Wörter, von denen zwei gleich waren, und Gopinaths Übersetzung bestand aus vier verschiedenen Wörtern! Eine Kluft tat sich zwischen uns auf, es war wie ein Kampf zwischen der linken und der rechten Hemisphäre. Gopinath wurde immer zorniger, weil ich mich nicht zufriedengab, und schrie mir bald ein dutzendmal die Übersetzung ins Gesicht. Ich fürchtete schon, er würde mich zu guter Letzt aus seinem Büro werfen. Zwar blieb mir der Gedanke weiterhin unerträglich, nicht ganz genau zu wissen, was 'schab scheia schab' hieß, dennoch war es an mir, mich schülerhaft zu beugen. Mochte es so etwas wie 'schubiduu' bedeuten, ich würde mit dieser Ungewißheit leben müssen!

Gopinaths Zorn währte grundsätzlich nur so lange, wie der Gegenstand seiner Empörung greifbar war. Bereits die nachfolgende Strophe von 'schab scheia schab' sang er mir heiter und unbeschwert vor. Und nach vollbrachter Arbeit entließ er mich mit strahlendem Gesicht, als sei er besonders glücklich.

Nicht anders hatte ich ihn während des Unterrichts kennengelernt. Drohten meine Kräfte zu versagen oder entfiel mir, was ich eben gelernt hatte, drillte er mich mit einer Unerbittlichkeit, die mich an den Rand meiner Kräfte brachte. Ich weiß nicht, wie ich dazu kam, aber ich schwor mir, solange zu tanzen, bis mir die Füße abfielen. Es war mir unerklärlich, wie ich es schaffte durchzuhalten. Mit nahezu übernatürlicher Energie machte ich nie schlapp. Beim kleinsten Fehler konnte Gopinath so fuchsteufelswild werden, daß ich dachte, er würde nie wieder ein freundliches Wort mit mir reden. Aber nach der Unterrichtstortur schlenderten wir die wenigen Schritte bis zu seinem Büro und meiner Hütte wie zwei alte Freunde nebeneinander her, und er plauderte gut gelaunt mit mir, als hätten wir die vergangenen zwei Stunden nur Spaß gehabt. Den stimmungsunabhängigen Wechsel zwischen diesen zwei Welten von Unterricht und Alltag deutete ich als große Stärke von Gopinath, die ihn als wahren Lehrer auszeichnete. Er war der einzige Mensch in meinem Leben, der mich lehren konnte, mit Leib und Seele ein Schüler zu sein!

Der Unterricht begann und endete mit dem getanzten 'Namaskar', dem 'Ich will nichts'. Es ist das Gebet, mit dem jeder indische Tänzer seinen Tanz umschließt wie einen heiligen Kreis. Außerhalb dieses Kreises ist er ein Mensch wie jeder andere, innerhalb wird er zum Handwerkszeug Shivas. »Den Willen ablegen und sich öffnen«, erklärte Gopinath, deutete auf den obersten Punkt des Kopfes und beschrieb mit beiden Händen eine Art Kanal zum Himmel hinauf »...und Gott hereinlassen, damit er in dir tanzt!«

Das war die ganze Theorie, die mir Gopinath über den klassischen indischen Tanz mitteilte. Eine knappe Belehrung, die täglich aufs neue zu bewältigen war.

Die ersten zwei Wochen lernte ich die Grundschritte. Ich schwitzte eimerweise und gab alles. Gnadenlos wurde ich in vier verschiedenen Rhythmen kreuz und quer durch die Basis sämtlicher Schrittkombinationen gejagt. Es war gleichsam eine Herausforderung an Körper, Seele und Geist, denn jede 'Section' bestand aus mehreren Einheiten, die sich nicht nur rein technisch voneinander unterschieden, sondern auch im emotionalen Ausdruck. Um die Verwirrung perfekt zu machen, kamen noch zwölf 'Finishings' hinzu. In schneller Folge warf mir Gopinath lediglich kurze Informationen zu, die ich ohne Unterbrechung und ohne das kleinste Zögern ausführen mußte. Dazu schlug er die zwei Stöckchen im Takt und sang die Namen der Schritte. Ich vermag nicht zu sagen, was mir schwerer fiel, die körperliche Anstrengung oder die Konzentration, blitzschnell in einen anderen Rhythmus, eine andere Gefühlslage und andere Schritte zu wechseln.

Stampfte ich mich fehlerlos durch die Übung, sagte Gopinath nichts, so als sei dies keine sonderliche Leistung, machte ich etwas falsch, wurde er unverzüglich laut, und war ich einmal außerordentlich begriffsstutzig, schimpfte er mich ungehalten aus. Zwar verstand ich nicht wörtlich, was er, auf dem Mäuerchen sitzend mit seinen zwei Taktstöckchen in den Händen, auf indisch fluchte, doch war unüberhörbar, daß er Blitz und Donner über mich schüttete. Obwohl mit seinen dramatischen Auftritten bald vertraut, war ich jedesmal verblüfft, daß er später auf unserem kurzen Heimweg kein Wort mehr darüber verlor. Vergnügt schwatzte er mal weniger, mal etwas mehr, doch nie zuviel und behandelte mich mit dem allergrößten Respekt.

Mit jedem Tag fühlte ich mich unfähiger. Ich kam mir richtig klein vor, völlig ungeeignet für den Kathakali-Tanz und fehl am Platz. Es mangelte mir an Demut, an der Einsicht meines widerspenstigen Willens.

Nach zwei Wochen äußerte sich Gopinath während des Heimschlenderns erstmals über den Unterricht und mein Können. Zwi-

190

schen Themen wie Sonnenschein und Regen erwähnte er beiläufig, wie weit ich inzwischen sei: »Für die Schritte, die du jetzt kennst, brauchen meine indischen Schüler sechs Monate.«
Ich war sprachlos. Das Kompliment tat gut, aber übertrieb er da nicht ein bißchen! Dann folgten wieder zwei Wochen härtester Lehrgang, ohne die leiseste Andeutung von Würdigung meiner vollbrachten Kraftakte und Leistungen. Mutterseelenallein rackerte ich mich durch einen dunklen Tunnel. Knieschmerzen meldeten sich während des Tanzens, und ständig wurde ich von meinem Meisters darauf hingewiesen, daß ich mehr in die Knie gehen mußte. Das war besonders schmerzhaft.
Gopinath folgte unverkennbar einem Zwei-Wochen-Zyklus, um mich zu loben. Ob er mit jedem seiner Schüler einst so verfuhr, weiß ich nicht, vielleicht tat er es nur mit mir. Womöglich brauchte ich diesen Zwei-Wochen-Takt, um Demut zu lernen? Zwei Wochen Vogelspinnen, zwei Wochen Drill ohne Lob...
Die Frage, was es mit diesen zehn Vogelspinnen tatsächlich auf sich hatte, bot in den folgenden Jahren genügend Stoff für Spinnereien. Ob es nun Gopinath oder die Götter waren, Schicksal oder Zufall oder alle zusammen, eines ist doch gewiß: Sie hatten es gut mit mir gemeint und die zehn guten Feen in häßliche Vogelspinnen verzaubert, um mit mir einen belehrenden Scherz zu treiben...

Gopinath brachte mir drei Tänze bei: den Ranga Puja (Bühnengebet), den Peacock-Dance (Pfauen-Tanz) und den Nataraja-Dance (Shiva-Tanz). Den Peacock-Dance hatte er in den dreißiger Jahren kreiert und vor dem Maharaja von Travancore aufgeführt. Gopinath war damals sechsundzwanzig Jahre alt gewesen, und für diesen Pfauen-Tanz hatte ihm der Maharaja einen sechs Pfund schweren Goldarmreif geschenkt. Besonders leidenschaftlich ließ er sich darüber aus, daß ein Pfund Gold über eintausendfünfhundert Rupees wert gewesen sei!
Im Juni fing der Monsun an, und so mußten wir nach dem Unterricht oft im strömenden Regen zu unseren Häuschen zurückgehen. Wie alle Inder hielt sich auch Gopinath die Hände über den Kopf, als könnte das bei den Wassermassen etwas nützen. Einmal

überwand ich mich und fragte ihn, warum die Inder ihren Kopf mit den Händen oder mit einem dünnen Taschentuch bedecken, sobald es regnet. Da meinte er, auf seinen Lungi deutend, zu dieser Kleidung passe kein Hut, aber Hüte mag er sowieso nicht, normalerweise nimmt er einen Regenschirm! Meine Frage war damit in keinster Weise beantwortet, und ich versuchte einen zweiten Anlauf: Ob denn in dieser Geste etwas Mystisches steckte? Nein, nein, lachte er über das ganze Gesicht, zu dieser Kleidung passe kein Hut, sonst habe man einen Hut auf! Das war wieder typisch, eine echt indische Antwort!

Außerhalb der Unterrichtszeit gab es kaum Anlaß, miteinander zu reden. Niemals hätte er einfach an meine Tür geklopft oder wäre vor mein Fenster getreten, um zu sehen, ob ich da sei. Stets blieb er in einiger Entfernung auf dem Weg stehen und rief meinen Namen: »Selvi!« Erst wenn ich die Tür öffnete, kam er oder sprach von weitem mit mir. Um so überraschter war ich, als er eines Nachmittags nach mir rief. Ich ging zur Tür, die tagsüber immer offenstand, und sah Gopinath, die Hände voller weißer Jasminblüten, schmunzelnd auf mich zutrippeln. Er strahlte mich mit seinen verschmitzten Augen an, überreichte mir den duftenden Blütenberg mit einem kecken Kopfwackeln und ging kommentarlos zurück in sein Büro.

Verwirrt stand ich auf der Türschwelle und betrachtete das Geschenk in meinen Händen. Meine Gefühle hopsten wild in mir, ich wußte nicht, ob ich ergriffen war oder lauthals lachen wollte. So lehrte er mich schmunzeln. Abends lag ich noch lange wach. Die Szene hatte mich zutiefst beeindruckt, sie ließ mich nicht mehr los, und ich schlief ein, während die Blüten, die nun in einer Wasserschale schwammen, mein Zimmer mit einem paradiesischen Duft füllten.

Gegen Ende meiner Lehrzeit stand der hohe Besuch eines indischen Fernsehfilmteams an, das Gopinath beim Unterrichten beobachten wollte. Zufällig war ich gerade zu dieser Zeit seine Schülerin. Je näher der Zeitpunkt rückte, desto nervöser wurde ich. Ich fragte Gopinath, ob denn die Inder nicht lachen werden, wenn ich ihnen Kathakali vortanze. Entschieden verneinte er und erwiderte, ich hätte das Niveau und könne beruhigt meinen Tanz vorführen, ich bekäme Applaus! Ich muß gestehen, die Auszeichnung hatte mich beruhigt. Nach einer längeren Pause fügte er wie zur Erklärung meiner tänzerischen Fortschritte hinzu: »Du hast einen ähnlichen Körperbau wie die Inder. Du bist wie eine Inderin, du kannst tanzen!«

Samudra Beach... Langsam wandten sich meine Gedanken von der Gopinath-Zeit ab. Der Tag war wie ein Traum an mir vorübergezogen. Vom frühen Morgen an hatte ich mich in die Vogelspinnengeschichte hineingesponnen und viele Seiten beschrieben. Satt von den Erinnerungen, lehnte ich mich zurück und reckte mein Gesicht gen Himmel. Die Füße auf dem Tisch und in den Anblick des Abends versunken, genoß ich den Luxus, in aller Ruhe zuzuschauen, bis das letzte Licht hinter den Horizont gesickert war.
Die elektrische Beleuchtung entlang der Balustrade löste die Sonne ab. Ich packte meine Schreibsachen zusammen, stellte Teekanne und Tasse obenauf und ging hinunter in mein kleines Zimmer im Küchenhäuschen. Das schmutzige Teegeschirr brachte ich Kumar, und bei der Gelegenheit bestellte ich gleich meinen Ingwertee, den ich stets um diese Zeit trank. Als ich nichtsahnend mein Bad betrat und das Licht anschaltete, machte ich eine unglaubliche Entdeckung: Auf den weißen Fliesen über dem Waschbecken hockte eine dichtbehaarte, handtellergroße Vogelspinne!
Für einen Moment spürte ich förmlich, wie sie jetzt alle auf mich schauten, die Götter, Gopinath, die Feen. Ich mußte mich erst einmal setzen. Bei geöffneter Badezimmertür, damit die Sicht nicht behindert war, ließ ich mich überwältigt auf der Bettkante nieder und betrachtete den Gast. Daß dieses Wesen von höchster Stelle gesandt worden war, das bezweifelte ich nicht. Es mag verrückt klingen, aber ich fühlte mich zutiefst geehrt. Da saß ich auf der Bettkante, glücklich vor Rührung, und starrte durch die offene Badezimmertür eine Vogelspinne an. Meinem Verstand hatte ich Schweigen geboten, denn hier handelte es sich um die Göttin der Vogelspinnen persönlich, die mir die Ehre erwies. Dieser Besuch konnte doch nur eine Auszeichnung sein.

Als ich mich gefaßt und an das Wunder gewöhnt hatte, kramte ich meine Kamera unter dem Bett hervor und machte ein Foto. In dem Glauben, von nun an würde ich mein Bad mit der Vogelspinnengöttin teilen, löschte ich das Licht und schloß die Tür. Ich wollte sie ungestört lassen! Und ich brauchte unbedingt jemanden, dem ich von dieser verrückten Alltagsmagie erzählen konnte.

Intuitiv ging ich in die Küche. Aber beim Anblick von Kumar, der gerade sichtlich gestreßt neben qualmenden Pfannen, dampfenden Töpfen und wilden Haufen von geschnipseltem Gemüse einen großen, glitschigen Fisch ausnahm, sah ich ein, daß ich mich in ein sinnloses Unterfangen begab, wollte ich ihm jetzt meine Geschichte von der mysteriösen Vogelspinnengöttin mitteilen. Kurzentschlossen verwarf ich mein Vorhaben und erinnerte ihn nur an meinen Ingwertee.

Unschlüssig streifte ich ums Haus. Shajahan saß in einem Korbstuhl auf der Veranda vor seinem Zimmer. Nach seiner zusammengesunkenen Haltung und seinem fernen Blick zu urteilen, schien er in ein vorübergehendes Nirwana gefallen zu sein. Sein beleibter Onkel hockte dösend in dem Korbstuhl daneben. Auf dem kleinen Tisch zwischen ihnen standen zwei Gläser, eine angebrochene Flasche Whisky und ein übervoller Aschenbecher. Würde ich hier meine aufregende Spinnengeschichte erzählen, wäre es reine Energieverschwendung!

Auf dem Dach warteten auswärtige Gäste auf ihr Dinner. Etwas tapsig versorgte Prabha sie mit romantischem Kerzenlicht, kaltem Bier und tröstenden Sprüchen. Er wurde nicht müde, höflich zu versichern, daß der Fisch, den Kumar eben erst ausnahm, in Kürze serviert würde.

Unverrichteter Dinge schlich ich in mein Zimmer zurück und schrieb einen Brief an jene Freunde, von denen ich wußte, daß ihnen verrückte indische Geschichten höchstes Vergnügen bereiteten. Als ich zwischendurch zur Toilette ging und das Bad betrat, gab es eine neue Überraschung: Die Vogelspinne war weg!

Später klopfte es an meiner Tür, und durch mein Fenster flog Kumars Stimme herein: »Mandi! Jaia!« Ich sprang auf und nahm ihm Teekanne und Tasse ab. Zufällig bog Prabha um die Ecke, und ich hatte den Eindruck, als sei er zu einem kleinen Plausch aufgelegt. Die Gelegenheit wäre günstig, dachte ich und kündigte ihm eine 'Magic-Story' an. Gespannt auf meine Geschichte, schaute er mich erwartungsvoll an. Doch kaum hatte er etwas von Spinnen gehört, strotzte er vor Tatkraft und Besorgtheit. »WHAT!? You have spider in your bathroom?!« stieß er voller Entsetzen aus, als sei von einem Ungeheuer die Rede gewesen. Natürlich müsse sie unverzüglich besichtigt und beseitigt werden, beschloß er stirnrunzelnd und wollte, zu allem bereit, mein Bad stürmen. Sogar Kumar bekam einen gefährlichen Vogelspinnenmörderblick. Ich lachte und beruhigte sie, aber meine Erklärungen, daß ich mich nicht beschweren wollte, sondern versuchte, ihnen von einer mysteriösen Begegnung zu berichten, und daß die besagte Spinne längst verschwunden war, hielten die beiden nicht davon ab, sich selbst zu überzeugen. Also standen sie fachsimpelnd in meinem engen Badezimmer, und nachdem sie sich besprochen hatten, wandte sich Prabha mit dem Blick eines Spinnenforschers zu mir und klärte mich sachkundig auf: »They come through the window!« Die Spinnen kommen durch das Fenster herein! Er meinte das ernst. Ich gab es auf, ihm begreiflich zu machen, daß nicht irgendeine Spinne, sondern die Göttin der Vogelspinnen in meinem Bad gewesen war.

Als ich einige Monate später wieder in Deutschland war, berichtete ich meiner 'kleinen' Schwester von diesem alltagsmagischen Besuch der Vogelspinnengöttin. Verblüfft erwiderte sie: »Das glaubt dir keiner!«
Ich weiß, Schriftsteller erlauben sich gerne künstlerische Freiheiten. Aber ich erzähle hier lediglich die Wahrheit.

BESUCH BEI DER VARKALA-FAMILY

Montags war Shiva Day, für einen indischen Tänzer wie Guru Gopinath der heiligste Tag der Woche, für einen Schüler wie mich ein freier Tag.

Von Dienstag bis Sonntag hatte ich Unterricht. Die freie Zeit von Sonntagmittag bis Montagabend verbrachte ich auf verschiedene Weise. Je nach Wetterlage, von Hitze oder Regen abgeschreckt, blieb ich zu Hause und genoß es, einfach nichts zu unternehmen und nur dazusein. Ich frönte meinen Träumereien, schrieb auf, was immer ich gerade träumte und dachte, nähte mit der Hand, was mir zu kompliziert erschien, um es dem Singapore Tailor zu erklären, oder schnitt ihm ein neues, ausgefallenes Modell zu, und es war mir keineswegs zu umständlich, daß ich dies mit der Nagelschere tun mußte, weil ich keine andere Schere hatte. Meine sonst so knappe Zeit rückte in völlig neue Dimensionen.

Etwa alle zwei Wochen zwang mich der Verbrauch meiner Essensvorräte nach Trivandrum zu fahren, wo ich auf dem Markt und in den zahlreichen Geschäften alles bekam, was ich brauchte. Gelegentlich, wenn mich die Anwesenheit von westlichen Ausländern nicht störte, verband ich meinen Stadtbummel mit einem Abstecher zum Kovalam Beach. Meist übernachtete ich auch dort. Zur heißen Zeit und während des Monsuns nur von einigen Hippies bevölkert, war es einigermaßen erträglich und außerdem billig.

Eine seltsame Wandlung ging in mir vor. Ich suchte das Alleinsein, fühlte mich geborgen so allein in der Fremde. Innerer Friede wurde zu einem Dauerzustand. Gespräche mit westlichen Reisenden ermüdeten und langweilten mich schnell. Daß es mich dennoch an den Strand von Kovalam zog, hatte nur eine einzige Ursache: das Meeresrauschen.

Manchmal nahm ich den langen Weg in Kauf und fuhr nach Varkala. Dort besuchte ich meine indische Family, und Meeresrauschen gab es dort auch, rund um die Uhr.

Obwohl die Kathakali-Schule nur zwanzig Kilometer nordöstlich von Trivandrum lag, erforderte die Strecke bei den damaligen Straßen- und Transportverhältnissen mindestens eine Stunde. Vor dem Viswa Kala Kendra führte eine Buslinie vorbei, aber die stundenlange Wartezeit lohnte sich nicht. Den kurzen Spaziergang zur Junction nahm ich gerne in Kauf.

Dort verkehrte ein Bus, dem zumindest anzumerken war, daß er sich um Regelmäßigkeit bemühte! Er hielt am südlichen Busbahnhof in der Nähe des Tempels und des Basars. Zum Kovalam Beach brauchte ich hier nur in einen anderen Bus umzusteigen, was stets mit Wartezeiten und Rangeleien beim Einsteigen verbunden war. Manchmal kam ich nicht mit und mußte auf den nächsten Bus warten. Eine Fahrt nach Kovalam war also nicht unter zwei Stunden zu schaffen.

Wollte ich nach Varkala weiterreisen, das fünfzig Kilometer nördlich von der Hauptstadt entfernt ist, führte mich ein Fußmarsch von etwa fünfzehn Minuten quer durch das Zentrum. Der Varkala-Bus fuhr nämlich an einem anderen Busstand los! Er befand sich praktischerweise gegenüber dem Hauptbahnhof. So konnte ich bei zu großen Verspätungen kurzfristig den Zug nehmen. Je nachdem, ob ich einen 'Express' oder 'Mail' erwischte, dauerte die Fahrt zwischen einer und zwei Stunden, bis ich Varkala Station erreichte.

Wurde aus irgendwelchen politischen Gründen gestreikt, blieb am besten jeder daheim. Es gab zwar einen Ersatz für Zug und Bus, aber der war dann immer so hoffnungslos überfüllt, daß es einem Reisenden aus dem zivilisierten Westen nicht gelang zuzusteigen. Man mußte rücksichtslos sein, um sich die drängelnden Nachbarn mit Ellbogen vom Leib zu halten und notfalls auch über sie hinwegzutrampeln. Die Einheimischen hatten damit keinerlei Schwierigkeiten, gehörten doch derartige Überlebenskämpfe seit jeher zu ihrem Alltag.

Es wird ständig demonstriert und gestreikt, vor allem in der Hauptstadt. Diese Protestfreude mag vielleicht für den wesentlichen Unterschied verantwortlich sein, mit dem sich das kommunistisch regierte Kerala von anderen kommunistisch regierten Ländern der Welt deutlich abhebt. Die von Gegnern verpönten, trostlosen Begleiterscheinungen kommunistischer Lebensanschauung kommen bei soviel Buntheit, Lebendigkeit und Musikalität der Demonstranten nicht zum Zuge.

Der Bahnhof von Varkala und der Strand liegen drei Kilometer auseinander. Da ich mir die Fahrt mit der Rikscha damals nicht leisten konnte, bevorzugte ich meistens die geruhsamste Fortbewegungsart und ging zu Fuß. Das letzte Stück, ein von Kokospalmen gesäumtes Sträßlein, das sich an Reisfeldern vorbei zum Meer schlängelte, wurde ausschließlich von Rikschas und Privatautos befahren. Das Ende der asphaltierten Wegstrecke mündete in ein paar von Wind und Wetter ramponierte Steinstufen, die vor einer Barriere aus wild hingeschütteten Felsbrocken einfach aufhörten. Nach kurzer Kletterei erreichte ich den Strand und stapfte das allerletzte Stück meiner Wochenendreise bis zum 'Green House' barfuß durch den Sand.

Ich wohnte immer dort. Die Lage konnte nicht besser sein. Nur fünfzig Meter weit weg war die tosende Brandung allzeit zu hören und zu sehen. Eine Wanderung führte über die Klippen in den Palmenwald, wo ein anderes 'Green House' stand, das zufällig so hieß, weil es auch einen grünen Anstrich besaß. Bei der Junction gab es noch eine kleine Pension, ansonsten vermieteten die Einheimischen ihre einfachen Privatzimmer.

Im 'Green House' funktionierte nichts! Die Toilette, ein westliches Sitzklosett, war ein stinkender Behälter, in den man besser nicht hineinschaute. Anfangs lieferte die Dusche wenigstens Wasser, wenn es geregnet hatte. Später hatte sich der Rost in Düsen und Leitung so weit fortgefressen, daß sie zu nichts mehr taugte, außer zur kreativen Entfaltung von Schrottkünstlern! Beuys hätte vermutlich die komplette Badezimmereinrichtung mitgenommen.

Der Bau bot dem Betrachter ein verwirrendes Bild; er erinnerte an den Bungalow des Erfinders Daniel Düsentrieb aus Donald Duck. Manchmal stand ich davor und wurde von einem merkwürdigen Science-fiction-Gefühl erfaßt. In eine Zukunftsstimmung versetzt, konnte ich den verrotteten Zustand meiner eigenen Gegenwart betrachten!

Hinter dem 'Green House', zwischen den Terrassen der Reisfelder versteckt, war das vermooste Wasserbecken, aus dem sich der

Zimmergast mit einem Eimer Wasser holen mußte. Es eignete sich
jedoch nur zum Waschen; neben Moskitolarven konnte gelegentlich auch eine tote Krähe hineingeraten. Aber ich, einen nagelbrettsitzenden Fakir zum geistigen Verbündeten, war von dem Kokos-
palmenstrand-Paradies so fasziniert, daß ich damit sogar meine
Zähne putzte!
In den Zimmern gab es keine Betten, die Matratzen lagen auf dem
schmutzigen Steinboden und waren nie mit einem Stoffüberzug in
Berührung gekommen. Die Lichtschalter hingen an nackten Ka-
beln lose an den verschmierten Wänden. Bevor ich das Licht ein-
schaltete, mußte ich zuerst ein Streichholz entzünden oder auf die
Taschenlampe zurückgreifen, damit ich das Lichteinschalten auch
überlebte. Über mangelnde Abenteuer konnte ich mich hier nicht
beklagen!
Krischna, der vom Besitzer als Aufpasser eingestellt worden war,
hatte recht eigentümliche Ansichten von den Pflichten eines Ho-
telmanagers: Zimmerschlüssel aushändigen und Geld kassieren!
Er praktizierte sozusagen ein 'sit and wait', denn bei den wenigen
Gästen gab es nicht viel zu beobachten
Die vier Zimmer waren auf zwei Etagen verteilt, was für die länd-
liche Gegend ziemlich fortschrittlich anmutete. Ich bevorzugte die
Zimmer im ersten Stock, weil sie auf eine breite überdachte Veranda hinausführten, wo ich auch bei Sturm und Regen sitzen und
auf das tobende Meer schauen konnte.

Nicht selten war ich fünf Stunden unterwegs gewesen, wenn ich
das 'Green House' erreichte. Meine Varkala-Family entschädigte
mich für die lange Anreise. Die arme, kastenlose Familie war der
Hauptgrund meiner häufigen Ausflüge nach Varkala. Sie lebte oben
auf dem Felsplateau des Papanasam Beach. Ohne fließendes Wasser, ohne Brunnen, ohne Strom! Mehrere Generationen teilten sich
die Lehmhütte, die nicht größer war als mein Häuschen bei Gopinath. Die Hütte gehörte Sumadhi. Sie hatte außer einem Sohn drei
hübsche Töchter. Asha und Anida waren noch ledig, Damaindi,
die Älteste, verheiratet. Mit ihrem Mann Sathyan und ihrem zwei-
jährigen Töchterchen Jeya durfte sie sogar in einem zwar winzi-

gen, aber eigenen Kämmerchen schlafen. In dem Kämmerchen daneben schliefen die Eltern, und in dem luftigen Vorraum nächtigte der Rest der Familie. Das waren die zwei Schwestern Asha und Anida, der Bruder Rahu, der bucklige Cousin Unni und manchmal auch eine Tante, die zu Besuch war. Dann gab es noch eine schwarzverräucherte Lehmküche im unverfälschten Eingeborenenstil.

Die bauchigen Blechkrüge unter den Arm geklemmt und oft noch eine Wanne voll schmutzigem Blechgeschirr auf dem Kopf, kletterten die jungen Mädchen den steilen Pfad an der bröseligen Felswand hinunter, um an der Mineralquelle am Strand ihr Wasser zu holen und bei dieser Gelegenheit gleich das Geschirr zu waschen. Es war das beste Wasser des ganzen Umkreises, das sich sogar für den westlichen Gaumen eignete und ohne Filtern und Abkochen bekömmlich war.

Die Quelle am Papanasam Beach ist etwas ganz Besonderes. Sie gilt als heilig und ist fester Bestandteil im Kreislauf der Zeremonien, die seit Jahrhunderten zahllose Pilger an diesen verschlafenen Fischerort führen. Auf dem Felsplateau der anderen Seite des Sträßchens steht ein bedeutender Tempel, in dem es hoch hergeht, wenn ein wichtiges Fest gefeiert wird. Unweit entfernt befindet sich ein Wassertank. Hier baden und waschen sich jene Menschen, die kein eigenes Bad besitzen. Dann gibt es noch einen kleinen Markt, ein paar Shops und viele Hüttchen und Häuschen unter hohen Kokospalmen. Dort oben bei dem Tempel lebte Sathyans alkoholsüchtiger Vater mit seinen verheirateten Töchtern und Söhnen in ärmlichsten Verhältnissen.

Wenn Damaindi zum Markt ging oder zum Tempel oder zum Busstand an der Junction, mußte sie immer am 'Green House' vorbei. So lernten wir uns kurz vor Beginn meines Tanzstudiums bei Guru Gopinath kennen.

Bei unserer ersten Begegnung litt sie unter furchtbaren Zahnschmerzen. Ihre dick angeschwollene Backe war unser erster Gesprächsstoff. Obwohl sie eigentlich kein Englisch und ich kein Malayalam verstand, redeten wir miteinander. Ich erfuhr, daß sie beim Arzt gewesen war, der ihr Tabletten verschrieben hatte, daß sie verheiratet war und ein Baby hatte und daß sie mit ihrer Familie dort oben wohnte.

Sie lud mich ein, damit ich ihre Familie kennenlernte, und das war für alle Beteiligten ein fröhliches Ereignis. Als sie hörten, daß ich Kathakali studieren wollte, empfingen sie mich um so herzlicher, und ich durfte nicht eher gehen, bis sie mir meine ersten zwei Malayalamwörter beigebracht hatten: »Varu veedhil!« Wörtlich übersetzt heißt das: Komm zur Hütte!

Diese zwei Worte wurden von da an zu unserer Abschiedsformel. Nacheinander trat jeder einzelne vor mich hin, blickte mir treuherzig in die Augen und fragte: »Varu veedhil?« Dabei blickten sie mich mit einem ernsten, geradezu bekümmerten Ausdruck an. Ich antwortete: »Varu veedhil!« Sobald ich dieses Sätzchen wiederholte, hellten sich ihre Gesichter auf.

Schnell wurden wir Freunde, und als ich ihnen meine ersten zaghaften Kathakali-Schritte vorführte, gehörte ich beinahe zur Familie. Wenn ich am Montagnachmittag wieder nach Trivandrum zurückfuhr, ließ es sich Damaindi nicht nehmen, mich, ihre Cheaji, zum Busstand oder zum Bahnhof zu begleiten. Manchmal ging auch Sathyan mit oder eine von Damaindis Schwestern. Mit einer Fürsorge, als sei ich noch nie alleine mit einem Bus oder Zug gefahren, wurde ich zu einem Sitzplatz eskortiert. Damaindi achtete darauf, daß ich in weiblicher Gesellschaft war, und betraute diese ausdrücklich mit der Aufgabe, auf mich aufzupassen. War das Zugabteil einmal besetzt, sorgte sie dafür, daß mich eine vertrauenswürdige, indische Familie in ihre Obhut nahm. Jedesmal, wenn der Bus oder der Zug mit mir davonfuhr, staunte ich über die seltene Art unserer Verbindung.

Auf meinen Reisen kreuz und quer durch Indien hatte ich Menschen aller Schichten kennengelernt, doch meistens standen unsere fremden Kulturen wie eine unüberwindbare Kluft zwischen uns. Gewiß gab es herzliche Begegnungen und interessante Gespräche, aber generell galt ich als die Reiche aus dem reichen Westen. Die Armen verlangten für jeden Blick ein Bakschisch und rannten mir bettelnd nach. Die Mittelständischen hatten zwar auch nichts Besseres im Sinn, wußten sich aber etwas raffinierter zu verhalten. Einen Abend lang plauderten sie mit mir, als seien sie ehrlich an meiner Person und an einem Kulturaustausch interessiert, spielten mir etwas vor, bis sie mit der herzerweichenden Geschichte ihrer tragischen Lebensumstände herausrückten und ihre Hand aufhielten. Spätestens dann wurde mir klar, daß dieser ganze Aufwand lediglich ihrem Business diente.

Kein Wunder, es gab ja genügend Ausländer, die sich solch eine rührende Story auf- und einen größeren Betrag Rupees abschwätzen ließen. Das war ein äußerst lukratives Geschäft. Der hundertfache Stundenlohn eines Stoffverkäufers! Bisweilen erweckte es den Eindruck, ein Inder könne an nichts anderes denken, als an die vermeintlichen Geldsummen in meiner Tasche.

Ihre Stories waren nicht zu verschmähen und bewiesen eine lebhafte Phantasie. Selbst wenn ich ihr wahres Anliegen längst durchschaut hatte, hörte ich neugierig zu. Ja, ich drehte den Spieß um und fragte sie meinerseits. Von ihrer auffällig gepflegten Erscheinung ließ ich mich nicht blenden. Sie logen, das war offensichtlich, aber ich stellte mich dumm und tat so, als begriffe ich nicht, daß ihre Taktik lediglich eine moderne Art zu betteln war. Ich brachte ihnen großes Verständnis und Mitgefühl entgegen und bemühte mich, ihre unglückliche Situation von psychologischer und philosophischer Seite zu beleuchten. Ich bot ihnen meine ideelle Hilfe an, lud sie freundlich zu Jaia oder Kopi ein und feixte insgeheim, weil ich ihre Ungeduld sehr wohl bemerkte. Ich betrachtete es als Spiel. Sollte mich jemand rumkriegen, hatte er seinen Vorteil verdient, wenn nicht, war es sein Pech!

Ohne einen Gedanken daran zu verschwenden, ihnen auch nur einen Paisa zu schenken, verstrickte ich sie in Diskussionen. Wurden sie gar dreist und wiederholten ungeduldig die mehrstelligen Zahlen, die sie von mir erwarteten, kam ich nicht umhin, ihnen meine Story aufzutischen, was ich mit ebensoviel Phantasie tat. Ich schlug mich wacker, und mein Gesprächspartner, von meiner Penetranz völlig entnervt, gab irgendwann auf und suchte das Weite. Manch einer fand Gefallen an meiner Hartnäckigkeit, dann konnten wir uns endlich ungezwungen unterhalten.

Geschäftstüchtig waren sie allesamt. Es folgte jedesmal die gleiche enttäuschende Szene. Die besten Absichten heuchelnd, luden sie einen zu sich nach Hause ein, stellten unschuldig lächelnd Frau und Kinder, Oma und Opa, Tante und Onkel vor, und nach einem gemeinsamen Rice-and-Curry-Mahl trugen sie genauso unschuldig lächelnd ihre dringlichsten Wünsche vor: »Tape-Recorder! TV! Car! House...« Ein Fahrrad hatten sie in den meisten Fällen schon. In bekannten heiligen Städten wie Puri, Benares und Rameshwaram waren sie besonders zahlreich vertreten, die Kunststudenten und falschen Sadhus, die braven Angestellten und Familienväter, die in den Ausländern eine Goldgrube fanden. Sofern ihre Story gut war. Gerade dort liefen auffällig viele Sadhus herum, die flüssig englisch sprachen, sich weltgewandt gebärdeten und einen Weißen kontaktfreudig ansprachen, sobald sie ihn erspähten.

Normalerweise lebt ein Sadhu zurückgezogen und bescheiden und widmet sein Dasein einzig den Göttern. Seine Kleidung besteht aus einem gewickelten Baumwolltuch in verwaschenen orangenen Farben, und sein ganzer Besitz sind ein Stab, ein Stoffbeutel und ein Eßnapf. Den Körper mit Asche eingerieben und die langen, verfilzten Haare aufgetürmt, ist er eine beeindruckende Erscheinung. Er bettelt nicht, sondern ernährt sich von Almosen. Sadhus trifft man an den einsamsten Stellen und überall dort an, wo ein Tempel und ein Lingam, dieses phallusförmige Symbol der Schöpferkraft, steht. Die meiste Zeit verbringen sie mit 'Bang', Marihuana, und Gebet! Oft sitzen sie in lässig stolzer Pose da, einen glückselig verklärten Blick in die Ferne gerichtet, und rauchen schweigend ein Shilom.

Mit echten Sadhus kam ich selten ins Gespräch, um so intensiver erlebte ich die kurzen Blickbegegnungen, die ich mit manchen von ihnen hatte. Es schien, als sei der Schatten, der die Menschen verschiedener Kulturen sonst so unüberwindlich voneinander trennte, hier nicht existent. Diese Augenblicke währten nicht länger als wenige Sekunden, und doch reichte diese kurze Zeit aus, um sich von Mensch zu Mensch in die Seele zu schauen. Vielleicht erkannten sich die Narren im tiefsten Innern? Im Grunde sind die Sadhus Narren, heute mehr denn je, da auch in Indien inzwischen der

Großteil der Bevölkerung nichts anderes im Sinn hat, als möglichst viele Rupees einzuheimsen.

An der Küste von Gujarat stieß ich bei einem Strandspaziergang auf zwei Sadhus, die neben einem Lingam im Sand saßen und ein Shilom rauchten. Ihre kaum vorhandenen Englischkenntnisse hinderten uns nicht, bis zum Sonnenuntergang zusammenzusitzen und unsere wenigen Habseligkeiten voreinander auszubreiten. Von einem großen Samenkern, den ich immer bei mir trug, waren sie sichtlich angetan, sie hatten ihn noch nie gesehen. Und ich wiederum bewunderte ihre dicke, weiße Muschel, die sie so bearbeitet hatten, daß sie Töne darauf erzeugen konnten. Zufällig hatte ich zwei Mandarinen dabei. Fachmännisch wurden sie Gott Shiva zum Opfer gebracht und anschließend genüßlich verzehrt. Das kreisende Shilom versetzte uns in eine alberne Kicherstimmung und inspirierte uns zu Geschichten, die wir zum besten gaben. Daß wir in Wirklichkeit verschiedene Leben führten, die gegensätzlicher nicht sein konnten, war in diesen Stunden nicht spürbar.

Puri in Orissa lag lange Jahre im touristischen Abseits und war daher noch nicht von geschäftstüchtigen, falschen Sadhus überflutet. Der Pilgerweg vom Tempel in der Stadt bis zum Meer hinunter war von einer lustigen Bettlergemeinschaft dicht gesäumt. Täglich ging ich dort entlang. Nach einer Weile ließen sie ihr mitleiderregendes Getue sein, wenn ich vorbeikam. Plaudernd blieben sie an den Ständen stehen und nach kurzer Musterung gesellten sie sich teetrinkend zu mir. Es war, als beträte ich einen Film, in dem alles rückwärts läuft. Der Nagelbrettsitzer sprang geistesgegenwärtig von seinem Nagelbrett auf, sobald er mich sah, und rannte mir grinsend entgegen, der im Dornenbett Sterbende war augenblicklich quicklebendig und in vollem Besitz seiner körperlichen Kräfte, Verstümmelte hatten plötzlich keine Schmerzen mehr und hoppelten mit einem Lachen daher, als fehlte es ihnen an nichts! Entdeckten sie allerdings Pilger, stürzten sie sich blitzschnell wieder in ihre Leidensposen. Sie konnten den opferbereiten Passanten ihren abschreckenden Anblick so überzeugend darbieten und dabei so schauerlich jammern, daß die Paisas nur so klimperten. Waren die spendierfreudigen Pilger dann weitergezogen, verstummte das Gewimmere und Geheule, und palavernd begannen die Bettler die ergatterten Münzen zu zählen.

...im ersten Moment will man auch da noch Mitleid mit ihnen haben, weil einem der lächerliche Wert jener Münzen bewußt wird. Ein Paisa entspricht etwa 0,05 Pfennig! Meist werden Fünf- bis Zehn-Paisa-Münzen gegeben. Solch winzige Beträge kann sich ein westliches Hirn nicht mehr vorstellen! Doch beim Anblick der kleinen Türmchen aus Paisamünzen, die sie vor sich aufgebaut haben, um den Gesamtwert zu errechnen, wird man schmunzelnd Zeuge vom Business der Allerärmsten und fühlt sich sogar geehrt, weil einem der Blick hinter die Kulissen gestattet wurde...

Sie brachten ihre Einnahmen zu bestimmten Kollegen, die nur das Geld wechselten. Was sollten sie auch mit all dem vielen Kleingeld anfangen, das sich nach einem mehrtägigen Tempelfest angesammelt hatte? Da hätten sie ja einen Schubkarren gebraucht! Die Geldwechsler machten ihren Umsatz damit, die Münzen der Bettler in Scheine und die Scheine der Pilger in Kleingeld umzutauschen. Ebensogut könnten sie Geldverkäufer heißen. Für einen Rupie bekamen die Pilger nur neunzig Paisa zurück. Beim Tausch von zehn Rupees ergab das einen Reingewinn von einem Rupie, also fünf Pfennige.

Wenn ich meinen Tee bezahlte und auf einen Rupie noch fünfzig Paisa, umgerechnet zweieinhalb Pfennige, zurückerhielt, wurde mir klar, daß diese Menschen eine reelle Chance hatten, ihr Leben zu bestreiten.

Vergnügt schlenderte ich weiter. Einige Bettler hielten ein Nickerchen, andere waren vertieft in das Münzenzählen. Bis zum nächsten Pilgerstrom, wenn es wieder hieß: »Achtung, Auftritt!«

Mit Damaindi und ihrer Familie verlief von Anfang an alles anders. Geld kam nie zur Sprache, außer rein informativ beim Preisvergleich zwischen Deutschland und Indien. Wenn ich ihnen den deutschen Preis einer Tasse Kaffee in Rupees umrechnete, erstarrten sie vor Schreck wegen der astronomischen Summe. Es entsprach dem Betrag, den Damaindi für einen Tag Kokosnüsseschleppen verdiente! Ich mußte aufpassen, daß sich ihr Mitleid, weil ich in einem so teuren Land lebte, im Rahmen hielt, sonst hätten sie mir noch ein paar Rupees zugesteckt. Als es um die deutschen Mietpreise ging und um die auch für mich unerschwingliche Summe eines eigenen Hauses, schlug mir Sathyan vor, ich solle einfach auf einem freien Stück Land eine Hütte bauen. Daß das in Deutschland absolut unmöglich ist, ob einem das Stück Land gehört oder nicht, ist ihm bis heute nicht begreiflich. Achselzuckend blinzelte er mich an und sagte: »Varu India!« Du mußt nach Indien kommen! Da kannst du dir eine Hütte bauen!

Und noch etwas war bei der Varkala-Family anders. So wurde die Hochzeit von Damaindi und Sathyan nicht wie üblich von den Eltern arrangiert, die beiden hatten sich selbst entschieden. Es war eine Liebesheirat. Sie durften etwas erleben, was die Mehrheit der indischen Bevölkerung nur im Kino sieht. Das Verlieben fängt für indische Paare, wenn überhaupt, erst nach der Hochzeit an!

Weil Damaindis Familie weder für die Mitgift noch für ein großes Fest mit vielen Gästen, Blütenkränzen, Priestern, Zeremonienmeistern, Musikanten und teuren Seidensaris genügend Geld aufbringen konnte, verzichtete Sathyans Familie auf das Brautgeld und das große Essen. Und auf die Braut! Entgegen den indischen Regeln zog Sathyan zu seiner Schwiegerfamilie. Gewöhnlich verließ die Braut ihre Familie und wohnte fortan im Haus des Ehemannes, von dessen Mutter sie dann nicht selten schikaniert wurde.

Wenn ich in Varkala war, verbrachte ich die meiste Zeit mit meiner Family. Für sie war es selbstverständlich, mich zu beköstigen. Sie wären mir böse gewesen, hätte ich auswärts gegessen. Als kleine Entschädigung brachte ich ihnen feinen Sandkuchen und Kaffee aus Trivandrum mit, für ihre Verhältnisse teure Luxusartikel.

Neugierig aufeinander, und ohne die Sprache des andern zu beherrschen, erzählten wir uns mit Hilfe pantomimischer Darbietungen, wie wir lebten, was uns Kummer bereitete und was uns erfreute. Wir sangen deutsche und indische Lieder und lachten über unsere Geschichten.

Mittlerweile kann ich aus einem notdürftigen Repertoire aus Malayalamwörtern schöpfen, um so mehr ist es mir heute ein Rätsel, wie wir unsere Unterhaltung damals bewerkstelligten.

Natürlich blieb es nicht aus, daß sie mich bedrängten, ihnen meine Kathakali-Fortschritte vorzuführen. Sie johlten und klatschten vor Begeisterung und zeigten dann ihrerseits, was sie alles konnten. Die Krönung waren zwei Nachbarsjungen, die als Fans von 'Mikel Sheksen', den sie im Fernsehen gesehen hatten, eine einmalige, urkomische Mischung aus indischen Bewegungen und modernem Breakdance vollführten!

Sobald ich mich am Sonntag spätnachmittags im 'Green House' eingemietet hatte, kletterte ich den waghalsigen Pfad über die Steilwand hinauf und begrüßte meine Family. Damaindi machte Kopi, aber ohne Milch, pappsüß und wäßrig, und alles stürzte auf den Kuchen, den ich mitgebracht hatte. Sumadhi bot mir ein Beedie an und gab mir mit einem brennenden Span von der Kochstelle Feuer. Sie ist die einzige Frau der Family, die raucht, was den Inderinnen im fortgeschrittenen Alter durchaus gestattet ist. Junge Frauen hingegen rauchen üblicherweise nicht.

Ab und zu las ich den Kindern aus der Hand und erfand ein schönes Leben für sie. Als ich der kleinen Jeya prophezeite, sie würde eines Tages eine 'Missis Doctor' sein, meinte Damaindi lachend, das wäre gut, denn wenn wir beide, Damaindi und ich, alt sind und keinen Ehemann mehr haben, könnte Jeya für uns die Rupees verdienen!

Daran erinnert sich Damaindi heute noch. Allerdings bereitet uns Jeya ein wenig Sorge. Damals war sie zwei Jahre alt, und heute als Teenager denkt sie an nichts anderes als ans Tanzen und an Babies! Ihr anfängliches Interesse für die Schule hat beängstigend nachgelassen. Seit vier Jahren lernt sie Englisch, aber ihre einzige Antwort auf meine simple Frage: »What is your name?« beschränkt sich auf ein stockendes Nachplappern; sie versteht nichts. Ich versuchte, sie mit einem Versprechen zu motivieren. Würden sich ihre schulischen Leistungen verbessern, würde ich ihr die teure Tanzausbildung bei einem Guru ermöglichen, die sich ihre Eltern nie und nimmer leisten könnten. Auch eine Tänzerin sollte Rechnen, Lesen und Schreiben beherrschen! Ob mein Ansporn Erfolg hatte, wird sich bei meinen nächsten Besuchen herausstellen.

Nach Kaffee und Kuchen, Plaudern und Handlesen kochten die Frauen das Abendessen. Manchmal half sogar Sathyan in der Küche mit, manchmal auch ich.

Das Kochen nach Eingeborenenart nahm viele Stunden in Anspruch. Nachbarinnen kamen vorbei, und während sie den neuesten Tratsch verbreiteten, beteiligten sie sich an den Vorbereitungen. Die damit verbundene Geräuschkulisse war ein ständiges Lachen, Hacken und Zischen. Gemeinsam wurde Gemüse geputzt und kleingeschnitten, Feuer geschürt und Zwiebeln gebrutzelt und auf dem wuchtigen Mahlstein Chili, Ingwer, Knoblauch und andere Gewürze zu einer Paste zerrieben.

Bei einer echten hausgemachten Currysoße darf das feingeraspelte Fruchtfleisch einer Kokosnuß keinesfalls fehlen. Das Schaben des harten Fruchtfleisches ist eine Kunst für sich, die eine gewisse Übung erfordert. Man sitzt auf einem eigens dafür konstruierten Schemel, an dessen Ende ein scharf gezacktes Eisenteil befestigt ist. Die Innenseite einer halbierten Kokosnuß wird daran solange gerieben, bis sie leer ist.

Wie alles andere, das ich aus meinem modernen deutschen Haushalt nicht kannte, sorgten meine ungeschickten Versuche, eine harte Kokosnuß auf indische Weise auszuschaben, für ein heiteres Unterhaltungsprogramm. Niemand wollte die Vorstellung versäumen, wenn die Cheaji aus Germany samt Schemel umkippte. Nicht nur die Kinder bogen sich vor Lachen, und alle feuerten mich an, es noch einmal zu probieren. Meine Anstrengungen, in der Eingeborenenhütte mitzuhelfen, wurde für sie zu einer Comedyshow, in der ich den Tölpel spielte, aber für mich war diese Rolle nicht minder amüsant!

Zuweilen kam mir der Gedanke, daß sie annehmen könnten, ich hätte noch nie Zwiebeln geschnitten! Oder Kartoffeln geschält! Selbst die einfachsten Dinge deutscher Haushaltsführung waren nach den Regeln einer Lehmhüttenküche für westlich geschulte Hände nicht leicht zu handhaben. Kartoffelschäler hatten sie nicht, auch keine handlichen Messerchen oder Holzbrettchen, auf denen ich zu Hause Zwiebeln und Gemüse schneide. In der Hocke vor einem Topf kauernd und ein riesiges Piratenmesser in den Händen, schnippelten sie in der Luft die Zutaten klein. Dabei redeten sie pausenlos. Das mußte erst einmal gelernt sein!

Damaindi brachte mir bei, wie ich das Messer richtig halten mußte und daß die Schneiderichtung immer vom Körper weg führte. Meistens fand sie es aber zu gefährlich, wenn ich mich nützlich machen wollte, und kichernd verwies sie mich zur Türschwelle, wo ich mich hinsetzen und zuschauen sollte. Gelegentlich gab sie mir irgendeine läppische Aufgabe, die bereits Jeya verrichtete. So saß ich dann auf der Türschwelle und ließ mir von der kleinen Jeya vorführen, wie man eine Jackfruit entkernte, was erneute Belustigung auslöste.

So armselig Damaindi und ihre Familie lebten, so unermeßlich war der Reichtum ihres täglichen Ausblicks. Während ich mir fast den Kopf verrenkte in meiner kleinen Erdgeschoß-Wohnung in Deutschland, um ein rechteckiges Stück Himmel zu erhaschen, erblickten sie Tag für Tag die Weite des Meeres bis zum Horizont. Dort oben bei den drei Hütten war der beste Platz, um die Sonne im Meer versinken zu sehen. Ich stand an der höchsten Stelle der Steilwand, den klaffenden Abgrund jäh zu meinen Füßen, ein Kitzeln im Bauch, wenn ich mich zu weit vorlehnte und hinabsah zu Brandung und Strand. Während die ganze Rasselbande der drei Hütten um mich herumtollte, durchjagte mich ein pures Glücksgefühl angesichts der Verschwendung. Ja, Verschwendung! Überfluß der göttlichen Dimension! So konnte ich mir den Himmel vorstellen! Kaum hatten mich die Kinder bei meiner Ankunft erspäht, wurde ich umringt wie Schneewittchen von den sieben Zwergen. Ich wußte es zu genießen, hier die Riesin zu sein. Je länger sie mich kannten, desto zutraulicher wurden sie. Von ihrer Lebenslust angesteckt, führte ich mich so kindisch wie möglich auf, was mir nicht schwerfällt, sofern mir das Umfeld dabei behilflich ist.

Dort oben hinter Damaindis Hütte entstanden im Licht des im Meer versinkenden Feuerballs meine besten Fotos von indischen Kindern. Weil ich ihre Cheaji war, konnte ich sie mit der entsprechenden Geschichte bald in jede Pose stellen, damit sie natürlich und das Foto wie ein Schnappschuß wirkte. Ich weiß, das klingt für den westlichen Fotografen unlogisch. Aber in Indien ist nun mal vieles verdreht! Ob jung oder alt, sobald Inder eine Kamera sehen, erstarren sie zu Stein. Schnappschüsse sind schier unmöglich. Um ein natürliches Foto machen zu können, muß man sich daher etwas länger mit den Menschen befassen. Selbstverständlich wollen sie fotografiert werden. Die Bilder allerdings sind oft alles andere als befriedigend. Wie unsere Urgroßeltern auf den Fotografien des vorigen Jahrhunderts stehen die Personen da, die man so lebendig in Erinnerung hat.

Mit der Zeit wurden auch die jungen Mädchen gegenüber der Kamera unbefangener, und ein Blick durch die Linse half ihnen, ihre anfängliche Scheu zu überwinden. Ich schmiegte mich an einen Palmenstamm und spielte ihnen vor, wie sie mit sehnsuchtsvollem Blick übers Meer in die Ferne schauen sollten. Zunächst reagierten sie, wie es sich für indische Mädchen gehörte, mit beschämtem Gekichere. Die Vorstellung, sie stünden hier in leidenschaftlicher Erwartung ihres Liebsten, der mit einem Boot zu ihnen käme, entsprach exakt ihren Träumen. Begeistert machten sie mit, bis sie lachen mußten. Hatte ich sie endlich auf das Schauspiel vorbereitet und die Szene eingerichtet, wurde es plötzlich mucksmäuschenstill. Wie beim Film, wenn der Regisseur »Action!« brüllt, damit die Szene zu leben beginnt, feuerte ich sie an. Die Wirkung war umwerfend. Die Rolle als Schauspielerinnen beflügelte sie zu meisterhaften Darstellungen. Welch erhabenes Gefühl mußte das für eine Kastenlose sein, eine Unberührbare! Ein Filmstar zu sein! Der ewige Traum der Ärmsten der Armen.

Wenn die hereinbrechende Dämmerung unseren Fototermin beendete, begleiteten sie mich zu den Hütten. Nach dem gemeinsamen Kochen und Essen würden wir den Filmstar-Traum weiterspinnen. Sie würden mir indische Filmschlager vorsingen und vortanzen, bis auch ich meine Kathakali-Fortschritte unter Beweis stellen mußte, umjubelt, beklatscht, ausgelacht. Und dann würden die zwei aufgeweckten Söhne von Damaindis Cousine mir stolz ihren 'Mikel-Sheksen-Tanz' vorführen. Es verging kein Besuch in Varkala ohne ihre komische Darbietung.

Spätabends dann, wenn es Zeit wurde zum Schlafengehen, brachte mich Sathyan zum 'Green House' hinunter. Damit mir ja nichts zustieß, wartete er solange vor meiner Zimmertür, bis ich von innen verriegelt hatte. Es war ihm sichtlich anzumerken, wie stolz er meine Taschenlampe hielt und den Pfad und das Schlüsselloch für mich ausleuchtete. Eine eigene Taschenlampe besaß er nicht, und so riß er sich förmlich um den Begleitschutz. Ich war froh darum, denn die herumstreunenden Hunde gebärdeten sich des Nachts wie wilde Tiere.

Am nächsten Morgen klopfte Damaindi zu ungastlicher Zeit bereits an meine Zimmertür und servierte das erste Frühstück: dampfender Jaia, sehr wäßrig, pappsüß und ohne Milch. Um ihn heiß zu halten und zu verhindern, daß nichts hineinfiel, hatte sie den Blechbecher mit einem Stückchen Bananenblatt zugedeckt. Selbst noch ein wenig verschlafen, setzte sie sich neben mich auf die Matratze und schaute lächelnd zu, wie ich ihren Tee trank. Die innige Stille, die sich dann um uns legte, machte mich stumm. Mein leises Schlürfen wurde zu unserem allmorgendlichen Dialog. War ich fertig, ging sie wieder zu ihrer Hütte hinauf und erinnerte mich daran, daß ich um acht Uhr zum Frühstück kommen solle.

Weil die Frauen schnell herausgefunden hatten, daß ich gerne Jackfruit aß, kochten sie mir häufig Jackfruitcurry, das sie mir mit Vorliebe morgens um acht vorsetzten. Von grinsenden Gesichtern neugierig umringt, mampfte ich tapfer die Riesenportion auf. Aber ohne den nagelbrettsitzenden Fakir im Gedächtnis hätte ich meinen nüchternen Magen nicht zu solcher Tat bewegen können. Das schaffte ich nur unter Anrufung der Geistesmächte!

Einmal hätte mich meine Gefälligkeit, so viel zu so früher Stunde zu essen, um ein Haar das Leben gekostet! Am Kovalam Beach hatte ich die junge Obstverkäuferin getroffen und ihr eine Ananas abgekauft. Während sie sie für mich schälte, sprachen wir miteinander, und am Ende lud sie mich zu sich nach Hause ein. Gegen Abend hatte sie alle Früchte in ihrem Korb verkauft, und ich begleitete sie in ihr Dorf, das einige Kilometer südlich von Kovalam an einem abgelegenen Fischerstrand lag. Es war ein langer Fußmarsch, unterbrochen von einer kurzen Schaukelfahrt mit dem Bus. In stockfinsterer Nacht erreichten wir die einfache Hütte ihrer Eltern. Einige Familienmitglieder schliefen bereits. Nach kurzem Begrüßungsgemurmel schlichen wir über die Schlafenden hinweg und teilten uns in einem Kämmerchen eine Bastmatte auf dem Boden.

Leider hatte ich den dummen Fehler begangen, im Laufe unseres Heimwegs von Jackfruits zu schwärmen. Ich hatte ja keine Ahnung, welches Ausmaß so ein Bekenntnis annehmen konnte.

Am nächsten Morgen jedenfalls verkündete meine Gastgeberin geheimnisvoll zwinkernd, daß sie eine Überraschung für mich hätte. Sie führte mich zu einer Nachbarin, die anscheinend auf nichts anderes gewartet hatte, als mir dampfenden Jackfruitcurry aufzutischen. Beim Besuch der nächsten Nachbarin dämmerte mir unheilvoll, was ich angerichtet hatte. Im Glauben, mir eine besondere Freude zu bereiten, schleifte mich die Obstverkäuferin von einer Hütte zur andern. Sämtliche Frauen jenes verwunschenen Fischerdorfes waren im Morgengrauen aufgestanden, um Jackfruitcurry für mich zu kochen!

Ich brachte es nicht übers Herz, ihre Gastfreundschaft zu enttäuschen, und mit Hilfe des imaginären Fakirs überfraß ich mich regelrecht. Es war erst elf Uhr vormittags, als ich nicht mehr konnte und fluchtartig dieses verhängnisvolle Dorf verließ.

An den Montagen in Varkala stand besonders häufig Jackfruitcurry auf dem Speiseplan. Da ich aber nur von einer Familie bewirtet wurde, konnte ich das Gericht durchaus genießen.

Die Montage in Varkala verliefen stets turbulent. Nach dem Frühstück begleitete ich Damaindi zum Markt, wo wir für das Mittagessen einkauften. Auf dem Rückweg besuchten wir weitläufige Verwandte, die uns mit der Geste des Außergewöhnlichen pappsüße Getränke servierten. In jenen ärmlichen Hütten bedeutete Süßes noch Luxus! Für mich, den verwöhnten Menschen aus der Überflußwelt, wurden diese Visiten zu Demutsübungen!

Kaum zurück, begannen wir gemeinsam mit den Schwestern, Tanten und Nachbarinnen mit dem Kochen. Nachdem sie mich mit einem gutgemeinten Abschiedsmahl gemästet hatten, mußte ich mich einer indischen Schönheitskur unterziehen! Die Frauen hatten schnell eingeführt, daß ich ohne ihr Make-up-Styling nicht nach Trivandrum abreisen durfte.

Mindestens ein Dutzend schwarzer Gazellenhände fingerte dann in meinem Gesicht und in meinen Haaren herum, und aufgeregtes Kichern füllte den Raum. Mein langes Haar wurde ausgiebig gebürstet, gekämmt und ergebnislos nach Läusen und Läuseeiern durchsucht. Daß sie nichts dergleichen fanden, versetzte sie jedesmal von neuem in höchstes Erstaunen.

Mit Kokosnußöl reichlich eingeschmiert, wurden meine Haare nach indischer Methode gestylt, bis sie mir schmalzig an den Schläfen klebten. Es war immer ein Schock, wenn sie mir stolz den schäbigen Handspiegel vor mein Gesicht hielten und ich mich darin erblickte. »Kollam! Kollam!« schrien sie enthusiastisch und lachten mich wohlwollend an. Schön! Schön! Sie meinten es tatsächlich ernst. Ich glaubte ihnen, obgleich sie mich nicht überzeugen konnten. Ich fand mich ausgesprochen häßlich und altbacken mit dem indischen Hairstyling. Der Anblick war mir unerträglich. Ich wunderte mich, daß sie mich wie eine Schönheitskönigin behandelten und mich ständig 'Filmstar' nannten.

Das indische Schönheitsideal kann mich bis heute nicht überzeugen. Am skurrilsten kommt es bei den echten Filmstars zum Ausdruck. Dicke Hotzenplotze, Riesenbabies mit schwarzen Elvis-Presley-Koteletten und mollige Prinzessinnen mit schmachtendem Kullerblick und Mopsgesicht sind die Lieblinge der Nation, die auf den Leinwänden der indischen Kinos tanzend und singend ihre tragisch naiven Heldentaten vollführen! Wenn der Film nach etwa drei bis vier Stunden zu Ende ist und alle seligen Blickes herausströmen, ist den Kinobesuchern deutlich anzusehen, wie sehr sie beeindruckt sind. Während das weibliche Geschlecht das berühmte Augenkullern übt, perfektionieren die Herren der Schöpfung den unverkennbaren Gang ihrer Helden und stolzieren aufgeplustert ihren Frauen voran, die kichernd hinter den Ehemännern hertrippeln.

Trotzdem ließ ich die Schönheitsprozedur geduldig über mich ergehen und gönnte meiner Family den Spaß. Solange ich nicht in den Spiegel schauen mußte, konnte auch ich lachen!

Niemals würde ich ihnen gestehen können, daß ich dieses ganze kostbare Kokosnußöl in meinen Haaren schon wenige Stunden später in der Kathakali-Schule wieder auswusch. Gopinath wäre von meiner Varkala-Maskerade sicherlich entzückt gewesen, dennoch vermied ich es, ihm in dieser Aufmachung zu begegnen.

Damaindi und ihre Styling-Crew ließen sich nicht davon abbringen, mich auch noch zu schminken. Mein ohnehin weißes Gesicht sei weiß eingepudert noch viel schöner! Also riefen sie: »Powder! Powder!« und stäubten mein Gesicht mit weißem Körperpuder ein.

Für eine Inderin hat der überall erhältliche billige Puder den Rang von Make-up. Wenn sie ausgehen und sich deshalb besonders schön machen wollen, dann pudern sie sich von oben bis unten mit diesem weißen Körperpuder ein. Vor allem aber das dunkle Gesicht! Da kann es schon mal passieren, daß die kleinen Kinder, neugierig und imitationsfreudig auf alles, was Erwachsene so treiben, in einem unbemerkten Moment an die Puderflasche geraten und fasziniert sind von dem Zauber, der ihre Haut so hell macht. Hinterher sehen sie wie unheimliche Zwergengeister eines Ureinwohnerstammes aus. Für indische Eltern sind solche Streiche jedoch kein Anlaß, sich zu ärgern. Sie überschütten ihre Geisterkinder mit brüllendem Gelächter und erschrecken sie ein wenig mit ihrem eigenen Spiegelbild. »Mandan-kutti!« lachen sie ihre weißen Schelme aus oder: »Mandi-kutti!«

An mir das indische Schönheitsideal zu verwirklichen, ist meines Erachtens nicht möglich. Sind doch die weiblichen Filmstars genauso pausbäckig wie ein deutsches Baby mit Übergewicht. Bei meinem schmalen und markanten Gesicht hilft alles Pudern nichts! Diese Filmstar-Bäckchen könnte bei mir allenfalls ein Visagist aus Hollywood hinkriegen.

Hatten Damaindi und ihre Schmink-Crew mich zu einstimmiger Zufriedenheit aller Anwesenden, außer mir, genügend eingepudert und hairgestylt, fehlten noch die Kleinigkeiten. Dazu gehörte die Bemalung der Augenpartie mit Kajal! Kajal gibt es in Indien zwar in rauhen Mengen, aber nicht als Stift, sondern in runden Plastikdöschen. Zum Auftragen der schwarzen Paste verwenden die Inderinnen ein Streichholz. Es erfordert einiges Geschick, einen einigermaßen geraden Strich zustandezubringen.

Folglich wurden meine Augen mit dicken, klecksigen Kajalstrichen geschmacklos umrahmt, und entsprechend sah ich hinterher auch aus! Es war wirklich eine langwierige Prozedur, da nacheinander alle solange daran herummalten, bis keine mehr etwas auszusetzen hatte. Mit gemischten Gefühlen verfolgte ich ihre Malereien in Gedanken. Ich konnte mich der Vorstellung nicht erwehren, der Kajalrahmen werde immer dicker und dicker und würde bald meine ganze Augenpartie bedecken! Sie brachten es einfach nicht zustande, meine sonnengebleichten Augenbrauen dezent zu schminken, und so sah ich jedesmal aus wie die bleiche Tante von den Marx Brothers!

Ich erduldete die Behandlung, und erst beim Anblick ihres Kunstwerkes im Handspiegel lief ich Gefahr, doch zum Spielverderber zu werden. Dann dachte ich an die Worte des dicken Holländers in Cochin: »India is full of humor!« Ja, ja, Indien ist voller Humor! Und das Lachen will verdient sein!

Mit dieser Gedankenbrücke kam ich über die Runden. Heute sind gerade Damaindis Schminkaktionen meine schönsten Erinnerungen an Indien. Schmunzelnd denke ich zurück an meine indische Häßlichkeit und erwache inmitten eines komischen Filmes mit dem Titel: Das Glück der Närrin! Da befand ich mich am Ort meiner Sehnsüchte in Moglis grünem Tropendschungel, hockte in einer primitiven Lehmhütte auf einem umgestülpten Eimer, weil es keinen Stuhl gab, und ließ mich nach allen Regeln der Kunst verunstalten! Dazu der Chorgesang meiner Eingeborenenfreundinnen, die außer Rand und Band über meine Schönheit um mich herum tanzten und kreischten: »Kollam! Kollam!«

Es existiert sogar ein Foto, auf dem ich, urwäldlerisch zum indischen Filmstar gestylt, neben der rassigen Damaindi vor einer Kokospalme unter aufgehängter Wäsche stehe. Das Verblüffende dabei ist, daß ich fröhlich in die Kamera strahle und Damaindi todernst blickt! Dasselbe Phänomen kann man auf indischen Hochzeitsfotos betrachten. Junge Brautpaare, umrankt von paradiesi-

schen Blütenkränzen und schillernden Seidensaris, präsentieren bei
ihrer Vermählung das unglücklichste Gesicht ihres Lebens!

Dem Gesetz indischer Fotografierkunst zufolge ist das Foto von
Damaindi und mir natürlich verwackelt, und außerdem ist die Bildaufteilung übertrieben himmellastig. Aber ein Inder fotografiert nun
einmal so! Ich war ja schon froh, daß Sathyan, der das Foto gemacht hat, nicht zur Bodenlastigkeit neigte, denn dann hätte er nur
unsere Füße abgelichtet.

Nein, ich will nicht über die indische Fotografierkunst lästern, das
muß ich an dieser Stelle einmal deutlich machen. Denn die lustig-
sten Erinnerungsfotos in meinem Reisealbum sind von indischer
Hand geschossen worden! Den ersten Preis schoß das Nesthäk-
chen der Varkala-Family, die inzwischen sechsjährige Chinnu. Ihr
ist wirklich ein Magic-Foto gelungen. Es war das allererste Foto
ihres Lebens. Deswegen war sie ziemlich aufgeregt, als Damaindi, Sathyan, Jeya, eine Cousine und ich am Strand zusammen-
rückten und voller Spannung warteten. Wegen Chinnus falscher
Handhabung der Kamera fingen wir an zu lachen und riefen und
brüllten. Und genau in diesem Moment drückte sie zufällig auf den
Auslöser! Ich habe auf der ganzen Welt kein Bild gesehen, auf
dem Menschen so lebendig abgebildet sind.

Auch der Singapore Tailor hat Originalität bewiesen und verewigte
sich fotokünstlerisch in meinem Album! Mit einem neugeschnei-
derten Outfit setzte ich mich neben einen seiner Söhne an die
Nähmaschine, und da der Vater mit der Kamera vollkommen überfordert war, durfte ihn einer der Angestellten beraten. Was dabei
herauskam, ist für einen, der sich für indische Fotografierkunst
interessiert, sehr aufschlußreich. Am unteren Rand des Bildes befinden sich unsere zwei grinsenden Gesichter, das Kinn haarscharf
angeschnitten, und der Rest der rigorosen Bildaufteilung besteht
aus der hellblauen Wand über uns mit dem Herrenmode-Plakat
aus den fünfziger Jahren bis unter die Decke zu den Spinnweben.

Die Mandi schweift wieder ab! Aber sie findet auch diesmal wieder den roten Faden und kehrt zu Damaindis Schminkerade zurück!

216

Das Make-up war nämlich mit der Kajalbemalung noch lange nicht zu Ende. Es folgte die Fortsetzung: »Lipstick!« Danach sah ich aus, als hätte ich gerade Unmengen von hochkonzentriertem Tomatenmark gegessen!

Zur Krönung der indischen Schönheitsbehandlung verpaßten sie mir feierlich das dritte Auge. Mal nahmen sie dazu Kajal, ein anderes Mal Lippenstift. Bis der Punkt endlich rund war, verging einige Zeit, jeder wollte zur Perfektion beitragen. In dieser Phase war ich längst in den Spiegelstreik getreten und weigerte mich, den unerfreulichen Prozeß meiner Verunstaltung im Handspiegel auch noch mitverfolgen zu müssen.

Gelegentlich war kein Kajal im Haus, weil sie es der Nachbarin verliehen hatten, und die konnte es momentan nicht finden. Aber ich konnte dem Ritual dennoch nicht entgehen. Kurzerhand verschwand Damaindis Mutter Sumadhi und kehrte mit einem großen, schwarzverräucherten Kessel aus der Küche zurück. Dessen Unterseite hatte so viel Ruß angesetzt, daß das Ersatz-Kajal für zehn Schminksitzungen und mehr gereicht hätte. Mit einem Streichholz fuhr sie über die Rußschicht und begann verschmitzten Blickes mit der Bemalung. Lächelnd umringten sie mich, berührten mich bewundernd am Arm und führten mich hinaus vor die Hütte, ins Licht.

Dann blieb nicht mehr viel Zeit, die Family hatte jetzt andere Sorgen. Nun stand etwas Wichtigeres bevor: der Abschied!

Entgegen der berührungsscheuen indischen Grußform drückte mir jede Frau und jedes Mädchen für eine Weile fest und innig die Hand und blickte mich dabei traurig an. Die Männer verhielten sich ein wenig zurückhaltender.

Meistens wurde für mich noch Selbstgebrutzeltes eingepackt, ausgebackene, steinharte Teigkügelchen oder Kringel, in die sich durchaus hin und wieder Ameisen oder kleine Käferchen verirrt hatten. In eigens dafür besorgten durchsichtigen Plastiktütchen wurden sie von Sathyan an einer brennenden Kerosinfunzel luftdicht verschweißt! Es gelang ihm nur selten eine Schweißnaht, ohne dabei nicht gleich mehrere Löcher in die Plastikverpackung zu brennen. Es war so, als spielte ein Kind Verpackungsfabrik.

Zu erleben, wie sich diese Menschen von mir verabschiedeten, rührte mich. Und daran hat sich bis heute nichts geändert. Noch immer verlasse ich Varkala mit feuchten Augen.

Nach sieben Jahren ereignete sich bei einem Abschied ein Ritual von unvergleichlicher Art, das mir ewig in Erinnerung bleiben wird. Vorausgegangen war etwas Schwerwiegendes. Sanil, der damals siebenjährige gehbehinderte Sohn von Damaindi und Sathyan, war von einem Kinderheim in Changanacherry aufgenommen worden. Dort wurde er ärztlich versorgt und täglich in die Schule gebracht. An diesem Glücksfall war ich nicht unwesentlich beteiligt gewesen, und die Kette der Zufälle ist lang, die in dieses vom Fremdenverkehr abgelegene Changanacherry führte, wo Sanil eine enorme Chance für sein Leben bekam.

Meine kleine Mithilfe mag wohl der Anstoß gewesen sein, der meine Family zu diesem ergreifenden Schritt bewegte. Für sie bedeutete die Unterbringung ihres behinderten Sohnes eine Fügung Gottes, denn wie hätten sie den immer schwerer und größer werdenden Sanil in die etliche Kilometer entfernte Schule bringen sollen? Das wenige Geld, das ihnen zur Verfügung stand, für die Rikscha ausgeben? Das war undenkbar. Nicht satt werden, nur damit der behinderte Sohn in die Schule gehen konnte? Die Zukunftsperspektive von Sanil hätte düster ausgesehen: gehbehindert, Analphabet, arm. In dem christlichen Kinderheim aber, das in Eigeninitiative von katholischen Nonnen geführt wurde, genoß er neben einer Schulausbildung und bester Unterbringung zudem eine medizinische Betreuung, die es ihm ermöglichte, wenigstens an Krücken laufen zu lernen.

Sanils rhythmische Begabung fiel mir früh auf. Alles, was sich zum Trommeln eignete, raffte er an sich und trommelte wie besessen zu seiner energischen Stimme. Er konnte ziemlich bestimmend sein, wenn ich nicht sofort dazu klatschte und mit ihm sang. Seine kleinen Hände droschen auf den Kochtopf ein, und sein herausfordernder Blick feuerte mich an mitzumachen. Es war eine Freude, wie sehr dieser kleine Bengel vor Kraft strotzte, sobald er etwas zum Trommeln hatte. Meine Muttergefühle waren von Anfang an für ihn entflammt. Ich hatte ihn im Arm gehalten, als er

nur wenige Stunden alt war. Er war ein Sonntagskind. Ein Stier-
junge. Damals wußte noch niemand von seiner Behinderung.
Von seinem Talent angetan wuchs eine Vorstellung in mir immer
deutlicher: eines Tages würde er ein Musiker sein und über seine
Behinderung hinauswachsen! Ich kaufe ihm eine klassische indische Trommel und sorgte für einen Lehrer, der einmal wöchent-
lich zu ihm ins Heim kam, um ihn zu unterrichten.
Am Ende dieser Vorgeschichte steht jener Abschied, der kurz vor
meiner Heimreise nach Deutschland zu einer rituellen Initiation
wurde. Seitdem gehöre ich unwiderruflich zur Varkala-Family. Ich
bin jetzt sozusagen eine halbe Varkalesin.
Wie immer saß ich zum Essen am Boden auf einer Bastmatte,
freundlich belagert von einer kichernden Schar Erwachsener und
Kinder, während die Frauen aufgeregt wie bei einem Bühnenauf-
tritt meine Abschiedsmahlzeit auftrugen. Es störte mich längst nicht
mehr, daß sie mir alle dabei zuschauten, wie ich als einzige aß.
Diesmal sollte ich noch viel mehr ertragen: ich durfte nicht selbst
essen, sondern wurde von Damaindi mit den Händen gefüttert!
Wie ein kleines indisches Kind! Und alle schauten dabei zu.
Es wurde auffallend still, als Damaindi mit ihrer rechten Hand
Reis und Curry vermanschte und daraus mundgerechte Kugeln
knetete, die sie mir nacheinander in den Mund schob. Sie lachte
mich an und sagte erklärend: »Family! Selvi Damaindi Family!«
So ergreifend schlicht war ihr Tun.
Bei jedem Abschied wurde ich begleitet. Geschminkt und gemästet stieg ich mit meinem Gefolge den steilen Pfad zum Strand
hinunter. Oben stand eine schweigende Gruppe vor der Hütte und
blickte mir betroffen nach. Da mochte ich mich umschauen, so oft
ich wollte. Nebeneinander aufgereiht harrte die restliche Family
dort aus und rührte sich nicht von der Stelle. So standen sie da, bis
ich sie nicht mehr sehen konnte.
Meistens hatte ich auf dem Weg zur Junction schon vergessen,
wie ich nach der Schminkerei aussah. Die Einheimischen, denen
wir unterwegs begegneten, zeigten diesbezüglich keinerlei auffälli-
ge Reaktionen. Nur durch Damaindis Freundinnen wurde ich wieder daran erinnert. Euphorisch laut ließen sie sich über die Schmink-

arbeit und über meine Schönheit aus. Sie lachten mir ins Gesicht, und ich konnte nicht anders, als mitzulachen.

Unter Indern war das alles ja recht lustig, aber je mehr wir uns der Junction näherten, desto größer wurde die Wahrscheinlichkeit, einem Westler über den Weg zu laufen. Die konnten einen derart verständnislos und herablassend angaffen, daß mir mein Styling ganz schnell wieder bewußt wurde.

Damaindi und Sathyan retteten mich aus der Beklemmung und machten sich unverhohlen über die humorlosen Gaffer lustig. Das baute mich ungemein auf. Kichernd schritten wir an ihnen vorüber und freuten uns wie Spitzbuben, weil wir eindeutig den größeren Spaß hatten.

Hatte Damaindi mir wie meistens neben einer stillenden Mutter einen Platz erobert und mein Gepäck verstaut, hielten wir uns die Hände und tauschten einen letzten innigen Blick. Vielleicht war das der schmerzhaftestes Augenblick unseres Abschiednehmens. Damaindi rannte neben dem anfahrenden Bus her, beschwor mich, noch einmal zu versprechen, daß ich wirklich wiederkommen werde: »Varu veedhil!«

Varu veedhil! Meine ersten beiden Malayalamwörter!

Seit nunmehr zwölf Jahren komme ich zu meiner Varkala-Family zurück. Für Damaindi ist es selbstverständlich, daß sie mich pflegt, wenn ich einmal alt und krank bin und keinen Ehemann mehr habe! Das versichert sie mir jedesmal.

Vor zwei Jahren wurden sie aufgrund familiärer Ereignisse obdachlos. Zum ersten Mal baten sie mich um finanzielle Hilfe. Und so kauften wir zum zehnjährigen Jubiläum unserer Freundschaft ein kleines Häuschen, das wir auch gemeinsam aussuchten. Damaindi, Sathyan und ich. Das Sümmchen, das sie mit Müh und Not auftreiben und beisteuern konnten, war eher symbolisch. Für mich war es ein bedeutendes Ereignis: Ich wurde Hausbesitzerin! Das überwältigende Gefühl mußten wir uns gegenseitig gar nicht lange beschreiben. Ein Traum hatte sich erfüllt!

Wir waren eine verschworene Einheit, als es darum ging, den Notaren und Übersetzern begreiflich zu machen, warum wir zu dritt auf der Urkunde stehen wollten. Es sei am einfachsten, wenn Sathyan als Mann alleine darauf vermerkt sei, versuchten sie uns zu erklären, und sogar mein Ehemann, der nur als Zeuge fungierte, konnte nicht nachvollziehen, was in uns frischgebackene Hausbesitzer gefahren war. Aber Sathyan beschrieb klipp und klar, wie die Besitzurkunde aussehen sollte: An erster Stelle würde mein Name stehen, an zweiter sein Name und an dritter Damaindis! Kopfschüttelnd gaben die Notare endlich nach. Seitdem existiert im Süden Indiens ein Papier im DIN-A4-Format, von oben bis unten mit Malayalamzeichen vollgekritzelt, und mittendrin blitzt mein Name hervor!

Es ist keine Lehmhütte mit einem Blätterdach, sondern ein richtiges Haus, aus Stein gebaut und mit Ziegeln gedeckt. Der Knüller war der Stromanschluß! Bei unserer ersten Hausbesichtigung schien Damaindi nichts anderes zu sehen, als den Lichtschalter. Dauernd knipste sie ihn an und aus, und von dem Zauber fasziniert, riß sie die Augen auf wie ein Mensch aus der Steinzeit, der eben einen Zeitsprung erlebte.

Aus westlicher Sicht ist unser Häuschen eher eine schäbige Bruchbude, aber egal, der Kauf war ein herzergreifendes Ereignis. Kaum hatten wir vom Vorbesitzer die Schlüssel erhalten, drückte Sathyan feierlich meine Hand und stammelte mit tränennassen Augen: »Sopnam!« Ja, ein Traum hat sich erfüllt. Auch Damaindi und ich fanden kein besseres Wort für diese glückliche Fügung: »Sopnam!« Beim Aufsperren der Haustür verkündete Sathyan den Namen: »Shilpa House!« Ja, so sollte es heißen, unser kleines, eigenes Häuschen. Und das ist wirklich passend, denn es wäre nicht verkehrt, es mit 'Haus der Kunst' zu übersetzen.

...einem Wettrennen auf Leben und Tod gleich jagt ein indischer Bus ohne Beachtung irgendwelcher Vorschriften über die indischen Straßen. Der Motorenlärm und die schrille Hupe sind ohrenbetäubend und die rasante Fahrweise weckt den Eindruck, man sause mit zweihundert Sachen dahin...

Nicht anders geht es auf der Strecke zwischen Papanasam Junction und Varkala-Station zu. Nach einem neuen Tagesrekord kommt der verbeulte Klapperbus, laut hupend und reifenquietschend, vor dem bevölkerten Bahnhof an. Und nun vollzieht sich etwas Einmaliges. Exakt in dem Augenblick, als der Bus zum Stehen kommt, beginnen die Fahrgäste mit einer Hast nach draußen zu drängen, als habe ihnen der Schaffner mitgeteilt, der Bus werde binnen fünf Sekunden in die Luft fliegen, und innerhalb von vier Sekunden ist der eben noch übervolle Bus leer, bis auf mich! Mit dem Bedürfnis nach Erholung von dem Abenteuer der Busfahrt, zögere ich noch eine Sekunde lang, bis ich mich erhebe. Nichts geschieht. Der Bus explodiert nicht! Dafür kehrt der Busfahrer von seinem Plausch im Schatten mit den Kollegen zurück und schreit ungeduldig in den leeren Bus: »FINISHED!«

Beim Aussteigen grinse ich ihn von weitem an. Ganz Inder grinst er sofort zurück, und auch die Kollegengruppe schaut neugierig herüber. Die Gelegenheit ist ideal für einen kleinen Scherz, denke ich. Sobald ich nahe genug bin, damit sie mich alle hören können, hole ich das altbewährte Zauberwort aus meinem Malayalam-Repertoire hervor, und indem ich lachend auf den Busfahrer deute, der sich geehrt fühlt, weil er gemeint ist, sage ich zu seinen Kollegen: »Mandan busdriver!«

Was für ein Spaß! Kaum haben sie das Wort 'Mandan' von mir, einer Ausländerin, vernommen, kichern und prusten sie wie kleine Jungen. Ein paar Passanten haben es auch gehört und stimmen in das Gelächter ein, manche bleiben sogar stehen und lassen sich die lustige Geschichte erzählen.

Ich war meist heiterer Stimmung, wenn ich den Bahnhof von Varkala betrat. Mit Genugtuung passierte ich die endlose Menschenschlange vor dem 'Ticket-Counter', die restlichen drei Schalter waren 'Sorry closed'. Ich war inzwischen schlau genug, in Trivandrum schon Hin- und Rückticket zu kaufen, so ersparte ich mir wenigstens einmal den Anstehrummel. Das war immer ein Theater! Selbst die Reihe 'For Ladies only' nützte nicht viel gegen den Ansturm der männlichen Ungeduld.

Sicherheitshalber fragte ich immer zwei verschiedene Personen nach dem Bahnsteig für den Vier-Uhr-Zug nach Trivandrum. Im Falle von zwei unterschiedlichen Antworten erkundigte ich mich bei einer dritten Person. Ich wendete mich grundsätzlich an die höheren Rangabzeichen.

Die wichtigsten Angestellten einer indischen Bahnhofsstation rannten mit pflichtbewußter Miene durch die Tür mit dem Schild 'Zutritt verboten' hinein und hinaus, abgegriffene Listen und eselsohrige Fahrpläne in den Händen. Inmitten solcher Betriebsamkeit war es gar nicht so leicht, als hilflose Touristin Aufmerksamkeit zu erwecken. Beachtete mich endlich jemand in Uniform, steuerte ich ihn unverzüglich an, spielte ihm geistesgegenwärtig die Gerettete vor und fragte: »Train to Trivandrum, please?« Ohne einen Blick auf seine zerfledderten Akten zu werfen, gab er aus dem Stehgreif Auskunft: »Platform number two, Mäddäm!«

»Nanni!« bedankte ich mich auf Malayalam, was er mit Wohlwollen registrierte. Ich seufzte, Bahnsteig Eins wäre viel bequemer für mich gewesen! Wenn mich die indischen Götter ein wenig ärgern wollen, lassen sie den Vier-Uhr-Zug nach Trivandrum einfach auf Gleis Zwei einfahren, obwohl Gleis Eins gar nicht besetzt ist! Dieser göttliche Streich hat im wahrsten Sinne des Wortes schwerwiegende Folgen für mich. Mit den Geschenken der Varkala-Family und meiner Schreibmaschine beladen, mußte ich zu den Gleisen hinunterklettern, stolperte über die Schienen zur gegenüberliegenden Seite und kletterte dort wieder hinauf. Der offizielle Weg von Gleis Eins zu Gleis Zwei führte über die am Ende des Bahnsteigs gelegenen Treppen, was einen Umweg von etwa einem Kilometer bedeutete, aber niemand machte sich diese Mühe! Wenn die indischen Götter ihr Mensch-ärgere-dich-nicht-Spiel gar auf die Spitze treiben, sorgen sie oberdrein für eine ordentliche Verspätung. »Something special!« lautet dann die Parole, die wispernd über Bahnsteig Zwei huscht, nachdem die Durchsage die Verspätung des Zuges bekanntgegeben hat. Glücklicherweise findet sich immer jemand, der die Ansage verstanden hat und mir freundlich mit dem Kopf wackelnd mitteilt: »One hour late, Mäddäm!«

Verspätungen haben auch ihr Gutes. Sie bieten die Gelegenheit, noch einen Kopi zu trinken. Indische Bahnhöfe sind berühmt für ihren guten Kaffee, und die Restaurants dort sind bei den Reisenden sehr beliebt. Verspätete Züge locken aber auch die Bettler auf den Bahnsteig. Ein paar Bettelkinder sind immer hinter mir her. Hartnäckig darum bemüht, mich auf das Schlürfen meines Kopis zu konzentrieren, widerstehe ich ihnen. Jetzt könnte man mich für sehr hartherzig halten angesichts dieser armen, verhungernden Geschöpfe! Ginge es nur darum, allen eine Runde Kaffee zu spendieren und dazu eine Packung Kekse, wäre das kein Problem. Aber damit kann man diesen Bettlern keine Freude machen, sie verlangen nach knallharten Dollars oder doch wenigstens »Cash Rupie!« Sie sind so frech und aufdringlich, daß einem hin und wieder der Geduldsfaden reißt. Und halbverhungert sehen sie auch nicht gerade aus. Als schuldete ich ihnen etwas, kommen sie herausfordernd auf mich zu: »One Rupie!« Verplappert sich einer vor lauter Ungeduld und sagt: »Fifty Paisa!«, bekommt er Schelte oder gar Dresche von seinen Kumpanen, die solch eine Forderung geschäftsschädigend finden.

Die Bettelkinder am Bahnsteig geben es auf und ziehen endlich weiter. Wenn die Verspätung lange genug dauert, bestelle ich einen zweiten Kopi. Nach zwei Tagen wäßrigem, pappsüßem Kopi und Jaia bei der Family bin ich kurz vor dem Entzug. Dies soll nun keine Beschwerde sein, ich habe vollstes Verständnis für Damaindis Verhältnisse, die Milchpulver nicht erlauben. Kaffee ist schon so teuer, ein Kilo kostet den anderthalbfachen Tageslohn, den Sathyan als Bauarbeiter verdient. Deshalb bringe ich auch immer ein Päckchen Kaffee und frischen Butterkuchen mit.

In dem Moment, da die Trittbretter des einfahrenden Zuges in Reichweite sind, kommt ein Tohuwabohu in Gang, das sich zum absoluten Chaos steigert. Wer dieses Spektakel zum ersten Mal miterlebt, der bleibt gebannt stehen und glaubt es nicht. Alle spähen wie hektische Raubvögel nach einem Platz aus. Manch ein Familienvater bindet seinen Lungi zu einem kurzen Rock hoch, damit er schneller laufen kann, und hetzt halsbrecherisch neben dem einfahrenden Zug her. Dichtes Gerangel entsteht bei den Trittbrettern, der Zug kommt quietschend und schnaubend zum Halten. Das Chaos steigert sich: panisches Schreien und Herumfuchteln, Winken und Rufen nach den Frauen mit den Kindern auf dem Arm, hektisches Rennen und rücksichtsloses Wuchten mit Gepäckstücken.

Wie gelähmt stehe ich mittendrin im Toben des indischen Bahnhof-Wahnsinns, und zufällig kann ich einen Blick durch ein Zugfenster erhaschen. Das Abteil ist so gut wie leer!

Auf meiner zweiten Indienreise hatte ich mich einmal dazu hinreißen lassen, diesen indischen Bahnhofszauber auf ein Foto zu bannen. Die Gelegenheit war geradezu genial, denn vorne auf der Lok war ein Fahrrad festgebunden. So eine Idylle mußte ich natürlich fotografisch festhalten. Kaum hatte ich auf den Auslöser gedrückt, legte sich eine schwere Hand auf meine Schulter. Und ehe ich mich versah, wurde ich in Gewahrsam genommen. »You come!« lautete der Befehl, und die Uniform des 'Head-Officer' flößte mir wirklich Respekt ein. Ohne Widerrede folgte ich ihm hinter die Tür mit der Aufschrift: Zutritt verboten! Dort wurde ich aufgefordert, den Film aus der Kamera herauszuholen und abzugeben. Anderenfalls wurde mir Verhaftung angedroht und die Konfiszierung meiner Fotoausrüstung.

Meinem Sternzeichen entsprechend, reagierte ich mit Kampfeslust und provozierte eine Auseinandersetzung. »Fotografieren verboten«, hieße die polizeiliche Bestimmung auf allen indischen Bahnhöfen, da gäbe es keine Ausnahme. Wo da die Logik sei, fragte ich. Falls sie etwa meinten, ich sei eine Spionin, dann sollten sie mir bitte erklären, was eine Spionin mit einem Bild von einem Fahrrad auf einer Lok und tausend drängelnden Menschen anderes anfangen könnte, außer sich daran zu erfreuen, wie unterhaltsam es auf indischen Bahnhöfen zuging?

Vielleicht waren mir bei diesem Wortgefecht die Götter behilflich gewesen, jedenfalls durfte ich Kamera und Film behalten und die Erinnerung an meine erste und letzte Festnahme!

Bis ich im Zug nach Trivandrum saß, war mir die Varkala-Family vor lauter Bahnhofsstreß aus den Gedanken entglitten. Daß sie mich zum Abschied geschminkt hatten, daran dachte ich nicht mehr. Gewöhnlich war der Zug von Varkala nach Trivandrum immer besetzt, was nicht bedeutete, daß jemand stehen mußte. In einem indischen Zug findet jeder ein Plätzchen zum Sitzen! Wozu ist dieser ganze Zirkus beim Einsteigen also nötig?

Nun konnte ich eine Stunde lang, unablässig vom Fahrtwind angeblasen, bei monotonem Holterdipolter dösen und in die vorbeischwebende Landschaft hinausträumen, so als sei das Leben selbst eine ewige Zugfahrt.

Der ICE in meiner deutschen Heimat vermittelt den Eindruck, man befände sich in einer Tube, einer geräuschlosen Zeit- und Ortmaschine, die den Passagier in steril-abgedichtetem Ambiente schnellstmöglich und ohne jegliches Gezuckel von A nach B befördert. Das Fahren auf indischen Schienen hingegen weckt noch das echte Lebensgefühl des Reisens. Eingelullt vom Dauerlärm sinke ich in den Zustand angenehmer Entspannung. Das ständige Poltern und Schütteln wirkt anregend und beruhigend zugleich, man befindet sich still auf einem Fleck und bewegt sich doch fort. Was führt der Fortschritt im Schilde, wenn die neueste Entwicklung großflächige Glasfenster hervorbringt und dem Fahrgast einredet, wegen der Klimaanlage brauche er sie nicht mehr öffnen zu können? Ist Schnelligkeit alles? Warum hat keiner jener ICE-Konstrukteure bedacht, daß eine Reise mit einer wichtigen Zeremonie beginnt? Das Fenster herunterziehen und Abschied nehmen. Der hochentwickelte Standard unseres Fortschritts erzwingt den Verzicht auf diese Abschiedszeremonie und beraubt den, der eine Reise tut, um das Winken im Fahrtwind. Allem Anschein nach scheint keiner der Passagiere diesen Betrug zu bemerken!

Auf der kurzen Strecke zwischen Trivandrum und Varkala erlebt man eine ganz normale, typisch indische Zugfahrt ohne nennenswerte Auffälligkeiten aus indischer Sicht. Kleine Kinder machen Pipi auf den Boden oder auf Papas Schoß, was niemanden stört, weil es wahrscheinlich alle so gemacht haben, als sie klein waren. Außerdem gibt es in jedem Waggon eine Toilette mit fließendem Wasser. Das haben die wenigsten zu Hause! Die meisten sind an das Leben mit einem Brunnen gewöhnt, der nicht selten einen langen Fußmarsch erfordert.

Indische Frauen bei einer Wasserstelle zu beobachten ist ein sinnliches Erlebnis. Wie ihre Finger ein letztes Mal über den Krugrand

streichen, so als wollten sie das Wasser beschwören, nicht überzu-
schwappen, wie sie jeden einzelnen Tropfen liebkosen, der zuviel
ist, so als wollten sie sich von ihm verabschieden. Indische Frauen-
hände beten zu jedem Ding, das sie anfassen!

Wie üblich bei so einer Fahrt waren es die Frauen, die sich eifrig
einen Blickkontakt mit mir eroberten. Neugierig lächelten sie und
deuteten gelegentlich ein Kopfwackeln an, was als besonders
freundliche Geste gilt. Die Männer schauten eher unauffällig, aber
so neugierig wie ihre Frauen waren sie allemal.

In die Betrachtung der indischen Zugwelt und in meine Erinnerungen an die Varkala-Family vertieft, verging die erste Hälfte der
Fahrt, bis mich plötzlich etwas im Auge juckte. Zuerst versuchte
ich, es herauszureiben, erfolglos, danach juckte es noch mehr.
Automatisch griff ich in meine Handtasche nach Großvaters russi-
schem Scherbenspiegel und sah nach, was mich da ärgerte. Ein
flüchtiger Blick auf die verkratzte Spiegelfläche genügte, um mir
einen Schreck einzujagen. Vorsichtig schielte ich über den Spiegel-
rand, aber die Passagiere um mich herum schienen meinem Aussehen gegenüber gleichmütig zu sein. Sie dösten vor sich hin oder
schauten neugierig zu mir herüber, und zwei Frauen lächelten mich
unverhohlen an und waren nahe daran, mich anzusprechen.

Sind diese Menschen scheinheilig? Oder ist es ihre Toleranz? Da
saß ich mit meinem zum Schreckgespenst geschminkten Gesicht
in einem vollbesetzten Zug und blickte in lauter freundliche Gesichter!

Natürlich! Die Inder sind auch heute trotz Computer, Handy und
TV noch Meister darin, jedwelche Arten von Dämonen, Schreck-
gespenstern und Verrücktheiten in ihr Leben zu lassen. Ein einziges indisches Dance-Festival genügt, um diese Behauptung zu be-
stätigen. Seit altersher sind sie daran gewöhnt, auch in ihrem Alltags-
leben Seite an Seite mit den 'anderen', den Verrückten, den Mandans
und Mandis, den Heiligen und Erleuchteten, den Spinnern und
Wahnsinnigen zu leben.

Dabei fällt mir eine Guru-Geschichte ein. Chandra Kala hatte mir
davon erzählt, sie kannte die verrücktesten Guru-Geschichten. Ein

von den Indern hochverehrter Heiliger lebte im Landesinnern Südindiens. Er war noch einer jener echten Gurus. Kaum ein Fremder kannte seinen Namen, aber Chandra Kala war bei ihm gewesen. Eine Anhängerschaft von der Westküste pilgerte regelmäßig zu ihm und beklagte häufig, daß er nie zu ihnen an die Küste komme, wo zahlreiche Menschen seine Ankunft herbeisehnten. Der alte Meister erbarmte sich und versprach, am soundsovielten um soundsoviel Uhr werde er dasein. Glücklich zogen die Pilger heim zur Küste und verbreiteten dort die freudige Nachricht von der baldigen Ankunft ihres Gurus. Als es endlich soweit war, taten sie, wie ihnen geheißen, versammelten sich erwartungsvoll in ihrem Gemeinderaum und umringten andächtig und stumm den mit allerlei Delikatessen beladenen Opfertisch. Dann ereignete sich das Wunder. Exakt um die vereinbarte Uhrzeit lief eine fette Kakerlake einmal quer über die Opfergaben und verschwand zwischen Ananas und Bananen! Keiner der Anhängerschar zweifelte an der Erscheinung ihres Meisters in der Gestalt dieser Kakerlake, und sicherlich hat keiner auch nur einen Gedanken damit verschwendet, darüber nachzugrübeln, wie diese Verwandlung und die Überwindung von mehreren hundert Kilometern überhaupt möglich gewesen war.

Ein Geschäftsmann schräg gegenüber von mir kam den zwei lächelnden Frauen zuvor, beugte sich vor und begann ein Gespräch. Ganz gepflegt unterhielt er sich mit mir über die Einkommensverhältnisse meines Mannes, der nicht einmal anwesend war.
Auf meinen Reisen hatte ich mir schnell angewöhnt, stets die Geschichte von meinem Ehemann zu erzählen, obwohl ich lange Zeit gar nicht verheiratet gewesen war. Ich griff zu dieser unehrlichen Maßnahme, weil meine Ehrlichkeit diesbezüglich wiederholt enttäuscht wurde. Sie mißverstanden es einfach, wenn ich ihnen wahrheitsgetreu von meinem 'Boyfriend' erzählte, und glaubten, ich sei für jeden zu haben. Als 'Missis' jedoch, egal ob ich alleine reise oder nicht, ersparte ich mir die unangenehmen Folgen solcher Mißverständnisse, und manchmal erfand ich auch noch eigene Kinder hinzu.

228

Eine der zwei Frauen nahm sich endlich ein Herz und fragte: »What is your name, Missis?« Ich sagte ihr meinen Vornamen. »Selvi?« wiederholte die Frau schüchtern meinen deutschen Namen und sprach ihn völlig falsch aus. Eine Nachbarin aus der nächsten Bankreihe drehte sich um und tauschte sich angeregt mit ihr aus. Ich verstand nur einzelne Wortfetzen. Ob sie mein Make-up etwa auch erwähnten? Unverzüglich wurden die Informationen an die nächste Nachbarin weitergegeben, die wiederum der nächsten Bankreihe ausführlich Bericht erstattete. Flüsternd und kichernd pflanzte sich das 'Selvi' durch den Waggon fort, und das unvermittelte Umdrehen der Köpfe zeigte an, welche Strecke es bereits zurückgelegt hatte. Bis es der ganze Waggon wußte.

Es machte mich betroffen, von so vielen Augenpaaren gemustert zu werden. Unwillkürlich stellte ich mir vor, was sie wohl über mich dachten: ...dort sitzt eine Fremde, die ist ganz weiß im Gesicht, hat schwarze Augenbrauen, einen Punkt auf der Stirn und goldene Haare, sie kommt aus Deutschland und heißt Selvi...!

Am häufigsten schnappte ich »Typing« aus ihrem Malayalamgenuschel auf. Ihr ehrfürchtiger Blick dabei ließ mich schmunzeln. Gelassen sah ich ihnen in die Augen und spürte lebhaft ihre Bemühungen, meinen Anblick samt meinem Namen und meinem Gepäck zu einer Einheit zu verinnerlichen, um mit Überzeugung sagen zu können: Das ist Selvi from Germany!

Für den Rest der Fahrt war ich damit beschäftigt, mir vergnüglich auszumalen, wie die Geschichte von 'Selvi' im nächsten Waggon weiterging.

SCHWARZER MOND UND NÄRRIN

Die Erinnerung an die erste Begegnung mit Chandra Kala läßt
mich stets schmunzeln. Es war zu Beginn meines Kathakali-Studiums bei Gopinath, als ich wieder einmal die Gelegenheit des freien
Montags genutzt hatte, um nach Varkala zu fahren und meine Family
zu besuchen.

Damals hatte ich ein Kostümierungsstadium erreicht, in dem ich
der Nachahmung all der verschiedenen Wickelmethoden nach und
nach überdrüssig wurde. Ich befand mich also auf der Vorstufe zu
meinem heutigen Bekleidungsstil. Häufig konsultierte ich den
Singapore Tailor in Trivandrum, um mein neues Indien-Outfit anfertigen zu lassen, und dazu wählte ich ausschließlich indische Stoffe
aus dünner Baumwolle, die für Lungis, Saris, aber auch für Tischdecken und Bettücher genutzt werden. Die Farben zogen sich quer
durch die Regenbogen-Palette. Das Design des jeweiligen Modells
war eine individuelle Mischung aus asiatischen und westlich-modi-
schen Elementen. Meine kreativen Energien schrien förmlich nach
solchen Experimenten. Hier sammelte ich die Ideen, mit denen ich
zu Hause meinen Lebensunterhalt verdiente.

Von nun an trug ich umgewandelte Nehru-Anzüge in farbenfroher
Stoffauswahl, lange Hosen, mal schmal nach Rajasthani-Art, mal
weit im altchinesischen Flatterstil, dazu enge Oberteile mit über-
breiten Schärpen um Bauch und Hüften oder lange Hemden mit
seitlichen hohen Schlitzen. Ein passendes Tuch durfte nie fehlen.
Immer seltener trug ich bauchfreie Tops, die die meisten weiblichen Indienreisenden bevorzugten. Als Strandkleidung wählte ich
lose Bermuda-Anzüge aus feingewebten Lungis mit den klassischen Madraskaros, Bikinis strich ich vollends. Ein breiter, selbst-
genähter Gürtel aus dunkelgrauem Leder und silberner Riesen-
schnalle war über viele Jahre hinweg mein Markenzeichen. Er hatte in etwa den Stellenwert meines Lippenstifts und der russischen
Spiegelscherbe meines Großvaters. Diese Phase ist nun vorbei!
Meine langen blonden Haare flocht ich manchmal zu einem stram-
men Zopf, doch kühler war es, sie zu einem Knoten hochzustecken.

Bald brauchte ich nicht einmal mehr Haarklammern, weil ich mich auch da bei den Inderinnen schlau gemacht hatte. Nie hatte ich mir Nase und Ohrläppchen durchstechen lassen, eine Abneigung, die ich schon in Kindertagen entwickelte. Auch sonst trug ich wenig Schmuck. Ich ging nie barfuß, so wie es zum Beispiel die Hippies taten, sondern trug billige Plastikschlappen, die die Hippies verpönten. Wenn sie ihre Füße mit Schuhen bekleideten, dann nur mit Ledersandalen. Ich fand die Plastikschlappen sehr praktisch. An jeder Straßenecke waren sie erhältlich, und oft durchstreiften herumziehende Händler Busse und Züge mit ihrer Plastikware. War das alte Schuhwerk kaputt, konnte man sich jederzeit neues kaufen. Die Plastikschlappen waren auch zum Duschen geeignet, bei den Zuständen mancher Hotel-Badezimmer eine praktische Lösung.

Chandra Kala hätte aufgrund ihres zierlichen Körperbaus und der blonden Haare meine Schwester sein können, doch was Kleidung und Schmuck betraf, unterschied sich ihr Geschmack gänzlich von meinem. Sie liebte Ohrringe, Nasenring, viele klimpernde Silberreifen um Arme und Fußfesseln, Zehenringe, weite Röcke, bauchfreie Tops und dazu ein längeres Tuch, das sie wie die einfachen Inderinnen diagonal über Bauch und Brust drapierte. Sie bevorzugte Stoffe mit altindischen kleinen Mustern und Tücher, die mit heiligen Texten bedruckt waren und aus Benares stammten. Sie mochte nichts, was auch nur im entferntesten modisch wirkte. Niemals hätte sie die Lippen geschminkt, dafür aber umrahmte sie ihre Augen mit schwarzem Kajal und malte sich das dritte Auge auf die Stirn.

Begegnen sich Indienreisende ihrer und meiner Sorte zufällig, ignorieren sie einander, allenfalls taxieren sie sich argwöhnisch. Instinktiv scheuen sie den Kontakt, weichen jedem Gespräch aus. Es sind zwei Welten, die eine Kluft des Unverständnisses spaltet, ein unüberwindbarer Graben. Zwischen diesen beiden Gruppen findet in der Regel kein Austausch statt.

Chandra Kala gehörte zu jener Gruppe, die den Großteil ihrer Reise meditierend in Aschrams und an spirituellen Orten verbrachte, auf der Suche nach dem geistigen Führer, einem Guru. Die einen fanden ihren Guru und fuhren fortan nur noch zu ihm, die anderen suchten weiter.

Ich war nie in einem Aschram gewesen, und ich hatte auch nie nach einem Guru gesucht. Gopinath betrachtete ich zu dieser Zeit als meinen Tanzlehrer und nicht mehr. Daß er einen spirituellen Weg beschritt, entging mir natürlich nicht; der Singsang und das Gebimmel seiner allmorgendlichen Gebete war schwer zu überhören, nur glaubte ich, dies hätte mit mir überhaupt nichts zu tun. Ich kam also von einer völlig anderen Seite als sie.

Mandi Shilpa nannte mich damals noch niemand. Chandra Kala war da schon weiter, sie marschierte bereits mit einem echten indischen Namen durchs Leben. An abgeschiedenen Orten war sie heiligen Männern und Frauen, Gurus und Sadhus begegnet, hatte sie auf ihren Pilgerreisen begleitet bis hinauf zur eisigen Quelle des Ganges, und in einer Höhle am Fuße des Himalajas erhielt sie von einem Sadhu ihren neuen Namen: Chandra Kala! Schwarzer Mond! Es war kurz vor Beginn des Monsuns, als wir uns in Varkala über den Weg liefen. Nur die Hartgesottenen unter den Indienreisenden sind in dieser feuchtheißen Jahreszeit anzutreffen. Die bekannten Strände und Orte Südindiens, die in der Hochsaison von zahllosen Touristen bevölkert werden, sind spätestens ab April wie leergefegt. Dann wird die Hitze unerträglich, und pünktlich zum ersten Juni beginnt der Dauerregen, der sich bis Oktober mit Unterbrechungen fortsetzt.

Auch das 'Green House' am Papanasam Beach stand in letzter Zeit leer. Um so erstaunter war ich, als ich mit meinem Wasserkännchen von der Quelle zurückkehrte und jemanden auf der Veranda im ersten Stock sah. Es war eine blondgelockte, junge Ausländerin, die am Boden saß und in irgendeine Beschäftigung vertieft war. Durch die Gitterstäbe des Geländers konnte ich genügend von ihr erkennen, um mir ein Bild zu machen: weiter Hippie-Rock, bauchfreies Top, Benarestücher mit heiligen Schriftzeichen, Punkt auf der Stirn. Und beim langsamen Näherkommen hörte ich, daß es bei jedem ihrer kleinsten Bewegungen unmißverständlich rasselte und klimperte. »Ach, so eine!« dachte ich nicht ohne Herablassung und ging hinauf in mein Zimmer, das neben dem ihren lag. Wir teilten also die Veranda miteinander. Das verhieß nichts Schlimmes, war man doch geübt, in solchen Fällen geschickt auszuweichen.

Ich vergaß sie gleich wieder und betrat kurz darauf die Veranda. Sie saß nicht mehr da, und ihre Tür war verschlossen. Ich setzte mich, an die Wand gelehnt, auf den Steinboden und schaute müde in die Brandung. Die lange Anreise war immer strapaziös. Später wollte ich zu meiner Varkala-Family hinaufgehen.

Voller Vorfreude auf den Abend verließ ich mein Zimmer. Wie es der Zufall wollte, stand meine Zimmernachbarin vor ihrer Tür und war gerade damit beschäftigt, das rostige Schloß aufzusperren. Wir grüßten uns nüchtern, ohne gegenseitiges Interesse zu bekunden, so wie sich eben selbstgefällige Anhänger zweier verschiedener Gruppen in Indien gegenübertraten. Dann geschah etwas Unbegreifliches. Heute können wir uns nicht mehr erinnern, wie es kam: wir unterhielten uns eine geschlagene Stunde, in Englisch! Das war wohl ein letzter Überrest unserer eitlen Anstrengungen Distanz zu wahren. Wir wissen auch nicht, wer von uns beiden das erste Wort ergriff, jedenfalls wuchsen wir diskutierend vor unseren Zimmertüren fest. Wir standen fünf Meter voneinander entfernt und verwickelten uns in aufregende Berichterstattung dessen, was wir gerade in Indien trieben. Ich erfuhr von ihrer Dampfbehandlung, die sie täglich zweimal an Damaindis Hütte vorbei zu dem nahegelegenen Nature-Hospital führte, und gleichzeitig erzählte ich ihr von meiner Family, die dort oben bei den drei Hütten wohnte.

Dies war der Anfang unseres Gesprächs, daran entsinne ich mich genau, und je länger wir miteinander redeten, desto begieriger wurden wir, mehr voneinander zu erfahren. Ihre andere Art, nach dem Sinn ihres Dasein zu suchen, fesselte mich, je mehr sie davon berichtete, und ihr erging es ähnlich, als sie von mir hörte, daß ich bei einem alten Guru Kathakali studierte. Schließlich schmolz das letzte gefrorene Wassermolekül zwischen uns. Endlich stellten wir uns vor und gestanden, daß wir Deutsche sind. Beide hatten wir schon von Anfang an diesen Verdacht gehabt, als wir uns Englisch sprechen hörten.

Ich mußte los, meine Family wartete. Wir verabschiedeten uns mit einem verbindlichen »Bis morgen!« Dann stieg ich den steilen Pfad zu Damaindis Hütte hinauf. Die Rasselbande rannte mir schon entgegen und fragte gestikulierend, warum ich so spät kam.

Am nächsten Morgen traf ich Chandra Kala schon früh auf der Veranda an. Sie meditierte bei Sonnenaufgang nach Westen hin zum Meer. Um sie nicht zu stören, kauerte ich mich stumm in eine Ecke und ließ mich von der Morgendämmerung und dem Meeresrauschen einlullen. Ich konnte besser meditieren, wenn ich meine Augen offenhielt und alles einfach nur betrachtete. Dann konnten meine Gedanken frei umherwandern, und ich schaute ihnen ebenso frei zu. Chandra Kala saß im disziplinierten Yogasitz vorn an der Balustrade, ich in verträumter Pose hinten an der Wand.

Sie meditierte nicht lange. Ihr abschließendes »OM« zog mich sachte aus meiner Versenkung und beendete auch für mich die Meditation. Übergangslos führten wir unser Gespräch vom Vortag fort, so als hätte es keine Nacht dazwischen gegeben. Irgendwann brachte Damaindi meinen Morgentee, wie immer fein säuberlich mit einem Bananenblatt abgedeckt, damit nichts hineinfiel. Sie blieb eine Weile, und bevor sie ging, mußte ich ihr versprechen, daß ich bald zum Frühstück hinaufkäme. Dann verschwand sie wieder. Es dauerte nicht lange, und Chandra Kala hatte ihren Termin im Nature-Hospital. Wir verabredeten uns unverbindlich für den Nachmittag am Strand.

Ganz betäubt von Chandra Kalas Guru- und Sadhu-Geschichten stapfte ich zu Damaindis Hütte hinauf. Die Kinderschar, die mir entgegenlief, schien mich noch lauter als sonst zu empfangen. Endlich kam sie, die große Schwester!

An diesen zwei Tagen fiel meine Zeit für die Family deutlich knapper aus. Die Schminkerade zum Abschied mußte radikal gekürzt werden. Zwar protestierte jeder wegen des entgangenen Spaßes, aber daß ich den Vier-Uhr-Zug nach Trivandrum erwischen mußte, sahen sie ein. Also verdankte ich es Chandra Kala, daß ich diesmal nur mit einem notdürftigen Make-up Varkala verließ.

Erleichtert, weil ihr mein grotesker Anblick erspart blieb, hatte ich mich von Chandra Kala bereits am Strand in der Nähe der Quelle verabschiedet, wo sie bis zum Sonnenuntergang bleiben wollte. Wir vereinbarten, daß sie mich bei Gopinath besuchte, und ich bot ihr an, bei mir zu wohnen. Die Gelegenheit war günstig, denn in Kürze würde Gopinath auf der Hauptstraße von Trivandrum das Ramayana aufführen. Es sollte um Mitternacht beginnen!

Zwei Wochen später trafen wir uns auf der Mahatma Gandhi Road, wo das Ereignis stattfinden sollte. Der Platz würde am Abend für den Verkehr gesperrt sein, denn dann saßen Hunderte von Menschen auf dem blanken Teerboden, Stühle gab es nur im Theater. Die Bühne befand sich noch mitten im Aufbau. Bis das Ramayana anfing, blieb uns noch Zeit, gemütlich irgendwo essen zu gehen. Aber das war leichter gesagt als getan. Chandra Kala war, wie es sich für ein Mitglied ihres Indien-Bundes gehörte, strenge Vegetarierin. Ich zählte zwar nicht zu den strikten Fleischessern, aber nach einer Woche Gemüsecurry mit Reis in meiner Hütte freute ich mich auf ein deftiges Hammelcurry mit Parothas.

Wir verbrachten ziemlich viel Zeit damit, ein Eßlokal zu finden, das uns beide zufriedenstellen konnte, bis wir zu der Einsicht gelangten, daß es das vorläufig noch nicht gab. Also suchten wir zuerst ein vegetarisches Lokal auf, wo Chandra Kala aß, dann begleitete sie mich in ein anderes Restaurant. Da in den rein vegetarischen Restaurants absolutes Rauchverbot herrschte, hatte ihre anfängliche Überwindung, ein Lokal zu betreten, in dem die Leute Fleisch aßen, auch einen kleinen Vorteil für sie. So konnte sie wenigstens zu ihrem Jaia ein Beedie rauchen, während ich mein langersehntes Hammelcurry genoß.

Mit dem Bus, den Gopinath für sich und seine Tanztruppe samt Fahrer angemietet hatte, kehrten wir am nächsten Morgen heim. Die Sonne ging gerade auf, erste Lichtpfeile schossen zwischen den Palmenstämmen hindurch. Überwältigt von dieser Nacht schwiegen wir während der Fahrt. Niemand, der dabeigewesen war, dachte jetzt ans Schlafen. Der Unterricht fiel heute aus. Offensichtlich wollte auch Gopinath diese kostbare Stimmung voll auskosten.

Chandra Kala blieb fünf Tage; davon schliefen wir allenfalls zwei halbe Nächte. Wir redeten ohne Ende, legten Tarotkarten im Dunst von Räucherstäbchen, deuteten Träume, interpretierten Visionen und tauschten Erfahrungen aller Art aus. Die Themen schienen unerschöpflich zu sein.

Unser Hunger nach Austausch läßt sich wohl am ehesten damit erklären, daß wir uns alleine in Indien aufhielten. Es war nicht der Mangel an Gelegenheiten, auf andere Individualreisende zu stoßen und mit ihnen zu reden, als vielmehr die Schalheit, die einen zusehends häufiger in ihrer Gesellschaft befiel. An jenem Punkt angelangt, wo echte Begegnungen immer seltener werden, hatten wir die Einsamkeit gewählt. Ungeduldig und mit einer an Hochmut grenzenden Ausschließlichkeit sehnten wir uns nach tiefen, bedeutungsvollen Begegnungen, die uns, von jenem machtvollen Stoff durchdrungen, glauben machten, das Schicksal habe sie einzig für uns so eingefädelt. Man fühlte sich dann nicht so verlassen von Kosmos und Sternen und Göttern.

Es war dringend notwendig, damit anzufangen, das Namaskar, das 'Ich will nichts' in die Tat umzusetzen. Kleinlaut übten wir, demütig zu sein, übten zu lauschen, uns zu öffnen und frei zu werden von unseren jeweiligen Gruppen. Als sich dann unsere Wege kreuzten, geschah etwas, was wir selbst nicht so recht begriffen. Der Zufall unseres Zusammentreffens hatte eine Brücke über die Kluft zwischen zwei bisher unvereinbaren Welten gebaut! Es war weder unser Wunsch gewesen, noch hatten wir unser Einverständnis dazu gegeben. Und daraus folgte eine Verbindung, die uns Schlichtes lehrte, nämlich einen Menschen zu akzeptieren und zu lieben, mit dem wir sonst kaum ein Wort gewechselt hätten!

Wir wurden nicht satt unsere Gegensätze zu erörtern. Die endlose Liste unserer Verschiedenheit in allen nur erdenklichen Bereichen stimmte uns mit jeder neuen Einsicht gelassener. Als wir uns zum ersten Mal für wenige Stunden zum Schlafen niederlegten, gab es Gelächter. Chandra Kala baute ihr Bodenlager vor meinem Bett auf, mit dem Kopf in entgegengesetzter Richtung! Sie blickte nach Westen, ich nach Osten. Daß ich als Widder dem Sonnenaufgang zugewandt war und sie als Skorpion dem Sonnenuntergang, entfachte von neuem abendfüllende Überlegungen. Auch was das Essen betraf, konnten wir gegensätzlicher nicht sein. Sie aß bei doppelter Menge Gemüsecurry nur halb soviel Reis wie ich! Einmal erzählte sie mir von einem gewissen Bruder Beede, einem irischen Pater, der seit -zig Jahren in der Nähe von Bangalore ein christlich offenes Aschram leitete. Sie war zweimal dort gewesen. Ein angenehmer grüner Ort, schwärmte sie, einer Oase gleich. Das Kloster wurde von einem Fluß in eine weibliche und in eine männliche Seite geteilt. Das bedeutete aber nicht, daß auf der einen Seite nur Männer und auf der anderen nur Frauen lebten. Das traf nur auf Bruder Beede und seine Mönche und Nonnen zu. Die Besucher konnten sich frei entscheiden. Bei den Nonnen gab es mehr Gemüse und bei den Mönchen mehr Reis. Sie habe sich auf der Frauenseite wohler gefühlt, meinte Chandra Kala, und ich gehörte demnach auf die männliche Seite.

Von ihr erfuhr ich Näheres über Aschrams. Auch da gab es Unterschiede. Für mich war es der erste ernstzunehmende Augenzeugenbericht von diesem anderen Ufer des Grabens. Zur Genüge war ich Sannyasins in Goa begegnet, die vorwiegend im 'Aschram' des Bhagwan in Poona lebten. Doch mit niemandem hatte sich ein wohlwollendes, fruchtbares Gespräch entwickelt. Die Aversionen lagen auf beiden Seiten. In meinen Augen waren jene Sannyasins ziemlich weltfremd, illusionsbeladen und in ihrer Hilflosigkeit haltlos und blind ihrem Guru verfallen. Meist wandelten sie bedächtigen Schrittes nackt einher, mit spirituellen Melodien auf den Lippen, und wurden nur laut, wenn sie meditierten und dabei Urschreilaute ausstießen. Sie schienen in jeder Beziehung frei zu sein. Trafen sie ihresgleichen, streichelten sie einander, grenzenlose Liebe demonstrierend, und sprachen mit süßen Zungen, die mich unweigerlich mißtrauisch stimmten. Auf mich wirkten sie immer wie ängstliche Kinder, die froh über die Rettung waren, weil sie einem anderen, nämlich ihrem Meister, die Verantwortung für ihr Leben abtreten konnten.

Einmal habe ich einer Unterhaltung von zwei Deutschen zugehört, von denen einer Sannyasin war. Er erging sich in naiven Lobeshymnen über Bhagwan, seinen Guru, während der andere skeptisch dreinblickte und sich hin und wieder kritisch zu Wort meldete. Das Gespräch währte nicht lange. Es drehte sich dauernd im

Kreis und endete abrupt, wie so oft bei solchen Zusammenkünften. Der Sannyasin hatte nichts anderes im Sinn, als sein ungläubiges Gegenüber von der Güte und Größe des Bhagwan zu überzeugen; schließlich wußte er sich nicht mehr zu helfen und fragte mit verklärter Stimme: »Hast du IHN jemals gesehen?« Daraufhin antwortete der andere trocken: »Nein, aber ich sehe euch!«

Chandra Kala konnte schon zu jener Zeit von Shiva-Tänzen berichten. Sie war in einem abgelegenen Tempel in den Bergen von Tamil Nadu gewesen, und was sie mir davon erzählte, faszinierte und erregte mich. Junge Tänzerinnen und Tänzer gaben ihr Debüt vor Shiva und fielen reihenweise in Trance, gebärdeten sich, wie von Gott Berührte sich gebärdeten, und ließen die Zuschauer ehrfurchtsvoll verstummen. Ich hatte bis dahin dergleichen nie gehört und erlebt. Aber es lockte mich wie ein Abenteuer. Der Macht, die so etwas zustandebrachte, wollte ich gegenübertreten.

Irgendwann gestanden wir uns in aller Ausführlichkeit, was in unseren Köpfen vorgegangen war, als wir uns zum ersten Mal in Varkala sahen. Von der Veranda aus hatte sie mich genau taxiert, als ich mit dem Wasserkännchen in der Hand zum Hotel kam. Sie lachte, mein breiter modischer Ledergürtel sei ihr sofort unangenehm aufgefallen! Niemals hätte ich für möglich gehalten, welche Wertungen ein Gürtel auszulösen vermochte, überdies bei einer Anhängerin jener Gruppe, die sich in permanenter Transformation der Materie übte! Für sie war dieser Gürtel ein verräterisches Accessoire, Inbegriff aller modernen Schlechtigkeiten! Chandra Kala versuchte, es mir lang und breit zu erklären. Ich schätze, kaum ein simpler Gürtel hat je solche Aufmerksamkeit und so viel Gesprächsstoff verursacht wie dieser! Mein adrettes Aussehen jedenfalls veranlaßte Chandra Kala bei ihrem ersten Blick auf mich anzunehmen, ich sei irgendeine oberflächliche Touristin, für die Indien lediglich ein Modetrip war!

Wir zerpflückten unsere anfängliche und gegenseitige Abneigung in alle Einzelteile und waren darüber um so belustigter, weil wir uns ohne Bekleidung so ähnlich sahen: klein und zierlich, sehr schlank, kleine Füße, kleine Hände, große, helle Augen, blondes, langes Haar, leicht gebräunte Haut. Aus indischer Sicht hätten wir

Zwillingsschwestern sein können! Das gab uns natürlich schon zu denken.

Unser reger Austausch wurde nur selten unterbrochen. Zum Sonnenauf- und Sonnenuntergang meditierte sie vor meinem Häuschen, und ich hatte zwischen zehn und zwölf Uhr Kathakali-Unterricht. Sie kam dann leise dazu und setzte sich neben Gopinath auf das kleine Steinmäuerchen, das die Tanzfläche rundum begrenzte. Ich bemerkte sie nicht. Mittlerweile konnte ich mich so weit in das Tanzen vertiefen, daß ich alles, was um mich herum geschah, lediglich verschwommen wahrnahm.

Als sie das erste Mal zuschaute, begann Gopinath, unmittelbar nachdem ich das abschließende Namaskar beendet hatte, zu meiner Verwunderung ein angeregtes Gespräch mit ihr. Zuerst lobte er meine Fähigkeiten und betonte nicht ohne Stolz, welche Fortschritte ich täglich machte. Unbeachtet stand ich daneben, kam mir vor wie ein Kind, dessen Mutter gerade mit dem Lehrer sprach. Ohne meine Beteiligung verwickelten sich die beiden immer intensiver in ein Gespräch. Chandra Kala schilderte ihm ihr Erlebnis in dem Shiva-Tempel in den Bergen, wo junge Tänzer und Tänzerinnen das Ranga Puja, das Bühnengebet, vor Gott tanzten. Ein Wirbel der Begeisterung war entfacht.

Kaum waren wir zurück in meinem Häuschen, schleppte Gopinath sogleich sein Fotoalbum herbei und blätterte strahlend die Seiten mit den vergilbten Schwarzweiß-Fotografien auf, die ihn unter anderem neben Indira Gandhi zeigten. Ich kam aus dem Staunen nicht heraus. So aufgeschlossen hatte ich ihn in den vergangenen Wochen nicht ein Mal erlebt. Ich frage mich, womit das zusammenhing. Später brachte er noch ein Tablett voller Jackfruits und reifer Papayas. Beinahe wäre ich eifersüchtig geworden!

Von ihren Meditationen und den zahlreichen Aschram-Aufenthalten hatte Chandra Kala ihm gegenüber nichts erwähnt. Am nächsten Tag nach dem Unterricht fragte er sie, warum sie nach Indien gekommen sei und ob sie inneren Frieden suche! Ich begriff das nicht, dergleichen hatte er mich nie gefragt. Er führte ihr vor, wie sie richtig meditierte, und demonstrierte zwei Mantra-Übungen. Dann erklärte er ihr, wo Gott in den menschlichen Körper eintreten könne, und forderte sie auf, das Namasthe vorzuführen. Es sei sehr wichtig, sagte er, die Hände mit der richtigen Neigung des Kopfes vor der Brust so zu falten, daß ein Hohlraum zwischen den Handflächen entsteht. Denn nur das sei Namasthe, das 'Ich bin nichts, ich bin das Nichts zwischen meinen Händen'.

Das kannte ich vom Namaskar, aber über Meditation hatte Gopinath mir gegenüber nicht einmal ein einziges Wort verlauten lassen. Alles, was er mir über Gott sagte, war, die höchste Kunst des Tänzers sei das Loslassen des eigenen Willens, damit Gott in ihm tanzen könne! Deshalb tanzte man das Gebet am Anfang und am Ende des Unterrichts, das Namaskar: ...mein Wille ist leer, leer wie meine Hände!

Chandra Kala zeigte sich sehr angetan von Gopinath und den kurzen, gesprächsintensiven Begegnungen mit ihm. Für sie bestand kein Zweifel, daß er ein wahrer Meister, ja ein heiliger Mann war. Darin war sie mir weit voraus!

Am vierten Tag regnete es zum ersten Mal. Es goß wie aus Kübeln. Mit viel Krawall entlud sich die Spannung zwischen Himmel und Erde, und mit ohrenbetäubendem Lärm öffneten sich die Schleusen des Tropenhimmels, als drohe die Welt unterzugehen. Wir banden uns einen Lungi um und stürzten hinaus. Unter der erfrischenden Massage des warmen Regengusses planschten wir mit den Füßen jubelnd durch die Pfützen auf dem überschwemmten Weg. Gopinath stand am Fenster und schaute uns lächelnd zu. So viel Naß! So viel Grün! Und zwei glückliche Mandis, die es noch nicht wissen, freuen sich auf echte Narrenart ihres Lebens! So mochte er vielleicht gedacht haben. Möglicherweise hat ihn dabei die Erinnerung an seine eigenen übermütigen Jahre gepackt.

Nach fünf Tagen zog Chandra Kala weiter. Aufgeladen mit neuen Eindrücken, mutigen Ideen und aufgeräumten Einsichten verabschiedeten wir uns. Erschöpfung verspürten wir nicht, aber der Zeitpunkt des Abschieds war sicherlich genau richtig, denn viel länger hätten wir wohl nicht mehr durchgehalten. Wir verabredeten uns für das übernächste Wochenende in Varkala am Papanasam Beach. Chandra Kala wollte noch einmal dorthin. Doch vorher hatte sie noch einen kurzen Abstecher zum Kovalam Beach geplant.

An jenem vereinbarten Sonntagmorgen stellte ich meine kleine Varkala-Tasche schon vor dem Unterricht gepackt neben die Tür, damit ich sofort aufbrechen konnte. Ich war gerade in meine Hausaufgaben vertieft, als Gopinath nach mir rief. Zuerst glaubte ich, ich hätte mich in der Zeit geirrt und warf einen Blick auf die Uhr; aber es war erst neun. Verwundert lief ich hinaus. Gopinath hatte ein festliches Ornat angelegt. Gewöhnlich kleidete er sich für den Unterricht nicht so pompös! Der perlmuttfarbene Ambassador kam angerollt. Sein Fahrer sprang heraus, verneigte sich vor Gopinath und polierte mit scheuen Augen die letzten glanzlosen Schwachstellen auf Kotflügel und Kühlerhaube. Gopinaths Frau huschte an ihm vorbei und hievte sich umständlich auf den Rücksitz des Wagens. Gopinath strahlte über das ganze Gesicht. Seine Augen funkelten vor Freude. In dieser Aufmachung war er eine mysteriöse Erscheinung. Er wandte sich zu mir und teilte mir freundlich mit, daß der Unterricht von zehn Uhr auf siebzehn Uhr verschoben werde. Er sei zu einem Familienfest eingeladen, der Hochzeit seines Kulissenschiebers.

Ohne meinen Verstand einzuschalten, antwortete ich im schülerhaften Reflex »Ja!«, und bis ich wieder zu mir kam, war Gopinath mit dem Ambassador davongefahren. Er konnte ja nicht wissen, daß ich Chandra Kala in Varkala treffen wollte, murmelte ich in Gedanken. Obwohl Gopinaths spontane Umdisponierung für mich bedeutete, Varkala aus meiner Planung zu streichen, lag mir Protest fern. Abends nach dem Unterricht noch aufzubrechen, wäre nur unvernünftig gewesen, und das gleiche galt für den Aufbruch am nächsten Morgen, denn für einen Tag nach Varkala zu fahren wäre eine einzige Strapaze gewesen. Seit Tagen hatte ich dem Wiedersehen mit Chandra Kala entgegengefiebert, und dennoch registrierte ich nicht das geringste Aufbäumen in meinem Innern. Es war keine Frage, daß ich mich hier willenlos fügte. Ich hätte Gopinath ja auch darum bitten können, aufgrund meines Vorhabens den Unterricht ausfallen zu lassen. Er hätte seine Einwilligung gegeben, darin war ich mir sicher. Es war allein meine Entscheidung und irgendwie war sie es doch nicht! Verwirrt ging ich die paar Schritte zu meinem Häuschen zurück, und als ich die Tür erreichte, war die Sache bereits erledigt. Mir blieb also nur der Montag. Ein Ausflug nach Kovalam machte Sinn, zwei Stunden hin und zwei Stunden zurück! Am anderen Morgen erwachte ich wie gewohnt vor Sonnenaufgang und gleitete traumverwirrt aus dem Schlaf in die schaukelnden Melodien von Gopinaths morgendlichem Gebet.

Während des Monsuns blieb ich öfter zu Hause und unternahm wegen des Dauerregens keinen Wochenend-Ausflug. An jenem Montagmorgen hingegen verweilte ich nicht lange im Bett, sondern fuhr nach einem schnellen Frühstück geradewegs zum Kovalam Beach. Später auf dem Rückweg wollte ich in Trivandrum Halt machen und meinen Essensvorrat für die kommende Woche auf dem Markt einkaufen. Als ich in Kovalam ausstieg, empfing mich eine verträumte Atmosphäre. Ausgestorben lag der Busstand da. Die sonst so aufdringlichen Schlepper hatten derzeit wenig zu tun. Die wenigen Ausländer, die sich auch von den heißesten Monaten und dem darauffolgenden Monsun nicht vertreiben ließen, waren vorwiegend Langzeitreisende. Ihre Kauffreudigkeit hielt sich in Grenzen, sie sparten lieber ihr bescheidenes Budget, um möglichst lange unterwegs sein zu können. Die Souvenir-Läden hatten zwar geöffnet, aber die Besitzer lagen dösend auf der Türschwelle oder plauschten mit dem Nachbarn. Manchmal waren sie auch gar nicht da. Kaum hatte man aber einen solchen unbemannten Laden betreten und stöberte endlich ungestört durch die Verkaufskulisse, da eilte der eben noch verschollene Besitzer geschäftsbegierig herbei und redete einen rigoros nieder.

Niemand belästigte mich mit besonders günstigen Silberanhängern oder Tüchern, als ich die maroden Steinstufen hinunterstieg, die sich bei heftigem Regen kurzzeitig in einen reißenden Bach verwandelten. Sogar die herumstreunenden Hunde schienen sich Ruhe zu gönnen und ignorierten mich. Ich spazierte am Strand entlang und dachte mit unruhigem Gewissen an Chandra Kala, die ich in Varkala vergeblich auf mich warten sah. Ich hoffte, sie würde annehmen, daß ich sie nicht grundlos versetzte.

Ungefähr in der Mitte des Lighthouse Beach, der großen Bucht von Kovalam, fiel mir von weitem eine zierliche, blonde Gestalt auf, die langsam aus dem Wasser humpelte. Ich hatte Chandra Kala zwar nicht humpelnd im Gedächtnis, dennoch mußte ich unwillkürlich an sie denken. Hatte ich etwa schon Erscheinungen? Je näher ich kam, desto deutlicher erkannte ich sie. Wie war das möglich? »Chandra Kala!« überschrie ich die Brandung. Sie reagierte sofort, drehte sich überrascht um und blieb wie angewurzelt stehen, als sie mich sah. Sie war es tatsächlich. Mit aufgerissenen Augen starrte sie mich wie ein Weltwunder an.

»Was machst denn du hier in Kovalam?« rief ich und rannte ihr das letzte Stück entgegen. Nach der stürmischen Begrüßung meinte sie völlig konfus: »Du solltest doch jetzt auch in Varkala sein!« »Mh, ja!« gab ich mit einem vergnügten Seufzer von mir und wackelte geheimniskrämerisch mit dem Kopf. Ich wollte sie ein bißchen auf die Folter spannen, es gefiel mir, daß sie so außer sich war.

In hastigen Sätzen schilderte sie ihr Mißgeschick und zeigte auf ihren verstauchten Fuß. Mit dieser Behinderung wäre es zu mühselig gewesen, nach Varkala zu reisen, und außerdem, verriet sie mit einem vielsagenden Schmunzeln, habe sie jemand Interessanten kennengelernt! Viel zu aufgeregt, um ins Detail zu gehen, bedrängte sie mich ungeduldig: »Und du? Wieso bist du hier?« Während ich von der Verlegung der Unterrichtsstunde und meinem demütigen Schüler-Verhalten erzählte, streifte mich unvermittelt das Gefühl, meine Erklärung sei gar nicht mehr notwendig, weil sie es bereits ahnte. Sie lachte herzlich und meinte augenzwinkernd: »Guru Gopinath! Er hat das alles arrangiert!«

Ich blieb bis zum Sonnenuntergang und lernte auch die interessante Person kennen, einen Franzosen mittleren Alters. Sie war ihm gleich bei ihrer Ankunft in Kovalam begegnet, und es hatte sofort gefunkt. Dessen ungeachtet packte sie jedoch ihre Tasche für Varkala, als versuchte sie diesem menschlichen Ereignis schleunigst zu entfliehen. Kurz vor ihrer Abreise stolperte sie dann so ungeschickt, daß sie keinen Schritt mehr tun konnte und gezwungen war zu bleiben.

Dieser Franzose war wirklich interessant! Seit siebzehn Jahren reiste er in Asien umher und lebte inzwischen in Indien. Er hatte sieben Kinder, in der ganzen Welt verstreut. Das letzte, eine Tochter, war von Geburt an bei ihm. Die taiwanesische Mutter hatte sich bald von ihnen getrennt und verdiente nun in Paris viel Geld. Ihn zog nichts mehr nach Europa zurück, er war glücklich hier. Und mit den Alimenten aus Frankreich ließ es sich in Indien königlich leben. Wenn seine Tochter einmal sieben Jahre alt sei, würde er sie auf die internationale Schule in Kodaikanal schicken. Der kühle Ort in den Bergen war ihm längst vertraut, denn dort hatte er ein Haus gemietet, und dort verbrachte er jedes Jahr die heißeste Zeit. Über Langeweile brauchte er sich nie zu beklagen. Je nach Lust und Laune betätigte er sich nebenbei als Künstler. Er malte verrückte Bilder und schrieb ausgeflippte Lyrik. Manchmal konnte seine taiwanesische Ex-Frau ein Werk von ihm verkaufen, aber finanziell war er darauf nicht angewiesen. Er war ein waschechter Mandan!

In der Annahme, dies sei unser letztes Treffen auf indischem Boden, hatten Chandra Kala und ich uns verabschiedet. Wochen später liefen wir uns unvermutet noch einmal über den Weg.

Ich war gerade mit meinem allwöchentlichen Provianteinkauf in Trivandrum fertig, hatte mein geliebtes Hammelcurry gegessen und ging die Hauptstraße zur Busstation hinunter, um nach Hause zu fahren. Kurz vor der großen Kreuzung überfiel mich der Wunsch nach einem Limca mit solcher Heftigkeit, daß ich entgegen jeglicher Gewohnheit umkehrte und mit meinen schweren Einkaufsnetzen die Hauptstraße zurückmarschierte. Ich steuerte ein Lokal an, in dem ich für indische Verhältnisse recht gemütlich sitzen und gleichzeitig ungestört dem Trubel zuschauen konnte. Blindlings erlag ich dieser sinnlichen Verführung, und daß ich den Weg zweimal gehen mußte, konnte mich nicht abschrecken. Das Limca entlohnte mich bis zum letzten Tropfen.

Als ich etwa eine halbe Stunde später die große Kreuzung erneut erreichte, kam ich wieder nicht dazu, sie zu überqueren. Chandra Kala lief mir nämlich von der gegenüberliegenden Straßenseite entgegen und hüpfte lachend auf mich zu! Sie hatte mich schon von weitem entdeckt. Im Gegensatz zu mir war sie kaum verwundert und behauptete, sie habe damit gerechnet, mir zu begegnen, und sei sogar extra beim Busstand gewesen, um nach mir Ausschau zu halten!

Während wir das nächstbeste vegetarische Lokal aufsuchten, redete ich unablässig auf sie ein. Ich konnte mich nicht beruhigen. Ausgerechnet Limca war die Ursache, daß wir uns trafen! Die Ironie dabei ließ sich nicht verleugnen. Chandra Kala zählte nicht zu jenen Indienreisenden, die Limca tranken! In deren Augen war die künstliche Zitronenlimonade so verachtenswert wie McDonald's für ernährungsbewußte Deutsche.

»Wenn ich diese verückte Idee mit dem Limca nicht gehabt hätte und nicht umgekehrt wäre«, sagte ich, indem ich diesem Vorfall eine mysteriöse Bedeutung zusprach, »dann hätten wir uns jetzt nicht getroffen! Ausgerechnet Limca!«

»Ja«, antwortete Chandra Kala nachdenklich und wirkte mit einem Mal betroffen. »Da sieht man mal wieder«, fuhr sie lächelnd, aber besonnen fort, »wie wichtig auch die materiellen Dinge sind!«

INDISCHE BÜROKRATIE

Neben der Eisenbahn und dem viktorianischen Kolonialstil, haben die vergraulten Eroberer in der Vergangenheit noch ein anderes wichtiges Erbe hinterlassen: das Labyrinth der Bürokratie! Deshalb dürfen, wenn man verrückte Geschichten aus Indien erzählt, die Erlebnisse in Banken und Postämtern auf keinen Fall fehlen. Die sicherlich gutgemeinte Absicht wurde hier in ihr lächerliches Extrem verwandelt. Wo die in Scharen angesegelten Besserwisser Ordnung schaffen wollten, bewirkten sie ein heilloses Chaos von Papierstau.

Alles, was sich auf Papier schreiben, berechnen, sortieren und kontrollieren ließ, sollte das Leben der Inder nach englischem Vorbild eigentlich vereinfachen, verkomplizierte es aber auf eine Weise, daß sich Reisende reiflich überlegen, ob sie es sich antun sollen, eine Briefmarke zu kaufen oder Geld zu wechseln.

Die seelische Ausgewogenheit der indischen Bevölkerung scheint durch den Einfluß bürokratischer Umständlichkeit nicht im geringsten getrübt zu sein. Papieransammlungen vollziehen sich schleichend und offenkundig in jedem 'Office'. Es gibt keine Nische und keinen Spalt in den Büroräumen und entlang der Gänge und Korridore, die nicht vorzüglich zum Stapeln von Akten geeignet wären. Solange ein Fleck frei ist, wird er genutzt.

Oft geht das Ansammeln des immensen Papiers in den Büros schneller, als das Stapeln Zeit beansprucht. Dann wird auf das zeitraubende Stapeln gänzlich verzichtet, und die Akten, Ordner, Schriften, Rechnungsbücher und Durchschläge werden gleich vom Arbeitstisch aus in die eigens dafür bestimmten Ecken geworfen. Dort wuchern dann in stoischer Ruhe und beneidenswerter Ungestörtheit unansehnliche Haufen von Aktenordnern.

Der dicke Holländer, der drei Jahre lang mit dem Fahrrad durch Indien fuhr, mochte sich angesichts des Theaters ins Fäustchen lachen, weil er es lustig finden konnte, was die indischen Beamten in den Banken und Postämtern auf Kosten seiner Zeit alles so trieben. Aber für einen Neuling aus dem geordneten Westen wurde der Anblick einer indischen Dienststelle zu einer harten Prüfung.

Einmal hatte sich eine Bankangestellte in der Zeile des Wechselkurses geirrt und wollte mir für mein deutsches Geld den viel günstigeren Kurs des englischen Pfund ausbezahlen! Bei der hohen Summe, die ich wechselte, hätte das umgerechnet sechshundert Mark Gewinn für mich bedeutet. Ich hätte bloß das Geld nehmen und gehen müssen. Für indische Verhältnisse und für mein Reisebudget war das eine Menge Geld. Trotz der lästigen Aussicht auf den zusätzlichen Zeitaufwand, den das Ausfüllen neuer Formulare und abermaliges Notieren von Visa- und Paßnummer nun mal erforderte, brachte ich es jedoch nicht übers Herz, diesen Irrtum zu verschweigen. Statt dessen half ich der verwirrten Bankangestellten, nach dem verflixten Fehler zu suchen! Es kostete einige Anstrengungen, sie von meiner Behauptung, sie habe mir zu viel ausgezahlt, zu überzeugen. »Nein, Mäddäm, das ist der richtige Wechselkurs!« belehrte sie mich mit freundlichem Kopfwackeln. Das könne nicht sein, entgegnete ich, daß der Kurs innerhalb einer Woche um das Zweieinhalbfache gestiegen sei! Ich mußte richtig kämpfen, damit sie mir endlich glaubte. Meiner Hartnäckigkeit überdrüssig, hielt sie mir hoch erhobenen Hauptes das Fax des aktuellen Wechselkurses unter die Nase. Es war ganz einfach, 'German Mark' stand direkt unter 'English Pound'! Sie hatte sich in der Zeile vertan! Für sie war das noch lange nicht einleuchtend. Als sie schließlich begriff, konnten wir endlich von neuem beginnen.
Derweil wartete mein Ehemann zusammen mit Shajahan und dem Fahrer draußen im KCV-11. Sie kamen zwar mehrmals herein, weil es so lange dauerte, aber glücklicherweise hatten sie nichts mitbekommen.
»Jaja, ich komme gleich! Es ist alles in Ordnung!« vertröstete ich sie lachend und in bester Stimmung.
Als wir endlich weiterfahren konnten, verriet ich ihnen den Grund der langen Geldwechsel-Prozedur und ahnte nicht, was ich damit anrichtete. Anstatt meine Tugend zu loben, fielen sie wie Piraten

über mich her und machten mir Vorwürfe. Ob ich denn geisteskrank sei, fragte Shajahan ärgerlich, weil ich freiwillig so viel Geld verschenkt hatte. Keines meiner Argumente, daß mir dieses Geld doch gar nicht zustand und die Bankangestellte womöglich den Verlust aus eigener Tasche hätte bezahlen oder eine Kündigung hinnehmen müssen, überzeugte sie. In diesem Punkt hatten sie überhaupt kein Verständnis für mich und kein Mitleid mit unfähigen Bankangestellten. Für den Rest des Tages war ich die 'mandi Mandi', und ich war heilfroh, ihnen nicht erzählt zu haben, wie langwierig es gewesen war, der Bankangestellten den Fehler begreiflich zu machen.

Neben dem akribischen Eifer, durch die penible Pflichterfüllung zur höchsten Form der Sinnlosigkeit getrieben, zeichnen sich die Bankangestellten überdies durch eine besonders gewitzte Originalität aus!
So fügte es sich vor einigen Jahren, daß ich Zeuge einer vermutlich in der gesamten Welt einzigartigen Handlung wurde. Immerhin habe ich nie dergleichen gehört oder gelesen.
Wie gewöhnlich hatte ich das lästige Geldwechseln bis zum letzten Paisa hinausgezögert. Ich war gerade in Mysore. Den Preis und die Spielregeln des Geldwechselns in Indien kannte ich zur Genüge. Unter unvorhergesehenen, mißlichen Umständen konnte dies einen halben Tag verschlingen!
Auf alles Indienmögliche gefaßt war ich guter Dinge, als ich an jenem Morgen die 'State Bank of India' betrat. Nach den gewohnten administrativen Umständlichkeiten und den damit verknüpften Wartezeiten hatte ich mich verhältnismäßig reibungslos in den ersten Stock hochgearbeitet, wo sich meistens der 'Foreign Moneychange' befindet. Ein weißgepuderter Angestellter mit Pomade im Haar nahm mir lächelnd alle ausgefüllten Formulare ab. Mit der lapidaren Bemerkung: »Einen Augenblick, bitte!« ließ er mich an seinem Pult zurück und verschwand hinter einer Schwingtür.
In jener ersten Etage gab es keine Schalter wie unten im Erdgeschoß. Hier saß man bequem auf einem gepolsterten Stuhl vor dem Bürotisch des jeweiligen Sachbearbeiters. Nur Ausländer durf-

ten diesen Bereich betreten. Entsprechend ruhig und ungewohnt leer war es hier auch.

Für eine Weile vertrieb ich mir die Wartezeit damit, mich über die Gepflegtheit jenes Angestellten zu wundern, der mit meinem Paß und den Formularen hinter der Schwingtür verschwunden war. Inmitten dieser der Ewigkeit anvertrauten Berge von plattgedrückten, geschundenen, auseinanderfallenden, zerfledderten Aktenordnern in sämtlichen Ecken, Nischen und auf den Schränken wirkte sein schmalgeschnittener, gebügelter, schwarzer Anzug irgendwie unpassend.

Keine einzige Schranktür schien mehr intakt zu sein, jede stand offen. Wegen der maßlosen Überfüllung wären sie sowieso nicht zugegangen. Sie demonstrierten sehr überzeugend, wieviel tatsächlich in einen indischen Büroschrank hineinpaßte. Waren das alles alte Formulare? Aber nein, es mußten neue sein! Fetzen des Verpackungsmaterials hafteten noch an manchen Stellen. Einst als Nachschublieferung ungeöffnet und zur vorläufigen Aufbewahrung zwischen die anderen Stapel und Bündel gequetscht, fristeten sie jetzt ihr Dasein, plattgedrückt von dem darüberliegenden Gewicht. Die Massenlagerungen in den Schränken erweckten einen recht fragwürdigen Eindruck. Wollte sich die 'State Bank of India' für das nächste Jahrtausend rüsten? Ich konnte nicht erkennen, welchem Zweck all die Berge und Türme aus Akten und Ordnern und Formularen jeglicher Art und Verfassung dienen sollten.

Die Fensterscheiben waren nicht weniger exotisch. Sie trugen die Spuren von zahlreichen Sandstürmen, heftigen Monsunregen, Pollenflug und angekrustetem Farbpulver irgend welcher Festivitäten. Es hatte den Anschein, als ob sich ein indischer Putztrupp mit Nebensächlichkeiten wie Fensterputzen nicht aufhielt. Und dann die Spinnweben! Sie durften überall hängen, wo sich eine geeignete Fläche bot. Jede Nische und jede Ecke war von ihnen belegt.

In einem indischen Büro schaut man am besten nicht auf den Boden. Wenn eine fette Ratte das Pult wechselt und dabei leichtsinnigerweise die Aufmerksamkeit auf sich lenkt, erinnert sich ein indischer Büroangestellter gerne des Besenstiels auf dem obersten

Treppenabsatz neben dem Computer. Der Besenstiel besitzt keine Bürste. Aber was scherte einen Inder das Bürstenteil, das er ohnehin nie benutzen würde? Der Besenstiel ist viel nützlicher! Er paßt nämlich exakt in den Spalt hinter den Pulten und Schränken und eignet sich somit hervorragend als Ratten-Vertreibungsmittel. Das Verflixte daran ist nur, daß er zugleich auch den Dreck hinter dem Pult hervorbringt!

Meist gibt es in jenen ersten Etagen bereits eine Klimaanlage, die auf die bevorzugte Gefrierschrankkälte eingestellt ist, wohingegen im Erdgeschoß ein sich ständig drehender, hundertjähriger Ventilator an der Decke sanft quietschend für erträgliche Schwüle sorgt. Dabei spuckt er ähnliche schwarze Staubknöllchen, wie es die Ventilatoren im alten 'Al Italia' getan hatten.

Die 'State Bank of India' in Mysore besaß auch im ersten Stock noch keine Klimaanlage, so mußte ich wenigstens nicht frieren.

Meine Milieustudie lenkte mich davon ab, den zeitraubenden Aufwand, den das Geldwechseln mit sich brachte, zu hinterfragen. Und je länger ich, durch das Warten gezwungen, dies alles betrachtete, desto unterhaltsamer fand ich, was ich sah, und fühlte mich keineswegs um meine Zeit betrogen. Ich verspürte keine Langeweile, im Gegenteil, ich saß in der ersten Reihe vor der Bühne des Lebens!

Dieses ganze Sammelsurium von Dreck und indischer Ordnung offenbarte mir das vieldiskutierte Chaos in purer Anschaulichkeit. Und dies alles bildete die Kulisse für den Bankangestellten, der mit meinem Reisepaß und den ausgefüllten Formularen hinter der Schwingtür verschwunden war. Die frischgepreßte Bügelfalte seiner Tuchhose hatte mich stutzen lassen. Ob sie von seiner Frau täglich aufgedämpft wurde? Benutzte sie noch ein Kohleeisen? Daß seine Schuhe um so ungepflegter waren, versetzte mich nicht in Staunen. Dieses Phänomen kannte ich längst. Von Schuheputzen hielten die Inder genausowenig wie von Fensterputzen und von Staubwischen.

Die Erfahrung, daß es nicht nur in indischen Büros so verwahrlost aussieht, sondern auch in öffentlichen Krankenhäusern, ist ein haarsträubender Alptraum. Als ich mit Damaindi, Sathyan und dem kleinen, behinderten Sanil das 'Central Hospital' in Trivandrum einmal von innen sah, wurde ich krank. Ich bekam hohes Fieber und schaffte es mit letzter Kraft zurück nach Varkala, wo mich Damaindi pflegte.

Nachdem ich all diese Eindrücke in der Bank lange genug aufgenommen hatte, erregte eine korpulente Angestellte am gegenüberliegenden Tischende meine Aufmerksamkeit. In einen schockfarbenen Nylonsari gewickelt und bis zum Ellbogen mit farblich abgestimmten Armreifen aus Glas geschmückt, die bei jeder Handbewegung in melodiöses Klirren gerieten, saß sie artig auf ihrem Platz und tat seit meiner Anwesenheit nichts anderes, als zu stempeln. Ich hatte sie bisher nur aus den Augenwinkeln wahrgenommen. Eine eintönige Melodie begleitete geräuschvoll ihr Tun. Bumm, machte der Stempel, dann folgte das unvermeidliche Rasseln ihrer Glasarmreifen: Klirr!

Ich bemerkte erst nach geraumer Zeit des Zuschauens, daß es Geldscheine waren, die sie Stück für Stück abstempelte! Stapelweise lagen sie zu ihrer Rechten, fein säuberlich zu zweifingerdicken Bündeln zusammengetackert. Ja, zusammengetackert! Und zu ihrer Linken häuften sich wilde Berge von losen Scheinen an, die sie bereits abgestempelt hatte. Die Gepflogenheit indischer Banken, die Rupie-Scheine mit der Tackermaschine zu Fünfziger- und Hunderter-Bündeln zusammenzutackern, war mir nicht neu, daß sie aber auch die Scheine stempelten, bevor sie zusammengetackert wurden, hatte ich noch nie gesehen.

Mit geradezu überirdischer Hingabe verpaßte die mollige Stemplerin im rhythmischen Geklimper ihrer Armreifen jedem Geldschein den Abdruck der 'State Bank of India'! Ganz in Anspruch genommen von ihrem Tun, schenkte sie mir, der Ausländerin, die vor ihrem Pult auf Paß und Formulare wartete, kaum Beachtung.

Gelegentlich kam mir der geschniegelte Angestellte in den Sinn, und ich fragte mich, was er so lange mit meinem Paß tat. Die Formulare hatte ich gewissenhaft ausgefüllt, mein Paß war gültig, ebenso das Visum, es gab also nichts zu beanstanden.

Ich betrachtete die stempelnde Lady. Ihre dunkle Haut hob sich neben den Schockfarben ihres Wickelgewandes schwarz leuchtend ab. Das Stempelgerät hielt sie wie eine Tänzerin zwischen ihren grazilen Fingern, und ohne den geringsten Zweifel preßte sie das blautintige Emblem der Bank auf die Geldscheine. Eher beiläufig registrierte ich, daß es keine Rupie-Scheine waren. Zwar nahm ich die bekannten Schriftzeichen wahr, jedoch reagierte ich mit beträchtlicher Verzögerung, so als befände ich mich in einem Traum, wo alles möglich ist. Und plötzlich bei genauerem Hinsehen erkannte ich mit Entsetzen die Währung: US-Dollar-Noten! Die zusammengetackerten Bündel und Berge von Geldscheinen vor ihr auf dem Tisch bestanden allesamt aus original Einhundert-US-Dollar-Noten!

Das war ein starkes Stück! Unglaubliche Inszenierung des Lebenstheaters. Mein Kopf setzte sämtliche Hebel in Gang. Wie war dieser Vorgang zu begreifen? Die totale Verwirrung im Zentralbereich meines Auffassungsvermögens mobilisierte alle Generalabteilungen meines logischen Kombinationsvermögens. Ich kombinierte und kombinierte und kam zu keiner Lösung. Das war schon eine höchst merkwürdige Art, mit Geld umzugehen. Obendrein mit ausländischem Geld. Ich konnte meiner Neugier nicht widerstehen und sprach die Stemplerin an: »Warum machen Sie das?«

Wohlerzogen hielt sie inne und blickte mich freundlich an. Innerlich zum Zerreißen gespannt, spielte ich die aufgeschlossene Ausländerin, die der fremden Kultur gegenüber ehrliches Interesse zeigt, denn ich wollte sie nicht einschüchtern. Mit ihren Kulleraugen lächelte sie mich teilnahmsvoll an und schaute dann verlegen in ihren Ausschnitt, zumindest sah es so aus. Sie hatte nicht ein Wort verstanden. Und ich lechzte nach einer Erklärung!

Zuversichtlich wagte ich einen zweiten Versuch, einen dritten und vierten. Das erforderte viel Erfindungsgeist, denn damals bestand mein indischer Wortschatz lediglich aus ein paar Begriffen: 'Namasthe', der nationale Gruß, 'haja', die Formel für das Einverständnis, 'Bakschisch', der Allerweltscode der Bettler, und 'Bom Shankar', quasi das 'Prost!' der Hippies, bevor sie hierzulande an einem Shilom ziehen! Mit diesem Repertoire konnte ich nichts anfangen. Also besann ich mich auf die Pantomimen, die ich im Zirkus gesehen hatte, und bediente mich der dürftigen Verständigungsmöglichkeiten, die mir zur Verfügung standen. Ich entstellte mein Englisch in der Hoffnung, es klänge dadurch indischer, gestikulierte mit übertriebenen Gebärden zu den Einhundert-US-Dollar-Noten hin, zum Stempelgerät und zu den Händen der Ahnungslosen, deutete abwechselnd hierhin und dahin, fuchtelte hektische Bewegungen in die Luft, um ihr Stempeln nachzuahmen und wurde allmählich ungeduldig. Warum tat sie das? Welchen Sinn mochte es ergeben, Geldscheine abzustempeln?!

Die einzige Antwort blieb ihr einfältiges Kichern. Während sie mir hin und wieder einen exotischen Kullerblick zuwarf, fuhr sie mit verzögertem Tempo und schwindender Konzentration mit ihrer Arbeit fort. Das hatte wenigstens den einen Vorteil, daß sich die Anzahl der Scheine, denen sie das 'State Bank of India' aufdrückte, rapide verringerte.

Mit dem ungelösten Rätsel alleingelassen, mußte ich zum Glück nicht mehr allzu lange ausharren, bis der Angestellte aus der geheimnisvollen Schwenktür heraustrat. Meinen Paß und die Formulare wohlbehütet in den Händen, schritt er auf mich zu, und sein Gesicht strahlte, als habe er hinter dieser Schwenktür soeben erfahren, daß er für den Wettbewerb der bestgekleideten Bankangestellten auserwählt worden sei. Ich warf einen flüchtigen Blick auf die Formulare. Sie waren von offizieller Stelle für korrektes Ausfüllen mit Häkchen belohnt und mit wildem Gestempel wahllos und unübersichtlich beglaubigt worden.

Die fleißige Geldschein-Stemplerin fuhr derweil unbeirrt fort, das unauslöschliche 'State Bank of India' auf jeder Einhundert-US-Dollar-Note zu verewigen. »Entschuldigen Sie«, platzte ich heraus, voller Überzeugung, in dem geschniegelten Angestellten eine kompetente Person vor mir zu haben, die auf meine dringliche Frage endlich eine Antwort wußte, »warum tut sie das?« Ich faßte mich so knapp wie möglich, damit ich ihn nicht verwirrte. Ich konnte jetzt keine Umwege vertragen, und um etwaige Mißverständnisse gleich von vornherein aus dem Wege zu räumen, zeigte ich in die Richtung der stempelnden Kollegin. Der Angestellte, sonst ein freundliches Dauerlächeln im Gesicht, schaute ziemlich konfus drein, als er meinem Zeigefinger folgte. Dann, gleichmütig und fernab jeglicher Eile, glitt er elegant um den Tisch herum und auf die Stemplerin zu. Plötzlich zog sich ein leises Kräuseln über seine Stirn, alle Anzeichen der Erkenntnis gerieten in Bewegung, und ein beschämtes Grinsen hüpfte über sein braves Antlitz. Seine lapidare Auskunft machte mich sprachlos: »Normalerweise tun wir das nicht.« Sichtlich vergnügt über den Zwischenfall, klärte er mich schließlich auf. Die Lady könne das nicht wissen, sagte er in gesungenem Indien-Englisch. Die Lady habe nämlich erst vor kurzem in dieser Bank angefangen zu arbeiten. Er blinzelte mich verschmitzt an wie ein Schelm, der einen Unfug gesteht.

Während ich diese simple Antwort verdaute, lachten mich die beiden fröhlich an, so als sei alles nur ein Riesenspaß, ein nichtiges Versehen, eine lustige Dummheit! Es schien sie nicht im geringsten zu kümmern, was der amerikanische Finanzminister angesichts der mißhandelten Dollar-Noten sagen würde.

Die Gelassenheit des Angestellten war phänomenal. Zweifelsohne war er ihr Vorgesetzter! Und dennoch, welch munteres Blitzen hinter seiner dauerfreundlichen Fassade! Erst jetzt griff er ein, um weitere Dollar-Opfer zu verhindern, und klärte seine Kollegin auf. Auf humanste Art erfuhr sie von dem Irrtum, denn ihr Vorgesetzter schrie sie nicht an und stampfte nicht mit den Füßen auf, sondern hauchte geflüsterten Singsang in ihr Ohr, und ein beidseitiges, etwas geniertes Kichern untermalte die ernstlose Zurechtweisung. Allem Anschein nach hatte sie verstanden. Das strapazierte Stempelgerät entglitt den Fingern und blieb einfach da liegen, wo es hinfiel und eine tintige Schmierspur hinterließ. Verwunderung lag in ihren Zügen, als sei sie gerade aus einer tiefen Trance erwacht. In der wohlgeordneten Abteilung meines dressierten Verstandes rumorten die gedrillten Mächte und verlangten nach dem erzieherischen Mittel für Disziplin und Ordnung: Strafe! Unwillkürlich mußte ich an eine fristlose Kündigung denken und war sicher, daß es das Mindeststrafmaß sei, das der Geldstemplerin nun blühte. Aber kein Anflug von Reue war in ihrem unschuldigen Pausbäckchengesicht zu erkennen, arglos und heiter hörte sie dem flüsternden Vorgesetzten zu. Sie ließ nicht den leisesten Schrecken über ihre Tat verlauten. Kein Stammeln um Vergebung, kein Rechtfertigen und kein Entschuldigen, keine Angst vor einem Rausschmiß, nichts von alledem, was in meiner westlichen Vorstellung eine angemessene Reaktion in einem solch schwerwiegenden Fall gewesen wäre.

Sie kullerte mit den Augen wie die Stars auf der Leinwand, kicherte und schielte abwechselnd in ihren Ausschnitt, zu ihrem Boß und zu mir. Zwischen ihren Fingern hielt sie ein ordentlich gebügeltes und nach den strengen Regeln der Symmetrie gefaltetes Taschentüchlein fest, das sie verstohlen vor ihre Mundpartie schob. Nun, da sie alles wußte, wurde ohne jeglichen Zeitdruck noch zu Ende gekichert. Vielleicht hieß die Devise hier: Mehrmals am Tag sollst du ein Narr sein!

Die Exstemplerin fing in einem verträumten Rhythmus an, die losen, bestempelten Dollarscheine aufzuklauben. Umständlich zählte sie einen Packen ab und tackerte ihn schlaftrunken zusammen. Zur Sicherheit drückte sie ein zweites Mal zu. Doch siehe da, welch ein Zufall, die Tackermaschine war nach einmaliger Benutzung leer! Derartigen Vorfällen gegenüber aufgeschlossen, stellte sie flexibel ihren Arbeitsplan um. Sie belud beide Arme mit jenen Bündeln, die noch unversehrt zusammengetackert und daher unbestempelt waren, und schlenderte damit los, um sie an einen anderen Ort zu bringen.

Gerade jetzt, wo es spannend wurde, sollte ich gehen! Während der Angestellte höfliche Worte an mich richtete und mir gleichzeitig den Paß und eine enorm schwere Messingmünze von antikem Wert mit einer einstelligen Zahl überreichte, konnte ich beobachten, wie sie mit ihren aufgeladenen Dollar-Bündeln im Balanceakt hinter jener geheimnisvollen Schwenktür verschwand.

Der Angestellte grinste mich in seiner freundlichen Art an und trug mit süßlichem Klang in der Stimme den längst bekannten Werdegang des weiteren amtlichen Verlaufs vor. Letztlich war ich ja zum Geldwechseln hierher gekommen und nicht zum Rumalbern! Um etwas Zeit zu schinden, stellte ich mich mit aller Höflichkeit dumm. Ich brannte darauf zu erfahren, was die Stemplerin mit dem wilden Haufen bestempelter Dollarscheine auf ihrem Pult nun als nächstes tat. Bis sie zurückkehrte, wollte ich mir den langweiligen

Vortrag zur Not auch dreimal anhören. Die Münze müsse ich am 'Counter' unten abgeben, dann bekäme ich das gewechselte Geld. Halt, er nahm mir den Paß wieder weg und erläuterte ausführlich, daß ich meinen Paß natürlich erst gegen Einlösung der schweren Messingmünze an jenem Schalter zurückbekäme, zusammen mit dem gewechselten Geld und einem dazugehörigen 'Receipt' und diesem und jenem Durchschlag der Formulare.

Selbstredend behielt die Bank auch einige Durchschläge zurück. Was sollten die Büroangestellten denn in die Ordner heften? Jedes Geldwechseln mußte strengstens archiviert werden.

Die langwierigen Formalitäten des Geldwechselns in Indien vermitteln stets den Eindruck, man sei Opfer eines Mißverständnisses geworden und habe den Auftrag erteilt, die ganze Bank kaufen zu wollen.

Die Geldstemplerin kehrte zurück! Das ausländische Stempelgut in unangetasteter Turmlage auf ihren Armen stemmend, trat sie aus der Schwenktür hervor und schlich unschlüssig zwischen den Pulten umher. Unvermittelt legte sie ihre Ladung auf einem Schreibtisch ab und steuerte mit watschelndem Gang und ausgesprochen zielstrebig auf einen der überquellenden Aktenschränke zu.

»Vielen Dank, Mäddäm. Auf Wiedersehen!« leierte der Angestellte unermüdlich in meine Richtung, weil ich keine Anstalten machte zu gehen. Es ließ sich einfach keine Zeit mehr schinden! »Danke, auf Wiedersehen!« sagte auch ich mehrmals und versuchte, beim Hinausgehen um jede Sekunde zu feilschen. Aber wie lange konnte ich dem Angestellten noch zunicken, ohne unangenehm aufzufallen?

Ich gab mich geschlagen, und in dem schmerzvollen Wissen, niemals zu erfahren, was die Geldstemplerin bei dem überfüllten Aktenschrank eigentlich wollte, wandte ich mich ab und zog die Tür hinter mir zu.

Plötzlich hörte ich berstenden Lärm aus dem eben verlassenen Raum. Das gewaltige Poltern klang verdächtig, als stürzten Tausende von Aktenordnern aus großer Höhe zu Boden! Quirlige Stimmen purzelten hinterher und das ausgelassene Kichern einer heiteren Gesellschaft.

Beim Thema 'indische Bürokratie' dürfen die Postämter natürlich nicht fehlen. Sie stehen den Banken in nichts nach. Man fühlt sich wie in einem tragikomischen Stück, kommt man beim Kauf von Briefmarken oder beim Versand eines Päckchens erstmals mit den absurden Regeln eines indischen Postamts in Kontakt. Allein das Anstehen für ein paar Briefmarken kann schon die Nerven strapazieren, weil man praktisch immer auf der gleichen Stelle tritt und später erst merkt, daß der Inder, der eben noch hinter einem war, plötzlich vor einem steht. Wenn es darum geht, möglichst schnell und unbeschadet zum Schalter zu gelangen, sind die Inder einfach flinker, ja wahre Meister im Vordrängeln!

Während des Schlangestehens entwarf ich in Gedanken so manche Erziehungsmethode, zum Beispiel elektrisch geladene Nadelpfeile, die ich von meiner Handtasche aus abschoß! Unsichtbar und wirkungsvoll sollten sie zum Einsatz kommen, sobald sich wieder so ein schlauer Vordrängler mit verträumten Augen an mir vorbeidrückte. Sie konnten dabei so treuherzig schauen, als hätten sie tatsächlich noch nie etwas von 'Anstellen' gehört.

Ihr Unschuldsblick kostete mich zuweilen meine Beherrschung. Früher hatte ich lange geglaubt, ich könnte etwas ändern, wenn ich nur laut genug schimpfte. Statt dessen schaute mich der Bescholtene noch unschuldiger an und tat völlig verwundert, als könne er sich nicht denken, wovon ich redete. Heute bin ich gelassener. Den plötzlichen Zwang, den Dränglern an die Gurgel springen zu müssen, kann ich nun mit einem Lächeln unter Kontrolle bringen, indem ich einfach das bewährte Mantra zu Hilfe nehme und sage: »Mandan!« Dieses eine Wort wirkt Wunder. Alle lachen den Mandan aus, der dann beschämt grinsend ein paar Millimeter am Schalter beiseite rückt und ohne Widerrede einsieht, daß ich vor ihm an der Reihe bin.

Wenn das Warten allzu lange dauerte, tröstete ich mich mit philosophischen Betrachtungen und dem Vorteil, die Polarität unserer Welt so anschaulich studieren zu können. So flink die Postkunden im Vordrängeln waren, so lahm agierten die Postbeamten hinter den Schaltern! Das Verhältnis dieser beiden Energien schien hier absolut in Relation zu stehen.

Beim Versand eines Päckchens, und sei es auch nur innerhalb des Landes, kann man Erfahrungen in Sachen indisches Postwesen sammeln. Der Höhepunkt ist der Versand eines Auslandspaketes! Mehrere Schalter müssen in bestimmter Reihenfolge aufgesucht werden. Zur Sicherheit der Sendung sollen Name, oft von der halben Verwandtschaft - husband, fathers name -, und Adresse - permanent adress, present adress -, Geburtsdatum und andere Angaben säuberlich in Druckbuchstaben und mit etlichen Durchschlägen auf vorgedruckte Formulare geschrieben werden!

Jede größere Sendung wird einer streng chronologischen Regelung unterworfen, um nicht Gefahr zu laufen, das verwirrende bürokratische System durcheinanderzubringen.

Zuallererst muß das zu verschickende Objekt gewogen werden, und es ist wirklich lästig, wenn die indischen Drängler alle gleichzeitig dasselbe Anliegen haben. Die Wartezeit pro Schalter beträgt jedoch selten mehr als eine Stunde. Nach einiger Übung kann man diese Zeit gut rumkriegen, dann ist das Warten gar nicht mehr so langweilig. Jeder trifft jeden, alte Bekannte, mit denen es sich nett plaudern läßt, und mittendrin steht eine Ausländerin, die, mit einem indischen Anzug bekleidet und das lange blonde Haar zu einem Zopf geflochten, ein großes Paket vor sich herschiebt! Das gibt genügend Gesprächsstoff.

Ist die Wartezeit für das Wiegen des Versandguts endlich vorbei, folgt der nächste Schritt. Sportlichkeit ist gefordert, denn oft befindet sich ausgerechnet der Schalter mit der Waage im Untergeschoß. Das zehn bis zwanzig Kilo schwere Paket irgendwie auf Arme, Schulter oder Kopf gestemmt, erreicht man das Erdgeschoß und hält Ausschau nach dem dicht umringten Schalter mit der Aufschrift 'Stamp'. Dort kauft man die beim Wiegen festgestellte Menge Briefmarken.

Habe ich bei der Organisation des Kleingelds in meiner Geldbörse geschlampt und deshalb nur große Scheine zur Hand, büße ich diese Nachlässigkeit sofort mit einem weiteren Aufschub des Briefmarkenkaufs. Es kann zu einer verflixt komplizierten Sache werden, wenn auch keiner der Anstehenden in der Lage ist, den Fünfhundert- oder Eintausend-Rupees-Schein zu wechseln. Nur in den seltensten Fällen schicken die Schalterbeamten mich mißmutig weg, damit ich mich selbst um das Wechselgeld kümmere. Normalerweise ist ihnen der Notstand willkommen. Offensichtlich froh über den kleinen Spaziergang und die Gelegenheit, einen so großen Geldschein in den Händen halten zu dürfen, schleichen sie in den Schalterräumen umher und bitten ihre Kollegen um Hilfe.

Nach dem Briefmarkenkauf folgt eine bastlerische Unterbrechung. Für Sensible, die sich schnell ekeln, ist das allerdings kein Spaß. Doch da muß man durch. Wie soll man die Briefmarken sonst aufkleben?

Auf einem Tisch stehen die Bastelutensilien. Die frisch angerührte, grünliche, klebrige Schmiere in einer vergammelten Plastikschale erinnert an Auswurf! Manchmal steht eine angerostete Konservendose mit trübem Wasser und toten Fliegen daneben. Langes Anstehen ist vonnöten. Vorsichtig nimmt man das Stöckchen zwischen die Finger, taucht es in den widerwärtigen, grünen Klebstoff ein und beschmiert damit die Briefmarken.

Anders klebt eine indische Briefmarke nie! In weiser Voraussicht fehlt die Klebebeschichtung auf der Rückseite. Wäre das nicht so, könnten die 'Stamps' in den Ordnern bei der hohen Luftfeuchtigkeit für alle Ewigkeit aneinanderpappen. Deshalb hat sich seit dem Abzug jener englischen Besserwisser ein Umdenkungsprozeß in die bürokratische Ordnung eingeschlichen und letztlich durchgesetzt. Mochte einem indischen Postangestellten zu Kolonialzeiten noch die Prügelstrafe gedroht haben, wenn die Marken in seinem Ordner zusammenklebten, so verzichtet das indische Postwesen heutzutage gänzlich auf die Klebebeschichtung, die für die Tropen nicht taugt. Diese Erfindung ist eine der wenigen praktisch durchdachten, wenngleich etwas umständlichen Erneuerungen in indischer Regie!

Ist die Briefmarken-Klebe-Aktion erfolgreich beendet, begibt man sich zu einem Schalter, über dem gerade noch leserlich ein Schild hängt: 'Registered'! In der Schlange davor plaudern oder dösen diejenigen, die es noch nicht aufgegeben haben, und drängeln sich zum Registered-Beamten vor, der den Andrang auf seine Person anscheinend mißversteht und in einer überheblichen Maharajapose hinter dem Schalter thront. Er kennt kein Mitgefühl, schaut mürrisch, müde und gelangweilt drein und kritzelt nur widerwillig Name, Adresse, 'Registered Number' und so weiter in Schmierschrift auf einen Fetzen Papier. Es handelt sich dabei um ein richtiges Formular, das 'Registration Form', was aber nicht heißt, daß das Versandgut nun versichert ist! 'NOT INSURED' prangt da in fetten Lettern. Das Paket ist damit lediglich 'received and registered', was immer das im indischen Sinne bedeuten mag.

Dieser amtliche Beleg, der gerade dreizehneinhalb mal viereinhalb Zentimeter mißt, enthält alle post-wichtigen Daten: »NOT INSURED! Amount of Stamps affixed Rs., Received and Registered*, Addressed to, No., Date Stamp, Signature of Receiving Officer.« Das sind sechs Posten, die von dem Beamten ausgefüllt werden müssen. Jedem Posten ist Zeile für Zeile die Hindi-Übersetzung in Hindi-Schrift hinzugefügt. Auf der Rückseite befindet sich außerdem ein verschmierter Stempel, auf dem ich sogar 'Trivandrum GPO' und das Datum entziffern kann: 29.9.1989!

Ein solch registriertes Paket aus Cochin ist bisher nie angekommen! Vor etwa fünfzehn Jahren hatte ich es dort auf dem 'GPO', dem Hauptpostamt, im Schweiße meines Angesichts aufgegeben. Zwanzig Kilo traumhafte Baumwollsaris in den schönsten Gelbtönen! Das Tagebuch war der schmerzhafteste Verlust. Der Registrations-Beleg hat mir bei meiner Nachforschung eher Schaden eingebracht. Nach längerem Briefwechsel mit dem 'GPO' von Cochin telefonierte ich schließlich von Deutschland aus mit dem sachbearbeitenden 'High-Officer'! Nachdem er sich ausführlich über die Beschriftung hat Auskunft geben lassen, antwortete er, daß er diesbezüglich leider nichts für mich tun könne.

Der langwierige Prozeß hinter dem Registered-Schalter bringt den besorgten Touristen gelegentlich auf kriminelle Gedanken. Nervös spielt er in seinen Hemden- und Hosentaschen mit dem Kleingeld und überlegt, ob dem verträumten Postbeamten mit einer kleinen Bestechung auf die Sprünge zu helfen ist.

Das Notieren, Ausfüllen, Rechnen, Wiegen und Abhaken wird häufig durch nuschelnde Bemerkungen eines Vorgesetzten diskret unterbrochen, als handele es sich um den Austausch von Staatsgeheimnissen. In einer merkwürdig schlafwandlerischen Verfassung schreitet er oft hinter den Schalterbeamten einher. Er scheint nur die Funktion zu haben, nach dem Rechten zu sehen und im Weg zu stehen!

Für Auslandspakete gelten einige Sonderregelungen, die pedantisch in ausgefransten Akten aufgelistet sind. Den Paß darf man nicht vergessen! Da ist der Beamte am Custom-Schalter unnachgiebig.

Am besten ist es, gut ausgeschlafen in den frühen Morgenstunden zu erscheinen. Dann besteht eine reelle Chance, das umfangreiche Pensum an einem Tag zu bewältigen. Eine Kaffeepause einzuschieben tut immer gut, besonders wenn man sich bei einigen allzu pflichtbewußten Schalterbeamten bereits unbeliebt gemacht hat! Nach einer kurzen Phase der Besinnung wartet es sich wieder toleranter im Gedränge der Schlangen vor den Schaltern.

Zu zweit zu erscheinen, bringt wenig Vorteil, außer daß man nicht alleine ist, weil ja die Reihenfolge der einzelnen Schalterbesuche eingehalten werden muß. Und jedes Postamt hat da seine eigene Chronologie. Man kann nur raten, welcher Schalter als nächstes drankommt.

Dennoch ist alles halb so schlimm. Nach dem Motto 'Ein Tag in einem indischen Postamt' und mit einer gesunden Portion Humor und Aufgeschlossenheit für fremde Völker und Sitten wird es ein lohnender Ausflug sein. Allein die Bildfülle! Hier läßt sich 'sit and watch' gut betreiben.

In den indischen Postämtern hat sich ein neuer Berufszweig etabliert. Männer sitzen, mit einem Wust von Schnüren, billigem Nesselstoff, Nähzeug und rotschwarzer Siegelmasse ausgestattet, vor den Schaltern herum. Für ein paar Rupees bieten sie demjenigen ihre Hilfe an, der nicht weiß, daß man solche Dinge braucht, um ein Paket zu verschicken.

Die Ausländer sind ihre Haupteinnahmequelle, da können sie ziemlich aufdringlich werden. Halte ich ihnen mein mitgebrachtes Nähzeug, die Schnüre und das in Nesselstoff verpackte Paket unter die Nase, wollen sie mir ihr postorientiertes Wissen verkaufen. Mit der Aufzählung verhängnisvoller Folgen bei Nichtbeachtung gewisser Voraussetzungen versuchen sie, Panik zu verbreiten. »Mandan!« kontere ich zum Beweis, daß ich nicht völlig fremd bin, und bringe sie zum Lachen. Damit veranlasse ich sie meistens, mir unentgeltlich wertvolle Tips zu verraten, die selbst ein alter Indienreisender oft noch nicht kennt.

Wer zum ersten Mal ein Paket aufgibt ist ehrlich zu bedauern. Wie kann er auch wissen, daß er seinen Reisepaß hätte mitbringen sollen, weil er daraus sämtliche Daten, einschließlich der Visanummern und Einreisestempel, Ausstellungsort, Datum und Nummer des Passes auf die Seitenflächen des Paketes zu übertragen hat? Ja, sogar Ort und Zeit der Geburt sind gefragt!

Wie kann er ahnen, daß in Indien Bestimmungen gelten, von denen man teilweise auf der ganzen Welt noch nichts gehört hat? Pakete müssen in 'white cloth' eingenäht werden! Es ist immer wieder amüsant, das Staunen und Stutzen der Touristen zu beobachten, wenn sie diese Auskunft erhalten. Wem Englisch nicht so geläufig ist, der versteht bei dem Gemurmel des Beamten entweder nichts oder 'weiße Kleidung'! Damit ist natürlich nicht viel anzufangen.

Aber jetzt treten jene hilfsbereiten Männer in Erscheinung, und mit der Forderung: »Fifty Rupees!« präsentieren sie dem Verwirrten ein Stück Nesselstoff. In manchen Postämtern ist es sogar Vorschrift, dieses in weißen Stoff eingenähte Paket zusätzlich zu verschnüren und jeden Kreuzpunkt zu versiegeln.

Warum sollte ein Reisender, der erstmals ein Paket von Indien in sein Heimatland verschicken will, auf die Idee kommen, gleich mehrere Kugelschreiber einzustecken oder am besten ein Set dikker Filzstifte? Er ahnt ja nicht, wieviel es zu schreiben gibt, und auf Stoff versagt bald jeder Kugelschreiber. Dem Kunden werden sechs Formulare in die Hand gedrückt mit der Aufforderung, sie auszufüllen. Zuerst denkt er: Es sind sicherlich verschiedene Formulare! Und bei genauerem Hinsehen stellt er fest, daß es sechs gleiche Formulare sind. Er bittet um Durchschlagpapier. »Haben wir nicht!« lautet die Antwort. Also muß er sechsmal das gleiche Formular ausfüllen! Das erinnert irgendwie an Strafarbeit und Nachsitzen.

Wenn es ganz hart kommt, landet man in einem jener Postämter, in denen die Schalterbeamten Geiz-Yoga betreiben. Sie nämlich händigen nur ein einziges Formular aus und erklären mit herablassender Miene, dieses eine Formular sei sechsfach ausgefüllt abzugeben! Jetzt soll man auch noch zaubern können? Glücklicherweise geben jene hilfsbereiten Männer mit den Schnüren und dem Nesselstoff die Lösung preis. Nur wenige Kilometer entfernt ist ein Copy-Shop, dort kann man das Formular kopieren lassen! Hat man den Copy-Shop endlich gefunden, wird er gerade geschlossen, weil in vier Sekunden Mittagspause ist. »One hour Lunchtime!«

Das ist auch so eine Neuheit in der modernen Geschäftswelt Indiens. Der einfache Mann auf der Straße mit seinem Tee-, Tabak-, Gemüse- oder Eß-Stand und die Besitzer der unzähligen Lädchen arbeiten von Sonnenaufgang bis Sonnenuntergang, oft sogar bis Mitternacht durch, wohingegen Banken und Ministerien, Touristen-Informationen und große Geschäfte mittags schließen. In diese Kategorie gehören auch die Fotogeschäfte, in denen es die fortschrittlichen Fotokopiergeräte gibt.

Manchmal aber hat man auch Glück. In letzter Sekunde wird einem Einlaß gewährt, es gibt keinen Stromausfall, das Fotokopiergerät ist nicht kaputt, und es ist genügend Papier da.

Als ich mit fünf Kopien und dem Original zum Postamt zurückkehre und mit dem Ausfüllen der sechs gleichen Formulare beginnen will, erkenne ich schlagartig: Hier sitzt eine Idiotin! Eine perfekte Närrin! Ich habe das Formular VOR dem Ausfüllen kopiert! Sechsmal! Beidseitig! Die immergleichen stupiden Fragen: Adresse, Absender, Versandgewicht, Inhalt und genaue Auflistung der Gegenstände, wo gekauft, wieviel gekostet, ob man damit Handel betreibe, ob 'Seamail' oder 'Airmail', ob 'Registered' oder nicht, die Unterschrift, mit der man beteuert, daß man kein Geld und keine Drogen verschickte...

An einigen Postämtern wird Registrierung und Abgabe des Versandguts nicht an derselben Stelle abgewickelt. Ich gehe auf diesen wirklich letzten Schalter zu, und ein sehr wichtigtuender Angestellter nimmt das Päckchen am Abgabeschalter in Empfang.

Mit unübertroffener Professionalität vermerkt er auf einem Zettel scheinbar wichtige Notizen und flüstert beschwörende Laute in seinen schwarzen Bart. Die Anzahl der Briefmarken auf dem Paket muß kontrolliert und alle Angaben verglichen werden. Gerade beim nochmaligen Abwiegen kann sich eine kleine Nachlässigkeit herausstellen, ein Versehen sozusagen, das durch den nachträglichen Kauf der fehlenden Briefmarken und das Nachkleben am Klebtisch aus der Welt geräumt wird. Man will es nicht glauben, wie mitfühlend Schalterbeamten manchmal sein können. Sie nehmen einen gleich wieder dran, sobald man mit dem Nachkleben fertig ist. Das bedeutet: kein erneutes Einreihen und Schlangestehen.

Eine alte Weisheit wird auf indischen Postämtern anschaulich: Der Weg ist das Ziel!

Der Triumph beginnt spätestens dann, wenn am Paket selbst nichts mehr zu beanstanden ist, und steigert sich, wenn die strenge Prüfung von Angaben und Formularen bestanden ist. So einfach ist das, wenn alles gewissenhaft ausgefüllt ist. Oh Wunder, es ist vollbracht! Welch Gipfel der Gefühle!

Wie die Stempel durch die Luft fliegen, nachdem die letzten Zweifel mit einem nochmaligen Abwiegen restlos beseitigt sind! Im Sturzflug sausen sie auf das Stempelkissen zu, schießen mit einer Schnelligkeit empor, als ginge es hier um einen neuen Tagesrekord, jagen auf und ab und immer wieder direkt auf das Versandgut zu. Da das Briefmarkenangebot recht dürftig ist, hat die höchste vorrätige Marke den Wert von ein paar Pfennigbeträgen. Es läßt sich schnell ausrechnen, wie ein teures Luftpostpäckchen ins ferne Ausland tapeziert werden muß, damit alle Briefmarken darauf Platz haben. Der Stempler drischt solange auf das Paket ein, bis jede aufgeklebte Briefmarke ein wenig Stempelschmiere abbekommen hat. Der Stempel stammt sicherlich noch aus der Kolonialzeit, denn sein Abdruck ist absolut unleserlich. Genausogut könnte der Beamte seinen tintenbeschmierten Daumen oder einen Flaschendeckel nehmen. Aber wie würde denn das aussehen?

Das Stempeln ist beendet. Alle achtundsiebzig oder neunundachtzig oder gar einhundertdreizehn Briefmarken sind mit Stempelschmiere erfolgreich getroffen worden. Das Versandgut sieht aus, als sei der Tempelelefant versehentlich darauf herumgetrampelt!

...gleich sehe ich es vielleicht zum letzten Mal! Wie wichtig sind die Dinge, die ich verliere, wenn sie nie ankommen? Noch könnte ich 'nein' sagen...

Die Mutprobe stand ich immer durch. Ich sagte nie 'nein', sondern vertraute mein Paket dem indischen Postwesen an, was ungefähr bedeutete, daß ich es dem Schicksal übergab! Das Versandgut wird in lässigem Bogen in eine Kiste geworfen, über deren Rand bisweilen ein Brief oder ein Päckchen der Überfüllung entflieht.

Zur Bestätigung wird einem der ebenfalls eifrig bestempelte Zettel zur Aufbewahrung ausgehändigt, auf dem dick gedruckt steht: NOT INSURED!

Verständlicherweise läßt den Fremden aus der gut organisierten modernen Welt beim Hinausgehen das Bild der übervollen Kiste nicht los. Der Gedanke an den weiteren Verlauf seines Pakets wird einige Unruhe stiften. Allzu deutlich vor Augen, was alles passieren könnte, beißen sich die Zweifel fest, ob nicht doch alle Mühen umsonst gewesen sind. Und während der Reisende stirnrunzelnd und mißtrauisch das erbärmliche Amtsbeweisstück betrachtet, spürt er, wie sich der Verlust in ihm ausbreitet.

Seine Reaktion ist vollkommen nachvollziehbar. Möglicherweise würde er Postkunden, die bedenkenlos zum Postamt hinausspazieren, Narren nennen. Weil sie den Göttern blindlings vertrauen!

Der absolute Höhepunkt in einem indischen Postamt ist ohne Zweifel das Verschicken von Auslandspaketen mit der Steigerung 'Airmail' und 'Insured'! Aber das Hinterlassen einer Nachricht am 'Post-Restante'-Schalter ist auch nicht zu verachten. Die Schalterbeamten, die diesen Bereich unter sich haben, neigen teilweise zu Machtwahn und können daher ganz schön stur sein. Eine einfache Nachricht anzunehmen, die sie ohne jeglichen Aufwand zu den alphabetisch geordneten Auslandsbriefen legen könnten, damit sie später ein reisender Freund abholt, überschreitet ihre Improvisationsgabe. Nein, auch hier gibt es strikte Anweisungen. Ich muß meine Mitteilung in ein Briefkuvert stecken, am Basteltisch eine Briefmarke daraufkleben und in den Briefkasten am Haupteingang werfen! Wenn ich Pech habe, kommt der Mensch, mit dem ich verabredet bin und dem ich daher mitteilen will, in welchem Hotel ich wohne, am nächsten Tag zum Schalter und erfährt von demselben Beamten, daß niemand für ihn eine Nachricht abgegeben hat und auch kein entsprechender Brief da ist. Weil meine Nachricht den normalen Postweg gehen muß und zu diesem Zeitpunkt wahrscheinlich an der Sammelstelle in einem anderen Gebäude in einer Kiste liegt, platzt meine Verabredung.

Damit mein Paket tatsächlich ankommt, suche ich generell das Hauptpostamt auf oder fahre, sofern ich mich in einem kleinen Ort aufhalte, umständlicherweise in die nächstgrößere Stadt. Von der Schlepperei des zehn oder zwanzig Kilo schweren, unförmigen, in Stoff gewickelten Pakets bin ich bereits bei der Ankunft am Ende meiner Kräfte. Es gibt nur einen Trost: Spätestens bei Sonnenuntergang ist die Tortur vorbei.

Der Sonnenuntergang versöhnt mich jedesmal. Von einer wundersamen Leere erfüllt, schreite ich dieser Farbenexplosion entgegen, bis ich nach links oder rechts abbiegen muß oder mein Bus kommt und ich als glückliche Närrin davonfahre.

MANDI SHILPA

Ich war nicht erstaunt, als ich bei meinem alljährlichen Geburtstagsritual die Tarotkarte 'Der Narr' zog. Die Null ist ihm zugeordnet, das Nichts! Ich schrieb gerade an dem Indienbuch, da kam der Narr daher. Ich kann nur staunen, wie sich alles zusammenfügt. Mandi Shilpa! Ungefragt gab mir Indien diesen Namen: Närrin, Künstlerin. Manchmal überfällt es mich voller Wucht. Während ich auf dem Dach des 'Al Italia sitze und das Leben betrachte, treffen diese zwei Worte in meinem Inneren zusammen. Ihr Widerhall wird zum Mantra, das allein für mich bestimmt ist. Ein elektrisierender Bann macht meine Seele frei, an deren Grund etwas antwortet, und ich erkenne meinen Namen: Mandi! Shilpa! »Du bist eine Närrin! Du bist eine Künstlerin!« hauchen ferne Götterstimmen. Mandi Shilpa, darin finde ich mich wieder. Während mein Verstand zum Irdischen zurückkehrt, kommt mir 'Small Chapati' in den Sinn. Ich bin ganz schön verrückt, denke ich und muß lachen. Mit kindlichem Freiheitswahn, dem Kolumbuskomplex und vergeudetem Begabungsüberschuß, mit unersättlicher Neugier, permanentem Streben nach Sicherheit und bockiger Ignoranz gegenüber allem Materiellen, bin ich eben nur ein Chapati, klein und alltäglich wie eine Scheibe Brot, ein winziges Sandkorn. Was aber geschieht, wenn die Götter es bei seinem Namen nennen? Die Mythen sind voll von der Botschaft: Dein Name ist dein Schicksal!

...die Urkraft des Schicksals pflanzt in jede Seele ein Flämmchen! Und keine menschliche Macht wird es je besiegen können, auch wenn es in manchen Epochen so aussehen mag...

Gibt es nicht genügend Beispiele in der Menschheitsgeschichte, da ein ganzes Volk die Deutung seines Namens lebte und durch ihn mit den Göttern in Kontakt kam? Und gibt es nicht ebenso viele Beispiele von einzelnen, die ausbrachen, weil ihr Volk keine Namen mehr deutete? Um ihren Sinn beraubt, werden sie nicht satt von der rationalen Nahrung, die ihnen Sicherheit und Wohlstand bietet. Mit Ängsten gefüttert und um die Erlaubnis zur Unvernunft betrogen, wagen sie die Flucht und retten sich vor der Bedeutungslosigkeit ihres Daseins. Ohne wirklich zu wissen, warum sie in die weite Welt ziehen, landen sie in Indien und kehren wieder und wieder dorthin zurück, weil sie in Wahrheit nach ihrem Namen suchen.

Man trifft viele, die Ähnliches erzählen. Sie hatten nie nach einem Namen gefragt, er flog ihnen zu, unbefangen mitgeteilt aus indischem Mund. Von da an ließ er sie nicht mehr los; vielmehr waren sie es selbst, die ihren Namen nicht mehr losließen, denn er meinte sie, nur sie. Hatte jemals zuvor etwas so machtvoll zu ihnen gesprochen?

Vielleicht ist es gerade das? Der Schatz! Das unkäufliche Geschenk, das Indien dem Suchenden schenkt, die Namensgebung. Nach langer Reise findet er die Bedeutung seines Daseins. Von meinem Dachplatz aus kann ich die Touristenströme beobachten. Kamerabehängt hetzen die älteren Ehepaare aus England zu den 'Blackwaters' und zurück zu ihren Fünf-Sterne-Hotels, damit sie die Besichtigung irgendeiner mehr oder weniger berühmten Stätte nicht verpassen. Mit aller Deutlichkeit wird mir dann der bevorstehende Untergang der sogenannten Schatzinsel Indien klar. Ich stelle mir vor, Indien sei das letzte Land auf dieser Erde, wo Menschen ihre wahre Identität erkennen, sehe mich als Herrscher dieser Welt und erkläre Indien zum Seelenschutzgebiet der Menschheit. Den Massen- und Chartertourismus würde ich verbieten und außerdem eine zusätzliche Einreisebedingung durchsetzen: das Mitführen der Bhagawadgita; der »göttliche Gesang«, sozusagen die Bibel der Hindukultur, soll Teil des Reisegepäcks derjenigen sein, die das Land Indien betreten. Der Reisende muß sie nicht lesen, er soll bloß das altindische Erbe auf seinem Buckel tragen und das Gewicht spüren, bei jedem Schritt!

Es ist offenkundig, allgegenwärtig, überall sichtbar: Die Schatzinsel Indien, der Lebensnektar für die Welt, versinkt unaufhaltsam. Es macht mir Angst. Die Großen der Alten Welt sterben aus! Und die Mächtigen der Neuen Welt haben unlängst angefangen, das Erbe ihrer Ahnen, die heiligen Feste, für harte Devisen zu verkaufen. Die Spektakulärsten hat man aus kommerziellen Gründen bereits zeitlich verlegt. Nun finden sie nicht mehr zu Ehren der Götter statt, nicht nach dem Gesetz der Gestirne, nicht als menschliche Antwort auf das allumfassende Universum, dessen kleiner Teil wir sind, sondern sie richten sich nach einem neuen Gesetz, dem Plan der Fremden. Mit harter ausländischer Währung zahlen sie dafür, daß sie etwas erleben. Aber eben nur bei schönem Wetter! Folglich ist im Dezember und Januar absolute Hochsaison auf der südlichen Hälfte des indischen Kontinents. Dann nämlich ist es angenehm warm und trocken. Täglich scheint die Sonne bei sommerlichen Temperaturen, die Nächte sind frisch, und es gibt wenig Moskitos. Die Regenzeit kann man den Touristen nicht zumuten. Bei der hohen Luftfeuchtigkeit sind sie einem Dauerbad ausgesetzt. Schimmelpilze wachsen überall dort, wo man es nie für möglich hält, und machen in Kürze kaputt, was einem lieb ist. Das kann die Urlaubslaune ganz schön vermiesen.

Früher reiste ich mit einer robusten Handtasche aus dickem Leder. Das marokkanische Souvenir war unzerstörbar und viel erprobt. Da ich während des Kathakali-Studiums bei Gopinath für einige Monate einen festen Wohnsitz hatte, brauchte ich sie nicht. Getrost konnte ich also Paß, Geld und Flugtickets zu Hause lassen. Ich verstaute die Sachen zusammen mit ein paar kleinen Kostbarkeiten in dieser Ledertasche. Darunter befand sich ein schöner alter Goldring, den ich in Mysore erstanden hatte. Alter Schmuck zählte schon damals zu den indischen Raritäten, und so wie man Kostbarkeiten eben aufbewahrt, hatte ich das seltene Stück mehrschichtig verpackt. Rundum in Watte gebettet, zusätzlich eingewickelt in ein typisches Kaufmannstütchen, aus alten Schulheften vom Händler selbst gefaltet, legte ich das Plastikschächtelchen in eine der Innentaschen, die mit Reißverschlüssen versehen waren, zog auch den Hauptreißverschluß zu und schob die Tasche unter das Bett an der Vogelspinnenwand.
Die heißeste Zeit verstrich, der Monsun begann und tobte mir um die Ohren. Als meine Abreise kurz bevorstand und ich meine Sachen packte, zerrte ich die Lederhandtasche wieder unter dem Bett hervor. Ich hatte sie Monate nicht benutzt, aber nun sah sie

aus, als sei sie seit hundert Jahren von niemandem mehr berührt worden. Sie war von Schimmelpilzen so überwuchert, daß ich sie lediglich an ihren Umrissen erkannte. Diese Tasche konnte ich nur noch wegschmeißen. Ich barg den Inhalt, der allem Anschein nach ungeschoren davongekommen war, und als ich das unversehrte Päckchen mit dem Ring aus Mysore in den Händen hielt, konnte ich nicht widerstehen, einen Blick hineinzuwerfen. Anstecken würde ich ihn mir erst in Deutschland, in Indien trug ich keine Goldringe. Ich holte das Plastikschächtelchen aus dem Papiertütchen heraus, öffnete es in freudiger Erwartung, hob die Watte zur Seite und sah etwas Unglaubliches. In den ohnehin winzigen Zwischenräumen der filigranen Goldschmiedearbeit wuchsen allerwinzigste Schimmelpilzchen! In der Absicht, das Phänomen zu konservieren, um es den Freunden in der Heimat zu zeigen, packte ich Goldring samt Miniaturschimmel in der gewohnten Reihenfolge wieder ein. Aber aus dem Souvenir wurde nichts! Die Schimmelpilze aus Indien hatten sich auf dem langen Flug nach Deutschland in Luft aufgelöst. Die Zwischenräume des Goldrings waren leer.

Hier auf dem Dach des neuen 'Al Italia' erfuhr ich, daß der aufsehenerregende und inzwischen weltberühmte Elefantenmarsch wegen der Touristen im Januar veranstaltet wird. Ursprünglich fand er irgendwann in der Monsunzeit statt.
»Touristen mögen keinen Regen!« erklärte mir Prabha gleichmütig. In seinem Blick las ich, daß es für ihn das Selbstverständlichste der Welt war, ein berühmtes Festival einfach vorzuverlegen. »Das bringt den Einheimischen mehr Geld ein!« sagte er und fragte mich, was ich essen wollte. Interessierte ihn tatsächlich nichts brennender als meine kulinarischen Wünsche? Sein plötzliches Pflichtbewußtsein befremdete mich, und während er die wenigen Speisen aufzählte, die die Küche an jenem Tag zu bieten hatte, vermochte auch seine weltmännische Stimmlage nicht darüber hinwegzutäuschen, daß es ein langweiliger Speiseplan war, den er mir da vortrug. Täglich gab es die gleichen Gerichte, und täglich fehlten einige Zutaten, die irgendeine Fischerin oder Marktfrau hätte vorbeibringen sollen, es aber nicht getan hatte. Wenigstens beherrsch-

te Kumar ein paar einheimische Gerichte, wenngleich die Auswahl aufgrund der fehlenden Küchengeräte ziemlich eingeschränkt war. Damit sich die Eintönigkeit nicht allzulange hinzog, sorgte seine Vergeßlichkeit für den Ausgleich, und die Abwechslung wurde zur Askese. Hatte er vergessen, Mehl einzukaufen, konnte er mir nicht einmal Chapati anbieten. Gelegentlich geriet ihm sogar der Gemüsevorrat außer Kontrolle, dann gab es eben nur Kartoffel- oder Zwiebelcurry zum Frühstück, zum Mittagessen, zum Abendessen und am nächsten Tag. Ein schlechtes Gewissen schien ihn deshalb nicht zu plagen.

Prabha wiederum meisterte den Engpaß galanter. Er schlüpfte in die Rolle des Geschäftsführers eines Fünf-Sterne-Restaurants, was bei seiner geschmacklosen Kleidung und seiner unbeholfenen Art recht ulkig wirkte, und sang kopfwackelnd: »Ich bedauere...« Daß er mit seinen dunkelbraunen Stoffhosen, die einst mit Bügelfalten geplättet und nun an Taschen und Saum teilweise ausgerissen waren, und dem kurzärmeligen Hemd in einem ähnlich tristen Farbton eher wie ein ärmlicher Gastarbeiter aussah als ein schicker Inder, den er zu verkörpern glaubte, verstand er nie. Selbst Shajahans beispielhafte gepflegte Erscheinung nützte da nichts. Prabha fand dessen traditionelles 'Styling' altmodisch! Das behauptete ausgerechnet Prabha, dessen Kleidung für den westlichen Geschmack komplett aus der Mode geraten war!

Schwebte er gerade in Geschäftsführer-Laune, behandelte er mich wie einen hohen Gast, mit dem man es sich nicht verderben durfte. Konnte das magere Angebot der Küche meinen Wünschen nicht gerecht werden, überschüttete er mich geradezu mit seinen Entschuldigungen. »Very sorry, Mäddäm, but...!« verneigte er sich vornehm und benutzte den allgegenwärtigen Trost für solche Fälle mit treuherzigem Blick: »May be tomorrow! Sure!« Die Widersprüchlichkeit fiel ihm dabei nicht auf. Wie sollte er sie auch bemerken, wo doch jeder hierzulande heikle Fälle mit der Trost-Formel 'Vielleicht! Sicher!' auf 'morgen' verschob?

'May be! Sure!' scheint in Indien ein feststehender Begriff zu sein. Zuweilen frage ich mich, ob das indische Volk die Bedeutung für seine Zwecke einfach frei erfindet! Möglicherweise begründet sich damit die Gelassenheit bei der Zeitverschiebung von Tempelfesten. Was ereignet sich wirklich wo und wann? Die Familien feiern wie eh und je zu den altgewohnten Terminen, alles andere ist für die Touristen gemacht und hat nichts mit den heiligen Festen zu tun!

Ein turbulentes Drei-Tage-Fest in Borneo hatte unzählige Menschen angelockt, und sämtliche Häuptlinge, die sich Könige nannten, hatten sich mit ihren schweren Messing-Gongs versammelt. Das Langhaus knarrte bedrohlich unter den trampelnden Füßen der tanzenden und feiernden Menge. Drei Tage non-stop Party! Wer Erholung brauchte, legte sich für ein Nickerchen dann und wann irgendwo hin, am besten dort, wo ihn die Müdigkeit gerade überfiel. Ein ungestörtes Plätzchen existierte ohnehin nicht, das Langhaus war vollkommen besetzt. Wer wach war, sang und tanzte zum Schlag der königlichen Messing-Gongs und trank Reisschnaps, bis er umfiel. Es gab ausgelassenes Gelächter und fröhliches Geschrei, und nächtliche Wolkenbrüche hoben den Wasserpegel des Flusses um sieben Meter an. Sieben Meter in einer einzigen Nacht! Doch unter dem Dach des Langhauses war es einigermaßen trokken. Dicht drängten sich die wilden Gestalten zusammen und feierten unbekümmert ihr urtümliches Fest. Barbusige Frauen rauchten schwarzen Tabak in getrockneten Bananenblättern, und ich eiferte ihnen sofort hustend nach. Ich machte es wie die Eingeborenen. Wurde ich müde, ließ ich mich einfach fallen, und konnte, gebettet in den Rhythmus des stampfenden Lärms, tatsächlich ein paar Stunden schlafen. Einmal lag ich eingerollt in der engen Nische unter einer Treppe, als man mich gegen fünf Uhr morgens unsanft aus meinem Nickerchen riß. »Tanzen!« schrie mir eine ausgelassene Horde Jugendlicher laut ins Ohr und lachte und kreischte vor Freude, weil ich, von mehreren Armen umklammert, nun nicht mehr wegkam. Dutzende Hände zerrten mich mit herzlicher Robustheit durch die erwartungsvoll verstummende Menge auf der Veranda bis zum Ende des Langhauses, wo sich die Tanzfläche befand. Dort saßen auch die königlichen Gong-Trommler. Gerade begann die Morgendämmerung. Schemenhaft offenbarte der Urwald seine Umrisse, dampfend vom nächtlichen Regen. Ein geheimnisvoller Zauber hing in der nebelzerfurchten warmen Luft, und Nebelfetzen strichen ehrfurchtgebietend an den Bambuspfosten des Langhauses vorbei.

»Vogel-Tanz!« hörte ich die Langhausjugend rufen. Hektik entstand, als hätten Kinder ein neues Spiel entdeckt. Ein quirliger Wirbel umfing mich. Einige hatten damit angefangen, mich mit prächtigen Federn zu schmücken, und banden mir das Kleid des Paradiesvogels an Füße, Hände und Kopf. Andere gaben Anweisungen, Platz zu machen für die tanzende, ausländische Vogeldame. Die Könige stimmten sich gongend auf das seltene Ereignis ein, und drei junge Männer schleppten einen frisch gefüllten Trog mit Reisschnaps herbei. Man legte mir das alte Kostüm des verehrten Urvogels an. Bereits ihre Urahnen hatten den Federschmuck zu festlichen Anlässen getragen. Meine Empfindungen überschlugen sich.

Der Vogel-Tanz war mir immerhin ein Begriff. Kurz zuvor hatten mir meine einheimischen Freundinnen, in deren Langhaus ich für eine Weile wohnte, während des Kochens ein paar Schritte gezeigt. Aber diese Unterrichtung war eher unterhaltsamer Art. Folglich konnte ich zwar von lustigen Stunden erzählen, in denen wir zwischen Feuerstelle, Töpfen und geschnipseltem Gemüse herumgesprungen waren, aber keinen seriösen Vogel-Tanz vorführen. Meine freundlichen Gastgeber hatten Verständnis für meine Scheu, allein aufzutreten, und stellten mir einen gewitzten Alten zur Seite, den sie mir als König eines entlegenen Langhauses vorstellten. Damit er mich standesgemäß begleiten konnte, wurde auch er mit Federn gestylt. Dann begannen die Könige mit bedächtigem Gongen. Urwüchsiger Gesang warf sich selbstvergessen in den wachsenden Rhythmus, der, von Inbrunst getrieben, stetig an Macht gewann und jeden noch so winzigen Sinnesnerv haltlos mitzureißen vermochte. Es gab kein Zaudern mehr, kein vergebliches Suchen nach richtigen Schritten. Ich tanzte besinnungslos meinem wilden Vortänzer hinterher, wurde zur Vogelfrau und vergaß, daß ich jemals ein Mensch war. Ich weiß nicht, wie lange wir tanzten. Es war ein Zustand, der sich mit keinem Wort beschreiben läßt. Nach dem Tanz wurde ich mit Begeisterung überschüttet. Inzwischen war es hell. Ich fühlte mich wie nach einem erfrischenden Bad in göttlicher Quelle! Mit dem entlarvenden Schmunzelblick eines alten Weisen musterte mich mein königlicher Tanzpartner und sagte zu mir: »Du bist kein deutscher Mensch, du bist eine von uns!«

Im Januar 1995 erlebte ich zwei atemberaubende Wochen bei einem Dance-Festival am Samudra Beach. Es fand zum ersten Mal statt und wurde offiziell 'Village Fair' genannt. Hierfür war das vielumstrittene Strandgrundstück einer Schweizerin aus reichem Elternhaus angemietet worden, denn die Veranstaltung beanspruchte viel Platz. Neben der Tanzbühne waren urzeitliche Totempfähle, Opfersteine, blütengeschmückte Altäre und ein altes malabarisches Dorf errichtet worden. So konnten die modernen Inder und die Touristen sehen, wie das indische Leben vor siebzig Jahren ausgesehen hatte. Die einfachen Inder interessierte diese pittoreske Veranschaulichung nur wenig; sie leben ja heute noch in primitiven Lehmhütten mit Blätterdach, ohne fließendes Wasser und Strom. Angesichts der gekünstelten Nachbildung ihres Dorfes, mochten sie vermutlich über die Sauberkeit gestaunt haben, aber sonst waren sie nicht weiter beeindruckt.

Handwerker vom Land waren engagiert und in die historischen Hütten gesetzt worden, um die Szenerie zu beleben. Sie führten den Besuchern vor, wie man aus Bast, Holz, Bambus, Schilf, Lehm und dergleichen etwas Nützliches gestalten konnte. Abends, sobald der Sonnenball den Horizont berührte, fand 'Trible-Dance' statt. Die alten Tänze aus den Dörfern haben mit Kathakali und anderen klassischen indischen Tänzen nichts gemeinsam außer der Ähnlichkeit der Gesänge und Musikinstrumente. Zum Auftakt des Abendprogramms plapperte eine üppige, aufgedonnerte, mit klimperndem Goldschmuck bestückte Inderin im schillernden Seidensari in ein Mikrofon. Die kurze Ansprache in Malayalam und gestelztem Indian-English krächzte aus der total übersteuerten Lautsprecheranlage.

Tagsüber rollten gelegentlich Touristen und feine Inder in ihren blankpolierten Ambassadoren aus Trivandrum heran, um die alte Kulisse zu fotografieren. Einmal stattete sogar der 'Chief Minister' von Kerala dem historisch hergerichteten Gelände einen Höflichkeitsbesuch ab, begleitet von sich eifrig verneigenden Menschengrüppchen, die ihm nicht von der Seite wichen. Abends aber kamen die Fischer und die einfachen Einheimischen aus den umliegenden Dörfern, um sich die Tanzvorstellungen anzusehen. Am Boden im Sand sitzend, umringten sie die erhöhte, freistehende Bühne, deren Rückwand lediglich ein riesiges buntes Tuch bildete, das zwischen zwei Palmen gespannt worden war. Die Kinder kauerten voller Spannung zusammengedrängt vor der Mittelfront der Bühne, zur rechten Seite saßen die Frauen in ihrer bunten Saripracht, und zur linken standen die Männer. Nur eine Handvoll Ausländer hatte sich hierher verirrt, Touristen waren rar zu jener Stunde an solchem Ort, und nur einzelne blieben bis zum Schluß. Weil ich der Bühne ganz nah sein wollte, stellte ich mich auf die linke Seite, wo mich die Männer anstandslos, ja geradezu hilfsbereit vorließen. Die Aufführungen waren ein unvergeßliches Erlebnis. Jedes Stück dauerte mindestens zwanzig bis dreißig Minuten, was ich nur vage schätzen konnte, denn ich hatte nie eine Uhr bei mir. Ich vergaß jegliches Zeitgefühl, und von dem tiefrührenden Gesang in eine Art Trance versetzt, folgte ich den alten Schwertkampftänzen, die in einer wilden Schlacht gipfelten. Alles schrie, wenn die schwertschwenkenden Tänzer zum Abschluß in die Zuschauermenge preschten, als ginge es um Kopf und Kragen. Von Panik erfaßt, sprangen die Kinder kreischend auf und rannten davon, was die Erwachsenen zu stürmischem Gelächter hinriß. Fiel eine Tänzerin oder ein Tänzer während des Tanzens in Trance und wurde anschließend ohnmächtig von der Bühne getragen, griff eine unheimliche Stille um sich und ehrfurchtsvolles Flüstern taumelte durch die Nacht: »Shiva! Shiva!«

Einmal war es besonders heftig. Kaum verklang der letzte Laut der Musik, klappte eine Tänzerin schnurgerade wie ein Strohhalm um und prallte der Länge nach auf den Boden. In lebloser Steifheit wurde sie an den Bühnenrand getragen, und als man ihr Wasser einflößen wollte, vollführte sie seltsame spastische Bewegungen und wehrte sich gegen jede festhaltende Hand. Ein Fischer, der neben mir stand, wandte sich zu mir um und flüsterte: »Shiva!«

Seine Stimme war brüchig, sein Blick verklärt. Die Vorstellung werde nun abgebrochen, sagte er beim Hinausgehen zu mir, weil Shiva hiergewesen sei und im Körper jener Tänzerin getanzt habe. Ich war nicht fähig, etwas zu antworten, und mit einem Nicken verabschiedete ich mich von ihm.

Schweigend löste sich die Menge auf. Wie betrunken stapfte ich die kurze Strecke am Strand entlang zum 'Al Italia' zurück. Die Erinnerung an den ekstatischen Tanz der Trance-Tänzerin drehte sich in meinem Kopf. Sie war die Vortänzerin einer etwa zehn-köpfigen Mädchengruppe gewesen. Anfangs hatte ich geglaubt, sie mache Blödsinn, denn es grenzte wirklich an Komik, wie sie immer unbändiger und tolpatschiger aus der Reihe hopste. Doch dann, als sie dicht an mir vorbeiwirbelte, sah ich den weggetrete-nen Gesichtsausdruck und das Weiß ihrer Augen ohne Iris. Da wußte ich plötzlich, daß etwas Machtvolles geschah. Von da an konnte ich der Darbietung nichts Belustigendes mehr abgewinnen. Gebannt folgte ich dem Ereignis. Shiva tanzt, als kenne er keine körperliche Anstrengung; das war unverkennbar ein Tanz, der nicht dem Irdischen angehörte.

Von diesem Erlebnis vollends benommen, erreichte ich das alte 'Al Italia'. Shajahan hatte während des zweiwöchigen Festes die kom-merzielle Gelegenheit wahrgenommen, Tische und Stühle vor dem Gartenmäuerchen direkt am Strand aufzustellen. Jene Besucher nämlich, die mit dem Bus oder mit der Auto-Riksha unterwegs waren, mußten hier vorbeigehen. Es brauchten nicht einmal viele Touristen zu sein, damit auch Shajahan von dem Festival profitie-ren konnte.

Die italienische Tante einer seiner ausländischen Haremsdamen hatte sich gerade für einen mehrwöchigen Urlaubsaufenthalt ein-gefunden und hockte nun, knoblauchgeölte Meeresfrüchte essend, neben ihm. Das bedeutete, er mußte sich ein bißchen zusammmreißen, damit die Tante zu Hause in Italien nichts Ungehöriges von ihm berichtete. Automatisch setzte ich mich zu ihnen an den Tisch. Ich spürte sofort, daß meine Gemütsverfassung ziemlich unpassend war. Trotzdem blieb ich sitzen, es fehlte mir jeglicher Antrieb zum Aufstehen. Statt dessen suchte ich krampfhaft nach Worten für

das Unbeschreibliche. Der Wunsch, mit jemandem zu teilen, was ich erlebt hatte, wurde immer intensiver. Die Versuchung war groß. Die Geschichte drängte aus mir heraus. Ich hätte diesen Sturm ungebremst in mein Tagebuch schütten können, aber das befand sich augenblicklich im Zimmer. Also mußte ich wenigstens mit einem Menschen reden. Die korpulente, italienische Tante ließ sich nicht stören. Der Tisch vor ihr sah aus wie ein Schlachtfeld. Sie schwitzte wie ein Kesselheizer, und es war nicht genau ersichtlich, ob die fette Brühe, die ihr über Gesicht und Hals lief, Schweiß oder Knoblauchbutter war. Ihr italienisches Gewicht machte den indischen stoffbespannten Stühlen schwer zu schaffen, die doch vorwiegend nur mit Leichtgewichten zu tun hatten. Der weiche Sandboden war auch nicht gerade förderlich. Die Stuhlbeine hatten bereits solchen Tiefgang, daß die Tante nur mit Mühe über den Tellerrand blicken konnte. Ab und zu schielte sie aus ihrer eingesunkenen Sitzposition zu mir herüber und taxierte mich. Womöglich überlegte sie, wann die weggetretene Deutsche wohl endlich einen anständigen Satz zustande brachte. Sie hielt meinem Blick nicht lange stand und schaute schnell weg auf ihren beladenen Teller. Ich mochte sie nicht. Gier und Hast zuckten in ihren Mundwinkeln. Ich bezweifelte, ob sie überhaupt wußte, was sie da aß. Ein Funke von Neugier jedoch verbot ihr, mich restlos zu ignorieren. Sie hatte ja den ganzen Abend lang den Krach hören müssen. Daß sie in mir einen wenngleich verwirrten Zeugen vor sich hatte, war für sie nur von Vorteil. Ohne sich erheben zu müssen, würde sie bequem erfahren, was dort Mysteriöses vorgefallen war.
Die italienische Tante schaute mich pseudointellektuell an. An Stirn und Schläfen klebten schlaffe Haarsträhnen, und ihre verschmierten Finger grapschten unermüdlich nach neuer Beute. Sie habe derartiges noch nie gesehen, sagte sie zwischen zwei Bissen und hätte sich beinahe verschluckt. Ist ja nur logisch, dachte ich spöttisch, wenn sie lieber einen Berg Krabben aß, während sich unmittelbar hinter ihr ein Wunder ereignete!
Um ein Haar hätte ich mich zu einer unhöflichen Tat hinreißen lassen und die alte Italienerin angeschnauzt. Doch genau in diesem Augenblick meldete sich Shajahan und sagte zu mir: »Santosha

hat dich gesucht!« Verwirrt schaute ich ihn an. War das lediglich einer seiner typischen Witze oder meinte er es ernst? Warum sollte Santosha nach mir suchen? Es gab keinen dringenden Grund, selbst ein Telefonanruf aus Deutschland wäre für ihn nicht dringlich genug gewesen, länger als durch zweimaliges Rufen nach mir zu suchen! Shajahan bestätigte nochmals seine Meldung, und ich nahm die Gelegenheit wahr, der lahmen Gesellschaft zu entrinnen.

Ich verabschiedete mich flüchtig. Gespannt lief ich durch den Garten bis zur Küche, wo ich Santosha antraf. Er schepperte gerade mit angekrusteten Pfannen und Töpfen herum und blickte mich fragend an. Nein, sagte er, er habe nicht nach mir gesucht! Ich begriff das nicht. Warum erzählte mir Shaji so einen Unsinn? »Ich weiß nicht!« lachte Santosha mich mit seinen grobgewachsenen weißblanken Urwaldzähnen an und meinte augenzwinkernd: »Mandan Shaji!« Es schien ihm außerordentlich zu gefallen, daß er mit mir so ungeniert über seinen Boß herziehen konnte.

In Anbetracht des ereignisbeladenen Abends wechselten wir schnell das Thema, und ich fragte ihn aufgeregt, ob er den 'Trible-Dance', Shivas Tanz, gesehen habe. Seine Augen leuchteten, als er das hörte, und ernst antwortete er mit weicher Stimme: »Yes, kollam.« Endlich konnte ich meinen Shiva-Taumel mit jemandem teilen! Hier stand die Person, mit der dies möglich war: der ungebildete Küchenjunge des 'Al Italia'! Für einen Moment herrschte ehrfurchtvolles Schweigen. Der Kerosinkocher spuckte und hustete unterdessen ein zischendes Feuerwerk. Santosha kehrte als erster aus der Versunkenheit zurück. Von plötzlichem Verantwortungsbewußtsein beflügelt, stellte er die funkensprühende Flamme auf normale Stärke und setzte einen Wasserkessel darauf. »Dein Ingwertee ist sofort fertig«, sagte er in die entrückte Stille hinein und schaute mich breit grinsend an. Sofort! Das war natürlich ein Witz, denn nach meinen Erfahrungen würde der Ingwertee allenfalls in einer halben Stunde fertig sein!

»Nanni!« schrie ich um die Ecke und sperrte mein Zimmer auf. Ich stürzte mich auf mein Tagebuch und schrieb die halbe Nacht lang. Nur am Rande nahm ich wahr, daß zuerst der Strom ausfiel und kurz darauf Santosha den Tee brachte. Ich bedankte mich und fragte beiläufig, aus welchem Ort die Gruppe der Shiva-Tänzerin denn stamme. Er wußte es nicht.

Nach einer Weile, es war kurz vor Mitternacht, betrat er erneut mein Zimmer und brachte mir wegen des Stromausfalls, der inzwischen zwei Stunden währte, ein abgebrochenes Stück Kerze. Ich war jedoch in der glücklichen Lage, nicht auf indische Kerzen angewiesen zu sein! In meinem Gepäck befand sich stets ein Vorrat an deutschen Kerzen. Santosha brachte mir noch Neuigkeiten vom 'Trible-Dance', was mich natürlich brennend interessierte. Die Shiva-Tänzerin, flüsterte er geheimnisvoll, habe sich bei ihrem Sturz den großen Zeh gebrochen! Er machte eine bestürzte Miene. Ob es die rechte oder die linke Zehe sei, fragte ich zurück, aber darauf konnte er mir nicht antworten, und schließlich gestand er mir mit eigenartig verdrehten Augen, daß er sich in die Shiva-Tänzerin verliebt hatte. Verlegen kichernd stand er nun in meinem Zimmer und trat von einem Bein aufs andere. Das war es also! Deshalb hatte er gleich bereitwillig meinen Kundschafter gespielt und so flink herausgefunden, wo die Shiva-Tänzerin lebte. Ihren Namen konnte er mir allerdings nicht sagen, dazu war er wohl zu verliebt. Statt dessen erklärte er mir stotternd, die Shiva-Tänzerin könne nun für mehrere Wochen nicht mehr tanzen. Lautes Krachen von Feuerwerkskörpern in der Ferne lockte uns unverzüglich nach draußen. Es war der letzte Abend des 'Village Fair 1995'. Feierlich wurde es um Mitternacht mit einem gigantischen Feuerwerk über dem Samudra Beach beendet. Bevor ich losrannte, um es nicht zu versäumen, gab ich Santosha einen letzten Auftrag: Er sollte den Namen der Shiva-Tänzerin herausfinden! »Morgen«, rief er mir hinterher. Da war es leider zu spät, die Tanzgruppe war bereits abgereist.

Ein Jahr lang würde Santosha auf den Namen der Angebeteten warten müssen. Aber bald war es ihm nicht mehr wichtig, denn er hatte sich bereits neu verliebt.

Im Jahr darauf sah ich die Shiva-Tänzerin wieder. Das 'Village Fair 1996' fand diesmal am Kovalam Beach statt, der über ein weitaus passenderes Grundstück verfügte. Es war größer, gehörte der Regierung, und es hielten sich wesentlich mehr Touristen dort auf. Jeden Abend schaukelte mich eine Auto-Rikscha zum 'Sea Rock Hotel'. Auf Kosten der Idylle war nun alles besser organsiert. Über einem gemauerten Häuschen hing ein unübersehbares Schild mit der Aufschrift 'Tickets'. Männer im schwarzen Anzug und weißem Hemd mit Krawatte vollführten gleich rudelweise ihre übereifrigen Verbeugungen. »Wir hoffen, das Programm gefällt Ihnen, Mäddäm!« säuselten die Grünschnäbel an Kasse und Eingang, wenn ich ankam, und nach der Vorstellung hieß ihr auswendig gelerntes Sprüchlein: »Hat Ihnen das Programm gefallen, Mäddäm?« Es hatte keinen Zweck, daß ich mich mit ihnen auseinandersetzte, weil das Programm nicht mehr dem Alten Indien entsprach, sondern vielmehr zu einer Touristenattraktion geworden war. Natürlich, denn nichts anderes war ja damit bezweckt worden. Wenn sie mich allzu freundlich hofierten, konnte ich es mir nicht verkneifen, das Tanzfest vom Vorjahr am Samudra Beach zu loben, aber sie ließen sich mit ihrer trainierten Höflichkeit nicht aus der Ruhe bringen.

Touristen gab es in Mengen und ebensoviel reiche Inder, die das 'Village Fair 1996' in ihr Besichtigungs-Programm einschlossen. Neugierig tapsten sie in der Lehmhüttenkulisse umher, lichteten mit ihren Kameras alles ab, was ihnen exotisch erschien, guckten eine Weile mal hier und mal da zu und betraten die einfache Teestube wie eine außerirdische Station. Inder und ausländische Touristen beäugten sich neugierig. Sie nahmen auf den unkomfortablen, rohen Holzbänken Platz und vertilgten mutig die fremdartigen Gerichte auf den Bananenblättern, die es heute noch an den Ständen der Armen gibt. Die Tanzveranstaltungen wurden eifrig fotografiert und beklatscht, was im Alten Indien gar nicht üblich war. Reges Kommen und Gehen zerriß das filigrane Gewebe der Versenkung und verscheuchte den Zauber. Kaum jemand hielt bis zum Schluß der Vorstellung durch, ohne aufzustehen und Blitzlichter zu entfachen oder ein Getränk zu holen oder zu plaudern. Mit jedem Tag schwand die Zahl der Zuschauer, zusehends wurde der Hügel kahler. Es war ein erbärmlicher Anblick. Die Organisatoren hatten es versäumt, das übersättigte Gemüt der modernen Menschen einzukalkulieren, die sich eben nur ein einziges Mal die

Vorstellung anschauten und nicht wie die einfachen Menschen ein zweites und ein drittes Mal kamen. Den Banausen war das Programm eines einzigen Abends schon zu langatmig. Das 'Village Fair 1996' stimmte mich traurig. Im gleichen Maße wie die Zuschauer ausblieben, sank meine Stimmung. Vor meinem geistigen Auge tauchten Bilder längst zerstörter Vergangenheiten von Mayas, Hereros, Indianern und Azteken auf. Offenkundig wiederholt sich in der Menschheitsgeschichte immer wieder von neuem das Drama der Zerstörung, bis es sich ein letztes Mal in dieser Welt ereignet, weil alles ausgerottet ist, was einst Erbe und Weisheit der Ahnen gewesen war. Das Kostbarste einer Kultur, die Erinnerung eines Volkes, wird ahnungslos verkauft und rigoros verscherbelt wie billiger Tand. In Indien hat gerade der Jahrmarkt begonnen, der größte Ausverkauf aller Zeiten. Die Plünderung nimmt einen raschen Fortgang, aber noch gibt es Urtümliches zu finden. Das macht einen gewissen Reiz aus. Daß die wertvollsten Schätze unwiderruflich für alle Zukunft verlorengehen, scheint niemand zu bemerken und nicht einmal zu fürchten.

Was geht mich, eine Deutsche, die alte indische Kultur an? Doch geht sie mich etwa nichts an, wo sie mich so vieles lehrte, was nur Ahnen lehren können? Wo meine herumirrende Seele ein Nest gefunden hat! Wo ich mir selbst und anderen Menschen näherkam! Wo ich erstmals erfahren habe, was Religion wirklich bedeutet: Gottesfurcht, die Verbindung zu unseren Wurzeln!

Allabendlich fuhr ich voller Erwartungen zum Kovalam Beach zum Tanzfestival. Ich beobachtete noch schärfer, was sich da abspielte. Mein Verdacht erhärtete sich, auch in den Tänzern ging eine Wandlung vor. Ihr Einsatz schien von anderer Macht gesteuert als im Jahr zuvor am Samudra Beach, war von menschlichem Verlangen angetrieben. Mitunter gewann ich den Eindruck, sogar das Namaskar, das sie vor dem Betreten und nach dem Verlassen der Bühne mit andächtigen Mienen vorführten, sei reine Show. Das Gebet wurde zum Hokuspokus inszeniert! Es war ihnen anzumerken, wie sie sich bemühten, dem zahlenden und kalte Drinks schlürfenden Publikum zu gefallen. Doch was war mit den Göttern? Hatten sie einst nicht gerade um ihretwillen getanzt, durch sie von der Macht erfüllt, mit Shiva zu tanzen? Das Namaskar, das 'Ich will nichts', hatte seine magische Kraft in die Vergangenheit mitgenommen und war für die Gegenwart ausgelöscht. Enttäuscht fuhr ich spätabends heim, hoffnungsbeladen kehrte ich am nächsten Abend zurück. Kein Tanz war so machtvoll gewesen, daß er Tänzer und Zuschauer gleichermaßen in Verzückung versetzt hätte.

Die Shiva-Tänzerin vom letzten Jahr sah ich häufig. Sie schien als einzige gegen die Entweihung anzukämpfen und um göttlichen Tanz bemüht. Aber nur ein Mal vermochte mich ihr Tanzen vergessen lassen, wo und wer ich war, als reichte ihr Shiva flüchtig seine Hand. Er wird nicht mehr zurückkommen, nicht auf ein 'Village Fair' am Kovalam Beach. Bald wird sich das eigene Volk nicht mehr an seine alte Kultur erinnern. Eine neue Zeit ist angebrochen. Das Nataraj, das Symbol des göttlichen Tänzers, ist nun an allen Souvenirständen für geringe Beträge erhältlich. Jetzt muß sich jeder selbst auf die Suche begeben nach dem tanzenden Shiva.

Zwei Jahre nach meinem Kathakali-Studium besuchte ich Gopinath. Damals ahnte ich noch nicht, daß ich ihm zum letzten Mal begegnen sollte. Fast achtzigjährig, war er wohlauf und sah mich in alter Frische verschmitzt an. Als ich ihn fragte, ob ich eventuell im Herbst wiederkommen dürfe, um mein Studium fortzusetzen, antwortete er: »Komm nur!« Fröhlich versicherte er mir, daß er jederzeit bereit sei.

Zurück in Deutschland verstrich der Sommer. Im September schrieb ich Gopinath und fragte an, wann es ihm recht sei, mich zu unterrichten. Denn, so dachte ich, als Meister seines Ranges und als Oberhaupt einer Gruppe von Schülern, die regelmäßig bei Tempelfesten das Ramayana aufführte, hatte er trotz seines stattlichen Alters noch zahlreiche Verpflichtungen. Während meines Kathakali-Studiums war ich zweimal dabeigewesen. Das Ramayana begann um Mitternacht und endete im Morgengrauen. Sechs Stunden lang agierten Tänzer und Tänzerinnen in prächtigen Kostümen. Guru Gopinath verkörperte als Ältester die Rolle des King Brahma. Die Bühne aus Bambusgestänge war schnell errichtet, bunte Planen bildeten die Seitenwände und die Rückwand. Publikum und Tänzer setzten sich aus sämtlichen Generationen zusammen, es gab keine Altersschicht, die nicht vertreten war, um die Götter tanzen zu sehen, und die Kleinsten schliefen friedlich auf den Armen ihrer Mütter. Obwohl jedem Hindu das Ramayana geläufig ist, harrten jung und alt auf steinigem Boden aus und ließen sich von dem Schauspiel einfangen. Niemand klatschte, als das Drama zu Ende war. Benommen rafften sie sich auf und schlurften heim, in Stille gehüllt.

Einige Wochen vergingen, von Gopinath kam keine Antwort. Davon ausgehend, daß ein Brief zwischen Indien und Deutschland etwa zehn bis vierzehn Tage benötigte, mußte Gopinath meinen Brief längst erhalten haben. Bei unserem seltenen Briefwechsel hatte ich ihn als einen betont zuverlässigen Menschen kennengelernt, der unmittelbar auf ein Schreiben antwortete. Anfang Oktober war noch immer keine Post von ihm da. Ich wurde unruhig, obwohl es rein rechnerisch noch keinen Anlaß dazu gab. Es ging auf Mitte Oktober zu, und da beschloß ich, ihn in ein paar Tagen anzurufen, sollte ich bis dahin keinen Brief erhalten haben. Unwillkürlich stellte ich mir vor, wie es sich wohl anfühlen wird, das Knacken in der Leitung zu hören und zu wissen, mit Indien verbunden zu sein.

Endlich wählte ich Gopinaths Nummer. Ich glaube, es war überhaupt mein allererster Anruf nach Indien. Knisternde Nebengeräusche permanenter Fehlschaltungen verrieten mir deutlich, welches Land ich in der Leitung hatte. Ich konnte die millionen Drähte und Kabel, zusammengedreht und lose an Wänden und Masten baumelnd, von Linkshändern angeschlossen und zusammengeschaltet, förmlich hören. Nach längerem Läuten, knackte es plötzlich, der Hörer wurde abgehoben und eine weibliche, alte Stimme meldete sich. Es war Gopinaths Frau. Als ich nach ihrem Mann verlangte, antwortete sie:»Gopinath is no more!« Heute noch schwingt ihr Singsang in meinen Ohren. Nur wenige Tage vor meinem Anruf war er verstorben.

Mit Betroffenheit fällt mir heute auf, daß er mit keinem Wort erwähnt hatte, ich solle brieflich anfragen, wann ich kommen könne. Wenn ich besser zugehört hätte, wäre ich einfach hingefahren, so wie er es gesagt hatte. Dann wäre ich beim Tod meines Meisters anwesend gewesen!

Als ich zum ersten Mal einen Kathakali-Lehrer suchte, wollte ich lediglich einen alten Tanz lernen, welchen war mir fast egal. Mit einer kleinen Liste von Schulen, die mir die Indische Botschaft in Deutschland zugesandt hatte, kam ich nach Indien, und Gopinaths Viswa Kala Kendra war die erste Institution dieser Art, die ich mir anschaute. Nachdem ich ihn und seinen Platz gesehen hatte, gab es keinen Grund mehr, noch irgendwo anders hinzugehen, um mich vorzustellen. Es gefiel mir hier auf Anhieb. Völlig unvoreingenommen hatte ich meinen Beschluß gefällt, den ich keine Sekunde bereute.

Zwei Jahre nach Gopinaths Tod gestaltete sich die Suche nach einem neuen Kathakali-Lehrer weitaus schwieriger. Ich hatte bereits in die Kathakali-Welt hineingeschnuppert, wußte, wovon ich redete und was ich wollte!

Durch Mr. Babu Varghese, dessen Reisebüro in Trivandrum ich in einem Anflug von Eingebung spontan betrat, stieß ich auf zwei junge Frauen, eine Französin und eine Deutsche. Beide lebten seit vielen Jahren in Trivandrum und beschäftigten sich intensiv mit dem Studium von Kathakali, Ramayana und Kalari Martial Dance, einer alten Kunst des Kampfes mit Schwertern, Stöcken und dergleichen in stilisierter Form. Die Französin, die seit über einem Jahrzehnt ihrem Lehrer auf jedes Tempelfest folgte, war besessen von jener urältesten Form des Kathakali. Nur wenige Tänzer stehen auf der Bühne, meist zwischen einer und drei Figuren, und auch die Frauenrollen werden von Männern gespielt. Üppig kostümiert und geschminkt, treten sie vorwiegend auf der Stelle hin und her, von übertriebenen Gebärden manchmal arg geschüttelt, und rollen akrobatisch mit ihren Augen, während ein paar Sänger sie mit eintönigen Versen musikalisch begleiten. Der Gesang der ersten griechischen Tragödien mochte von solcher Art gewesen sein. Ich verstehe davon heute noch nichts und halte höchstens eine Stunde durch, dann beginne ich mich beim Zuschauen zu langweilen. Die Französin war inzwischen fachkundig und verstand sogar die alten Sanskrit-Texte; sie arbeitete bereits mehrere Jahre lang

an der Übersetzung ins Französische. Wenn sie ins Schwelgen geriet, konnte ich ihr nicht mehr folgen. Sie war hingerissen von den alten Texten und rezitierte mit schmachtender Stimme die Verse, so wie manch einer Shakespeare oder Faust rezitiert.
Die beiden waren also richtige Kultur-Insider. Wir verabredeten uns zum Essen, zwei Schauspieler aus Madras leisteten uns Gesellschaft. Ich staunte, als sie in flüssigem Malayalam die Gerichte bestellten und mit dem Ober plauderten. Damals befand ich mich noch im Anfangsstadium und konnte ihre Sprachkundigkeit daher nur beneiden. Ich hatte gehofft, sie könnten mir auf meiner Suche nach einem Kathakali-Lehrer weiterhelfen. Nachdem ich ihnen jedoch von Gopinath erzählt und beschrieben hatte, was ich suchte, sagten sie einstimmig: »Das, was du da erlebt hast, wirst du nicht mehr finden!« Auch die zwei Schauspieler aus Madras bestätigten das mit andächtigem Kopfwackeln. Sie alle kannten keinen lebenden Meister von Gopinaths Format. Heftig traf mich die Erkenntnis, welches Glück ich gehabt hatte. Und erst jetzt, da ich meinte, mir einfach einen neuen Lehrer suchen zu können, begann ich langsam zu begreifen.
Ich sprach mit Mr. Babu Varghese in seinem Büro darüber. Als er hörte, daß ich eine Schülerin von Gopinath gewesen war, schien er plötzlich unermeßlich viel Zeit zu haben und seine farbigen fünf Telefone auf dem Schreibtisch gänzlich zu vergessen. Ob ich denn wisse, wie Gopinath starb, fragte er mich, und seine Stimme tönte geheimnisvoll, so wie es zuweilen in Filmen geschieht, wenn Häuptlinge oder Schamanen oder Weise oder Magier anfangen zu sprechen, um ein Mysterium zu offenbaren. Mir gefiel dieser spannende Augenblick. Ich platzte vor Neugier, da saß eine Person vor mir, die nicht nur von einer außergewöhnlichen Geschichte wußte, sondern offensichtlich auch noch willens und fähig war, sie mir zu erzählen. Ich kannte ja nur die knappe Version von Gopinaths Witwe.
Das sei nicht alles, erwiderte er leise »Guru Gopinath war ein heiliger Mann.« Diese Enthüllung füllte den Raum, und nachdem er eine bedeutungsvolle Pause eingelegt hatte, begann der Reisemanager zu erzählen.

Gopinath hatte am Tage seines Todes eine Ahnung, die er niemandem verriet, aber er tat etwas, was er bis dahin nie getan hatte. Für den Abend war die Fahrt zu einem Tempelfest geplant, wo er mit seiner Gruppe das Ramayana aufführen wollte. Entgegen jeglicher Gewohnheit, rief er am Morgen seinen ältesten Schüler zu sich und bat ihn, am Abend ebenfalls im Kostüm des King Brahma zu erscheinen. Natürlich wunderte sich der Schüler über den seltsamen Auftrag seines Meisters, der doch stets selbst die Rolle des King Brahma verkörperte und dies auch in jener Nacht vorhatte. Doch als Schüler erfüllte er, ohne Fragen zu stellen, diesen unbegreiflichen Wunsch. Die Disziplin einer wahrhaftigen Schülerschaft bestand nicht darin, über die Launen des Meisters nachzusinnen und sie zu deuten, sondern darin, die Anordnungen frei von Zweifeln und mit bedingslosem Gehorsam zu befolgen.

Während Gopinath draußen auf der Bühne den King Brahma darstellte, wartete der getreue Schüler im gleichen Kostüm hinter der Bühne und wußte nicht, worauf er eigentlich wartete. Merkwürdige Gedanken mochten in ihm vorgegangen sein, derweil er so überflüssig herumsaß. Dann geschah es. In einer Pause erlitt Gopinath hinter der Bühne einen Herzanfall, den er nicht überlebte. Ohne die Aufführung zu verzögern, sprang sein ältester Schüler geistesgegenwärtig für seinen Meister ein und übernahm, vom Publikum unbemerkt, dessen Rolle des King Brahma bis zum Schluß. Dann erst, in der Dämmerung eines neuen Tages, wurde dem Publikum verkündet, daß Dr. Guru Gopinath während der Aufführung verstorben war.

Was für ein Tod! Welche machtvolle Geste, bis zum letzten Atemzug dafür Sorge zu tragen, den Lauf des Lebens durch den eigenen Tod nicht zu stören! Welche Gnade, im Augenblick des Sterbens das Kostüm des höchsten Gottes zu tragen! So war mein Lehrer im Gewand des Weltschöpfers in die jenseitige Welt hinübergegangen.

Mitten im Papierchaos eines typisch indischen Büros erfuhr ich die Wahrheit über den Tod meines Meisters. Die Zeit stand still in Mr. Babus Büro. Die fünf Telefone läuteten nicht ein einziges Mal. Stumm lächelten die sonnigen Plakate von den Wänden. Und

Mr. Babu Varghese wiegte seinen Kopf und murmelte: »Guru Gopinath war ein heiliger Mann!«

Massive umstürzlerische Zweifel waren die Krönung meiner strengen katholischen Erziehung. In meinen wilden Jahren ging ich mit Gott und seiner Welt schwer ins Gericht. Es war reiner Reflex, daß ich alles in Frage stellte und nach eigenen Antworten suchte. Die Antworten, die ich von katholischer Seite erhielt, waren für mich recht unbefriedigend. Alles war gut, was mit Gott zu tun hatte, und alles, was schlecht war, hatte auf einmal nichts mehr mit ihm zu tun! Das ewige Leben im Himmel konnte ich mir bei aller Phantasie nicht verlockend vorstellen. Es erschien mir langweilig, ewig mit Gott an einer langen Tafel zu sitzen, auf Wolken gebettet! Das klang alles so einseitig und falsch wie ein Märchen, das hinten und vorne nicht stimmte. Unter den Erwachsenen fand sich leider niemand, der mir diesen Mythos so deutete, daß ich damit etwas anfangen konnte.

Die Hindus verehren Kali, die Göttin der Finsternis, die Teufelin mit der Halskette aus Menschenschädeln, den anderen Gottheiten ebenbürtig. In ihrer Kultur wird die Vorstellung von den Göttern noch nicht einseitig zurechtgestutzt. Jedem Tier wird eine Gottheit zugeordnet, jedem Zustand und jeder Eigenschaft, kurz allem, was Teil dieser Welt ist. Im Ganzen muß es wohl die Einheit sein, Gott! Wenn die Inder in den Tempeln beten, fassen sie ihre Götter buchstäblich an. Ihre Erfahrung mit Gott ist von sinnlicher Natur. Mit den eigenen Händen können sie spüren, wie sich ihr Gott oder ihre Göttin anfühlt, wenn sie sie mit Blumen schmücken und mit farbigen Pasten schminken. Sie legen ihnen ihre mitgebrachten Speisen zu Füßen und bitten jene Macht um Hilfe, deren Kräfte sie für ihre individuellen Belange benötigen.

Shivas göttliche Macht wirkt auf den westlichen Betrachter widersprüchlich, denn er herrscht gleichzeitig über Zeugung und Zerstörung. Wie soll das gehen, protestiert der Verstand. Mit seinen polaren Kräften macht uns Shiva vor, wie sich die Widersprüchlichkeit von Schöpfung und Zerstörung, von Tod und Leben vereinbaren läßt, und vollführt den kosmischen Tanz.

Gopinath gab mir eine Antwort, ohne daß ich ihn danach gefragt hatte, sie war betörend schlicht. Nach dem Unterricht blickten seine verschmitzten Augen lächelnd umher und mit der selbstverständlichsten Stimme sagte er: »Gott ist überall!«

Samudra Beach, Februar 1996. Heute sitze ich auf dem Dach des neuen 'Al Italia' und denke an Mr. Babus ergreifenden Vortrag von Gopinaths Tod. Die bloße Tatsache, daß Guru Gopinath, der Heilige, der so beeindruckend sterben konnte, mein Lehrer gewesen war, gewinnt seitdem von Jahr zu Jahr an Bedeutung für mich. Ein starkes, gutes Gefühl füllt mich mit Zuversicht und Vertrauen. Es ist schwer zu beschreiben, wie alles, was keinem Vergleich standhält.

Seit einigen Jahren schwärme ich für Kardamom-Farmen. In den Nilgiri-Hills liegen sie im kühlen Schatten der hohen Urwaldbäume versteckt. Wer die Pflanze nicht kennt, fährt achtlos an dem kultivierten Stück Land vorüber, das aussieht wie Wald. Hier werden die Urwaldriesen noch gebraucht. Anderswo ist es wie überall, Bäume werden gefällt, als seien sie lediglich Rohstoff für Möbel. Die Urwälder der Western Ghats schrumpfen alljährlich; Holz ist teuer und ein gutes Geschäft, aber Kardamom auch. So werden Kardamom-Farmen zu Beschützern des Waldes. Meine plötzlich entfachte Liebe zu Kardamom läßt mich seit Jahren nicht mehr los. Vielleicht gelangt hier die Macht des Namens zur Entfaltung, den meine Eltern einst für mich gewählt hatten: Silva, die Waldgöttin.
Vor zwei Jahren lernte ich Alex auf der Kardamom-Farm seines Vaters kennen. Von Thangamanti, der Äbtissin eines freien christlichen Klosters in Changanacherry, bekam ich die Adresse eines Pfarrers in den Kardamom-Bergen, der wiederum Alex und seine Familie kannte. Alex verbrachte gerade seine Weihnachtsferien dort. In Trivandrum studierte er Theologie. Er war Anfang Zwanzig und Priesteranwärter der indischen katholischen Kirche. Mit seiner schlanken hochgewachsenen Erscheinung konnte ich ihn mir lebhaft in dem langen, weißen Priestergewand vorstellen, das die

Geistlichen hierzulande tragen. Sein Studium nahm er sehr ernst, und schon in frühester Kindheit fühlte er sich zu diesem Amt berufen. Als er seinem Priestertraum folgte und das Elternhaus verließ, stürzte er seinen Vater in eine Du-bist-nicht-mehr-mein-Sohn-Krise, denn natürlich hätte Alex Farmer werden sollen wie alle seine Brüder.

Er gleicht keineswegs dem Durchschnittsinder, was seine ideelle Entscheidung, Priester zu werden, deutlich macht. Den Idealismus haben wir gemeinsam. Er träumt von einem ähnlich idealistischen Projekt wie ich: obdachlosen und behinderten Kindern ein Heim zu verschaffen! Mein Anliegen ist umfangreicher: ein Fleckchen Urwald für die Zukunft zu retten, Kindern ein Zuhause zu geben und ihnen eine naturbezogene und kulturbewußte Erziehung angedeihen zu lassen, mit den Hauptfächern Kunst und Religion! Alex sieht seine Zeit gekommen, sobald er zum Priester geweiht ist, und ich warte auf den Augenblick, da ich genügend Geld beisammen habe, um überhaupt eine Kardamom-Farm kaufen zu können. Von meinem Projekt ist er begeistert, und wenn es einmal verwirklicht ist, will er mit mir zusammenarbeiten. Alex ist ein ausgesprochen braver, anständiger, junger Mann. Diesen Eindruck erweckt er im ersten Moment. Daß er sich gegen den Willen seines Vaters durchgesetzt hat, sieht man ihm nicht an.

Inzwischen hat sein Vater akzeptiert, daß einer seiner sieben Söhne Priester wird. Nun kann Alex wieder ein ergebener Sohn sein, so wie es sich in Indien gehört, wo dem Vater als Oberhaupt der Familie bis zum Lebensende höchste Achtung zuteil wird, egal ob er ein Alkoholiker oder Tyrann ist. In Indien kann sich die männliche Herrschaft - noch - unangefochten austoben.

Alex zählt zu den wenigen Indern, die sich für meinen Traum begeistern; selbst die fromme Thangamanti kann dafür kein Verständnis aufbringen. Wenn ich diese Dummheit denn doch nicht lassen könne, würde sie mir zwar ein paar Nonnen zur Hilfe schikken, aber sonst sah sie diesem Wohlfahrts-Projekt voller Skepsis entgegen. »Ha, du bist wie Jesus!« lachte sie mich aus. »Wie naiv bist du?« Sie ließ sich auch dann nicht umstimmen, als ich ihr versicherte, Damaindi würde meine Vertreterin sein und besäße mein ganzes Vertrauen. Sie schüttelte lachend den Kopf, wie über die Pläne eines kleinen Kindes, das Raumfahrer werden will. »Was glaubst du, wo du bist? Du kannst den Leuten nicht trauen! So ist das nun mal in dieser Welt und auch in Indien, die Leute haben einen anderen Traum als du, sie werden dich betrügen oder vielleicht sogar umbringen!«

Daß sie so redete, befremdete mich. Betete sie nicht mehrmals täglich vor dem hölzernen Jesus am Kreuz? Und dennoch belächelte sie, was er dereinst als christliche Lebensweise den Menschen vorlebte?

Thangamanti ist eine ungewöhnliche Inderin. Sie kann auf ein Leben zurückblicken, das völlig anders verlief als das der meisten Frauen. Als sie in jungen Jahren verheiratet werden sollte, sagte sie mit aller Resolutheit: Nein! Unter dem Joch eines Mannes ihr Leben fristen? Das erschien ihr nicht erstrebenswert. Aber welche Möglichkeiten standen einer Inderin schon offen? Sollte sie in ein Kloster gehen? Das bedeutete, unter der Fuchtel einer Äbtissin zu stehen!

Sie jedoch wollte unabhängig sein, in jeder Beziehung. Daher beschloß sie, ein eigenes Kloster zu gründen. Sie ging nach Deutschland und arbeitete einige Jahre als Krankenschwester. Mit einem Batzen Geld kam sie zurück, gründete ihr Kloster und kaufte das Anwesen, in dem sie heute noch mit ihren knapp dreißig Nonnen lebt. Hinter dem Wohnhaus betreibt sie etwas Landwirtschaft und ist Herrin über etliche Kokosnußpalmen und Mangobäume, verschiedene Gemüsesorten und ein paar Milchkühe. Sie kocht für den Bischof von Changanacherry und betreibt die Kantine des Krankenhauses, wo sie zwei ihrer Nonnen stationiert hat. Auf ihrem Gelände befindet sich außerdem ein geräumiges Nebengebäude, in dem junge Mädchen aus den umliegenden Dörfern untergebracht sind, die auf das College gehen. Aus dem Wohngeld der Studentinnen und dem Essen für den Bischof und das Krankenhaus bestreitet sie ihre Hauptausgaben.

Heute ist sie Mitte Sechzig, eine lebhafte Frau, die dank ihrer Freiheitsliebe eine beachtliche Karriere gemacht hat. Sie besitzt sogar eine eigene Auto-Rikscha mit einer Ladefläche und der leuchtfarbenen Aufschrift 'Jesus' über der Frontscheibe. Damit werden die Transporte getätigt, die bei ihrem Unternehmen anfallen. Ihr Fahrer ist ihr auf Lebenszeit verpflichtet, weil sie ihn und seine Familie vor dem finanziellen Ruin bewahrt hat und ihm ein Haus baute. Trotzdem wird er von Zeit zu Zeit aufmüpfig, klagt sie des öfteren und versucht, mir anhand seines Beispiels zu demonstrieren, daß die meisten Menschen eine harte Hand brauchen: »Da siehst du es, die Leute wissen Großzügigkeit nicht zu schätzen, sie sind wie die Tiere, sobald du dich umdrehst, bestehlen sie dich!« Thangamanti jammert ständig über ihre Geldnot. Daß der Mangel nicht so arg sein kann, verrät ihre mollige Figur, und ihre Kühe sind wohlgenährt, was in Indien eine Rarität ist. Während der Erntezeit weiß sie nicht wohin mit den Bergen von Mangos und Kokosnüssen. Es ist wohl eher ihrem Faible für Reichtum und Wohlstand zuzuschreiben, daß sie sich diese chronische Unzufriedenheit zugelegt hat.

Einmal wollte sie mir etwas ganz Besonderes zeigen, und so mußte uns ihr Fahrer zu einer neureichen Familie bringen, die hinter der Tankstelle an der Hauptstraße von Changanacherry ihre klotzigen Paläste hingestellt hatte, zwei gigantische Neuzeitvillen mit allen Schikanen. Der Ausblick auf die schwarzverschmierten, stinkenden Ölfässer schien die Bonzen nicht zu stören; dank der Klimaanlage brauchten sie ihre mit kitschigen Rüschenvorhängen ausstaffierten Fenster nie zu öffnen. Die Führung durch die vornehmen Räumlichkeiten glich einer Verkaufsausstellung. Eine bombastische Treppe aus importierter Eiche schwang sich von der ersten Etage in einem platzverschwenderischen Bogen durch die Eingangshalle. Sie hatte umgerechnet dreißigtausend Mark gekostet, darauf wurde gleich mehrmals hingewiesen. Der Anschaffungspreis spielte bei allem, was wir betrachteten, eine gewichtige Rolle. Die High-Tech-Sammlung war vollkommen und ebenso der Rest: Ausländische Motorräder und Autos, endlose Sitzgruppen, Glastische, salonartige Badezimmer mit goldenen Armaturen... Thangamanti fielen die Augen aus. Ob das pures Gold sei, fragte sie erregt. Nein, natürlich nur vergoldet!

In einer der Neuzeitvillen gab es zwei riesige Küchen. In der Bilderbuchausgabe einer Lehmhüttenküche kochten die Frauen am liebsten, die andere, die silberglänzende, feudale Version eines Hollywood-Kochstudios, benutzten sie selten, sie war offensichtlich nur zum Angeben da. Die gelangweilte Stimmung in dieser Luxuswelt vermittelte mir einen ähnlichen Geschmack wie das märchenhafte Bild von der Ewigkeit im Himmel. Die Bewohner jenes begehrten Traumgebildes waren auf Besucher angewiesen, denen sie vorführen konnten, was ihnen längst eintönig geworden war. Den lieben langen Tag saßen sie untätig auf ihren Couchen und warteten auf die Neider, damit sie wenigstens für die Zeitspanne des Besuchs wieder lebendig wurden.

Zu Thangamantis Leidwesen zeigte ich mich nicht annähernd so beeindruckt, wie sie insgeheim gehofft hatte und wie sie es selbst war. Die protzigen, überfüllten Zweihunderttausendmark-Villen ließen mich so unberührt wie die stinkende Tankstelle davor. Während wir zur Rikscha zurückmarschierten, schwärmte sie mir noch von dem Wohlstand vor. Warum sie diese Leute nicht ab und zu um Geld bat, wollte ich wissen, aber sie fegte aufbrausend über diesen Vorschlag hinweg: »Ha! Die sind geizig, was glaubst du, die geben nix her! Oh, du bist wirklich naiv!«

Als mich Alex im neuen 'Al Italia' besuchte, erzählte ich ihm von meinen revolutionären Überlegungen zu neuen Einreisebestimmungen nach Indien. Obwohl er ein Christ ist, betrachtet er die Bhagawadgita als das Heilige Buch seiner alten Kultur. Er lachte herzlich über meine Idee, die Bhagawadgita im Reisegepäck eines jeden Ausländers vorzuschreiben! Das fand er zwar absurd, aber er lachte mich nicht aus. Er könne meine Gedanken nachvollziehen, meinte er, dennoch sei die Idee ziemlich verrückt! Das passe doch hervorragend zu meinem indischen Namen, Mandi Shilpa, gab ich scherzend zurück!

Er fragte mich, ob ich denn wisse, was 'Shilpa' bedeutete. Ja, antwortete ich, man habe es mir mit 'Statue, Bildhauer, Künstler' übersetzt. Das sei nicht alles, begann er nachdenklich. Ich war gespannt, mein Name sollte eine neue Dimension erhalten! Nach längerem Grübeln hatte er die richtigen Worte gefunden:»Shilpa bedeutet: Jemand, der es wirklich ausarbeitet!« Ich hatte bis dahin zwar noch nie von dieser Auslegung gehört, doch es klang ermutigend, es gefiel mir. Der tiefere Sinn von 'Shilpa' konnte Hoffnung machen. Ist es nicht genau das, was ein Künstler, ein wahrhaftiger Bildhauer, einer der Bilder schafft, tun muß: es wirklich ausarbeiten!

»Mandi Shilpa!« rufen die Götterboten der Närrin zu.»Was wirst du tun, wenn die Großen der Alten Welt aussterben, die heiligen Feste entweiht sind und fortan nach dem Gutdünken vergangenheitsloser Fremdlinge ausgerichtet werden? Wenn das Alte Land Hindusthan, die letzte Stätte lebender Götter und Hochkultur des Wissens, ein Sonderangebot geworden und feilgeboten wird als käufliche Handelsware des Zeitvertreibs auf den langen Listen exotischer und abenteuerlicher Urlaubsziele und sogenannter Studienreisen? Was kannst du noch tun, wenn es keine Ahnen mehr gibt, und Bücher die letzten Zeugen sind...?«

»Oh weh!« antwortet die Närrin voller Entsetzen.»Was wird dann mit den Narren geschehen? Wenn Indien, das Alte Land, tot ist?«

PRABHAS ANTWORT

Es war einmal vor vielen Jahren, da saß ich in Benares am Ganges und wartete auf den Sonnenaufgang. Es war die höchste Steigerung aller Erlebnisse in Indien, an diesem alten Ort zu sein und einfach nur zuzusehen, was sich am Ufer zum Jenseits abspielte. Der Feuerball kroch langsam über den Horizont und tauchte alles um mich herum in ein magisches Licht. Unweit von mir entfernt, ein paar Stufen unter mir, wurden die Toten gewaschen. Gleich daneben standen Betende bauchtief im Wasser und vollzogen ihr Ritual: untertauchen, Hände falten, untertauchen, gurgeln, mehrere Schlucke trinken, ausspucken. Ein ständiges Murmeln und Beten und Planschen hing in der Luft. Von überall her überflutete mich monotoner Singsang. Hinter dem nächsten Ghat qualmte ein Scheiterhaufen. Am gegenüberliegenden Ufer lauerten Geier auf einen echten Leichenschmaus. Nur sie lebten dort drüben in der weiten, flachen, sandigen Öde. In meinen Händen hielt ich ein total pappiges und heißes Glas mit dampfendem Kardamom-Jaia, und kurzzeitig hatte ich Sorge, meine Finger zu verbrennen. Der Geruchscocktail war benebelnd.
Duftende Öle und Räucherstäbchen, Ghee, das ranzige Butterfett, fauliges Abwasser, stinkender Rauch von angekokeltem Menschenfleisch... Am Tee-Stand nebenan wurden Kochbananen fritiert. Konzentrierte Duftschwaden zogen an mir vorbei und machten mir Appetit. Der Brahmane, den ich von meinen frühmorgendlichen Ausflügen hierher bereits vom Sehen kannte, grüßte mich mit einem freundlichen Nicken. Er hockte gerade vor dem Tee-Stand und rauchte mit dem Beedie-Verkäufer ein Frühstücks-Shilom. »Bom Shankar!« stöhnten sie vor jedem Zug. Anscheinend machte der Brahmane gerade eine Pause. Sein Platz war der Mauervorsprung, den er mit bunten Tüchern ausgelegt hatte. Dort saß er tagaus, tagein unter einem aus Palmenblättern geflochtenen Sonnenschirm und verkaufte Gebete an Pilger und Trauernde. Dazu benötigte er nicht viel: ein Öllämpchen, Weihrauch, heilige Asche, verschiedene Farbpasten, Räucherstäbchen und frische Blüten.

Während seine Kunden in Andacht versunken vor ihm auf dem Boden kauerten, blickte er teilnahmslos durch sie hindurch und ratterte eintönige Verse ab. Im einschläferndsten Moment jedoch klingelte er mit einer schrillen Glocke, und das Gebet war beendet. Dann wurde er mit ein paar Münzen entlohnt, und die Betenden gingen ihres Weges.

Der Brahmane war nicht allein unter dem Sonnenschirm. An seiner Seite saß stets ein steinalter Mann mit langem, schlohweißem Haar. Der Bart wucherte ihm bis unter die Brust. Wie jeder Priester und Pilger war er mit einem weißen, tausendmal getragenen Lungi bekleidet. Alles, was er bei sich trug, waren ein abgegriffener Naturstock und eine weiße Shiva-Muschel, in die man hineinblasen und einen vibrierenden Baßton erzeugen konnte. Um seinen Hals hing eine lange Kette aus verschrumpelten Samenkernen, die typische Benareskette, die es überall zu kaufen gab. Obgleich er absolut indisch aussah, hatte ich die Intuition, er sei ein Weißer. Gelegentlich stieß er sonderbare Geräusche aus, eine Mischung aus einem verblüfften »Oh!« und einem Rülpser. Ich hörte ihn nie sprechen und mußte ihn wie unter Zwang permanent anstarren.

Der Brahmane kehrte vom Tee-Stand zurück und nahm seinen Platz unter dem Sonnenschirm wieder ein. Der Greis neben ihm zeigte mit keiner Geste eine Reaktion. Selbstzufrieden frönte er seiner Versenkung. Da niemand kam, um Gebete zu kaufen, holte der Brahmane ein Shilom aus einem Beutel hervor und stopfte bröseliges Grünzeug in den Pfeifenkopf. Währenddessen fing er an, mit mir zu plaudern. Ich saß ja direkt neben seinem Gebets-Stand auf dem Treppenabsatz und trank Kardamomtee. Nachdem er das Shilom fachgerecht mit einem alten Lumpen präpariert hatte, zündete er es an und eröffnete mit »Bom Shankar!« und einem heftigen Zug die Rauchrunde. Daraufhin gab er die qualmende Pfeife mit einer auffordernden Geste an mich weiter. Das war etwas völlig Normales, vor allem in Benares. Vorsichtig zog ich daran. Ich wollte mich keinesfalls wegen laienhafter Husterei blamieren, und zudem graute mir vor dem schmuddeligen Lappen, durch den man den Rauch einsog. Ich reichte das Shilom an den

Greis weiter, der es gleichmütig entgegennahm. Als einzigen Kommentar stöhnte er seinen individuellen Laut und rauchte mit schmatzenden Seufzern. So drehte das qualmende Shilom mit dem Schmuddellappen seine Runden. Ich fühlte mich behaglich inmitten des kunterbunten indischen Sterbekultes.

Offensichtlich hatte der Brahmane mein Staunen über den Alten bemerkt. Jedenfalls streute er beiläufig ein, daß der Sadhu neben ihm ein Europäer sei, ein Engländer. Damals, nach der Unabhängigkeitserklärung 1947, sei er in Indien hängengeblieben und später habe er beschlossen, ein Sadhu zu werden. Ein echter Sadhu sei dieser Weiße, sagte der Brahmane, man schätze ihn ebenso wie einen indischen Heiligen, da bestehe kein Unterschied. Und mit einer Selbstverständlichkeit, die mich stutzig machte, fügte er hinzu: »He didn't speak for more than thirty years.«

Seit über dreißig Jahren hatte er kein einziges Wort gesprochen! Das verschlug mir wirklich die Sprache. Dieser Mann saß nicht eingekerkert irgendwo hinter Klostermauern, geräuschlos abgeriegelt, nein, er hockte mitten im Tumult des Lebens, mitten im Lärm und schaute und schwieg bis zum Ende seiner Tage. Ein Jammer, dachte ich, was für eine Lebensgeschichte hier verlorengeht.

...wer jemals ganz in die Östlichkeit eintaucht, wird nicht mehr zurückkehren, um davon zu berichten. So ist jede Geschichte über Indien ein unzureichendes Fragment, eine blasse Ahnung eines Mysteriums...

Samudra Beach. Guten Morgen Indien! Es war noch finster. Alles schlief. Ich war früh aufgewacht und gleich auf das Dach hinaufgegangen. Es war mein letzter Morgen. Am östlichen Himmel hinter der Palmenwildnis auf den Hügeln ließ sich die Dämmerung erahnen, aber auch nur dann, wenn man wußte, daß sie dort begann. Es wurde Tag in Indien.

Meine Tagebücher sind voll von Experimenten, diesen Prozeß zu beschreiben. Ließe ich die Närrin in mir sprechen, würde sie frei heraus sagen: »Die indische Morgendämmerung ist der ergreifende Augenblick, da sich die Götter meiner Seele offenbaren!« Es liegt nicht an der Farbenprächtigkeit eines tropischen Sonnenaufgangs, dann nämlich ist die Stunde der Mysterien vorbei. Die Macht liegt in der unergründlichen Stille der Zeit davor, des Zwie- und Düsterlichts, das diese filigrane Realität schafft und eine Wirklichkeit erspüren läßt, die sonst unsichtbar bleibt. Das grelle Licht der Sonne weckt die Stimmen und scheucht das dunkle Schweigen, den Zauber davon.

Ich wollte jetzt nicht an meinen Abflug denken, obgleich dieser Vorsatz nicht viel half. Der Gedanke daran drängte sich mir schmerzlich auf und ließ mich noch drastischer erleben, was es bedeutet, Abschied zu nehmen von diesem Dach, von der indischen Morgendämmerung.

Es war meine vierzehnte Reise nach Indien. Während meines schriftlichen Rückblicks auf zwei Jahrzehnte Indienreisen hatte ich in einem Anflug von Strukturlaune nachgerechnet. Trotz wiederholten Übens hat es sich nicht gebessert. vierzehn Indienreisen und dreizehnmal qualvolles Abschiednehmen. Nur der eine Abschied nach meiner ersten Reise, als ich arglos heimflog und mich in dem Glauben wähnte, dieses Land könne ich nun abhaken, fiel mir nicht schwer. Von wegen! Ahnungslos und mit ungetrübter Abenteuerlust fuhr ich ein zweites Mal hin! Seitdem wurden die Abschiede eher noch schlimmer.

Zurück in der deutschen Heimat, bin ich dann in Gedanken mit nichts anderem beschäftigt als damit. mich daran zu gewöhnen, daß der Zauber der Morgendämmerung von meiner Maulwurf-Wohnung aus nicht so recht klappen will. Das winzige Rechteck des Himmels, das ich von dort aus sehen kann, läßt die Götter nicht sprechen, jedenfalls nicht mit dieser Deutlichkeit wie in einer indischen Morgendämmerung, wo allmorgendlich auch für mich Gopinaths Satz 'Gott ist überall' leibhaftig wird. Kehre ich nach Monaten oder gar erst nach einem Jahr wieder nach Indien zurück und erlebe den ersten Morgen, dann packt mich eine Flut von Freude und zeigt mir mit allem Übermut, was mir gefehlt hatte.

Es war noch finster. Ich durfte kein Atom des Tagwerdens versäumen. Gebannt stand ich wie eine bewegungslose Statue auf dem Dach und lauschte in die Nacht. Ich wollte jede Sekunde für die Erinnerung einsaugen. Die Musik des Tempels tönte weithin durch die Dunkelheit und erreichte das neue 'Al Italia' nur mit zarten Klängen, die weit weg an einem verwunschenen Ort zu entspringen schienen. Ferne Gesänge ohne Anfang und Ende durchwebten die Stille, von der Monotonie der Brandung rhythmisch besprenkelt, als Sekundenschlag der Ewigkeit. Unkenntlich verbargen sich die Hütten unter dem schwarzen Dunst. Jedes Geräusch war fragil, verletzlich noch in seiner vagen Frequenz, und selbst die ersten Laute der Krähen muteten wie das Gepiepse niedlicher Vöglein an. Versteckt hockten sie in den Palmwipfeln und lauerten darauf, daß es endlich hell wird. Ihre Ungeduld war spürbar.

Ich habe mich oft gefragt, wie sie es alle wissen, daß die Nacht bald zu Ende sein wird. Es ergeht mir ja ebenso, plötzlich bin ich wach, obwohl es finster ist. Es liegt sicherlich nicht an der Tempelmusik, daß die Krähen, kurz bevor der erste Schimmer der Dämmerung sichtbar wird, ihre allerersten verschlafenen Piepser von sich geben.

Ich hörte, wie sie einige Palmwipfel weiter zaghaft anfragten: »Krr... kräh?« Na, seht ihr schon was? Nach einer Weile krächzte es von dort zurück: »Krr... krääh kräh!« Nein, nein, noch kein Silberstreifen am Horizont! Die Krähendialoge wiederholten sich in schlaftrunkenen Abständen. Ich konnte mir bildhaft vorstellen, wie sie da oben zwischen den Kokosnußstauden kauerten, und nachdem noch keine den heißersehnten Silberstreifen gesichtet hatte, weiterschliefen. Aber es ließ ihnen scheinbar keine Ruhe mehr. Sie waren wach und fragten erneut an. Es klang drollig, wie auch sie im Tonfall nach oben schwenkten, so wie wir Menschen bei einer Frage. Direkt über mir taumelte ein banges Wispern aus dem Gezweig. Wird es bald hell? Ein Stück weiter antwortete eine Krähe. Die anderen drüben auf dem Berg haben schon was gesehen! Fortan blieb es nicht mehr ruhig dort oben. Die Nachricht löste Unruhe aus. Schnell wurde sie weitergegeben, von einem Kokosnußnest zum nächsten.

Die Krähen konnten um diese frühe Stunde sogar flüstern! Mit etwas Phantasie klang es wie eine geheime Botschaft, als dürften nur die Artgenossen erfahren, was sich nun ereignen würde. Es wurde Tag in Indien! Langsam wanderte ich die vier Himmelsrichtungen auf dem Dach ab. Damit auch ich sofort sehen konnte, wann sich der erste Silberstreifen am Horizont zeigt, stand ich jetzt auf der Ostseite der Dachterrasse. Hatten sich meine Augen an die Dunkelheit gewöhnt? Ich erkannte die Umrisse der Hütten unter mir. Sie klebten am moorigen Ufer der Blackwaters, in nächtliches Schweigen gehüllt. Eine leicht gebückte Gestalt huschte lautlos unter einem Palmendach hervor und verschwand im Nichts. Ich ahnte, was sie da machte! Als sie später zurückkam, war es wieder ein bißchen heller, und ich konnte sogar das Blechkännchen in einer Hand erkennen. Jetzt war bestimmt kein Wasser mehr darin, sie hatte es nämlich für ihre Morgentoilette verbraucht.

Es war eine Frau, eine alte Frau. Ihre Bewegungen waren flink. Zielstrebig ging sie auf ihre Hütte zu und tauchte in dem schwarzen Schatten des Vordaches unter. Ich konnte sie nicht mehr sehen. Der Hof war bereits gekehrt, anscheinend hatte sie das schon vorher gemacht.

Nun fing das Spektakel in den Palmwipfeln an. Die Krähen schmetterten inzwischen schrille Töne durch das Gezweig. Der wachsende Silberfleck am Horizont ließ sie übermütig und unentwegt mit ungeduldigen Krallenfüßen in den schaukelnden Palmästen rascheln und scharren. Es mußte nur noch ein wenig heller werden, dann konnten sie endlich zum ersten Überfall des Tages losfliegen! Jetzt flüsterten sie nicht mehr, sie schrien heillos durcheinander. Die Mutigsten schossen als erste aus den bevölkerten Palmkronen hervor und drehten eine Probeschleife, die Erfahrenen folgten, und schließlich stürmte der Rest lärmend hinterher. Alles ging blitzschnell. Es roch nach Beute. Flink witterten sie die Richtung. Und plötzlich war die Luft voll mit durchgedrehten Krähen!

Mit einem Seufzer begrüßte ich die ersten Sonnenstrahlen, die wärmend auf das Dach fielen. Es würde nicht mehr lange dauern, bis die anderen aufwachten, heraufkamen und für Unruhe sorgten. Vielleicht würde Rashid, der Nachbarsjunge, heute das Dach kehren? Es wäre dringend nötig. Oder auch nicht. Das spielte jetzt keine Rolle. 'Rashid' ist eigentlich nicht sein richtiger Name. Ich merkte es, weil Shajahan ihn mit einem anderen Namen rief. Beschämt stand der kleine Rashid vor mir und schielte Achterbahnen in die Luft, als ich ihn nach seinem richtigen Namen fragte. Er mochte ihn nicht, seinen richtigen Namen! Rashid, sagte er, das sei eben sein Lieblingsname. Also nannte ich ihn 'Rashid', was ihm ungemein gefiel. Hörte es einer der Einheimischen, die ihn alle mit einem anderen Namen kannten, starrte dieser verdattert her, und Rashid warf mir ein freundschaftliches Lausbubenzwinkern zu.

Es blieb nicht mehr viel Zeit. Bald würde Kumar meinen Jaia heraufbringen, zwischen Tischen und Stühlen notgedrungen Ordnung schaffen, und danach mein Frühstück zubereiten. Prabha würde vorbeikommen, um mich zu verabschieden, auch Shajis Onkel wollte dasein, wenn ich im familieneigenen Ambassador auf der Holperpiste davonfuhr. Shajahan selbst war nicht da, gegenwärtig befand er sich mit Berlin-kutti auf einer einwöchigen Rundreise. Wir hatten bereits vor ein paar Tagen Abschied genommen.

Bedächtig ging ich zur Frontbalustrade zurück, so als müßte ich mir diese Strecke genau einprägen, damit ich sie später einmal blind abschreiten konnte. Ich blieb stehen und schaute dem Meer zu. Am Morgen rauscht es recht zahm in der Ferne, aber nachmittags rückt es näher und schreit mit dem Wind um die Wette. Den Wettstreit zwischen Wellen und Wind würde ich nicht mehr erleben können, denn am Nachmittag saß ich bereits im Flugzeug Richtung Westen.

Prabhas Antwort fiel mir wieder ein. Mit den Gesten eines feierlichen Aktes setzte er sich am Vorabend zu mir und tat die erste Viertelstunde nichts anderes, als sich in verheißungsvolles Schweigen zu hüllen. Sein übertriebener Ernst brachte mich unweigerlich zum Lachen. Wie ein Schulbub, von dem man nicht weiß, ob er seine Hausaufgaben gemacht hat oder nicht, hockte er auf dem Stuhl und grinste zurück. Was sollte das heißen? Einen Moment zweifelte ich sogar, ob er überhaupt eine Antwort für mich vorbereitet hatte. Womöglich wollte er sich eine nochmalige Bedenkzeit erbeten!

Meine Frage sei schwierig, begann er zögerlich und verknotete dabei seine Finger, aber er wolle sie mir beantworten! Ich war gespannt. Er zierte sich, betrachtete mal seine verknoteten Finger, mal die Tischkante, und dann wollte er meine Frage noch einmal hören. Also gut, zum tausendsten Mal:»How would you describe your country?« Da er nichts darauf sagte, versuchte ich mich in einer anderen Version:»Was würdest du als Inder von deinem Land erzählen?« Er erweckte den Eindruck allerhöchster Konzentration. Sprachlos öffnete er den Mund und schloß ihn wieder, weil nichts herauskam, überlegte krampfhaft, wog seinen Kopf hin und her, wägte ab und schien der Antwort ganz nah zu sein. Erwartungsvoll stellte ich mich auf seine große Rede ein, immerhin hatte er über einen Monat Zeit gehabt. Dann setzte er zum Sprechen an, der Augenblick war gekommen, und mit einem Singen in der Stimme sagte er:»Thank God! That I'm born in India!« Das war Prabhas Antwort. Wie urgeborgen das klang. Gottseidank, ich bin in Indien geboren! Danach kam nichts mehr, seine Rede war beendet. Er strahlte mich an, als habe er eine Meisterleistung vollbracht. Ich war perplex, fragte stotternd, wie er so etwas sagen könne, warum, wieso, was es war, das ihn so empfinden ließ...? Er dagegen war die Ruhe selbst. Unter dem Ansturm meiner Neugier schmunzelte er gleichmütig durch mich hindurch und entknotete seine Finger. Ich beneidete ihn um dieses Gefühl, und das machte mich betroffen. Ich konnte nicht so reden wie er, ich war ja in Deutschland geboren! Gewiß mag es zu einem Teil an der deutschspezifischen Vergangenheit liegen, daß ich nicht so stolz sein kann auf mein Land. Doch in Prabhas Antwort kam schlicht zum Ausdruck, was einen wesentlichen Unterschied zwischen Ost und West ausmachte. Er war ein Kind der Alten Zeit, ich ein Kind der Neuen Zeit. Und die Kinder der Neuen Zeit hatten verlernt, den Göttern für die Heimat zu danken, wußten nichts von diesem Glück. Thank God, that I'm born in Germany?

Beim Abschied unten vor dem Haus versprach Prabha mir mit eifrigem Kopfwackeln, das nächste Mal, wenn ich nach Indien zurückkehrte, würde er mir alles erklären. Dann stieg ich in den Wagen, und es wurde still. Kumar, Rashid, der Onkel und Prabha standen stumm neben der Hofmauer, die Nachbarin streckte neugierig ihren Kopf aus der Tür und kippte abgenagte Fischgräten vor die Hütte, und die Brandung stimmte sich gerade ein; sie würde von nun an etwas lauter krachen. Beinahe geräuschlos schaukelte der Ambassador auf der Holperpiste mit mir davon, und die Winkenden wurden immer kleiner.

Die Fahrt zum Flughafen verlief wie in einem Traum, in dem alles so echt ist und man nicht weiß, daß man träumt. Langsam zog die grüne Landschaft vorüber, ich kannte jeden Meter. Schweigend starrte ich hinaus.»Abschied ist die schmerzende Stelle zwischen Vergangenheit und Zukunft!« sangen meine Gefühle in Moll und Dur gleichzeitig, und meine Gedanken murmelten voll Staunen das Namaskar des Indienreisenden: Wenn wir teilhaben, hört das Wollen auf, und wir wissen, was wir tun müssen!

GLOSSAR

Ambassador	bekannte indische Automarke
Aschram	Kloster, spirituelles Zentrum
Autoput	die vielbefahrene Nord-Süd-Strecke durch Ex-Jugoslawien
Auto-Rikscha	motorbetriebenes Transportmittel auf drei Rädern, das billigere Taxi, nach europäischen Gesichtspunkten für etwa drei Passagiere geeignet
AyurVeda	Sanskrit: Wissen des Lebens; 5000 Jahre alte Heilkunst, basierend auf den drei Elementen Feuer, Schleim (Erde und Wasser), Wind
Bakschisch	Trinkgeld
Bang	Bezeichnung für Marihuana
Banyan-Baum	heiliger Baum, meist bei einem Tempel
Beedie	kleine Zigarette, die nicht aus Papier, sondern aus einem getrockneten Blatt handgedreht wird
Bhagawadgita	'Der göttliche Gesang', berühmter Teil aus dem Mahabharata-Epos
Bhagwan	'Erhabener'; hier ist Sri Bhagwan Rajneesh von Poona gemeint
Blackwaters	Süßwasserkanäle und Seen unmittelbar hinter dem Strand von schwarzer Farbe, da in ihnen Kokosfasern eingeweicht werden
Bom Shankar	Anrufung von Gott Shiva
Brahma	Schöpfergott
Business	englisch: Geschäft
Chapati	Fladenbrot aus Weizenmehl
Cheaji	'große Schwester'
Coffee-Shop	englisch: Café, ähnlich wie in Amsterdam, wo weiche Drogen erhältlich sind, auch in kulinarischen Varianten wie zum Beispiel als Special-Cake (Haschischkuchen) oder Special-Tea (Haschischtee)
Current-Cut	englisch: Stromausfall
Curry	scharfe Gewürzmischung, die in indischen Haushalten täglich frisch auf dem Mahlstein zubereitet wird
Dal	Hindiwort, das Linsen, Bohnen und Erbsen bezeichnet

Dosai	eine Art Crêpe; dünner Pfannkuchen aus verschiedenen Teigresten
Elefantiasis	krankhafte unförmige Verdickung der Haut und des Unterhautbindegewebes, meist im Bereich der Beine, als Folge wiederholter Entzündungen der Lymphgefäße und chronischer Stauung der Lymphwege
Ganesha	Hindugottheit, Sohn Shivas, wird mit einem Elefantenkopf und einem fülligen Menschenkörper mit vier Armen dargestellt, gilt als Hüter des Wissens
Ghat	Treppengang zum Ufer heiliger Flüsse oder Teiche
Ghee	durch Erhitzen und Sieben gewonnenes Butterschmalz
Goa	ehemals portugiesische Kolonie, später von den Hippies entdeckt, heute bekanntester Urlaubsort in Indien
Guru	Lehrer, meist religiöser Lehrer
Jackfruit	Riesenfrucht eines Urwaldbaumes mit stacheliger Schale, bis zu zwanzig Kilogramm schwer, in unreifem Zustand als Gemüse, reif als Obst beliebt
Jaia	stark gesüßter Tee mit Milch und Gewürzen
Junction	englisch: Kreuzung
Kathakali	südindischer klassischer Tanz, wörtlich übersetzt: Geschichten spielen
Kerala	Bundesstaat an der Westküste Südindiens
Kopi	Kaffee
Kovalam Beach	in Kerala; nach Goa der meistbesuchte Badestrand Indiens
Kutti	Malayalam-Wort: Bezeichnung für kleine Kinder, als Verniedlichungsform wird es als Endung (-kutti) an das entsprechende Wort angehängt
Limca	beliebte Zitronenlimonade
Lingam	phallusförmiges Symbol der Schöpferkraft an Plätzen der Shiva-Verehrung
Lungi	etwa zwei bis drei Meter lange Stoffbahn zum Wickeln eines Rockes; wird von Männern sowie einfachen Frauen getragen
Maharaja	König
Mala	eine Gebetskette
Malayalam	Sprache von Kerala; Teil der drawidischen Sprachfamilie

Mantra	Formel aus den heiligen Schriften (Veden), ein Gebet, das durch wiederholtes Rezitieren den Geist reinigt
Masala	Gewürzmischung
Maya	Täuschung, Illusion über das Leben
Monsun	Regenzeit
Namaskar	Grußwort: "Ich will nichts"
Namasthe	Grußwort: "Ich bin nichts"
Nataraj	der tanzende Shiva, Symbol der indischen Tänzer
Nirwana	Eingehen in das Absolute, Zustand der Befreiung, Erleuchtung; befreit den Menschen von der Wiedergeburt
OM	heiligstes Mantra, in dem alle göttlichen Manifestationen enthalten sind, kosmischer Urlaut
Paisa	kleinste indische Währungseinheit (100 Paisa = 1 Rupie)
Parotha	auf heißen Platten gebackene Weizenfladen aus hauchdünnen Teigschichten, ähnlich der Zubereitung von Strudelteig
Puri	in Öl frittierte, lockere Weizenfladen
Ramadan	Fastenzeit der Moslems
Ramayana	bedeutendes Epos, in dem das Leben des Gottkönigs Rama und seiner Gattin Sita erzählt wird
Rikscha	altes Transportmittel, zweirädriger Wagen, der in vielen Teilen Indiens noch von Männern zu Fuß oder mit dem Fahrrad gezogen wird; auch als Kurzbezeichnung für Auto-Rikscha gebräuchlich
Rupees	Plural von Rupie; indische Währungseinheit
Sadhu	Asket, lebt nur von Almosen
Samudra Beach	etwas abseits gelegener Fischerstrand mit wenigen Hotels in der Nähe des Kovalam Beach
Sanskrit	die alte indische Sprache der heiligen Texte
Sari	klassisches Kleidungsstück der Inderin aus einem vier bis sechs Meter langen Tuch, früher aus Baumwolle oder Seide, heute wird Synthetik bevorzugt
Sikh	Angehörige/r der gleichnamigen Religion
Shilom	röhrenförmige Pfeife für Marihuana
Shiva	Hindugottheit, Herrscher über Zerstörung und Er-

neuerung

Tamil Nadu	Bundesstaat an der Ostküste Südindiens
Toddy	Palmwein, wird aus Blüten (z.B. der Kokospalme) gewonnen, etwa vergleichbar mit dem Federweißen
Traveller	englisch: Reisende/r; hier sind Individualreisende gemeint
Tschador	halbkreisförmiges großes Tuch, das Moslemfrauen über der Kleidung tragen
Yoga	Sanskrit: 'Joch', Weg zur Gotterkenntnis durch Erfüllung einer Pflicht; diverse körperliche Übungen; es gibt viele Yoga-Wege
Zen	Sammlung des Geistes

Zypern - byzantinische Kirchen und Klöster

Byzantinische Fresken und Mosaiken von 39 Kirchen und Klöster. Mit einer umfangreichen geschichtlichen Einführung.
Von Ewald Hein, Andrija Jakovljevic, Brigitte Kleidt
Gebunden mit Schutzumschlag, 198 S. mit 190 Farbb., 29 x 24 cm
DM 79,00
1996, Deutsch, ISBN 3-929255-21-9
1997, Englisch, ISBN 3-929255-15-4

Tibet - Der Weiße Tempel von Tholing

400 Jahre alte Tempelmalerei im Westen von Tibet. Mit einem Vorwort vom Dalai Lama. Umfangreicher historischer Überblick der Entwicklung des Buddhismus in Tibet.
Von Ewald Hein und Günther Boelmann
Gebunden mit Schutzumschlag, 188 S. mit 52 Farbb., 29 x 24 cm,
DM 79,00, 1994, Deutsch, ISBN 3-929255-06-5

Äthiopien - christliches Afrika
Kunst, Kirchen und Kultur

Im zerklüfteten, teils schwer zugänglichen Hochland von Äthiopien sind Stätten eines lebendigen Christentums zu finden, die älter als die christlichen Kirchen Europas sind. Zeugnis der uralten Tradition findet man in der alten Hauptstadt Abessiniens, Axum, in der sich bis zum heutigen Tage die Bundeslade befinden soll. Der Bildband dokumentiert die herrlich ausgemalten Kirchen in diesem christlichen Teil Afrikas.
Von Ewald Hein und Brigitte Kleidt
Gebunden mit Schutzumschlag, ca. 210 S. mit 200 Farbb., 29 x 24 cm,
DM 79,00
Deutsch, ISBN 3-929255-27-8
Englisch, ISBN 3-929255-28-6
Erscheinungstermin Ende 1998

Weitere Publikationen im Melina-Verlag:

Lizzie´s Paradise

Sonne, Meer, Strand - Urlaub.
Elizabeth Parker hat mit viel Mut und Humor allen Widrigkeiten des
Lebens getrotzt und läßt den Leser an ihrem kleinen Paradies im Golf
von Korinth teilhaben: Leseurlaub pur!
Die wunderbar leichten farbigen Illustrationen von Martina Selway ver-
mitteln einen hervorragenden Eindruck vom typisch Griechischen, von
der Landschaft, der Insel und der gesamten Region.
Von Elizabeth Parker
188 S. mit 30 Farbill., geb., 14 x 20 cm, 1997, DM 32,00
Deutsch, ISBN 3-929255-25-1
Englisch, ISBN 3-929255-24-3

Die Sehnsucht der Kakerlaken

Nina Kramers unkonventionelle Satire von Menschen und Kakerlaken
im Riga der postsowjetischen Zeit balanciert zwischen Anteilnahme
am Elend der Verhältnisse und nervösem Lachen über die scheinbare
Alltagsnormalität, in der Menschen wie Tiere sich trotz Hunger und
Armut immer wieder einzurichten vermögen.
Die Grenzen zwischen den Menschen und ihren Schmarotzern werden
durchlässig. Slapstickhaft verwandeln sie sich ineinander und werden
so austauschbar, daß ihre illusionäre Vielfalt schließlich unsere ordentliche, banale Wirklichkeit übertrumpft.
Von Nina Kramer
Übersetzt aus dem Russischen von Christiane Pöhlmann
185 S., geb., 14 x 20 cm, ISBN 3-929255-32-4, DM 29,80
Auslieferung September 1997